Cette Edition de Boileau est la Premiere dans laquelle se trouvent les Remarques de M. de l'Ofme de Montchenay ancien amy de Boileau et Auteur de quelques Pieces de l'Ancien Theatre Italien mort à Chartres en 1740. âgé de 75. ans. Ces Remarques et Ces anecdotes sont Imp.ées icy au commencement du 1.er vol.: ~~apart~~ sur le titre de Boleana. Cette Ed.on est belle on y a imité tant qu'on a pû celle de hollande où se trouvent les figures de B. Picard; mais elle est restée fort inferieure.

au reste il n'y a rien dans cette Ed.on icy qui ne se retrouve dans celle de M. de S.te Mare.

LES
ŒUVRES
DE
M. BOILEAU
DESPREAUX.
TOME PREMIER.

Nicolas Boileau Despreaux
De l'Academie Françoise
Né à Paris le 1 Novembre 1636.
Mort le 13 Mars 1711.

Hyacinthe Rigaud pinxit. Ravenet Sculp. 1740.

LES
ŒUVRES
DE
M. BOILEAU
DESPREAUX,
AVEC
DES ECLAIRCISSEMENS HISTORIQUES.

TOME PREMIER.

A PARIS,
Chez la Veuve ALIX, Libraire, rue Saint Jacques,
au Griffon.

M. DCC XL.
AVEC PRIVILEGE DU ROY.

Fol. B.L. 805

PREFACE
DE L'EDITEUR.

C'EST un usage établi que tout Editeur cherche à relever par ses louanges le mérite des Ouvrages qu'il donne au public : soit desir de justifier son propre goût; soit uniquement zéle pour la gloire de l'Auteur.

Ces deux motifs me sont presqu'également étrangers. Le travail que j'ai entrepris n'est pas de mon choix. J'ai été prié, si je puis m'exprimer ainsi, & ceux qui me prioient étoient en droit de m'ordonner. Pour M. Despréaux il n'a pas besoin de mes éloges. La réputation que ses Ecrits lui ont acquise est confirmée par le temps; & toutes les Nations polies s'accordent à le placer au rang de ces Ecrivains rares qui doivent passer à la postérité. Non que durant sa vie il ait obtenu tous les suffrages : il vit au contraire se déchaî-

Tome I.   *   a

PREFACE

ner contre lui un grand nombre d'Auteurs médiocres qu'il avoit ofé attaquer comme tels. Mais il y a long-temps que leurs critiques font tombées dans l'oubli avec leurs noms mêmes.

Je ne me prévaudrai donc point de l'ufage. Mon unique objet eft de rendre compte du plan que je me fuis propofé : heureux fi j'avois fçû le remplir, puifqu'il a mérité la plus glorieufe approbation.

On s'eft principalement conformé pour le texte à l'édition qui parut en 1713. fous les yeux de M. de Valincour : & l'ortographe qu'il a fuivie étant celle de l'Auteur même, on s'eft fait une loi de la copier. Quand une ortographe différente ne changeroit rien à la mefure du vers, ni à la rime : pourquoi envier aux Ecrivains qui ont immortalifé le dernier regne un honneur qu'on rend tous les jours aux Anciens, & qu'on a rendu, pour me renfermer dans la claffe de nos Poëtes, à Marot, & à Regnier ?

Quant aux *éclairciffemens*, je m'en fuis tenu à l'idée précife du mot : c'eft-à-dire, que j'ai tâché de prendre un jufte milieu entre des notes, qui, pour être trop concifes, n'éclairciffent pas, & un commentaire chargé de faits étrangers, ou amenés de loin, qui détourne & fatigue l'attention. Je fuis bien éloigné, au refte, de m'attribuer ce qui ne m'appartient pas. J'avoue ingenument & avec reconnoiffance que j'ai profité du travail de M. Broffette, & que s'il m'eft arrivé quelquefois

DE L'EDITEUR.

de le rectifier, je n'ai presque fait d'ailleurs que choisir dans son commentaire ce qui étoit convenable à mes vûës, sans m'assujettir néanmoins à ses expressions.

Le même esprit m'a guidé dans les *imitations*. Je n'ai point envisagé sous cette idée les endroits où M. Despréaux s'est rencontré avec des Auteurs modernes sans le vouloir, & sans les avoir peut-être jamais lûs. Je n'ai regardé comme imités que les endroits remarquables, où l'on voit clairement que le Poëte a eu les Anciens en vûe, & qu'il a pour ainsi dire lutté contr'eux.

A propos de ces vers:

Comme un Pilote en mer qu'épouvante l'orage,
Dés que le bord paroît, sans songer où je suis,
Je me sauve à la nage, & j'aborde où je puis.

Qu'on dise que le Bembe a dit la même chose en Latin; un Lecteur judicieux n'y prend nul interêt, parce qu'il ne trouve rien qui le frappe, ni dans le fonds de la pensée, ni dans le tour. Mais, si à l'occasion de ce vers,

La colére suffit, & vaut un Apollon.

on lui rappelle celui-ci de Juvenal:

Si natura negat, facit indignatio versum.

Alors il lui semble qu'il voit deux Athletes qui se disputent la victoire, & que, juge du combat, il couronne lui-même le vainqueur.

PREFACE DE L'EDITEUR.

Je dois maintenant parler des additions & des ornemens dont on a enrichi cette édition.

Les additions les plus confidérables font l'éloge de M. Defpréaux compofé par M. de Boze, & le *Bolæana*.

Le public eft redevable du *Bolæana* à M. de Monchéfnay fi connu par fes fuccés dramatiques, & par fes liaifons avec M. Defpréaux dont il a partagé la plus étroite confiance. C'eft par là qu'il a été à portée de nous communiquer des fingularités, des jugemens, des traits, qui feroient reftés dans l'oubli, s'ils avoient eû pour temoin un ami moins zélé, ou moins éclairé.

A l'égard des ornemens, on n'a point fongé à les multiplier, moins encore à les annoncer ici d'un air faftueux. On s'eft propofé feulement de les rendre convenables pour le deffein, & dignes du Public par l'exécution.

ELOGE
DE M. DESPREAUX,
Par M. DE BOZE.

ICOLAS BOILEAU Sieur Despréaux nâquit à Paris, le premier jour de Novembre 1636. (1) & fut le onziéme des enfans de Gilles Boileau Greffier de la Grand-Chambre, homme célébre par sa probité & par son expérience dans les affaires. Il fut élevé jusqu'à l'âge de sept à huit ans dans la maison de son pere, qui parcourant quelquefois les différens caractéres de ses enfans, & surpris de l'extrême douceur, de la simplicité même qu'il croyoit remarquer en celui-ci, disoit ordinairement de lui, par une espéce d'opposition aux autres, *que c'étoit un bon garçon qui ne diroit jamais mal de personne.*

Il fit ses premiéres études au collége d'Harcourt, où il achevoit sa quatriéme, lorsqu'il fut attaqué de la pierre; il fallut le tailler, & l'opération, quoique faite en apparence avec beaucoup de succès, lui laissa cependant pour tout le reste de sa vie une très-grande incommodité. Dès

REMARQUES.

(1) Il n'est plus douteux que c'est en 1636. que nâquit M. Despréaux, & non en 1637. comme il l'insinue dans sa préface de 1701. La même datte de 1637. s'est glissée dans la belle estampe que fit graver M. Coustard Conseiller au Parlement. On tient ce fait de M. Coustard lui-même, qui plein de zéle pour la gloire du Poëte, le fit peindre par Rigaud & graver ensuite par Drevet.

On a prétendu que ce qui avoit engagé l'Auteur à reculer d'une année sa naissance, c'est que Louis XIV. lui ayant demandé un jour en quel temps il étoit né, il avoit répondu : „ Je suis venu au „ monde une année avant Votre Majesté pour „ annoncer les merveilles de son regne.

ELOGE

qu'il fut en état de reprendre ſes exercices, il alla en troiſiéme au collége de Beauvais ſous M. Sevin, qui enſeignoit cette claſſe depuis près de cinquante ans, & qui paſſoit pour l'homme du monde qui jugeoit le mieux de l'eſprit des jeunes gens. Les *le Maîtres*, les *Gaultiers*, les *Patrus* avoient étudié ſous lui, & dès-lors il leur avoit prédit la gloire qu'ils acquerroient un jour dans le barreau, s'ils vouloient s'y attacher; il fut auſſi le premier qui reconnut dans ſon nouveau diſciple un talent extraordinaire pour les vers, & qui crut pouvoir aſſûrer ſans reſtriction qu'il ſe feroit par là un nom fameux, perſuadé que quand on eſt né Poëte, il faut abſolument l'être.

Ce qui déceloit le génie & le goût de M. Deſpréaux pour la Poëſie, c'étoit moins les vers qui lui échapoient de temps à autre, qu'une lecture aſſiduë des Poëtes & des Romans qu'il pouvoit déterrer. On le ſurprenoit quelquefois au milieu de la nuit ſur ces livres favoris; & ce qui arrive encore moins dans les Colléges, on étoit ſouvent obligé de l'avertir aux heures des repas, quoique la cloche deſtinée à cet uſage fût préciſément attachée à la fenêtre de ſa chambre. Mais ce qui mérite ſans doute une attention particuliére, c'eſt que cet amour des Romans, que lui-même a depuis appellé une fureur, loin de lui gâter l'eſprit par un amas confus d'idées bizarres, ſemble n'avoir ſervi qu'à lui inſpirer une critique plus exacte, & à lui fournir des traits plus vifs contre le ridicule. Tant il eſt vrai qu'en fait de lecture, il n'y a point de régle générale, & qu'il y a des choſes qu'il eſt quelquefois dangereux de lire, & qu'il eſt cependant bon d'avoir lûës.

Quand M. Deſpréaux eut fini ſon cours de Philoſophie, il étudia en Droit, & ſe fit recevoir Avocat. Rien ne paroiſſoit lui mieux convenir; il joignoit à beaucoup de vivacité & de pénétration, un jugement ſûr, une élocution facile, & une mémoire des plus heureuſes. Il y avoit d'ailleurs près de trois ſiécles que ſa famille faiſoit honneur à cette profeſſion, & il tenoit encore au Palais par mille autres endroits:

<small>Dialogue des Avocats de Loiſel, p. 494.</small>

<small>Epitre 5.</small> *Fils, Frere, Oncle, Couſin, Beau-frere de Greffier.*

Mais l'inclination, c'eſt-à-dire, le premier de tous les talens, lui manquoit. Ainſi ſe trouvant chargé d'une premiére Cauſe, loin de s'en inſtruire, il ne ſongea qu'aux moyens de s'en défaire honnêtement, & il y réuſſit, de maniére que le Procureur retirant ſes ſacs, le ſoupçonna d'y avoir découvert une procédure peu réguliére, & dit en ſortant que ce jeune Avocat iroit loin. M. Deſpréaux, qui de ſon côté croyoit avoir échapé à un grand péril, réſolut de ne s'y plus expoſer, & regardant la Sorbonne comme l'antipode du Palais, il ne lui en fallut pas davantage pour le déterminer à y faire un cours de Théologie; mais il ne put foutenir long-temps les leçons d'une fcholaftique épineufe & fubtile; il s'imagina que pour le fuivre plus adroitement, la Chicane n'avoit fait que changer d'habit, & devenu maître abfolu de fon fort par la mort de fon pere, il fe livra tout entier à fon génie poëtique.

C'eft dans le fein de cette nouvelle liberté qu'il compofa la plûpart de fes Satires. Il fe contentoit au commencement de les lire à fes amis particuliers, & quelqu'applaudiffement qu'il en reçût, on ne pouvoit l'obliger à les rendre publiques ; il fouffrit même affez long-temps avec une patience, qui a quelque chofe d'héroique dans un Auteur, les mauvaifes copies que l'on en répandoit dans le monde : mais fa conftance l'abandonna à la vûe d'une édition pleine de fautes, & où, pour furcroît de chagrin, on avoit encore mis fous fon nom une ou deux piéces fuppofées. Des enfans fi défigurez réveillérent la tendreffe de leur pere, & l'obligérent à faire de bonne grace ce que l'on faifoit déja malgré lui. Ses Satires furent donc imprimées de fon aveu, d'abord féparément, & enfuite dans un recueil qui en comprenoit huit. *Préface de l'édition de 1666.*

Jamais livre n'excita un plus grand tumulte fur le Parnaffe : la nation des Poëtes, qui prend feu aifément, & qui n'entend pas raillerie fur fes ouvrages, fondit de toutes parts fur le nouvel Auteur, avec des critiques & des libelles fans nombre. M. Defpréaux fe défendit tranquillement par l'exemple de Lucilius, par celui d'Horace, de Perfe, de Juvenal, de Virgile même, le fage, le difcret Virgile ; & pour raffurer en quelque forte ceux qui ne le blâmoient que parce qu'ils croyoient en général que toute Satire eft blâmable, il compofa la neuviéme, où fous l'ingénieufe apparence d'une réprimande févére à fon Efprit, il prouve de cent maniéres, que fans bleffer l'Etat ni fa confcience, on peut trouver de méchans vers méchans, & s'ennuyer de plein droit à la lecture de certains livres.

Après cela il n'oppofa plus à fes adverfaires qu'une vanité d'un genre fort fingulier. Il s'avifa de fe faire une efpéce de trophée des écrits que l'on publioit contre lui, de les ramaffer avec plus de foin que d'autres ne recueillent les louanges qu'on leur donne, & de les envoyer à fes amis, qui à la fin fatiguez du nombre & de l'extravagance de la plûpart de ces ouvrages, l'accufoient prefque d'en avoir lui-même fait une partie pour rendre l'autre plus méprifable, à l'exemple de quelques-uns de ces Ecrivains qui croyoient avoir trouvé le fecret de décrier entiérement *L'Abbé Cotin.* les Satires de M. Defpréaux, en lui en attribuant de fort mauvaifes qui étoient de leur façon.

La réputation naiffante de M. Defpréaux ne fut pas la feule chofe qui le dédommagea de la haine de quelques Auteurs : ces Satires mêmes, fource de tant de plaintes, lui firent des amis, & des amis illuftres, entre lefquels il eut le bonheur de compter M. le Premier Préfident de Lamoignon. Ce sage & savant Magistrat, dont l'amitié étoit la meilleure de toutes les apologies, loin d'être effrayé du nom de Satire que portoient les Ouvrages de M. Despréaux, & où en effet il n'y avoit guéres que des vers & des livres attaqués, fut charmé d'y trouver ce sel, ce goût précieux des Anciens; plus charmé encore de voir comment il avoit soumis aux loix d'une pudeur scrupuleuse, un genre de poësie, dont la licence avoit jusqu'alors fait le principal caractére. Mais s'il admira sa retenue dans les matiéres les plus délicates, il n'estima pas moins son attention à distinguer toujours dans la même personne l'honnête homme d'avec le poëte insipide, & le bon citoyen d'avec le mauvais auteur.

M. Bayle dans sa *République des Lettres*, & M. Spanheim dans sa Préface sur la *Satire des Césars de l'Empereur Julien*, ont donné mille éloges à cette circonspection de M. Despréaux, & n'ont pas hésité de dire que par lui la France l'emporte pour la Satire sur toutes les Nations, & qu'elle en dispute même la gloire à l'ancienne Rome.

Nous croyons qu'il est inutile de vouloir ici donner au Public une idée plus particuliére des Satires de M. Despréaux: qu'ajouterions-nous à l'idée qu'il en a déja? Devenuës l'appui ou la ressource de la plûpart des conversations, combien de maximes, de proverbes ou de bons mots ont-elles fait naître dans notre Langue, & de la nôtre, combien en ont-elles fait passer dans celle des étrangers? Il y a peu de livres qui ayent plus agréablement éxercé la mémoire des hommes, & il n'y en a certainement point qu'il fût aujourd'hui plus aisé de restituer, si toutes les copies & toutes les éditions en étoient perduës.

L'Art Poëtique succéda aux neuf Satires; & il étoit juste qu'après avoir fait sentir le ridicule ou le faux de tant d'ouvrages, M. Despréaux donnât des régles pour éviter l'un & l'autre, & pour porter la poësie à ce point de perfection qui la fait appeller le langage des Dieux. Il ne suffisoit pas pour cela de renouveller les préceptes qu'Horace donna de son temps sur la même matiére: notre poësie beaucoup plus variée que celle des Latins, a pris différentes formes qui leur étoient inconnuës: ainsi la sagesse antique ne fournissoit que des conseils généraux, le caprice moderne demandoit des leçons qui lui fussent propres, & cette union étoit le chef-d'œuvre de l'art.

Tout le monde sçait comment M. Despréaux y a réussi: son Art Poëtique, amas prodigieux de régles & d'exemples, est lui-même un Poëme excellent, un Poëme agréable, & si intéressant, que quoiqu'il renferme une infinité de choses qui sont particuliéres à la Langue, à la Nation & à la Poësie Françoise, il a trouvé en Portugal un traducteur du premier ordre dans la personne de M. le Comte d'Ericeyra.

M. le Premier Président de Lamoignon engagea bientôt M. Despréaux dans un travail d'une autre espéce. Un Pulpitre placé & déplacé, avoit

extrêmement

extrêmement brouillé le Chantre & le Tréforier d'une des premiéres Eglifes de Paris, & commençoit à devenir entr'eux la matiére d'un procès fort férieux, quand M. de Lamoignon trouva un fage tempérament pour les accorder. Ce Magiftrat faifant un jour le récit de l'affaire dans une compagnie où étoit M. Defpréaux, lui dit que les Poëtes fe vantoient fouvent de pouvoir faire un grand & bel Ouvrage fur la pointe d'une aiguille, ou fur le pied d'une mouche ; qu'un Lutrin étoit un fujet bien plus magnifique, & que jamais les Mufes n'auroient une fi belle occafion de montrer leur adreffe. M. Defpréaux fur qui tous les yeux étoient ouverts, crut que pour l'honneur de la Poëfie, il falloit foutenir la théfe, & de parole en parole le défi fe forma. Cependant il comptoit en être quitte pour un fimple plan qui feroit affez juger du fuccès avec lequel la matiére pouvoit être traitée, il y ajouta même un début de trente à quarante vers, comme un gage plus certain de l'exécution ; mais il lui eût été plus facile de manquer abfolument de parole, que de ne la tenir qu'à moitié. M. de Lamoignon fut frappé de ce qu'il ne faifoit qu'entrevoir ; & pour convaincre tout le monde, il feignit de n'être pas convaincu ; de forte que c'eft à fon ingénieufe obftination que le Public eft redevable des fix Chants qui compofent le Poëme intitulé *le Lutrin*. On ne s'étonnera pas fi nous ne difons rien de plus de cet ouvrage, & fi nous paffons de même fort légérement fur tous ceux de M. Defpréaux; nous ne ferions engagez à en parler aujourd'hui que pour les faire connoître, & il n'y a rien de plus connu.

Celui qui l'eft peut-être le moins, parce que la matiére n'en eft pas également à la portée de tout le monde, c'eft fa Traduction du *Sublime de Longin*; mais le nombre des lecteurs fe trouve merveilleufement réparé par la qualité des fuffrages, car les plus habiles critiques font convenus que cette Traduction doit être regardée comme un parfait modéle; & qu'en confervant à l'ancien Rhéteur toute la fimplicité de fon ftyle didactique, il a fi heureufement fait valoir les grandes figures dont il traite, qu'il femble avoir moins fongé à les traduire, qu'à donner aux écrivains de fa nation un Traité *du Sublime* qui pût leur être utile. Et le moyen d'en douter, quand on voit qu'il s'eft fait depuis un plaifir de joindre à fes remarques fur Longin celles de M. Dacier & de M. Boivin, quoiqu'il y en ait plufieurs, fur tout dans celles de M. Dacier, qui font formellement oppofées aux fiennnes.

Le nom de M. Defpréaux ne tarda pas à être porté à la Cour : les Princes & les Seigneurs les plus qualifiez s'empreffèrent à lui donner des marques de leur eftime, & il fut enfin connu du Roi même. M. Defpréaux eut l'honneur de lui réciter quelques Chants du Lutrin, & d'autres piéces qui n'avoient pas encore paru; & on lui a fouvent oüi dire que Sa Majefté lui avoit alors fait répéter plufieurs fois ces vers de fa premiére Epître.

ELOGE

*Tite.
Tel fut cet Empereur *, sous qui Rome adorée*
Vit renaître les jours de Saturne & de Rhée :
Qui rendit de son joug l'Univers amoureux :
Qu'on n'alla jamais voir sans revenir heureux ;
Qui soupiroit le soir, si sa main fortunée
N'avoit par ses bienfaits signalé la journée.

M. Despréaux ne pouvoit rien trouver de plus propre à surprendre la modestie d'un Prince ennemi des loüanges les mieux méritées, que de les donner devant lui à un autre Prince si célébre dans l'histoire par les mêmes vertus.

Le Roi justifia dans le moment, & sans y penser, l'heureuse application des vers de M. Despréaux : Sa Majesté lui donna une pension considérable, & lui fit en même temps expédier un privilége en commandement pour l'impression de toutes ses piéces, avec cette clause à jamais remarquable, *qu'Elle vouloit procurer au Public, par la lecture de ces Ouvrages, la même satisfaction qu'Elle en avoit reçuë.* Mais ce qui, selon le cœur de M. Despréaux, mit le comble aux bienfaits du Prince, ce fut la glorieuse commission d'écrire son histoire.

L'Académie Françoise ne crut pas qu'un homme destiné à parler de si grandes choses, dût être formé dans une autre école : elle se hâta de lui ouvrir ses portes, (1) & M. Despréaux y signala son entrée par un Discours plein de la reconnoissance la plus éloquente. Un petit nombre d'hommes choisis dans cette même Académie, composoit alors celle des Inscriptions, où l'on commençoit à former le projet du Livre fameux des *Médailles sur les principaux événemens du Regne de Louis le Grand.* M. Despréaux fut bientôt associé à ce travail, & il y contribua avec son zéle ordinaire pour tout ce qui regardoit l'intérêt de sa patrie, ou la gloire de son Maître.

Le Réglement de 1701. qui a donné une forme toute nouvelle à l'Académie des Inscriptions, y conserva à M. Despréaux le rang de Pensionnaire; & il en a fort exactement rempli les devoirs jusqu'au commencement de l'année 1706. qu'une surdité entiére & une santé fort affoiblie, l'obligérent à demander le titre de Vétéran. Le reste de sa vie n'a été, à proprement parler, qu'une retraite, dont la ville & la campagne ont partagé le loisir. Peu répandu dans le grand monde, qu'il n'avoit jamais trop aimé, & content d'un certain nombre d'amis, dont il faisoit

REMARQUES.

(1) Il fut reçu en 1684. Six mois auparavant il avoit concouru pour la même place avec la Fontaine, & celui-ci l'avoit emporté. Mais le Roi suspendit l'élection, ou du moins il ne s'expliqua que lorsqu'on eut nommé M. Despréaux à une autre place qui vint à vaquer. Alors un député de

DE M. DESPREAUX.

toujours les délices, il a tranquillement attendu la mort que lui annonçoient chaque jour des douleurs aiguës, des évanoüiſſemens & une fiévre presque habituelle; elle l'emporta enfin le treiziéme de Mars dernier, âgé de soixante & quatorze ans & quelques mois.

Tout ce qui caractérise la mort des Juſtes, a accompagné celle de M. Despréaux: une piété sincére, une foi vive, & une charité si grande, qu'elle ne lui a presque fait reconnoître d'autres héritiers que les pauvres; mais nous sommes heureux de ne pas trouver ici de quoi faire valoir en lui ces circonſtances autant qu'elles vaudroient peut-être, dans un sujet où la différence des temps fourniroit de ces traits du siécle que l'on ne sçauroit effacer avec trop de soin. Une fin exemplaire a été dans M. Despréaux la suite naturelle d'une vie toujours sage & toujours chrétienne.

Jamais homme ne fut plus pénétré que lui de cette crainte salutaire, que l'on ne connoît presque plus que sous le nom de délicateſſe de conscience: en voici une preuve qu'il y auroit de l'injuſtice à supprimer. Dans le temps que l'aversion du Palais tourna M. Despréaux du côté de la Sorbonne, on lui conféra un Bénéfice, & il en joüit pendant huit ou neuf ans. Au bout de ce temps-là, comme il se sentoit tous les jours moins de diſpoſition à l'Etat Ecclésiaſtique, il quitta le Bénéfice, qui étoit un Prieuré ſimple; & pouſſant le scrupule du désintéreſſement au point de ne pas même vouloir s'en faire un ami dans le monde, il le remit entre les mains du Collateur, qui étoit un saint Prélat: il fit plus, il supputa à quoi se montoit tout ce qu'il en avoit reçû, & l'employa en différentes œuvres de piété, dont la principale fut le soulagement des pauvres du lieu. Le récit d'une action si édifiante tiendroit bien sa place dans la vie d'un Solitaire, ou d'un illuſtre Pénitent.

A l'égard de son respect pour la Religion, ce qui n'eſt pas à oublier dans l'éloge d'un Poëte, M. Despréaux ne s'eſt pas contenté de le marquer d'une maniére éclatante dans son Epitre *sur l'Amour de Dieu*; il a porté ce respect jusques dans ses Satires, saiſiſſant toujours avidement l'occaſion d'attaquer le badinage des impies, les jeux de l'athéïsme & le langage des libertins, lors même qu'il sembloit n'avoir à faire qu'à ses ennemis ordinaires, c'eſt-à-dire au galimathias, à l'enflûre, ou à la baſſeſſe du ſtyle poëtique.

Les qualitez particuliéres du cœur & de l'eſprit, qui rendent un homme souhaitable dans la société, achevoient de former le caractére de M. Despréaux. Il employoit plus volontiers pour autrui que pour lui-

REMARQUES.

l'Académie lui en ayant rendu compte, il répondit que le choix qu'on avoit fait de M. Despréaux lui étoit *très-agréable, & seroit généralement approu-* | *vé. Vous pouvez*, ajouta-t-il, *recevoir inceſſamment la Fontaine*, il a promis d'être sage. Hiſt. de l'Acad. par M. l'Abbé d'Olivet.

même, le crédit que son mérite lui avoit acquis. Il ne pardonnoit pas seulement les injures qu'il avoit reçûës, il se réconcilioit encore de bonne grace, pour peu qu'on le recherchât, comme on sçait qu'il a fait avec M. Perrault, après toute la vivacité de leur dispute sur *la Préférence des Anciens & des Modernes.*

Sans l'avoir vû, on devenoit son ami par l'estime publique, ou par de bons Ouvrages, & il y avoit même autant de fonds à faire sur cette amitié, que sur celle que d'autres liaisons pouvoient avoir formée ; il en faut rapporter un exemple singulier.

Le célébre M. Patru se trouvoit, à la honte de son siécle, réduit à vendre ses Livres, la plus agréable, & presque la seule chose qui lui restoit. M. Despréaux apprit qu'il étoit sur le point de les donner pour une somme assez modique, & il alla aussi-tôt lui offrir près d'un tiers davantage ; mais l'argent compté, il mit dans son marché une nouvelle condition qui étonna fort M. Patru, ce fut qu'il garderoit ses livres comme auparavant, & que sa bibliothéque ne seroit qu'en survivance à M. Despréaux. Il ne fut pas moins généreux envers M. Cassandre, auteur d'une excellente Traduction de *la Rhétorique d'Aristote*, & sa bourse fut encore ouverte à beaucoup d'autres ; car la vûë d'un homme de Lettres qui étoit dans le besoin, lui faisoit tant de peine, qu'il ne pouvoit s'empêcher de prêter de l'argent, même à Liniére, qui souvent alloit du même pas au premier endroit du voisinage faire une chanson contre son créancier.

Nous ne finirions pas, si nous voulions ainsi nous arrêter sur tout ce qui marquoit dans M. Despréaux l'homme de bien inséparable de l'homme d'esprit, & le sage toujours uni avec le Poëte. Un mérite transcendant l'avoit fait joüir de bonne heure de toute sa réputation ; & il n'y a plus que l'impossibilité de le remplacer, qui puisse ajouter de nouveaux traits à son éloge.

AUTRE ELOGE

Par M. de VALINCOUR. (1)

JE ne crains point ici, MESSIEURS, que l'amitié me rende suspect sur le sujet de M. Despréaux. Elle me fourniroit plutôt des larmes hors de faison, que des loüanges exagerées. Ami dès mon enfance, & Ami intime de deux des plus grands Personnages, qui jamais ayent été parmi vous, je les ai perdus tous deux (2) dans un petit nombre d'années. Vos suffrages m'ont élevé à la place du premier, que j'aurois voulu ne voir jamais vacante. Par quelle fatalité faut-il que je fois encore destiné à recevoir aujourd'hui en votre nom l'Homme illustre qui va remplir la place de l'autre; & que dans deux occasions, où ma douleur ne demandoit que le silence & la solitude, pour pleurer des Amis d'un si rare mérite, je me sois trouvé engagé à paroître devant vous pour faire leur éloge!

Mais quel éloge puis-je faire ici de M. Despréaux, que vous n'ayez déja prévenu? J'ose attester, MESSIEURS, le jugement que tant de fois vous en avez porté vous-mêmes. J'atteste celui de tous les Peuples de l'Europe, qui font de ses Vers l'objet de leur admiration. Ils sçavent par cœur; ils les traduisent en leur Langue; ils apprennent la nôtre pour les mieux goûter, & pour en mieux sentir toutes les beautés. Approbation universelle, qui est le plus grand éloge que les hommes puissent donner à un Ecrivain; & en même temps la marque la plus certaine de la perfection d'un Ouvrage.

Par quel heureux secret peut-on acquerir cette approbation si généralement recherchée, & si rarement obtenuë? M. Despréaux nous l'a appris lui-même; c'est par l'amour du Vrai.

En effet, ce n'est que dans le Vrai seulement que tous les hommes se réunissent. Différens d'ailleurs dans leurs mœurs, dans leurs préjugés, dans leurs maniéres de penser, d'écrire, & de juger de ceux qui écrivent, dès que le Vrai paroît clairement à leurs yeux, il enléve toujours leur consentement & leur admiration.

Comme il ne se trouve que dans la Nature, ou pour mieux dire, comme il n'est autre chose que la Nature même, M. Despréaux en avoit fait sa principale étude. Il avoit puisé dans son sein ces graces qu'elle seule peut

REMARQUES.

(1) Tiré du discours qu'il prononça en 1711. à la réception de M. l'Abbé d'Estrées.
(2) M. Racine mort en 1699. M. Despréaux mort en 1711.

ELOGE

donner, que l'Art emploie toujours avec succès, & que jamais il ne sauroit contrefaire. Il y avoit contemplé à loisir ces grands modéles de beauté & de perfection, qu'on ne peut voir qu'en elle; mais qu'elle ne laisse voir qu'à ses favoris. Il l'admiroit sur tout dans les Ouvrages d'Homére, où elle s'est conservée avec toute la simplicité, & pour ainsi dire, avec toute l'innocence des premiers temps; & où elle est d'autant plus belle, qu'elle affecte moins de le paroître.

Il ne s'agit point ici de renouveller la fameuse guerre des Anciens & des Modernes, où M. Despréaux combattit avec tant de succès en faveur de ce grand Poëte.

Il faut espérer que ceux qui se sont fait une fausse gloire de résister aux traits du défenseur d'Homére, se feront honneur de ceder aux graces d'une nouvelle Traduction * qui le faisant connoître à ceux mêmes à qui sa Langue est inconnuë, fait mieux son éloge que tout ce qu'on pourroit écrire pour sa défense. Chef-d'œuvre véritablement digne d'être loué dans le sanctuaire des Muses, & honoré de l'approbation de ceux qui y sont assis.

Mais c'est en vain qu'un Auteur choisit le Vrai pour modéle. Il est sujet à s'égarer, s'il ne prend aussi la raison pour guide.

M. Despréaux ne la perdit jamais de vûë: & lorsque pour la venger de tant de mauvais Livres, où elle étoit cruellement maltraitée, il entreprit de faire des Satires, elle lui apprit à éviter les excès de ceux qui en avoient fait avant lui.

Juvénal, & quelquefois Horace même, (avoüons-le de bonne foi) avoient attaqué les vices de leur temps avec des armes qui faisoient rougir la vertu.

Régnier, peut-être en cela seul, fidéle disciple de ces dangereux Maîtres, devoit à cette honteuse licence une partie de sa réputation; & il sembloit alors que l'obscénité fût un sel absolument nécessaire à la Satire; comme on s'est imaginé depuis, que l'amour devoit être le fondement, & pour ainsi dire, l'ame de toutes les Piéces de Théatre.

M. Despréaux sut méprifer de si mauvais exemples dans les mêmes Ouvrages qu'il admiroit d'ailleurs. Il osa le premier faire voir aux hommes une Satire sage & modeste. Il ne l'orna que de ces graces austéres, qui sont celles de la Vertu même; & travaillant sans cesse à rendre sa vie encore plus pure que ses Ecrits, il fit voir que l'amour du Vrai conduit par la raison, ne fait pas moins l'homme de bien que l'excellent Poëte.

Incapable de déguisement dans ses mœurs, comme d'affectation dans ses Ouvrages, il s'est toujours nommé tel qu'il étoit; aimant mieux, di-

REMARQUES.

* Traduction de Madame Dacier.

DE M. DESPREAUX.

soit-il, laisser voir de véritables défauts, que de les couvrir par de fausses vertus.

Tout ce qui choquoit la raison ou la Vérité, excitoit en lui un chagrin, dont il n'étoit pas maître, & auquel peut-être sommes-nous redevables de ses plus ingénieuses compositions. Mais en attaquant les défauts des Ecrivains, il a toujours épargné leurs personnes.

Il croyoit qu'il est permis à tout homme, qui fait parler ou écrire, de censurer publiquement un mauvais Livre, que son Auteur n'a pas craint de rendre public; mais il ne regardoit qu'avec horreur ces dangereux ennemis du Genre humain, qui sans respect ni pour l'amitié, ni pour la Vérité même, déchirent indifféremment tout ce qui s'offre à l'imagination de ces sortes de gens, & qui du fond des ténébres, qui les dérobent à la rigueur des Loix, se font un jeu cruel de publier les fautes les plus cachées, & de noircir les actions les plus innocentes.

Ces sentimens de probité & d'humanité n'étoient pas dans M. Despréaux des vertus purement civiles, ils avoient leur principe dans un amour sincére pour la Religion, qui paroissoit dans toutes ses actions, & dans toutes ses paroles; mais qui prenoit encore de nouvelles forces, comme il arrive à tous les hommes, dans les occasions où ils se trouvoient conformes à son humeur & à son genie.

C'est ce qui l'animoit si vivement contre un certain genre de Poësie, où la Religion lui paroissoit particuliérement offensée.

Quoi, disoit-il à ses Amis, des maximes qui feroient horreur dans le langage ordinaire, se produisent impunément dès qu'elles sont mises en Vers! Elles montent sur le Théatre à la faveur de la Musique, & y parlent plus haut que nos Loix. C'est peu d'y étaler ces Exemples qui instruisent à pecher, & qui ont été détestez par les Payens même. On en fait aujourd'hui des conseils, & même des préceptes; & loin de songer à rendre utiles les divertissemens publics, on affecte de les rendre criminels. Voilà dequoi il étoit continuellement occupé, & dont il eût voulu pouvoir faire l'unique objet de toutes ses Satires.

Heureux d'avoir pû d'une même main imprimer un opprobre éternel à des Ouvrages si contraires aux bonnes mœurs; & donner à la Vertu, en la personne de notre auguste Monarque, des louanges qui ne périront jamais.

BOLÆANA,
OU
ENTRETIENS DE M. DE MONCHESNAY
Avec l'Auteur.

LORS que les Satires de M. Despréaux parurent pour la premiére fois, il y eut contre lui un déchaînement presque universel de la part de tout le haut, & tout le bas Parnasse. M. Fourcroi fameux Avocat qui, outre qu'il étoit extrêmement malin, en vouloit d'ailleurs à M. Despréaux, fit courir par toute la ville un imprimé conçu en ces termes.

» On fait à savoir à tous ceux qui n'ont pas lieu d'être satisfaits des » Satires nouvelles, qu'ils ayent à se trouver un tel jour, & à telle heure, » chez le sieur Rollet, ancien Procureur, où se tiendra le bureau des » Mécontens desdites Satires, afin d'aviser aux intérêts des honnêtes » gens mêlez dans icelles.

¶ Dans le temps où toute la Cour avoit la fureur de substituer le mot de *Gros* à la place du mot de *Grand*, le Roi consulta M. Despréaux pour savoir si l'un ne revenoit pas à l'autre. M. Despréaux décida, en disant à Sa Majesté: Sire, quoi que votre Cour en dise, je fais une grande différence entre Louis le Gros, & Louis le Grand.

¶ Le pere de M. Despréaux, quelques jours avant de mourir, disoit de ses trois enfans: Gilot est un glorieux, Jaco est un débauché, mais Colin est un bon garçon, il n'a point d'esprit, il ne dira mal de personne. Or par ce Colin il entendoit M. Despréaux qui dans ses premiéres années paroissoit assez taciturne. Le Roi a demandé plusieurs fois au Satirique s'il étoit bien vrai que son pere eût porté ce jugement.

¶ M. Despréaux me disoit à propos du siége de Lille, que cette ville étoit située dans un terrein Acatique. Je lui dis qu'il me sembloit que M. de Vaugelas prononçoit ce mot d'une autre façon, & comme derivé du Latin. L'Abbé Regnier, dit-il, dans sa nouvelle Grammaire le pronnonce ainsi, & je crois que c'est ce qui m'a fait quitter le sentiment de Vaugelas.

¶ Le même M. Despréaux disoit de l'Abbé Regnier qu'il se croyoit un grand homme parce qu'il avoit hérité de la grimace de Chapelain.

¶ M. Despréaux me disoit en parlant de *Philomele*, Opera nouveau: Tous ces faiseurs d'Opéra font le vœu de Quinaut; Quinaut est leur modéle: c'est le plus grand parleur d'amour qu'il y ait eu, mais il n'est point amoureux.

BOLAEANA.

amoureux. Je pardonnerois, difoit-il, toutes leurs dévotions à l'Amour dans un facrifice qu'on feroit forcé de faire à ce Dieu fur le Théatre; mais le Chœur de l'Opera prêche toujours une morale lubrique : vous n'y entendez autre chofe, finon,

Il faut aimer,
Il faut s'enflammer :
La fageffe
De la Jeuneffe,
C'eft de favoir jouir de fes appas.

Ce n'eft pas là l'efprit des Chœurs de l'Antiquité, dans lefquels la vertu étoit toujours prêchée, malgré les ténébres du Paganifme. Voici comme parle Horace à propos des Chœurs des Tragédies.

Ille bonis faveatque & confilietur amicis,
Et regat iratos, & amet peccare timentes.

C'eft un fcandale public, qu'il foit permis à des Chrétiens de proftituer leur voix pour perfuader aux filles, qu'il eft honteux de ne pas s'abandonner dans le bel âge ; ce n'eft point là du tout le langage de la paffion, c'eft proprement le langage de la débauche. Je n'ai vû, dit-il, que dans *Bellerophon*, quelques traits qui marquent un peu de paffion.

L'Amour trop heureux s'affoiblit,
Mais l'Amour malheureux s'augmente.

Encore, dit-il, Corneille ne fe foutient pas long-temps fur ce ton-là; il feroit trop honteux de tourner cafaque à Quinault.

Pourquoi n'avoir pas le cœur tendre ?
Rien n'eft fi doux que d'aimer.
Peut-on fi long-temps s'en défendre ?
Non, non ; l'Amour doit tout charmer.

Ne le voilà-t-il pas revenu au même langage ? Tout ce qui s'eft trouvé de paffable dans *Bellerophon*, c'eft à moi qu'on le doit. Lulli étoit preffé par le Roi de lui donner un fpectacle; Corneille lui avoit fait, difoit-il, un Opera où il ne comprenoit rien, il auroit mieux aimé mettre en Mufique un Exploit. Il me pria de donner quelques avis à Corneille. Je lui dis avec ma cordialité ordinaire: M. que voulez-vous dire par ces vers? Il m'expliqua fa penfée. Et que ne dites-vous cela, lui dis-je ? A quoi bon ces paroles qui ne fignifient rien ? Ainfi l'Opera fut réformé prefque d'un bout à l'autre, & le Roi fe vit fervi à point nommé. Lulli crut m'avoir tant d'obligation, qu'il s'en vint m'apporter la rétribution de Corneille; il voulut me compter trois cens Louis. Je lui dis: Monsieur, êtes-vous assez neuf dans le monde pour ignorer que je n'ai jamais rien pris de mes Ouvrages? Comment donc voulez-vous que je tire tribut de ceux d'autrui ? Là-dessus il m'offrit pour moi & pour toute ma postérité une Loge annuelle & perpétuelle à l'Opera; mais tout ce qu'il put obtenir de moi, c'est que je verrois son Opera pour mon argent.

¶ La Piéce de *Bellerophon* fut jouée quinze mois durant. M. de Seignelai qui n'aimoit point Quinault, ayant sçu que j'avois quelque part à la conduite de la Piéce, voulut m'entreprendre sur un endroit où il prétendoit que la vraisemblance étoit choquée. Nous avions dîné chez lui avec MM. les Ducs de Chevreuse & de Beauvilliers. Après m'avoir harcelé par plusieurs raisons qui n'étoient pas trébuchantes, croyant m'avoir mis au pied du mur, il me dit avec un sourire amer & dédaigneux: Répondez, répondez à cela. Comme je vis que la chose étoit poussée avec une hauteur qui ne me convenoit pas, j'eus le courage de lui dire: Monsieur, j'ai toujours fait ma principale étude de la Poëtique; tout le monde convient même que j'en ai écrit avec assez de succès ; si vous voulez que je vous réponde, il faut que vous consentiez que je vous instruise au moins trois jours de suite. Après cela je lui décochai six préceptes des plus importans d'Aristote. Il se sentit battu. Toute la compagnie rioit dans l'ame, & M. Racine en sortant me dit : O le brave homme que vous êtes ! Achille en personne n'auroit pas mieux combattu que vous.

¶ Le vieux Duc de la Feuillade ayant rencontré M. Despréaux dans la Galerie de Versailles, lui récita un Sonnet de Charleval adressé à une Dame, & le Sonnet finissoit par ces vers:

Ne regardez point mon visage,
Regardez seulement à ma tendre amitié.

M. Despréaux lui dit qu'il n'y avoit rien d'extraordinaire dans ce Sonnet; que d'ailleurs il ne donnoit pas une idée riante de son Auteur, & que même à la rigueur la derniére pensée pourroit passer pour un jeu de mots. Là-dessus le Maréchal ayant apperçû Madame la Dauphine qui passoit par la Galerie, s'élança vers la Princesse, à laquelle il lut le Sonnet dans l'espace de temps qu'elle mit à traverser la Galerie. Voilà un beau Sonnet, M. le Maréchal, répondit Madame la Dauphine, qui ne l'avoit peut-être pas écouté. Le Maréchal accourut sur le champ pour rapporter à M. Despréaux le jugement de la Princesse, en lui disant d'un air moqueur, qu'il étoit bien délicat de ne pas approuver un Sonnet que le Roi avoit trouvé bon, & dont la Princesse avoit confirmé l'approbation par son suffrage, Je ne doute point, répliqua M. Despréaux, que le Roi ne soit très-expert

BOLAEANA.

à prendre des Villes, & à gagner des batailles. Je doute encore auſſi peu que Madame la Dauphine ne ſoit une Princeſſe pleine d'eſprit & de lumiéres. Mais, avec votre permiſſion, M. le Maréchal, je crois me connoître en vers auſſi-bien qu'eux. Là-deſſus le Maréchal accourt chez le Roi, & lui dit d'un air vif & impétueux : Sire, n'admirez-vous pas l'inſolence de Deſpréaux, qui dit ſe connoître en vers un peu mieux que Votre Majeſté? Oh! pour cela, répondit le Roi, je ſuis fâché d'être obligé de vous dire, M. le Maréchal, que Deſpréaux a raiſon.

¶ Peu après le paſſage du Rhin, le Roi étant à Verſailles, mille plumes célébrérent l'heureuſe campagne du Prince; & l'Epître de M. Deſpréaux ſur ce fameux paſſage, fut donnée à Sa Majeſté toute des premiéres. Dans le même temps le Roi reçut des vers de Boiſſet, Surintendant de la Muſique. C'étoient des Vers plats de la derniére platitude, comme diſoit M. Deſpréaux. Le Roi voulut donner le change à Meſdames de Monteſpan & de Thiange, comme ſi ces vers étoient de Deſpréaux; mais elles ſe récriérent hautement : Ce n'eſt point notre ami, qui les a faits. Or voyons, dit le Roi, s'il n'aura point fait ceux que je vais vous lire. Là-deſſus Sa Majeſté vint à lire l'Epître de Deſpréaux, mais avec des tons ſi enchanteurs, que Madame de Monteſpan lui arracha l'Epître des mains en s'écriant qu'il y avoit là quelque choſe de ſurnaturel, & qu'elle n'avoit jamais rien entendu de ſi bien prononcé. Elle trouva la piéce en effet digne de celui qui l'avoit ſi bien récitée. M. Deſpréaux m'a dit que l'idée de ſon Epître lui étoit venuë d'une Epigramme de Martial adreſſée à un certain Hippodamus, qui lui avoit demandé des vers à ſa louange ; mais le Poëte s'excuſe de lui en donner, ſur ce qu'il porte un nom qui feroit peur aux Muſes. Tels étoient les noms des Villes que le Roi avoit priſes dans la Hollande, & M. Deſpréaux n'avoit garde de les faire entrer ſérieuſement en Poëſie; écueil où tomba Corneille dans les vers qu'il préſenta au Roi ſur le ſuccès de ſa campagne. L'Abbé Caſſagne préſenta auſſi les ſiens; mais au lieu de s'en tenir au paſſage du Rhin, comme avoit fait prudemment M. Deſpréaux, il jettoit un lugubre dans ſa piéce en parlant de la mort du Comte de Saint-Pol, qu'il louoit d'avoir enfin trouvé la mort qu'il avoit tant de fois cherchée.

¶ M. Deſpréaux ſe trouvant un jour avec des Impies qu'il voyoit pour la première fois, n'eut pas de peine à les tourner en ridicule ; car au lieu que ces ſortes de gens ont toujours quelque ſophiſme éblouiſſant, & qu'au défaut de la raiſon ils ſoutiennent leur cauſe déſeſpérée avec eſprit, ceux-ci au contraire s'enferroient d'eux-mêmes par leurs argumens déplorables. Je leur débauchai, diſoit M. Deſpréaux, tous les rieurs; & quand ils furent ſortis, je dis à mon frere : Ah, mon frere, que Dieu a là deux ſots ennemis!

¶ M. Deſpréaux n'a jamais rien imprimé qu'à ſon corps défendant; les jugemens du Public lui ayant toujours fait peur : & c'eſt un ſcrupule qu'il a porté juſqu'à ſa derniére vieilleſſe. La premiére édition qui parut de ſes Satires fut faite ſans ſon aveu, & par la ſupercherie d'un Libraire qui ſurprit un Privilége. Barbin vint en ſecond pour eſſayer d'en obtenir un de ſon côté. M. Deſpréaux ne s'y oppoſa point, mais lui fit entendre qu'il ne feroit aucune démarche pour l'impreſſion, & que c'étoit aſſez qu'il ne s'y oppoſât point. Dans ce temps-là M. le Chancelier venoit de mourir, & M. Deſpréaux avoit commencé ſon Art Poëtique. Barbin vint au Sceau, que le Roi tenoit lui-même à S. Germain. D'abord on préſenta à Sa Majeſté le Livre d'un Moine, dont le titre étoit très-ſingulier, ce qui excita le Roi à rire en accordant le Privilége pour douze ans, quoiqu'il ne fût demandé que pour ſix. Barbin ſe préſenta enſuite tenant à la main une feuille de l'Art Poëtique, pour lequel il demandoit le Privilége au nom de M. Deſpréaux. Oh! Pour celui-là, reprit le Roi, je le connois. M. Deſpréaux n'avoit point pourtant paru encore à la Cour. Auſſi-tôt le Privilége fut ſcellé; mais le Sceau fini, M Péliſſon, Maître des Requêtes, remontra au Roi qu'il venoit d'accorder un Privilége à un homme qui avoit attaqué toute l'Académie. Le Roi fit là-deſſus quelque réflexion: Mais enfin, dit-il, le Privilége eſt donné. Péliſſon ne s'en tint pas là: il alla ſoulever contre le Satirique M. le Duc de Montauſier, déja très-indigné qu'on n'eût pas épargné dans les Satires Chapelain & Cotin dont il faiſoit profeſſion d'être l'ami particulier. Il s'en alla donc trouver le Roi avec autant d'émotion que s'il ſe fût agi d'un malheur public, & fit tant par ſes remontrances qu'il porta Sa Majeſté, non pas à révoquer le Privilége, mais ſeulement à le retenir. Cependant à quelque temps de-là M. Deſpréaux reçut une lettre qui demeura deux jours égarée chez lui ſans lui être renduë. Après qu'elle eut été retrouvée, il en fit lecture, & la trouva conçuë en ces termes: » Le Roi m'a » ordonné, Monſieur, de vous accorder un Privilége pour votre Art » Poëtique auſſi-tôt que je l'aurai lû. Ne manquez donc pas à me l'apporter tout au plûtôt. « Le billet étoit ſigné, COLBERT, & écrit de la propre main du Miniſtre. M. Deſpréaux y fit réponſe en ces termes.

» Monſeigneur, je vois bien que c'eſt à vos bons offices que je ſuis
» redevable du Privilége que Sa Majeſté veut bien avoir la bonté de
» m'accorder. J'étois tout conſolé du refus qu'on en avoit fait à mon Li-
» braire; car c'étoit lui ſeul qui l'avoit ſollicité, étant très-éveillé pour
» ſes intérêts, & ſachant fort bien que je n'étois point homme à tirer tri-
» but de mes Ouvrages. C'étoit donc à lui de s'affliger d'être déchû d'une
» petite eſpérance de gain, quoiqu'aſſez incertaine à mon avis, dès qu'il
» la fondoit ſur le grand débit d'Ouvrages tels que les miens. Pour moi,
» je me trouvois fort content qu'on m'eût ſoulagé du fardeau de l'impreſ-
» ſion, & de l'incertitude des jugemens du Public, n'ayant garde de mur-

» murer du refus d'un Privilége qui me laiſſoit celui de jouir paiſiblement de
» toute ma pareſſe. Cependant, Monſeigneur, puiſque vous daignez vous
» intéreſſer ſi obligeamment pour moi, j'aurai l'honneur de vous porter
» mon Art Poëtique auſſi-tôt qu'il ſera achevé, non point pour obtenir un
» Privilége dont je ne me ſoucie point, mais pour ſoumettre mon Ou-
» vrage aux lumiéres d'un auſſi grand perſonnage que vous êtes. Je
» ſuis, &c.

M. Deſpréaux ne parla de ſa réponſe, qu'après que ſa lettre eut été
remiſe au Suiſſe de M. Colbert. Puimorin ſon frere, qui étoit Contrôleur des Menus, le tança fort de s'en être tenu à une ſimple lettre de
compliment avec un Miniſtre, & de n'avoir pas pris la poſte ſur le champ
pour aller faire ſes remercimens. Mais à quelques jours de-là ayant eu occaſion de parler à M. Colbert pour des fonds qui regardoient ſon Emploi,
il lui fit des excuſes pour ſon frere que le commerce des Muſes *écartoit
ſouvent de ſes plus grands devoirs.* Tout ce que je puis vous dire là-deſſus,
repartit le Miniſtre, c'eſt que jamais lettre ne m'a fait plus de plaiſir, que
la ſienne.

¶ Dans la Campagne de Gand, MM. Deſpréaux & Racine eurent ordre de ſuivre le Roi. Sa Majeſté s'y expoſa beaucoup, ſur quoi pluſieurs
Courtiſans lui remontrérent qu'il devoit un peu plus ménager ſa perſonne;
& ſon Hiſtorien lui vint faire ſa cour en le priant de ne lui pas donner
ſitôt occaſion de finir ſon Hiſtoire, puiſqu'il ne s'en étoit fallu que ſept
pas qu'un boulet de canon n'eût atteint Sa Majeſté. Et à combien de
pas étiez-vous du canon, dit le Roi à Deſpréaux ? A cent pas, répondit
le Satirique. Mais n'aviez-vous point peur, repartit le Roi ? Oui, Sire,
je tremblois beaucoup pour votre Majeſté, & encore plus pour moi.

¶ Après la mort de M. Racine, M. Deſpréaux vint à la Cour propoſer
au Roi M. de Valincour pour être ſon aſſocié à l'Hiſtoire. Du plus loin
que le Roi eut apperçu le Satirique, il lui cria : Deſpréaux, nous avons
beaucoup perdu vous & moi à la mort de Racine. Tout ce qui me con-
ſole, Sire, repartit M. Deſpréaux, c'eſt que mon ami a fait une fin très-
Chrétienne & très-courageuſe, quoiqu'il craignît extrêmement la Mort.
Oui, oui, répliqua le Roi, je m'en ſouviens; c'étoit vous qui étiez le
brave au ſiége de Gand.

¶ Le P. de la Baune, Jéſuite fort célébre, fit un diſcours où le Parlement fut invité; c'étoit un éloge du Parlement. Après avoir loué cet illuſtre Corps en général, il paſſa aux éloges des Particuliers ; & venant
à parler des Bailleuls, *Baillolios*, M. le Préſident de Bailleul ôta ſon bonnet dont il ſe couvrit le viſage, & l'eut toujours à la main tant que
l'éloge dura. Les autres Préſidens apoſtrophés ſe découvrirent pareillement, & ne remirent leur bonnet qu'après qu'on eut fini ſur leurs
louanges. M. Deſpréaux, qui aſſiſta à la harangue, ne trouvoit rien

de si plaisant, que de voir de graves Personnages faire une manière de scéne Italienne, ne sachant quelle contenance tenir en se voyant louer en face, & ayant toujours leur bonnet à la main jusqu'à extinction d'éloge. J'en riois, disoit-il, avec M. le Président Talon, quand il vint lui-même à être paranymphé, *Baillolios, Memmios, Harlæos, Talonios*. Mais le discours fini, ces Messieurs allérent rendre au P. la Baune les complimens qu'ils venoient de recevoir, ce qui fit une autre scéne ; & là-dessus je dis à M. Talon ces vers de Furetiére qui le firent bien rire :

Comme un Curé faisant sa ronde
Encense à Vêpres tout le monde,
Puis se tient droit ayant cessé,
Pour être à son tour encensé.

¶ La querelle de M. Despréaux & de Perrault vint à l'occasion d'un Poëme composé contre les Anciens par ce dernier. Ce Poëme avoit pour titre, *Le Siècle de Louis le Grand*, & commençoit par deux vers des plus prosaïques :

La docte Antiquité fut toujours vénérable,
Je ne la trouve pas cependant adorable.

Le reste du Poëme étoit à peu près de la même tournure, & ne laissa pas d'être fort applaudi, à la lecture qui en fut faite à l'Académie, en présence de personnes très-illustres, entr'autres de M. de Harlai, Archevêque de Paris. J'étois sur les charbons, disoit M. Despréaux, pendant la lecture de ce misérable Poëme ; & sans M. Racine, qui me retint vingt fois, j'étois prêt à me lever pour confondre tant de graves approbateurs, qui, à la honte du bon sens, avoient la complaisance de souffrir qu'on traitât Homére comme un Carabin, dans une compagnie sur-tout fondée pour être le plus ferme appui des Lettres.

M. Despréaux protesta en public & en particulier contre le bizarre sistéme de Perrault qui vouloit abbaisser aux piéds des Modernes, les plus grands personnages de l'Antiquité. Il fut néanmoins quelques années sans lui répondre ; mais Perrault ayant fait imprimer ses Paralléles, où M. Despréaux étoit traité de médisant, & d'envieux, celui-ci crut devoir se justifier par ces Réflexions judicieuses & démonstratives qui sont à la suite du Traité du Sublime. M. Despréaux nous disoit que M. le Prince de Conti lui avoit fait dire par M. Racine : Si Despréaux ne répond point à Perrault, j'irai moi-même à l'Académie, & j'écrirai à sa place : *Tu dors, Brutus ?*

Enfin la querelle s'accommoda après plusieurs écrits polémiques de part & d'autre ; & Perrault, battu & content, en signe de réconciliation, envoya quelqu'un de ses Ouvrages à son fameux Antagoniste. Ce fut à cette occasion que M. Despréaux lui écrivit cette Lettre ingénieuse, qui, à la bien prendre, pourroit bien passer pour une dixiéme Réflexion contre Perrault. Je marquai là-dessus mes scrupules à mon illustre ami, lui faisant entendre que sa Lettre étoit poliment injurieuse, & que le serpent y étoit caché sous les fleurs : Mais que voulez-vous, me répliqua-t-il, je ne voulois pas me racommoder en coquin. Après tout, ne sont-ce pas ses sentimens, que je lui reproche ? & pouvois-je le faire avec plus de circonspection & de bienséance ? Comme j'insistois toujours à lui soutenir que la réparation me sembloit très-équivoque : Eh bien, me dit-il, voilà justement ce que me disoit M. le Premier Président de Lamoignon : M. Despréaux, je ne doute pas que nous ne soyons toujours bons amis, mais si jamais nous venions à nous racommoder après une brouillerie, point de réparations, je vous prie, je crains plus vos réparations que vos injures.

¶ MM. Despréaux & Racine n'ont jamais fait beaucoup de cas de M. Dacier, qu'ils regardoient comme un Savant bien différent de son beaupere M. le Févre, qui entendoit les Auteurs en galant homme, & savoit les traduire de sentiment; au lieu que toutes les Traductions de M. Dacier sont séches, & ne vont point au cœur. Il a trouvé le secret de morfondre Horace, qui est le plus vif des Auteurs. C'est un homme, disoit M. Despréaux, qui fuit les graces, & les graces le fuient pareillement. Ces Messieurs lui reprochoient entr'autres choses, que dans toutes les remarques où il a prétendu trouver quelqu'explication nouvelle, il s'est toujours écarté du véritable sens, témoin l'Ode d'Horace qui commence par

Motum ex Metello Consule civicum, &c.

dans laquelle il soutient que Pollion n'a jamais fait de Tragédies ; témoin encore la Satire 8. du II. Livre, où il prend le change sur le véritable caractére de Nasidiénus, qu'il prétend faire passer pour un riche avare ; au lieu que c'étoit un homme d'un goût faux, qui se croyoit pourtant un Docteur en bonne chére, & vouloit dogmatiser & raffiner sur les bons morceaux. Ils ne tarissoient point sur ses interprétations singuliéres, qu'ils appelloient, les révélations de M. Dacier. Mais l'endroit sur lequel ces Messieurs le railloient sans pitié, c'est à l'occasion de sa Préface sur les Satires d'Horace, où il dit avec sa confiance ordinaire, que lorsqu'il fait quelque ouvrage, il prend plaisir à s'imaginer qu'il a devant ses yeux les plus grands personnages de l'Antiquité, ausquels il doit rendre compte de ses Ecrits, comme si une Traduction pouvoit s'appeller un Ouvrage, & qu'un homme pût s'applaudir sur sa démarche, quand il ne marche qu'avec des béquilles. M. Despréaux dit un jour à M. Dacier & à sa femme, ennuyé de leurs rodomontades grammaticales : Vous avez beau faire & beau dire, je n'appelle gens d'esprit, que ceux qui ont de belles pensées,

BOLAEANA.

& non pas ceux qui entendent les belles penſées d'autrui.

¶ Pour en revenir à Naſidiénus, M. Deſpréaux lui comparoit le fameux le Brouſſin, homme qui en fait de repas ſe vantoit d'avoir acquis la plénitude de la ſcience. Il faiſoit, diſoit-il, tous les jours de nouvelles découvertes dans le pays de la bonne chére, juſqu'à vouloir faire trouver aux mets ordinaires tout un autre goût que leur goût naturel. Quand il avoit à donner quelque repas d'érudition (ce ſont ſes termes) comme, par exemple, au Duc de Leſdiguiéres, & au Comte d'Olonne, il étoit ſur pié dès quatre heures du matin, & prenoit un compas pour faire poſer la table du feſtin, afin qu'elle ne panchât pas plus d'un côté que de l'autre. Il ne parloit pas moins que de condamner au fouet, ou d'envoyer au carcan, des valets qui ſe feroient mépris ſur l'ordre des ſervices. Un jour il s'aviſa de dire à ſes convives: Sentez-vous, Meſſieurs, le piéd de Mule dans cette omelette aux champignons? Chacun d'eux fut ſurpris de l'apoſtrophe. Pauvres ignorans! leur dit-il, faut-il que je vous aprenne que les champignons employés dans cette omelette ont été foulés par le piéd d'une mule? cela met un champignon au dernier période de la perfection.

¶ Ce même Comte du Brouſſin menaça un jour M. Deſpréaux d'aller dîner chez lui, & lui preſcrivit le jour du repas. Mais, Monſieur, lui répliqua le Satirique, il faut donc que vous m'envoyiez une Fée, pour vous régaler ſelon la ſupériorité de votre goût. Point, point, lui dit le Comte ; donnez-nous ce que vous voudrez, nous nous contenterons d'un repas de Poëte. M. le Duc de Vitri & Meſſieurs de Gourville & de Barillon furent de la Fête, où tout ſe paſſa à merveille. C'étoit à qui feroit plus de remercimens & d'embraſſades au Seigneur Architriclin; & le Comte du Brouſſin lui dit en ſortant : Mon cher Deſpréaux, vous pouvez vous vanter de nous avoir donné un repas ſans faute.

¶ M. Deſpréaux ne ſe laſſoit point d'admirer Moliere, qu'il appelloit toujours le Contemplateur. Il diſoit que la nature ſembloit lui avoir révélé tous ſes ſecrets, du moins pour ce qui regarde les mœurs & les caractéres des hommes. Il regrettoit fort qu'on eût perdu ſa petite Comédie du *Docteur amoureux*, parce qu'il y a toujours quelque choſe de ſaillant & d'inſtructif dans ſes moindres ouvrages. Selon lui, Moliere penſoit toujours juſte ; mais il n'écrivoit pas toujours juſte, parce qu'il ſuivoit trop l'eſſor de ſon premier feu, & qu'il lui étoit impoſſible de revenir ſur ſes ouvrages. Il avoit cela de commun avec la Fontaine, chez qui l'on trouve beaucoup de négligences & de termes hazardés, qui auroient pû être réparés par une lime attentive & laborieuſe; mais Moliere fuyoit la peine, & ce fut M. Deſpréaux qui lui corrigea ces deux vers de la premiére ſcéne des *Femmes ſavantes*, que le Poëte comique avoit faits ainſi :

Quand

BOLAEANA.

*Quand fur une perfonne on prétend s'ajufter,
C'eft par les beaux côtés, qu'il la faut imiter.*

M. Defpréaux trouva du jargon dans ces deux vers, & les rétablit de cette façon:

*Quand fur une perfonne on prétend fe régler,
C'eft par fes beaux endroits, qu'il lui faut reffembler.*

Il lui reprochoit encore ce vers de la premiére fcéne du *Mifantrope*:

Et la plus haute eftime a des regals peu chers.

Il n'étoit guéres plus content de ceux-ci de l'*Amphitryon*, quoiqu'en dépit de leur irrégularité ils ayent paffé en proverbe:

*Le véritable Amphitryon
Eft l'Amphitryon où l'on dîne.*

A l'égard de l'*Amphitryon* de Moliere, qui s'eft fi fort acquis la faveur du Peuple, & même celle de beaucoup d'honnêtes gens, M. Defpréaux ne le goûtoit que médiocrement. Il prétendoit que le Prologue de Plaute vaut mieux que celui du Comique François. Il ne pouvoit fouffrir les tendreffes de Jupiter envers Alcméne, & fur tout cette fcéne où ce Dieu ne ceffe de jouer fur le terme d'époux & d'amant. Plaute lui paroiffoit plus ingénieux que Moliere dans la fcéne & dans le jeu du *Moi*. Il citoit même un vers de Rotrou, dans fa piéce des *Sofies*, qu'il prétendoit plus naturel que ces deux de Moliere :

*Et j'étois venu, je vous jure,
Avant que je fuffe arrivé.*

Or voici le vers de Rotrou :

J'étois chez nous long-temps avant que d'arriver.

Ce fut M. Defpréaux qui fournit à Moliere l'idée de la Scéne des *Femmes favantes*, entre Triffotin & Vadius. La même fcéne s'étoit paffée entre Gille Boileau, frere du Satirique, & l'Abbé Cotin. Moliere étoit en peine de trouver un mauvais Ouvrage pour exercer fa critique, & M. Defpréaux lui apporta le propre Sonnet de l'Abbé Cotin avec un Madrigal du même Auteur, dont Moliere fut fi bien faire fon profit dans fa fcéne incomparable. Le Latin macaronique qui fait tant rire à la fin du *Malade imaginaire*, fut encore fourni à Moliere par fon ami Defpréaux, en dînant ensemble avec Mademoiselle Ninon de l'Enclos, & Madame de la Sabliere.

¶ Moliere récitoit en Comédien sur le Théatre & hors du Théatre; mais il parloit en honnête homme, rioit en honnête homme, avoit tous les sentimens d'un honnête homme; en un mot, il n'avoit rien contre lui que sa profession, qu'il continuoit plus pour le profit de ses Camarades que pour le sien propre.

Deux mois avant la mort de Moliere, M. Despréaux alla le voir, & le trouva fort incommodé de sa toux, & faisant des efforts de poitrine qui sembloient le menacer d'une fin prochaine. Moliere assez froid naturellement, fit plus d'amitié que jamais à M. Despréaux. Cela l'engagea à lui dire : Mon pauvre M. Moliere, vous voilà dans un pitoyable état. La contention continuelle de votre esprit, l'agitation continuelle de vos poulmons sur votre théatre, tout enfin devroit vous déterminer à renoncer à la représentation. N'y a-t-il que vous dans la Troupe, qui puisse exécuter les premiers Rôles ? Contentez-vous de composer, & laissez l'action théatrale à quelqu'un de vos Camarades; cela vous fera plus d'honneur dans le Public, qui regardera vos Acteurs comme vos Gagistes; & vos Acteurs d'ailleurs qui ne sont pas des plus souples avec vous, sentiront mieux votre supériorité. Ah, Monsieur! répondit Moliere, que me dites-vous-là? Il y a un honneur pour moi à ne point quitter. Plaisant point d'honneur, disoit en soi-même le Satirique, à se noircir tous les jours le visage pour se faire une moustache de Sganarelle, & à dévouer son dos à toutes les bastonnades de la Comédie ! Quoi ! Cet homme le premier de son temps pour l'esprit, & pour les sentimens d'un vrai Philosophe, cet ingénieux Censeur de toutes les Folies humaines en avoit une plus extraordinaire que celles dont il se moquoit tous les jours ! Cela montre bien le peu que sont les hommes.

Au reste M. Despréaux trouvoit la prose de Moliere plus parfaite que sa Poësie, en ce qu'elle étoit plus réguliere & plus châtiée, au lieu que la servitude des rimes l'obligeoit souvent à donner de mauvais voisins à des vers admirables, voisins que les maîtres de l'Art appellent des *Freres Chapeaux.* (1)

¶ M. Despréaux avoit envoyé à M. Arnaud son Epître à M. Racine. M. Arnaud la trouva admirablement écrite : mais il lui témoigna qu'il étoit trop prodigue de louanges envers Moliere; & qu'un homme comme lui devoit prendre garde aux gens qu'il louoit, & de quelle maniére il louoit; que Moliere, avec tout son esprit, avoit bien des hauts & des bas, & que ses Comédies étoient une Ecole de mauvaises mœurs. Je suis peut-

REMARQUES.

(1) Allusion à des Moines qui ont à leur suite quelque petit Frere qui porte le chapeau.

être un peu trop critique, disoit M. Arnaud: mais je ne veux point que mes véritables Amis fassent rien que je ne puisse défendre.

¶ M. Despréaux m'a dit, que lisant à Moliere sa Satire qui commence par:

Mais il n'est point de Fou qui par bonnes raisons
Ne loge son voisin aux Petites-Maisons.

Moliere lui fit entendre qu'il avoit eu dessein de traiter ce sujet-là ; mais qu'il demandoit à être traité avec la derniére délicatesse, qu'il ne falloit point sur tout faire comme Desmarets dans ses *Visionnaires*, qui a justement mis sur le Théatre des Fous dignes des Petites-Maisons. Car qu'un homme s'imagine être Alexandre, & autres caractéres de pareille nature, cela ne peut arriver que la cervelle ne soit tout-à-fait altérée; mais le dessein du Poëte Comique étoit de peindre plusieurs Fous de société, qui tous auroient des manies pour lesquelles on ne renferme point, & qui ne laisseroient pas de se faire le procès les uns aux autres, comme s'ils étoient moins fous pour avoir de différentes folies. Moliere avoit peut-être en vûe cette idée, quand à la fin de sa premiére scéne de l'*Ecole des Femmes*, il fait dire d'Arnolphe par Crisalde:

Ma foi, je le tiens fou de toutes les maniéres.

Arnolphe dit de son côté de Crisalde:

Il est un peu blessé sur certaines matiéres.

¶ Je commence toujours à déclarer la guerre par des Epigrammes, disoit M. Despréaux : c'est là mon premier acte d'hostilité ; je lâche d'abord ces enfans perdus sur mes ennemis.

¶ Quelques gens ont reproché à M. Despréaux de s'être délassé de ses grands Ouvrages par quelques petites Poësies qui ne répondent pas toujours à sa haute réputation. On l'a surtout fort blâmé d'avoir laissé imprimer deux Epigrammes très-laconiques qu'il fit contre l'*Agesilas* & contre l'*Attila* du Grand Corneille, quoique Chapelain les eût fort vantées sans savoir qui en étoit l'Auteur. Ces deux Epigrammes finissent par *Hélas*, & par *Hola*. Les faux Critiques, disoit-il, se sont fort révôltés contre cette petite badinerie, faute de savoir qu'il y a un sentiment renfermé dans ces deux mots. Corneille s'y méprit lui-même, & les tourna à son avantage, comme si l'Auteur avoit voulu dire que la premiére de ces deux Piéces excitoit parfaitement la pitié, & que l'autre étoit le *Non plus ultrà* de la Tragédie.

¶ M. Despréaux me disoit que dans sa jeunesse il avoit eu dessein de travailler à la vie de Diogéne le Cynique, qui n'avoit été qu'ébauchée,

& même défigurée par Diogéne Laërce ; que c'étoit un Historien trop sec, & qui dégoutoit les Lecteurs. J'aurois, disoit-il, donné un modéle de la plus parfaite gueuserie, & beaucoup plus plaisante & plus originale que celle de Lazarille de Tormes, & de Gusman d'Alfarache. Jamais homme n'a eu tant d'esprit que ce Cynique; il venoit après Socrate qui avoit emporté le prix de la Philosophie; c'étoit un homme qui faisoit par sagesse ce que fit depuis Diogéne par vanité. Ce copiste ingénieux, sous son extravagance apparente, entreprit de se faire une réputation plus grande que celle de Socrate. Le premier avoit une maison, & l'autre dit : Un méchant tonneau me servira de maison. Socrate avoit une femme, & même deux, qui pis est; & moi je sais un bon secret pour m'en passer. Il se rouloit dans la Canicule sur le sable le plus brûlant, & pendant l'hiver il se couchoit sur la neige, & s'en faisoit une espéce de couverture. En un mot, c'étoit un Socrate outré : aussi Platon disoit de lui : Quand je vois Diogéne, il me semble voir Socrate devenu fou. J'aurois, disoit-il, suivi toutes les actions de ce Philosophe, & tellement varié sa vie, qu'elle auroit été du goût des Lecteurs. Je n'aurois pas oublié que son pere fit banqueroute, & que lui-même fit de la fausse monnoye : c'est, continuoit-il, ce que n'auroit eu garde de dire M. Dacier; il veut que tous les gens qu'il traduit, soient des Saints. N'ayez pas peur qu'il nous ait parlé des vers amoureux de Platon, ni en quel honneur il les faisoit. C'est un homme qui nous fait des Saints de tout ce qui passe par sa plume; elle a le don de canoniser les gens, Saint Platon, Saint Antonin, Saint Hieroclès; je m'étonne qu'il n'ait pas fait une Vestale de Faustine, femme de Marc Antonin, qui étoit la premiére débauchée de son temps. Il n'a pas tenu à Madame Dacier que Sapho n'ait été canonisée comme les autres. Quand on lui reproche qu'elle avoit des inclinations très-libertines, & qu'elle ne se renfermoit pas dans les passions ordinaires à son sexe, Madame Dacier croit la bien défendre en disant que c'est qu'elle a eu des ennemis : que ne nous disoit-elle que ses amies lui ont fait plus de tort que ses plus grands ennemis ? Pour moi, disoit-il, je crois plus les Historiens sur les vices des hommes que sur leurs vertus; & quand on écrit la vie des gens, il ne faut point les ménager sur ce qu'ils ont de criminel; cela gagne créance pour le bien qu'on dira d'eux. J'admire M. Colbert, qui ne pouvoit souffrir Suétone, parce que Suétone avoit révélé la turpitude des Empereurs; c'est par là qu'il doit être recommandable aux gens qui aiment la vérité. Voulez-vous qu'on vous fasse des portraits de fantaisie, comme en ont tant fait la Scudéri & son frere ? Au reste, disoit-il, dans la vie des hommes célébres, il faut relever jusqu'à leurs minuties, comme a fait Plutarque; il n'y a rien qui intéresse tant le Lecteur, & cela vaut mieux que toutes ces réflexions vagues que font tous nos Historiens. C'est par les faits que les hommes sont loués

BOLAEANA.

bles ou blâmables; ainsi ce font les faits qu'il faut soigneusement recueillir, & sur tout ne point s'appesantir sur la morale qui sent plus le Prédicateur que le narrateur.

¶ M. le Verrier donnoit à dîner; M. & Madame Dacier étoient des convives. A la fin du repas, ce couple savant, & sur tout la Dame, se plaignirent assez aigrement que le Satirique ne leur eût pas encore montré son *Equivoque*. M. Despréaux s'excusa sur ce que l'occasion ne s'en étoit pas présentée. La Dame reprit avec un ton hautain & impérieux : C'est peut-être qu'on ne nous croit pas capables d'en sentir toutes les beautés. M. Despréaux répondit ironiquement, qu'il avoit lieu d'appréhender une critique aussi redoutable que la sienne. Oui, dit-elle, Monsieur, votre crainte est peut-être assez bien fondée; car, à coup sûr, je ne vous aurois pas passé un vers, où l'on dit que vous noircissiez la réputation du plus saint personnage de la Gréce. Comment avez-vous osé avancer que Socrate étoit

Très-équivoque ami du jeune Alcibiade.

Je vous prouverois par vingt autorités, qu'il n'y eut jamais de plus noire calomnie. Et moi, répliqua M. Despréaux, je vous prouverois le contraire par vingt autres autorités. La querelle s'échauffant de plus en plus, M. Despréaux leur déclara qu'il ne leur réciteroit jamais son Equivoque. Or il vint le lendemain chez M. Couftard, où il nous raconta la scéne du jour précédent, paroissant encore piqué de la sortie qu'on lui avoit faite. Eh bien, lui dis-je, voulez-vous que je vous donne un Juge de la sentence duquel je vous défie d'appeler. Il y consentit, & là-dessus je fis apporter la Traduction des Nuées d'Aristophane par Madame Dacier, qui n'étoit encore en ce temps-là que Mademoiselle le Févre, où nous lûmes, dans les remarques, page 297. qu'Aristophane reproche à Socrate qu'il faisoit souvent des promenades dans la Palestre pour voir les jeunes garçons qu'il avoit la réputation de ne pas haïr. C'en est assez, dit M. Despréaux; il ne faut pas battre son ennemi à terre, & je me contenterai de lui faire dire que la mémoire lui a manqué.

Magnanimo satis est hostem prostrasse Leoni.

¶ M. Despréaux n'approuvoit point M. Bayle d'avoir condamné Longin dans son Dictionnaire Critique, sur ce que ce fameux Rheteur reprochoit à Timée d'avoir employé une pensée froide & puérile à propos du Conquérant de l'Asie. Alexandre, disoit cet Historien, a pris toute l'Asie en moins de temps qu'Isocrate n'en a mis à composer son Panégyrique; non que cette pensée ne fût très-jolie, en tant que placée dans une Lettre, ou dans tout autre ouvrage de galanterie; mais elle devient une affectation puerile dans une Histoire, parce qu'elle sort de la majesté de l'Histoire, où il faut être réservé à ne pas hazarder même les plus beaux traits d'esprit à contretemps.

¶ Une des lectures qui faisoit le plus de plaisir à M. Despréaux, c'étoit celle de Térence. C'étoit un Auteur, disoit-il, dont toutes les expressions vont au cœur; il ne cherche point à faire rire, ce qu'affectent sur-tout les autres Comiques; il ne s'étudie qu'à dire des choses raisonnables, & tous ses termes sont dans la nature, qu'il peint toujours admirablement : les Valets qu'il introduit sur la scéne, ne sont point comme les Valets de Plaute, c'est-à-dire, toujours sûrs de leur dénoûment, qu'ils conduisent par des stratagêmes à la fin qu'ils se sont proposée; mais chez Térence, une reconnoissance naturelle vient toujours au secours d'un Valet dont la prudence avoit été trompée. Enfin, disoit-il, il est étonnant que ce Poëte ayant écrit après Plaute si estimé & si autorisé chez les Romains, quoique ses plaisanteries fussent outrées, il est étonnant que ce Plaute si cher à la multitude eût été effacé par un concurrent qui avoit pris la route la moins sûre pour plaire : car la raison n'est faite que pour certains génies privilégiés; & ce Peuple Romain si estimable par tant d'autres endroits prenoit souvent le change sur le vrai mérite du Théatre. Il vouloit rire à quelque prix que ce fût; & voilà ce qui rendoit Térence plus merveilleux, d'avoir accommodé le Peuple à lui, sans s'accommoder au Peuple : & par là, disoit M. Despréaux, Térence a l'avantage sur Moliere, qui certainement est un Peintre d'après nature, mais non pas si parfait que Térence, puisque Moliere dérogeoit souvent à son génie noble par des plaisanteries grossiéres qu'il hazardoit en faveur de la multitude, au lieu qu'il ne faut avoir en vûë que les honnêtes gens. Il louoit encore Térence de demeurer toujours où il en faut demeurer; ce qui a manqué à Moliere.

¶ C'est cette grande régle du *Ne quid nimis*, que M. Despréaux prescrivoit aux Poëtes, aux Orateurs, aux Historiens. Il ne pouvoit souffrir qu'un homme d'esprit fît de trop longues écritures, & semblât travailler au rôle comme un Avocat ou un Procureur. C'est Horace, disoit-il, qui m'a fourni ce vers de mon Art Poëtique :

Tout ce qu'on dit de trop, est fade & rebutant.

¶ M. de Harlai de Beaumont, fils du Premier Président, voulut un jour traiter Homere de haut en bas devant M. Despréaux. Il faut, Monsieur, que vous n'ayez jamais lû Homere pour parler ainsi : si vous l'aviez lû avec un peu d'attention, vous verriez que c'est un homme qui dit toujours tout ce qu'il faut dire sur un sujet, & qui ne dit jamais plus que ce

BOLAEANA.

qu'il faut dire. Il citoit à ce propos la harangue du Pere de Chryseis, qui dans le premier Livre de l'Iliade vient demander sa fille à Agamemnon. Je vous la propose, disoit-il, comme le plus excellent modéle de harangues, en ce qu'en deux périodes tout au plus, elle renferme une infinité de choses & de circonstances, & qu'il n'appartient qu'à Homére d'être si heureusement laconique. Voilà donc, reprit M. de Harlai, une grande merveille, de ne dire que ce qu'il faut dire? Comment donc, Monsieur, vous n'appellez cela rien, répliqua M. Despréaux? c'est pourtant ce qui manque à toutes vos Harangues du Parlement.

¶ Un homme de fort bon esprit, mais qui n'avoit point de Lettres, disoit un jour devant M. Despréaux, qu'il aimeroit mieux savoir faire la barbe, que de savoir faire un bon Poëme. Qu'est-ce que des vers, disoit-il? & où est-ce que cela méne? C'est en cela, reprit M. Despréaux, que j'admire la Poësie, que n'étant bonne à rien, elle ne laisse pas de faire les délices des hommes intelligens.

¶ M. Despréaux disoit qu'il ne faut pas toujours juger du caractére des Auteurs par leurs Ecrits; que Balzac, par exemple, feroit peur à pratiquer par l'affectation de son stile. *Votre abondance est la cause de ma disette:* C'est ainsi qu'il commence une Lettre. Au lieu que Voiture donne une idée si riante de ses mœurs, qu'il fait regretter à ses Lecteurs de n'avoir pas vécu avec lui. Cependant M. Despréaux assuroit, comme l'ayant sû de personnes de la vieille Cour, que la société de Balzac, bien loin d'être épineuse comme ses Lettres, étoit toute remplie de douceur & d'agrément: Voiture au contraire faisoit le petit Souverain avec ses égaux, accoûtumé qu'il étoit à fréquenter des Altesses, & ne se contraignant qu'avec les Grands. La seule chose où se ressembloient ces deux Auteurs, c'est dans la composition de leurs Lettres, dont la plus courte leur coûtoit souvent quinze jours de travail.

¶ Un parent de M. Despréaux, homme d'un esprit très-simple & très-borné, le pria de lui envoyer la derniére édition de ses ouvrages; & l'en étant venu remercier, M. Despréaux lui demanda ce qu'il en pensoit: Tout en est admirable, répondit-il; mais ayant un mérite acquis par vous-même, vous vous seriez bien passé d'y fourrer deux Lettres qui ne sont pas de vous. C'étoient celles adressées à M. de Vivonne, sous le nom de Balzac & de Voiture.

¶ M. Despréaux disoit que la Fontaine avoit beaucoup d'esprit, mais qu'il n'avoit qu'une sorte d'esprit; encore prétendoit-il que cette maniére si naïve de dire les choses, qui fait le caractére de la Fontaine, n'étoit pas originale en lui, puisqu'il la tenoit de Marot, de Rabelais, & autres qui ont écrit dans le vieux stile; qu'il y avoit du mérite à s'en servir quelquefois, comme a si bien fait M. Racine dans quelques Epigrammes qui nous restent de lui; mais que cela fît le caractére principal d'un Ecrivain,

BOLAEANA

c'étoit, à son avis, se rendre trop borné, d'autant plus, disoit-il, qu'il y a une sorte d'affectation dans l'imitation Marotique, à peu près comme qui voudroit imiter le style de Balzac & de Voiture. C'est, continuoit-il, ce que j'aurois pû faire fort aisément, & donner plusieurs Lettres comme celles que j'ai écrites à M. de Vivonne, sous le nom de Balzac & de Voiture, & précisément dans leur style. Il me disoit encore qu'il avoit dit un jour à M. le Maréchal de Grammont, grand admirateur de Balzac, que ses hyperboles n'étoient pas si difficiles à imiter, quoique très-contraires à la simplicité du style épistolaire. Il étoit question d'un homme qui parloit fort lentement, & M. Despréaux le caractérisoit ainsi: Le *Oui*, & le *Non*, sont longs quand il les prononce, & ces deux monosyllabes deviennent des Périodes dans sa bouche. Eh bien, lui dit M. le Maréchal, voilà ce que vous avez jamais écrit de mieux. Il s'en falloit beaucoup que le Satirique fût de cet avis. Au reste il disoit que la Fontaine avoit quelquefois surpassé ses Originaux, qu'il y avoit des choses inimitables dans ses Fables, & que ses Contes, à la pudeur près, qui y est toujours blessée, avoient des graces & des délicatesses que lui seul étoit capable de répandre dans un pareil ouvrage.

¶ M. Despréaux s'applaudissoit fort à l'âge de soixante-onze ans, de n'avoir rien mis dans ses vers qui choquât les bonnes mœurs. C'est une consolation, disoit-il, pour les vieux Poëtes qui doivent bientôt rendre compte à Dieu de leurs actions. Il ne convenoit pas que M. Arnaud eût eu raison de le chicaner sur ces vers de la huitiéme Satire:

Jamais la Biche en Rut n'a pour fait d'impuissance
Traîné du fond des bois un Cerf à l'audience.

Je l'ai luë, disoit-il, à plusieurs saints Evêques, & même à M. le Premier Président de Lamoignon, homme très-ombrageux sur la pudeur; & pas un de ces Messieurs ne s'en est scandalisé; j'ose même dire que le trait de ma Satire a fait effet, puisqu'elle a donné lieu de bannir de la société une formalité très-indécente, & souvent très-équivoque.

¶ M. Despréaux disoit que l'amour est un caractére affecté à la Comédie, parce qu'au fond il n'y a rien de si ridicule que le caractére d'un Amant, & que cette passion fait tomber les hommes dans une espéce d'enfance. Il en donnoit pour exemple le personnage de Phædria dans Térence, qui niaise, pour ainsi dire, & fait l'enfant avec son valet, sur ce que sa maîtresse lui a fermé la porte. *Non*, dit-il, *quand elle me rappelleroit, non, je n'irai pas là*. Il prononçoit ces dernières paroles sur le ton enfantin, ce qui y donne encore un nouveau jeu. Il disoit que les inégalités des Amans, leurs fausses douleurs, leurs joies inquiétes, sont le plus beau champ du monde pour exercer un Poëte Comique; mais que l'amour pris à la lettre n'étoit point du caractère de la Tragédie, à laquelle il ne pouvoit

convenir

BOLAEANA.

convenir qu'entant qu'il alloit jusqu'à la fureur, & par conséquent devenoit passion tragique. Il n'étoit point du tout satisfait du personnage que fait Pyrrhus dans l'Andromaque, qu'il traitoit de Héros à la Scudéri, au lieu qu'Oreste & Hermione sont de véritables caractéres tragiques. Il frondoit encore cette scéne, où M. Racine fait dire par Pyrrhus à son confident :

Crois-tu si je l'épouse
Qu'Andromaque en son cœur n'en sera pas jalouse ?

Sentiment puéril qui revient à celui de Perse :

Censen' plorabit, Dave, relictâ ?

car Perse n'a en vûe que la Comédie de Térence, où de pareils sentimens sont en place, au lieu qu'ils sont trop badins ailleurs, & dérogent à la gravité magnifique de la Tragédie.

¶ Moliere étoit fort ami du célébre Avocat Fourcroi, homme très-redoutable par la capacité & la grande étendue de ses poulmons. Ils eurent une dispute à table en présence de M. Despréaux ; Moliere se tourna du côté du Satirique, & lui dit : Qu'est-ce que la raison avec un filet de voix contre une gueule comme cela ?

¶ M. Despréaux n'alloit guéres à l'Académie ; mais quand il s'y trouvoit, s'il venoit à ouvrir quelque avis, il perdoit toujours sa cause à la pluralité des voix. Un jour, me racontoit-il, je fus fort étonné, qu'à la réserve de M. l'Abbé de Clérambaut & de M. de Saci, tout le reste de l'Académie fut de mon parti sur ce vers de la Satire de l'homme :

Non, mais cent fois la bête a vû l'homme hypocondre.

Je m'attendois bien, disoit-il, à être condamné ; car, outre que j'avois raison, c'étoit moi. Il disoit ces mots avec un entousiasme de Satirique, qui relevoit infiniment le bon mot. Desmarets lui avoit déja reproché qu'il falloit dire l'homme hypocondriaque, & non pas hypocondre, mais M. Patru avoit assuré qu'on en pouvoit fort bien faire un adjectif, à l'exemple du mot de parricide, colere, homicide. En effet tous nos bons Auteurs ne parlent pas autrement.

¶ Perrault le Médecin avoit voulu faire un crime d'Etat à M. Despréaux sur ce qu'il dit dans sa Satire IX.

Midas, le Roi Midas a des oreilles d'asne.

Tome I.

Un jour donc que le Satirique soupoit chez M. Colbert, on vint à toucher cette corde: M. Despréaux dit à M. Colbert: Ce sera toujours mal à propos que mes ennemis m'accuseront de parler contre les Puissances; mais pour juger des Auteurs, c'est un droit qui m'appartient, & quand il ne m'appartiendroit pas, je l'usurperois. J'étois audacieux, disoit-il, dans ma jeunesse, & je parlois avec une courageuse liberté.

¶ Dans l'Epître adressée à M. de Seignelai par M. Despréaux, il entend parler de L*** par ces vers:

En vain par sa grimace, un bouffon odieux
A table nous fait rire & divertit nos yeux;
Ses bons mots ont besoin de farine & de plâtre.
Prenez-le tête à tête, ôtez-lui son théatre,
Ce n'est plus qu'un cœur bas, un coquin ténébreux;
Son visage essuyé n'a plus rien que d'affreux.

Voilà en effet le vrai caractére de L***, qui réussissoit parfaitement dans des contes obscénes, & qui n'avoit point de conversation hors des matiéres concernant l'ordure & l'intérêt. Moliere étoit de tout un autre caractére; il regardoit L*** comme un excellent Pantomime, & lui disoit assez souvent: L***, fais-nous rire.

¶ M. Despréaux soutenoit que Lulli avoit énervé la Musique; que la sienne amollissoit les ames, & que s'il excelloit, c'étoit sur tout dans le mode Lydien.

¶ Sur le bruit que Lulli traitoit d'une charge de Sécretaire du Roi, M. de Louvois dit au Musicien: Nous voilà bien honorés, nous sommes menacés d'avoir pour confrere un maître Baladin. Lulli répondit effrontément au Ministre: S'il falloit pour faire votre cour au Roi faire pis que moi, vous seriez bien-tôt mon camarade.

En effet quelques jours avant sa réception, Lulli fit son ancien Rôle de Muphti dans *le Bourgeois Gentilhomme*, & le Roi qui ne s'y attendoit point en rit beaucoup: l'on dit même que cela avança fort la réception de Lulli dans le corps des Sécretaires du Roi.

¶ M. Despréaux n'avoit pas moins de droiture dans le cœur, qu'il avoit de justesse dans l'esprit. Quelques Seigneurs de la Cour lui ayant raconté que dans une débauche ils avoient envoyé querir un Apotiquaire, & qu'étant arrivé avec un remède presque bouillant, ils s'étoient saisis de l'Apotiquaire, & lui avoient donné de force son remède, l'ayant fait danser ensuite, & joué à le faire crever: M. Despréaux s'emporta contr'eux, & leur fit tant de honte de leur mauvaise plaisanterie, que sur l'heure le

BOLAEANA.

Marquis de Manicamp envoya trente pistoles à l'Apotiquaire.

¶ Dans la Campagne de Franche-Comté M. Despréaux eut ordre de suivre le Roi. Il fit une chaleur extraordinaire pendant toute cette expédition: cependant M. Despréaux ne laissoit pas de porter une camisole fort épaisse sous un gros surtout. Les Courtisans en voulurent faire une raillerie au Roi; mais le Satirique détourna la querelle sur M. Fagon qui étoit bien plus lourdement vétu que lui. Je n'étois point habillé, disoit M. Despréaux, en comparaison de M. Fagon. Mais, Despréaux, comment pouvez-vous durer avec de si grosses hardes, & par la saison qu'il fait ? lui disoit le Roi. Sire, repartit le Satirique, j'ai toujours oui dire que le chaud étoit un ami incommode, mais que le froid étoit un ennemi mortel.

¶ M. Despréaux lisant au Roi un endroit de l'Histoire de sa vie en présence de quelques Courtisans, Sa Majesté l'arrêta sur le mot de *rebrousser*, pour lequel le Roi avoit de la répugnance. Il étoit question du voyage que le Roi avoit feint de faire en Flandre, & puis tout d'un coup avoit rebroussé chemin pour tourner du côté de l'Allemagne. Tous les Courtisans applaudirent à l'objection du Prince, & même jusqu'à M. Racine qui faisoit sa cour aux dépens de son ami; mais M. Despréaux persista dans son sentiment avec une obstination respectueuse, insinuant au Roi que lorsqu'il n'y avoit qu'un mot dans une langue pour signifier une chose, il falloit le conserver, quelque rude & bizarre que parût ce mot.

¶ Le Roi demandant à M. Despréaux ce qu'il pensoit des sermons de M. le Tourneux, si fameux par son Année Chrétienne, M. Despréaux répondit à Sa Majesté : Avant que ce Prédicateur entre en chaire, sur sa mine on ne voudroit pas qu'il y entrât ; & quand il y est, on ne voudroit pas qu'il en sortît.

¶ Barbin le Libraire avoit une maison de campagne à Ivry, maison fort ornée & fort enjolivée, mais qui n'avoit ni cour ni jardin : M. Despréaux fut invité d'y aller dîner, & quelques momens après le repas, fit mettre les chevaux au carosse : Mais où allez-vous donc si vîte ? lui dit Barbin. Je m'en vais prendre l'air à Paris, répondit M. Despréaux.

¶ A la mort de Furetiere, il fut délibéré dans l'Académie si l'on feroit un service au défunt, selon l'usage pratiqué depuis son établissement. M. Despréaux y alla exprès avec M. Racine le jour que la chose devoit être décidée ; mais voyant que le gros de l'Académie prenoit parti pour la négative, lui seul osa parler ainsi à cette Compagnie :

» Messieurs, il y a trois choses à considérer ici, Dieu, le Public, & l'A-
» cadémie. A l'égard de Dieu, il vous saura sans doute très-bon gré de lui
» sacrifier votre ressentiment, & de lui offrir des priéres pour un mort qui
» en auroit besoin plus qu'un autre, quand il ne seroit coupable que de
» l'animosité qu'il a montrée contre vous. Devant le Public, il vous sera très-

» glorieux de ne pas pourſuivre votre ennemi par de-là le tombeau. Et pour
» ce qui regarde l'Académie, ſa modération ſera très-eſtimable, quand elle
» répondra à des injures par des priéres, & qu'elle n'enviera pas à un Chré-
» tien les reſſources qu'offre l'Egliſe pour appaiſer la colere de Dieu, d'au-
» tant mieux qu'outre l'obligation indiſpenſable de prier Dieu pour vos en
» nemis, vous vous étes fait une loi particuliére de prier pour vos Con-
» freres.

¶ Un laquais de M. Deſpréaux revenant de chez Boisrobert lui apprit
que ſa goute avoit redoublé. Il jure donc bien, dit M. Deſpréaux. Hélas!
Monſieur, repartit le laquais, il n'a plus que cette conſolation-là.

¶ Je demandois à M. Deſpréaux l'explication de ce vers de ſon Epitre
à M. de Seignelai:

Qu'en plus d'un lieu le ſens n'y gêne la meſure.

Je l'entendois, avant qu'il m'en eût donné l'explication, de cette maniére;
Que ſouvent la meſure du vers rendoit le ſens trop gêné, étant aſſez difficile de bien renfermer ſa penſée dans les bornes étroites d'un vers, comme
l'a ſi bien exprimé M. Deſpréaux dans ſa Satire à Moliere, par ces mots:

Maudit ſoit le premier dont la verve inſenſée
Dans les bornes d'un vers renferma ſa penſée;
Et donnant à ſes mots une étroite priſon,
Voulut avec la rime enchaîner la raiſon.

Mais M. Deſpréaux me fit comprendre que le ſens de l'autre vers étoit
bien différent de ces vers-ci; que par le ſens gênant la meſure, il avoit
voulu exprimer certaines tranſpoſitions forcées, dont les meilleurs Auteurs
ne ſauroient ſe défendre, mais dont ils tâchent de ſauver la dureté par
toutes les ſoupleſſes de leur Art. Dans ces ſituations, diſoit-il, vous diriez que le vers grimace, ou fait certaines contorſions. Je vais vous en
donner un exemple ſenſible dans un vers de Chapelain. Il eſt queſtion d'y
exprimer l'action du fameux Cynegire, qui s'étant attaché à l'un des créneaux, ſe vit le bras emporté; il y attache l'autre bras, & ce bras a le
ſort du premier, de maniére qu'il s'attacha aux créneaux avec les dents;
ce que Chapelain exprime ainſi:

Les dents, tout lui manquant, dans les pierres il plante.

Voilà, diſoit-il, le plus parfait modéle de la meſure gênée par le ſens:
car on ne ſauroit dire que le vers de Chapelain manque par le ſens; mais

BOLAEANA.

cette transposition bizarre, & pour ainsi dire, dans toute sa crudité, révolte encore plus les yeux que les oreilles, au lieu qu'un grand Poëte en de pareilles extrémités, par toutes les finesses de son Art, cherche à adoucir ce qui de soi-même est rude.

¶ Je montrois à M. Despréaux un de mes Ouvrages, il me fit quelques objections que je reçus avec beaucoup de docilité ; mais voulant me louer d'être si traitable, il me fit comprendre qu'il y avoit quelquefois autant d'entêtement de la part du Critique que de la part de l'Auteur ; que le dernier défendoit ses vers avec trop de complaisance, & que l'autre regardant sa Critique comme son propre ouvrage, la soutenoit avec trop de chaleur. Il me disoit qu'il falloit chamailler de part & d'autre avec cette exacte retenue dont ne sortent jamais les honnêtes gens, & que c'étoit ainsi qu'on parvenoit à trouver la vérité ; c'est la raison pour laquelle il avoit avancé dans sa Poëtique :

Mais ne vous rendez pas, dès qu'un sot vous reprend.
Souvent dans son orgueil un subtil ignorant
Par d'injustes dégoûts combat toute une piéce.

Mais aussi ne faut-il pas être trop roide, ni vouloir ne point essuyer la moindre critique.

¶ M. Despréaux me disoit que Regnier étoit bien plus Poëte que Malherbe ; mais que Malherbe avoit plus de justesse que Regnier. Avant moi, poursuivoit-il, les Poëtes ne pouvant mettre la poudre à canon en vers, mettoient à leurs Héros des traits & des fléches à la main ; ce qui étoit bon pour les Grecs & Romains, mais qui ne caractérise point du tout notre Nation. Il s'applaudissoit d'avoir trouvé le moyen d'exprimer les effets de la poudre à canon dans son ode de Namur :

Dix mille vaillans Alcides
Les bordant de toutes parts,
D'éclairs au loin homicides
Font petiller leurs remparts.

J'en avois déja parlé, disoit-il, dans mon Epître au Roi sur le passage du Rhin :

Du salpêtre en fureur l'air s'échauffe & s'allume.

Et encore dans ma Satire sur l'homme :

Eût paîtri le salpêtre, eût aiguisé le fer.

Par là, disoit-il, un Poëte peut comparer son Héros à Jupiter, la poudre à canon étant une espéce de tonnerre ; au lieu que nos anciens Poëtes, & Malherbe tout le premier, croioient avoir beaucoup fait en faisant un Mars uniforme de tous leurs Guerriers.

¶ M. le Marquis de *** souhaitant d'être de l'Académie fut prier M. le Président de Lamoignon d'engager M. Despréaux à lui donner sa voix. J'étois dans son cabinet, quand il reçut la lettre du Président, qui lui envoyoit un ouvrage de galanterie du postulant pour l'Académie ; c'étoient de petits vers qui n'avoient ni force ni vertu. Voilà, dit M. Despréaux, après en avoir lû le début, voilà encore un plaisant titre pour entrer à l'Académie ; il n'a que faire de compter sur ma voix. Je dirai tout net à M. de Lamoignon, que je n'ai point de voix à donner à un homme qui fait d'aussi méchans vers à soixante ans, & des vers qui renferment une morale impudique. Le jour que l'élection devoit être faite, il se transporta exprès à l'Académie pour donner sa boule noire. Quelques Académiciens lui ayant remontré que le Marquis étoit un homme de qualité, qui méritoit qu'on eût pour lui des égards : Je ne lui conteste pas, dit-il, ses titres de Noblesse, mais ses titres de Parnasse ; & je le soutiens non seulement mauvais Poëte, mais Poëte de mauvaises mœurs. Mais, reprit l'Abbé Abeille, M. le Marquis n'écrit pas comme un Auteur de profession, il se borne à faire de petits vers comme Anacréon. Comme Anacréon, repartit le Satirique, & l'avez-vous lû, vous qui en parlez ? Savez-vous bien, Monsieur, qu'Horace, tout Horace qu'il étoit, se croyoit un très-petit compagnon auprès d'Anacréon ? Eh bien donc, Monsieur, si vous estimez tant les vers de votre Monsieur le Marquis, vous me ferez un très-grand honneur de mépriser les miens.

¶ Jamais homme n'a parlé sur ses ouvrages avec plus de franchise que M. Despréaux. Sa neuviéme Satire qui passe pour son chef-d'œuvre, ne fut goûtée que d'un petit nombre de gens avant l'impression. M. Despréaux n'ayant pas trouvé les Auditeurs aussi favorables qu'il devoit se les promettre, fit la Satire sur l'Homme qui eut un tout autre succès dans les récits ; & quoique dans l'ordre de l'impression elle soit la huitiéme, elle a pourtant été faite après celle adressée à son esprit. Toutes deux sont d'une si grande beauté, que c'est là proprement que s'est déclaré le grand génie du Poëte, & ces deux Ouvrages ont constaté sa pleine & entiére réputation ; aussi mettoit-il à la tête de ses bons Ouvrages la Satire à son esprit, comme une Piéce où il avoit trouvé l'art de cacher son jeu, en ne faisant semblant que de badiner. La Satire sur l'Homme lui paroissoit écrite avec plus de force, & vraisemblablement plus remplie de traits sublimes. Après ces deux Ouvrages, c'étoit son Epître à ses vers qu'il sembloit le plus estimer. Je n'ai point fait, disoit-il, de si belles, ni de si justes rimes; d'un bout à l'autre je trouve le secret de me louer à outrance, mais pourtant avec bienséance. C'eſt un Satirique qui fait pitié, & qui intéreſſe tout le monde pour ſes Ouvrages & pour ſa perſonne ; après cela je donne à la poſtérité une image vraie de ma vie & de ma gloire, & je mets ſur tout en jour l'amitié ouverte que j'ai toujours eue pour M. Arnauld. Son Epître à M. de Lamoignon ne lui paroiſſoit pas inférieure aux précédentes Piéces, après leſquelles il plaçoit ſa Satire à Moliere, qui étoit purement de ſon invention, & où il avoit exprimé toutes les bizarreries de la rime, & de la maniere la plus heureuſe. Enſuite c'étoit à ſon *Equivoque*, à laquelle il donnoit le prix ; peut-être parce que ce ſont les derniers enfans, pour qui l'on a le plus d'affection. Voila les ſix Ouvrages qui tenoient le premier rang dans ſon eſtime après ſon Art Poëtique, qui, de l'aveu du Public, & de ſon aveu particulier, paſſe pour le meilleur de ſes Ouvrages.

¶ Le Roi ſe bottant pour aller à la Chaſſe, demandoit à M. Deſpréaux, en préſence de pluſieurs Seigneurs, quels Auteurs avoient le mieux réuſſi pour la Comédie. Je n'en connois qu'un, reprit le Satirique, & c'eſt Moliere ; tous les autres n'ont fait que des Farces proprement, comme ces vilaines Piéces de Scarron. Le Roi demeura penſif, & M. Deſpréaux s'appercevant qu'il avoit fait une faute ſe mit à baiſſer les yeux auſſi-bien que tous les autres Courtiſans. Si bien donc, reprit le Roi, que Deſpréaux n'eſtime que le ſeul Moliere. Il n'y a, Sire, auſſi que lui qui ſoit eſtimable dans ſon genre d'écrire. Je n'eus garde, diſoit M. Deſpréaux, de vouloir rhabiller mon incartade ; c'eût été faire ſentir que j'avois été capable de la faire. M. le Duc de Chevreuſe le tira à quartier en lui diſant: Oh, pour le coup, votre prudence étoit endormie ! Et où eſt l'homme, répondoit M. Deſpréaux, à qui il n'échappe jamais une ſottiſe ? Cependant le Roi qui voyoit bien que c'étoit l'abondance du cœur qui avoit fait parler le Poete, ne lui en voulut point de mal.

¶ M. Deſpréaux n'eſtimoit point les vers de Scarron, qu'il trouvoit bas & burleſques à outrance ; mais il admiroit ſa proſe, & la trouvoit parfaite, ſur-tout dans ſon Roman Comique ; il n'y eut jamais de ſtyle plus plaiſant ni plus varié que celui-là. Scarron, diſoit-il, tiroit les plus petites choſes de leur baſſeſſe par la maniere noble dont il les contoit. Je ne ſais s'il ne m'a pas dit, qu'il avoit eu deſſein de continuer le Roman Comique ; mais je me ſouviens qu'il me propoſa d'y travailler, & m'offrit même de me donner des mémoires, ce que je n'eus garde d'accepter.

¶ Quelque temps après que les Satires de M. Deſpréaux eurent paru, Fernando Nugnès, Grand Amiral d'Eſpagne, vint en France, & quoiqu'Etranger goûta parfaitement toutes les beautés d'un Ouvrage qui faiſoit l'attention publique. Auſſi-tôt qu'il fut de retour à Madrid, il envoya

BOLAEANA.

deux livres du meilleur tabac & une tabatiére de prix à M. Despréaux, en reconnoissance du plaisir que ses Satires lui avoient fait; & M. Despréaux fit present de la tabatiére & du tabac à M. le Chevalier de Vendôme.

¶ Lorsque le Roi d'Espagne Philippes V. fut arrivé pour la premiére fois à Madrid, il voulut se délasser par quelque lecture agréable, & demanda les Satires de M. Despréaux; mais les balots du Prince étant encore en chemin, M. le Comte d'Ayen, aujourd'hui Maréchal de Noailles, proposa à Sa Majesté d'envoyer chez les Libraires de Madrid, où l'on trouva deux éditions des Ouvrages du Satirique.

¶ L'enfance de M. Despréaux fut des plus laborieuses. Il fallut le tailler à l'âge de huit ans, & il se ressentit toute sa vie de cette opération. Ayant perdu sa mere de bonne heure, & son pere étant tout occupé de ses affaires, l'éducation de ce grand Poëte fut abandonnée à une vieille servante qui le traitoit avec empire; & il avoit encore une autre domination à essuyer, c'étoit celle de Gilles Boileau son frere aîné, grand ami de Cotin & de Chapelain, & de plus très-jaloux du mérite naissant de son cadet, qui passa ses premiéres années dans une guerite au-dessus du grenier de sa maison, où il fut, pour ainsi dire, relégué jusqu'à quinze ans. Il nous disoit souvent que si on lui offroit de renaître aux conditions onéreuses de sa première jeunesse, il aimeroit mieux renoncer à la vie; cependant l'excellence de son naturel surmonta toutes les disgraces de son éducation. Il n'étoit encore qu'en quatriéme qu'il sentit du talent pour la Poësie; & dès-lors déja tout plein de la lecture des anciens Romans, il entreprit de faire une Comédie. Je faisois, disoit-il, paroître sur la scéne trois Géans prêts à se battre pour la conquête d'une commune Maîtresse, lorsqu'un quatriéme Géant les séparoit par ces vers:

Géans, arrêtez-vous,
Gardez pour l'ennemi la fureur de vos coups.

Il défioit Boyer de lui montrer un seul vers de cette force dans les cent mille qu'il a faits. Au reste, à propos de la jalousie de son frere aîné, il me citoit l'Epigramme de Liniere, dans laquelle tous ceux qui en ont parlé ont supprimé un vers essentiel, à l'exemple de Richelet, & c'est ce quatriéme vers qui la rend plus vive & plus soutenue.

Veut-on savoir pour quelle affaire
Boileau le rentier aujourd'hui
En veut à Despréaux son frere?
Qu'est-ce que Despréaux a fait pour lui déplaire?
Il a fait des vers mieux que lui.

BOLAEANA.

¶ M. Despréaux ne feignoit point de dire que c'étoit un Poëte inconnu, qui lui avoit fourni l'idée de ces deux vers de sa premiére Satire :

Et que d'un bonnet verd le salutaire affront
Flétrisse les lauriers qui lui couvrent le front.

¶ C'est la fatale nécessité de la rime qui a attiré à l'Abbé Cotin tous les brocards répandus contre lui dans les Satires de M. Despréaux. Ce Poëte récitoit à Furetiere la Satire du repas, & se trouvoit arrêté par un hemistiche qui lui manquoit :

Si l'on n'est plus à l'aise assis dans un festin,
Qu'aux Sermons de Cassagne...

Vous voilà bien embarrassé, lui dit Furetiere ; & que ne placez-vous-là l'Abbé Cotin ? Il ne fallut pas le dire deux fois ; ce qui justifia la vérité des deux vers suivans :

Et malheur à tout nom qui propre à la censure
Peut entrer dans un vers sans rompre la mesure.

¶ M. Bayle agite une assez plaisante question dans ses Lettres, ou Questions au Provincial. Il suppose que M. Despréaux eût été choisi pour remplir la place de Cotin à l'Académie, & paroît en peine de quelle maniére le successeur se seroit tiré de l'éloge de fondation dû à son prédécesseur, suivant les statuts Académiques. Je rapportai la chose à M. Despréaux, qui me dit qu'à la vérité il auroit fallu marcher un peu sur la cendre chaude ; mais qu'à la faveur des défilés de l'Art Oratoire, il se seroit échapé d'un pas si délicat. Il n'y a rien, disoit-il, dont la Rhétorique ne vienne à bout. Un bon Orateur est une espéce de Charlatan, qui fait mettre à propos du baume dans les plaies. C'est, lui répliquai-je, ce que vous avez bien prouvé par votre lettre de raccommodement à M. Perrault.

¶ M. Despréaux en distinguant la belle Comédie des Farces, qui font souvent plus rire que la Piéce la mieux conduite, & la plus remplie de caractéres naturels, me disoit qu'il y avoit deux sortes de rire, l'un qui vient de surprise, & l'autre qui réjouit l'ame intérieurement, & fait rire plus efficacement, parce qu'il est fondé sur la raison. Car, disoit-il, l'effet naturel de la raison c'est de plaire ; & quand vous voyez sur le théatre une action qui se suit, & des caractéres heureusement représentés, vous ne sauriez vous défendre d'applaudir, si ce n'est par des éclats de rire

Tome I. * f

violens, au moins par une satisfaction que vous sentez au dedans de vous-même. Or les bouffonneries qui excitent la risée ont véritablement quelque mérite; mais quand on les oppose au plaisir que produit un caractére naturel & bien touché, c'est un bâtard auprès d'un enfant légitime. Il n'y a que la belle Nature & le véritable Comique, auſquels il appartienne de renvoyer l'eſprit légitimement ſatisfait, & plein d'une délectation ſans reproche. Voilà, diſoit-il, le ſeul attrait que les honnêtes gens demandent à la Comédie; & c'eſt auſſi le ſeul qui peut attirer de la réputation à un Auteur.

¶ Ce fut moi qui raccommodai Regnard, Poëte Comique, avec M. Despréaux. Ils étoient prêts d'écrire l'un contre l'autre, & Regnard étoit l'agreſſeur. Je lui fis entendre qu'il ne lui convenoit pas de ſe jouer à ſon maître; & depuis ſa réconciliation il lui dédia ſes *Menechmes*. M. Despréaux diſoit de Regnard, qu'il n'étoit pas médiocrement plaiſant.

¶ La Judith de Boyer fut repréſentée à Paris dans le Carême en 1695. elle eut un très-grand ſuccès, grace à la Champmeſlai qui la fit valoir plus par le mérite de ſon jeu que par la bonté de la piéce. M. Eſſain frere de Madame de la Sabliere, en fit de grands récits à M. Despréaux, qui lui répondoit toujours: Je l'attends ſur le papier. Enfin la Piéce fut jouée à la Cour, où elle perdit toute ſa réputation; & perſonne ne la voulut plus revoir après Paſques. A quelque temps de-là M. Despréaux rencontrant à Verſailles M. Eſſain, lui cria de loin: M. Eſſain, n'avez-vous point là votre Boyer ſur vous? comme s'il eût voulu dire, n'avez-vous point ſur vous votre Corneille ou votre Racine? C'eſt à propos de cette Judith, que M. Racine diſoit qu'il ne falloit pas s'étonner qu'elle n'eût point été ſifflée à Paris; c'eſt, diſoit-il, que tous les ſiffleurs étoient à la Cour aux Sermons de l'Abbé Boileau.

¶ M. Despréaux diſoit que M. le Tellier Archevêque de Rheims, l'avoit une fois plus eſtimé, depuis qu'il ſavoit qu'il étoit riche. M. Conſtard lui répliqua, M. de Tonnerre Evêque de Noyon vous auroit auſſi plus eſtimé, s'il vous eût crû Gentilhomme. J'avois, répondit M. Despréaux, de quoi les contenter tous deux.

¶ Il y avoit dans Sarazin, diſoit M. Despréaux, la matiére d'un excellent Eſprit, mais la forme n'y étoit pas. Il louoit fort deux vers de ce Poëte dans une Ode adreſſée à M. de Montauſier, où Sarrazin s'excuſe de le louer;

Car je n'ai qu'un filet de voix,
Et ne chante que pour Silvie.

¶ Homére étoit la belle paſſion de M. Despréaux, il en revenoit toujours à lui. C'est un Poëte, disoit-il, que les Graces ne quittent point. Tout ce qu'il écrit est dans la nature, & d'un seul mot il vous fait connoître un homme. Ulysse arrive dans la caverne du Cyclope, Polyphéme ne fait qu'une bouchée de deux de ses Compagnons. Ulysse lui présente à boire : Voilà de bon vin, dit le Cyclope ; va, mon ami, je te mangerai le dernier.

¶ Ce que M. Despréaux estimoit le plus dans Homére, c'est le talent qu'il a d'exprimer noblement les plus petites choses. C'est là, disoit-il, où consiste l'art ; car les grandes choses se soutiennent assez d'elles-mêmes. Il citoit à ce propos une Chanson ancienne, dont l'Auteur lui étoit inconnu, mais dont il admiroit le naturel :

La charmante Bergére
Ecoutant ses discours,
D'une main ménagére
Alloit filant toujours,
Et doucement atteinte
D'une si tendre plainte,
Fit tomber par trois fois
Le fuseau de ses doigts.

¶ M. Despréaux disoit que Saint-Amant s'étoit formé du mauvais de Régnier, & Benserade du mauvais de Voiture. Le même Benserade étoit si fort accoûtumé à la Pointe, que même en mourant il en fit une. C'est un homme mort, disoient les Médecins à sa Garde ; cependant continuez à lui faire manger de la poule bouillie. Pourquoi du bouilli, dit Benserade, puisque je suis frit ?

¶ On m'accuse, disoit M. Despréaux, de ne rien louer de ce qu'a fait Scudéri, voici pourtant deux beaux vers que je suis étonné qui soient de lui :

Il n'est rien de si doux à des cœurs pleins de gloire,
Que la paisible nuit qui suit une victoire.

Je loue, continuoit-il, jusqu'à M. Perrault quand il est louable. Est-ce bien lui, qui a fait ces six vers que je trouve à la fin d'une Préface de ses Paralleles ?

Ils devroient ces Auteurs demeurer dans leur Grec,
Et se contenter du respect

BOLAEANA.

De la gent qui porte férule.

D'un savant Traducteur on a beau faire choix;
C'est les traduire en ridicule,
Que de les traduire en François.

On voit bien qu'il vise un peu à M. Dacier, mais a-t-il tout le tort? Il s'en faut bien que M. Dacier écrive aussi agréablement que sa femme. M. Dacier est toujours sec & décisif. Il croit avoir raison dans l'explication qu'il donne à ce passage d'Horace, *Difficile est propriè communia dicere*; cependant c'est un passage qui se doit entendre naturellement. Il est difficile, dit Horace, de traiter des sujets qui sont à la portée de tout le monde, d'une maniére qui vous les rende propres, ce qui s'appelle s'approprier un sujet par le tour qu'on y donne. M. Despréaux prétendoit avoir trouvé la solution de ce passage dans Hermogéne, & disoit mille bonnes raisons pour l'appuyer qui ont échapé à ma mémoire.

¶ M. Despréaux disoit que les vers les plus simples de ses Ouvrages étoient ceux qui lui avoient le plus coûté; que ce n'est qu'à force de travail qu'on parvient à paroître aisé à ses Lecteurs; qu'on leur ôte par là toute la peine qu'on s'est donnée. Ce ne sont pas, continuoit-il, les grands traits de pinceau, ni ces coups de maître, qui arrêtent un Ecrivain dans son progrès; ce sont quelquefois des niaiseries, qui coûtent le plus à exprimer. Il en donnoit pour exemple ces quatre vers de la Satire de l'Homme, qui ne renferment rien d'extraordinaire, & dont pourtant il n'est venu à bout que très-difficilement :

Lui seul vivant, dit-on, dans l'enceinte des villes,
Fait voir d'honnêtes mœurs, des coutumes civiles,
Se fait des Gouverneurs, des Magistrats, des Rois,
Observe une Police, obéit à des Loix.

¶ Bien des gens ont crû que Chapelle, Auteur du voyage de Bachaumont, avoit beaucoup aidé Moliere dans ses Comédies. Ils étoient certainement fort amis; mais je tiens de M. Despréaux qui le savoit de Moliere, que jamais il ne s'est servi d'aucune scéne qu'il eût empruntée de Chapelle. Il est bien vrai que dans la Comédie des *Fâcheux*, Moliere étant pressé par le Roi, eut recours à Chapelle pour lui faire la scéne de Caritidés, que Moliere trouva si froide qu'il n'en conserva pas un seul mot, & donna de son chef cette belle scéne que nous admirons dans les *Fâcheux*. Et sur ce que Chapelle tiroit vanité du bruit qui courut dans le monde, qu'il travailloit avec Moliere, ce fameux Auteur lui fit dire par

BOLAEANA.

M. Despréaux qu'il ne favorisât pas ces bruits-là; qu'autrement il l'obligeroit à montrer sa misérable scéne de Caritidés, où il n'avoit pas trouvé la moindre lueur de plaisanterie. M. Despréaux disoit de ce Chapelle, qu'il avoit certainement beaucoup de feu, & bien du goût tant pour écrire que pour juger; mais qu'à son voyage près, qu'il estimoit une piéce excellente, rien de Chapelle n'avoit frappé les véritables connoisseurs, toutes ses autres petites Piéces de Poësies étant informes & négligées, & tombant souvent dans le bas, témoin ses vers sur l'Eclipse, où il finit par ce quolibet, *Gare le pot au noir*, & fait venir, comme par machines, Juste Lipse, afin de trouver une rime à Eclipse.

Cependant c'étoit ce même Chapelle qui donnoit le ton à tous les beaux esprits, comme à tous les Yvrognes du Marais; on prenoit son attache pour débiter dans le beau monde des vers prétendus Anacréontiques, où régnoient, disoit-on, le plus beau naturel & les plus heureuses négligences.

¶ M. Despréaux disoit de la Bruyere, que c'étoit un homme qui avoit beaucoup d'esprit & d'érudition, mais que son style étoit prophétique, qu'il falloit souvent le deviner; qu'un ouvrage comme le sien ne demandoit que de l'esprit, puisqu'il délivroit de la servitude des transitions, qui est, disoit-il, la pierre d'achopement de presque tous les Ecrivains. J'ai eu, continuoit-il, le courage de lui soutenir que son discours à l'Académie étoit mauvais, quoique d'ailleurs très-ingénieux & parfaitement écrit; mais que l'éloquence ne consiste pas à dire simplement de belles choses, qu'elle tend à persuader; & que pour cela il faut dire des choses convenables aux temps, aux lieux, & aux personnes. Il n'y a, poursuivoit-il, que deux sortes d'éloquence, celle de Démosthéne, ou l'éloquence du Pont-neuf. Des Bateliers veulent noyer Démosthéne; il les attendrit par ses Figures: un Charlatan veut vendre ses savonettes; il les vend au bout de sa harangue. Un Orateur fait toujours bien quand il persuade.

¶ Chapelle avoit manqué à se noyer, & à s'égorger au sortir d'une grande débauche. A quelques jours de là M. Despréaux l'ayant rencontré: Vous voyez, lui dit Chapelle, un homme tout-à-fait converti sur la passion du vin; trouvez bon que j'en fasse mon abjuration entre vos mains. Le Satirique l'embrasse pour lui en marquer sa joie, & lui dit mille choses touchantes à ce sujet. Chapelle fait mine d'être attendri par son discours jusqu'à l'entrée d'un certain cabaret, où il le fait entrer de force, non pas pour boire, disoit-il, mais pour mieux profiter de son sermon.

¶ M. Despréaux soutenoit que l'Eglogue étoit un genre de Poësie, où notre langue ne pouvoit réussir qu'à demi; que presque tous nos Auteurs y avoient échoué, & n'avoient pas seulement frappé à la porte de l'Eglogue ; qu'on étoit fort heureux quand on pouvoit attraper quelque chose de ce style, comme ont fait Racan & Ségrais. Il donnoit pour exemple les vers de ce dernier :

> *Ce Berger accablé de son mortel ennui*
> *Ne se plaisoit qu'aux lieux aussi tristes que lui.*

Et Racan dans l'imitation d'une Eglogue de Virgile :

> *Et les ombres déja du faîte des Montagnes*
> *Tombent dans les campagnes.*

Il disoit encore que la sublimité divine des Pseaumes étoit l'écueil de tous les Traducteurs ; que leur simplicité majestueuse ne pouvoit être rendue par la plume des plus grands maîtres ; qu'elle avoit souvent désespéré M. Racine, qui pourtant étoit venu à bout de traduire admirablement cet endroit du Psalmiste, à propos de l'Impie : *Transivi, & ecce non erat.*

> *Je n'ai fait que passer, il n'étoit déja plus.*

¶ M. Despréaux étoit fort ami du P. Ferrier, Jésuite, & Confesseur du Roi. Il joignoit, disoit-il, les mains d'aise toutes les fois qu'il me voyoit. Un jour, M. Despréaux s'étant fait annoncer chez ce Pere, qui avoit une grosse cour, le Jésuite vint ouvrir lui-même la porte de son cabinet, pour le recevoir plus amiablement. Hé bien, dit-il, en l'embrassant tendrement, qu'est-ce qui vous améne ici ? Mon Pere, répliqua M. Despréaux, je viens vous montrer un spectacle assez nouveau pour vous, ce sont des yeux qui ne vous demandent rien.

¶ Tout le monde allant faire compliment à M. Pelletier, qui avoit succédé à M. Colbert dans la place de Contrôleur Général, M. Despréaux lui dit simplement : Monseigneur, je n'envie de votre nouvelle Dignité, que l'occasion que vous allez avoir de faire plaisir à bien des gens.

¶ M. Racine étoit fort amer dans ses railleries, & naturellement avoit l'esprit malin & railleur, quoique cela fût raccommodé par un fonds de probité, & par de grands principes de Chriftianisme ; ses amis même ne trouvoient point grace auprès de lui, quand il leur échapoit quelque chose qui pût lui donner prise. Un jour M. Despréaux ayant, par mégarde, avancé une proposition qui n'étoit pas juste, à l'Académie des Inscriptions, M. Racine ne s'en tint pas à une simple plaisanterie qui part souvent du premier feu de la dispute, mais tombant rudement sur son ami, & allant même jusqu'à l'insulte, M. Despréaux fut obligé de lui dire : Je conviens que j'ai tort; mais j'aime encore mieux l'avoir, que d'avoir aussi orgueilleusement raison que vous l'avez.

¶ Je disois une fois à M. Despréaux : Savez-vous que M. Racine est aussi satirique que vous? Dites, répondit-il, dites qu'il est plus malin que moi.

¶ Lorsque l'*Andromaque* fut jouée, les plus grands Seigneurs de la Cour en disoient hautement leur sentiment, selon l'étendue, ou selon les bornes de leurs goûts & de leurs lumiéres. Il revint à M. Racine que sa piéce avoit été frondée par deux de ces Seigneurs, à propos de quoi il fit l'Epigramme suivante qu'il s'adressoit à lui-même :

> La vraisemblance est choquée en ta Piéce,
> Si l'on en croit & d'Olonne, & Créqui.
> Créqui dit que Pyrrhus aime trop sa maîtresse;
> D'Olonne, qu'Andromaque aime trop son mari.

Le plaisant de l'Epigramme, c'est que le Maréchal de Créqui n'avoit pas la réputation d'aimer trop les Femmes; & quant à M. d'Olonne, il n'avoit pas lieu de se plaindre d'être trop aimé de la sienne.

M. Despréaux, de qui je tiens cette Epigramme, en trouvoit la malice digne de son Auteur.

¶ L'*Alexandre* de Racine fut joué d'abord par la Troupe de Moliere; mais ses Acteurs jouant trop lâchement la Piéce, l'Auteur se rendit aux avis de ses amis qui lui conseillérent de la retirer & de la donner aux grands Comédiens de l'Hôtel de Bourgogne. Elle eut en effet chez eux tout le succès qu'elle méritoit; ce qui déplut fort à Moliere, outre que Racine lui avoit débauché la du Parc, qui étoit la plus fameuse de ses Actrices, & qui depuis joua à ravir dans le Rôle d'Andromaque. De-là vint la brouillerie de Moliere & de Racine, qui s'étudioient tous deux à soutenir leur théatre avec une pareille émulation. Peu de temps après la désertion du Poëte Tragique, Moliere donna son *Avare*, où M. Despréaux fut des plus assidus. Je vous vis derniérement, lui dit Racine, à la Piéce de Moliere, & vous riiez tout seul sur le Théatre. Je vous estime trop, lui répondit son ami, pour croire que vous n'y ayiez pas ri, du moins intérieurement. M. Despréaux préféroit l'*Avare* de Moliere à celui de Plaute, qui est outré dans plusieurs endroits, & entre dans des détails bas & ridicules. Au contraire, celui du Comique moderne est dans la nature, & une des meilleures Piéces de l'Auteur. C'est ainsi qu'en jugeoit M. Despréaux.

BOLAEANA.

¶ Je vantois à M. Despréaux la Piéce de *Britannicus*, en présence du fils de M. Racine. M. Despréaux disoit que son ami n'avoit jamais fait de vers plus sententieux ; mais il n'étoit pas content du dénoûment. Il disoit qu'il étoit trop puéril ; que Junie, voyant son amant mort, se fait tout-d'un-coup Religieuse, comme si le Couvent des Vestales, étoit un Couvent d'Ursulines, au lieu qu'il falloit des formalités infinies pour recevoir une Vestale. Il disoit encore que Britannicus est trop petit devant Néron. Mais il m'apprit une circonstance assez particuliére sur cette Piéce, qui n'eut pas d'abord un succès proportionné à son mérite. Le rôle de Néron y étoit joué par Floridor, le meilleur Comédien de son siécle; mais comme c'étoit un Acteur aimé du Public, tout le monde souffroit de lui voir représenter Néron, & d'être obligé de lui vouloir du mal. Cela fut cause que l'on donna le rôle à un Acteur moins chéri, & la Piéce s'en trouva mieux.

¶ M. Despréaux regardoit le dénoûment de Bajazet comme un des meilleurs de Racine, & le caractére du Vizir Acomat comme un des plus beaux qu'il ait mis sur la scéne : mais il trouvoit les vers de Bajazet trop négligés.

¶ M. Racine, quelques années avant de mourir, avoit une sorte d'indifférence pour ses Ouvrages. Il ne voulut jamais corriger les épreuves d'une nouvelle édition, ni changer des endroits qui méritoient d'être réformés. M. Despréaux prit ce soin pour la gloire de son ami. Il nous disoit que M. Racine étoit venu à la vertu par la religion, son tempérament le portant à être railleur, inquiet, jaloux & voluptueux.

¶ M. Despréaux entroit dans une espéce d'entousiasme lorsqu'il parloit de Louis XIV. C'est un Prince, disoit-il, qui ne parle jamais sans avoir pensé. Il construit admirablement tout ce qu'il dit ; ses moindres reparties sentent le Souverain ; & quand il est dans son domestique, il semble recevoir la loi plûtôt que la donner.

¶ La Comédie de l'*Andrienne*, attribuée à Baron, ayant été fort estimée, quoique peu courue, M. Despréaux disoit qu'il trouvoit Baron bien hardi de s'être exposé à montrer de la raison aux hommes, en leur traduisant Térence.

¶ Sur l'objection que je lui faisois que M. Vaugelas montroit assez peu d'estime pour les genres Satirique & Comique de son temps, quoique d'ailleurs Regnier y eût déja assez bien réussi ; il me répondoit que c'étoit la faute de Regnier, qui s'étoit souffert de trop grandes licences, & un style quelquefois trop bas & trop outré de plaisanterie, comme ce vers, par exemple, pour exprimer un Bossu :

Les Alpes en jurant lui grimpoient au collet.

BOLAEANA.

Au reste, ce fut moi qui lui appris que Regnier avoit une pension du Roi de 2000 liv. sur un Benefice; ce que je lui fis voir dans une Satire du même Auteur, qui commence par ce vers:

Perclus d'une jambe, & d'un bras, &c.

¶ M. Despréaux soutenoit que les Monologues étoient d'une très-grande ressource dans les Comédies, sur-tout depuis que les Chœurs en avoient été bannis, contre l'opinion de ceux qui trouvent que rien n'est plus ennuyeux que de voir des gens qui parlent tout seuls sur le Théatre. Dans le Monologue, disoit-il, on ne parle point tout seul, mais on pense tout seul. Il y a mille choses que les hommes les plus épanchés ne disent point à leurs Confidens, parce que cela découvriroit trop le secret de leur cœur. Phocas, par exemple, dans *Heraclius*, fait un aveu des plus indiscrets à Crispe son Confident, en lui rappellant la bassesse de son origine, & lui avouant qu'il ne doit la Couronne qu'à ses crimes, qui l'ont fait Empereur de miserable soldat qu'il étoit. Cela auroit été supportable dans un Monologue; mais il n'est pas naturel qu'un Prince, quoique homme de fortune, aille se déclarer pour un coquin devant un de ses Sujets, que l'exemple pourroit encourager au même crime. Auguste n'est point blâmable de s'être adressé ces vers à lui-même dans un Monologue du *Cinna*:

Rentre en toi-même, Octave, & cesse de te plaindre.
Quoi tu veux qu'on t'épargne, & n'as rien épargné?
Songe aux Fleuves de sang où ton bras s'est baigné.

Mais sa bonne foi deviendroit outrée, si cela se passoit autrement qu'entre son cœur & lui.

¶ M. Despréaux trouvoit une autre petitesse dans la même Tragédie d'*Heraclius*, où Pulcherie croit intimider l'Empereur en le tutoyant, & lui faisant mille bravades. Il falloit, disoit-il, que cet homme si noir, ce Tyran si déclaré, fût devenu un homme bien commode, pour écouter de sens froid toutes les vaines menaces d'une folle: caractere tout des plus faux, & vraiment digne d'une piéce que M. Despréaux appelloit une espéce de *Logogriphe*.

Il disoit encore que Cornélie dans *Pompée*, étoit une fausse Romaine, puisqu'ayant tant de sujets d'être animée contre César, elle vient lui découvrir une conjuration qui se tramoit contre lui, pour se faire un faux mérite de générosité. Il falloit, disoit-il, qu'elle aimât bien les Tyrans pour manquer une si belle occasion de laisser périr son ennemi. Il est vrai qu'elle prend pour prétexte qu'elle veut se reserver la gloire de sa perte, & en avoir elle seule tout l'honneur. Plaisant aveu à faire, & qui n'est ni dans les regles de la nature, ni dans celles de la prudence. Par

BOLAEANA.

là Cornélie condamnoit, par anticipation, l'action généreuse de Brutus, qui tout ami qu'il étoit de César, ne balança pas un moment à le sacrifier à l'amour de la Patrie.

¶ M. Despréaux ne pouvoit souffrir les sentimens qui n'avoient qu'un faux jour de nobleffe & de grandeur d'ame. Il se déclaroit l'ennemi de tout ce qui choquoit la raison, la nature, & la vérité. Voilà ce qui l'animoit si fort contre les Romans de Mlle. Scudéri, qu'il appelloit une boutique de verbiage. C'est un Auteur, disoit-il, qui ne sait ce que c'est de finir ses Héros, & ceux de son frere, n'entrent jamais dans un apartement que tous les meubles n'en soient inventoriés; vous diriez d'un procès verbal dreffé par un Sergent; leur narration ne marche point; c'est la puérillité même que toutes leurs descriptions: auffi ne les ai-je pas ménagés dans ma Poëtique:

S'il parle d'un Palais, il m'en dépeint la face;
Il me proméne après de terraffe en terraffe:
Je saute vingt feuillets pour en trouver la fin,
Et je me sauve à peine au travers du jardin.

Cependant, ajoutoit-il, combien n'a-t-on point crié contre mes Critiques? Le temps a fait voir que la Scudéri étoit un esprit faux; c'est à elle qu'on doit l'inftitution des Précieuses. Le fameux Hôtel de Rambouillet n'étoit pas tout-à-fait exempt de ce jargon, qui a, Dieu merci, trouvé sa fin, aussi-bien que le burlefque qui nous avoit si long-temps tyrannifés. La belle nature & tous ses agrémens ne se font fait sentir que depuis que Moliere & la Fontaine ont écrit.

¶ Le fameux Prince de Condé étoit l'homme du monde le plus entier dans ses sentimens. Quand il avoit la raison pour lui, ce qui arrivoit fort souvent, il donnoit une nouvelle dignité à la raison, & l'on eût crû entendre Démofthene; mais il ne pouvoit souffrir d'être vaincu sur quoi que ce fût, accoutumé qu'il étoit d'avoir presque toujours de son côté la raison & la victoire. Un jour M. Despréaux après avoir long-temps disputé contre lui sur une Tragédie que le Prince défendoit, le Satirique ayant vû dans les yeux de Son Altesse une amére impatience qui commençoit à passer dans ses difcours, se retira prudemment, & dit à M. de Gourville: Je ferai toujours de l'avis de M. le Prince, & même quand il aura tort.

¶ M. Despréaux nous vantoit les deux Vaudevilles suivans, comme les plus parfaits qu'il eût jamais vûs. Le premier est du Grand Condé, qui le fit en chemin, lorfqu'il fut conduit au Havre par le Comte d'Harcourt:

BOLAEANA.

Cet homme gros & court,
Si fameux dans l'Histoire,
Ce grand Comte d'Harcourt
Tout couronné de gloire,
Qui secourut Cazal, & qui reprit Turin,
Est devenu, est devenu recors
De Jules Mazarin.

Voici l'autre Vaudeville, il fut fait sur la levée du siége de Lérida, où le même grand Prince commandoit. C'est sur ce siége que Voiture plaisante, après le Prince qui avoit dit:

Que son dada
Demeura court à Lérida.

Ils sont revenus nos guerriers
Le front peu chargé de lauriers;
La couronne en est trop chere,
Laire la, laire lan lere, laire la, à Lérida.

La victoire a demandé,
Est-ce le Prince de Condé?
Je le prenois pour son pere,
Laire la, laire lan lere, laire la, à Lérida.

¶ Les Rondeaux de Benserade furent généralement siflés. Ils ne trouverent à la Cour qu'un défenseur, Prince d'un très-grand esprit, mais qui n'usoit pas de son discernement dans cette rencontre. Ce Prince, qui étoit M. le Duc d'Enguien, fils du Grand Condé, ayant M. Despréaux dans son carrosse, ne cessoit de plaindre le pauvre Benserade; car enfin, disoit-il, ses rondeaux sont clairs, ils sont parfaitement rimés, & disent bien ce qu'ils veulent dire. M. Despréaux répondit au Prince: Monseigneur, il y a quelque temps que je vis sous les Charniers SS. Innocens, une estampe enluminée qui représentoit un Soldat poltron qui se laissoit manger par les poules; au bas de l'estampe étoient ces vers:

Le Soldat qui craint le danger,
Aux poules se laisse manger.

Cela est clair, cela est bien rimé, cela dit ce que cela veut dire ; cela ne laisse pas d'être le plus plat du monde.

BOLAEANA.

¶ Un des plus grands admirateurs de Corneille, c'étoit certainement M. Despréaux; mais il ne l'admiroit pas sans restriction. Il l'eût regardé comme le premier Poëte de son siécle, & peut-être de tous les siécles, si le jugement eût un peu plus reglé son esprit & sa prodigieuse fécondité. Son génie, disoit-il, sembloit incliner d'abord vers le tendre, le touchant, & le passionné, du moins si l'on en juge par le *Cid*, & par quelques vers de l'*Illusion Comique*; mais sa vocation naturelle l'entraînoit du côté du Grand & du Merveilleux; & l'amour qu'il regardoit comme une passion frivole n'entroit guéres que par surprise dans la plûpart de ses Tragédies. Il sembloit dédaigner la tendresse, de peur qu'elle n'avilît son stile accoutumé au plus éclatant sublime. De-là vient qu'il semble chausser le cothurne dans les reproches que le pere du *Menteur*, Dorante, fait à son fils; reste à savoir s'il n'abuse pas de la permission qu'Horace donne à la Comédie, d'élever quelquefois sa voix. Du reste, il paroît que Corneille faisoit des vers moins par goût que par inspiration: il en a souvent retranché d'excellens, & manqué à corriger de très-médiocres. Cela paroîtra par ces deux vers supprimés dans *Theodore*. On vient menacer la Sainte de la prostitution, en lui disant:

Comme dans les tourmens vous trouvez des délices,
On veut dans les plaisirs vous trouver des suplices.

A quelques Actes de là, cette même menace est réiterée, jusqu'à donner à entendre que l'exécution en sera très-prochaine; à propos de quoi, Théodore répond que si elle étoit poussée à cette extrémité,

On la verroit offrir d'une ame résolue
A l'époux sans macule une épouse impollue.

M. de F*** à qui je récitai ces vers, sans lui dire ni le nom de la Piéce, ni celui de l'Auteur, se récria: Qui est donc le Ronsard qui a pû écrire ainsi? C'est, lui répliquai-je, votre cher oncle, le Grand Corneille.

¶ M. Despréaux disoit assez volontiers dans la conversation, c'est un tel Ouvrage, ou un tel Auteur que j'ai eu en vûe, en faisant mes vers; cependant il ne nous a jamais dit qu'il eût eu dessein d'attaquer Corneille dans sa première Epître au Roi, auquel il dit:

Ce n'est pas qu'aisément, comme un autre, à ton char
Je ne pusse attacher Alexandre & César.

Corneille avoit pourtant donné une belle prise au Satirique, par cette façon triviale de louer le Roi, que le même Corneille employa dans un remerciment qu'il fit à ce Prince en 1663. sur une pension qu'il en avoit obtenue. C'est ainsi que ce grand Poëte s'exprime en parlant au Roi de son génie & de ses vers:

BOLAEANA.

Par eux de l'Androméde il ſçut ouvrir la ſcéne,
On y vit le Soleil inſtruire Melpoméne,
Et lui dire qu'un jour Alexandre & Céſar
Seroient comme vaincus attachés à ton char.

¶ M. Deſpréaux diſoit ordinairement que pour être un bon louangeur, il falloit être un bon ſatirique. Sa raiſon étoit qu'il n'y a que la bonne critique qui puiſſe faire diſtinguer ce qui eſt véritablement louable ou blâmable. Qu'eſt-ce qu'on riſque, diſoit-il, à critiquer, même un peu trop légérement? On riſque tout au plus à paſſer pour trop difficile; mais dès qu'on loue de travers ou mal-à-propos, il n'y a pas de milieu, on paſſe infailliblement pour un ſot.

¶ Selon M. Deſpréaux, l'Ode étoit l'ouvrage de notre langue qui demandoit les plus beaux mots; on y pardonneroit plutôt un mauvais ſens qu'un mot bas. C'eſt, diſoit-il, ce que n'entend point M. de la M***, qui nous vient faire des Satires en Odes, & qui y emploie les mots de *Quatrain* & de *Strophe*. J'avois un beau champ à mettre ces mots dans ma Poëtique qui eſt un ouvrage de préceptes; je les ai pourtant évités, quoiqu'à la rigueur on ne dût pas m'en faire un crime. La M*** emploie encore des rimes de bout-rimés, comme celles de *Sirinx*, & de *Sphinx*; d'ailleurs il affecte ſouvent de parler à la maniere des Oracles, pour ne point ſe rendre trop commun par un langage clair & intelligible.

¶ M. le Maréchal de Vivonne étoit un homme de beaucoup d'eſprit ſans belles-Lettres. Il aimoit paſſionnément M. Deſpréaux, dont les Ouvrages ne lui plaiſoient pas moins qu'à Meſdames de Monteſpan & de Thiange, ſœurs du Maréchal; c'étoit un Seigneur qui faiſoit des vers, & qui, même au jugement du Satirique, en eût pû faire d'excellens, s'il s'en fût donné la peine. Le Marquis de Bellefonds fut choiſi pour porter la queue du Roi dans une fameuſe cérémonie; & M. Deſpréaux nous citoit les vers que fit ce Maréchal à cette occaſion, & les trouvoit admirables:

Bellefonds, Porte-queue à caſaque trainante,
Du plus grand des mortels ſuivoit la marche lente,
Et montrant au Public ce qu'il a de menton,
Faiſoit dire aux paſſans, Pourquoi le choiſit-on?

C'étoit encore un Seigneur fertile en bons mots. Au paſſage du Rhin, il montoit un cheval blanc: ſon cheval paſſa des premiers; & comme le Fleuve étoit un peu rapide, le Maréchal adreſſa ces paroles à ſon cheval, qu'il appelloit Jean: Jean-le-blanc, diſoit-il, ne ſouffre pas qu'un Général des Galeres ſoit noyé dans l'eau douce.

BOLAEANA.

¶ A Meffine, où commandoit ce Maréchal, un Officier vint le réveiller, pour lui dire quelque chofe ; & commença fon compliment par : Monfeigneur, je vous demande pardon, fi je vous viens réveiller. Et moi, je vous demande pardon fi je me rendors, repartit le Maréchal, en fe retournant du côté de la ruelle.

¶ Ce qui attachoit encore le plus M. Defpréaux au Maréchal, c'eft qu'aux endroits qui le frappoient dans les Satires, lui & Mefdames fes Sœurs jettoient de groffes larmes, pour marquer l'excès de leur joie. M. Defpréaux n'aimoit point à lire à des Buftes ; il étoit attentif aux yeux de fes auditeurs, où il croyoit découvrir ce que l'on penfoit de fes Ouvrages. Un jour à Baville, M. le Premier Préfident le pria de lire la Satire à fon Efprit à un grand Seigneur très-cauftique : ce Seigneur après l'avoir écoutée fans donner aucun figne de vie, lui dit pour tout remerciment, & encore très-féchement : Voilà de beaux vers. C'eft de ce Mifantrope dont M. Defpréaux a dit dans fa Satire à M. de Valincourt :

Le ris fur fon vifage eft en mauvaife humeur.

¶ M. Defpréaux n'étoit pas infenfible aux louanges ; mais il ne vouloit être loué que par occafion. Quand on chargeoit trop l'encenfoir, il avoit coutume de dire : Vous ne me rendrez pas impertinent. Son autre refrein étoit celui-ci : J'aime qu'on me life, & non pas qu'on me loue. Il avoit la converfation trainante, & l'avoit eue de même dès fa première jeuneffe. Il gagnoit à être vû & pratiqué ; fon entretien étoit doux, & n'avoit ni ongles ni griffes, comme il le difoit lui-même. Il n'étoit point avare de louanges avec ceux qui les méritoient ; mais les efprits faux, & les ignorans préfomptueux n'avoient pas beau jeu avec lui : ç'a toujours été l'équité qui a dicté les jugemens qu'il a portés ; & fon véritable caractére eft exprimé dans ces deux vers de l'Art Poëtique :

L'ardeur de fe montrer, & non pas de médire,
Arma la vérité du vers de la Satire.

Parmi les perfonnes en qui il reconnoiffoit un efprit fupérieur, il citoit M. le Prince de Conti mort en 1709. M. le Marquis de Termes, feu M. Boffuet Evêque de Meaux, le P. Bourdaloue, l'Abbé de Châteauneuf, & M. Dagueffeau, alors Procureur Général, aujourd'hui Chancellier.

¶ Malgré le penchant que M. Defpréaux avoit pour la Satire, il n'a jamais manqué à louer tout ce qui étoit vraiment louable. Lorfqu'on lui faifoit quelque lecture où il rencontroit des traits, la fatisfaction qu'il en reffentoit, éclatoit dans fes yeux & dans fes difcours ; mais auffi n'étoit-

BOLAEANA.

il pas maître de se contenir, quand il trouvoit quelque chose de choquant dans un Ouvrage. Je l'ai vû se lever brusquement de son siége, au récit que nous fit l'Abbé de Villiers d'une petite piéce de vers, où s'étoit glissé le terme de *mauvais vent* : Ah! Monsieur, s'écria-t-il, voilà qui mettra en mauvaise odeur tout votre Ouvrage. Il avoit coûtume d'appeller cet Abbé, Auteur de l'Art de prêcher, *le Matamore de Cluny,* parce qu'il avoit l'air audacieux, & la parole impérieuse.

¶ Un jour que j'allois voir M. Despréaux, je le trouvai prêt à monter en carosse : Je vais, me dit-il, dîner avec des gens qui ont toujours la bouche cousue pour louer. Vous n'aurez pas de peine à croire que ce sont l'Abbé Renaudot, M. Dacier & sa femme. En effet, ce couple savant s'imagine que les louanges n'ont été faites que pour lui. Je leur dis quelquefois en riant : Hé ! par charité, ne prenez pas tout pour vous ; souffrez que les autres ayent du mérite ; allez, croyez-moi, le Parnasse est assez grand, il y a de la place pour tout le monde. *Est locus unicuique suus.*

¶ Je demandois à M. Despréaux ce qu'il pensoit de Thomas Corneille, frere du fameux Poëte de ce nom. C'est un homme, disoit-il, emporté de l'entousiasme d'autrui, & qui n'a jamais pu rien faire de raisonnable : Vous diriez qu'il ne s'est étudié qu'à copier les défauts de son frere, *Decipit exemplar vitiis imitabile.* J'ai vû repréſenter son *Comte d'Essex*, & le Parterre faire de grands brouhahas sur ce vers qui a un sens louche, & qui est une espéce de galimatias. On vient dire au Comte d'Essex qu'il court risque d'être condamné, quoiqu'innocent, & que toute son innocence ne l'empêchera pas de laisser sa tête sur l'échaffaut. Or voici la réponse du Comte :

Le crime fait la honte, & non pas l'échaffaut.

On voit bien qu'il a eu en vûe ce passage de Tertullien, *martyrem facit causa, non pœna.* Mais ce passage est-il rendu de maniére à être entendu des hommes ? En voici un autre de son *Ariane*, qui n'est que trop intelligible. Thesée dégoûté d'Ariane en conte à Phédre sa sœur, & lui propose de l'enlever. Phédre, après quelques foibles résistances, se rend aux empressemens de Thesée, en lui remontrant toutefois que son enlevement va mettre le poignard dans le cœur de sa chere sœur. Or c'est ainsi qu'elle s'exprime :

Je la tue ; & c'est vous qui me le faites faire.

Voilà, disoit-il, qui donne beau jeu à tous les plaisans du Parterre. Ah ! pauvre Thomas, continuoit M. Despréaux, tes vers comparés avec ceux de ton frere aîné font bien voir que tu n'es qu'un cadet de Normandie.

¶ M. Despréaux n'a jamais prétendu préférer Racine à Corneille ; il tenoit entr'eux la balance égale, jugeant de leurs vers à peu près comme Juvenal a jugé de ceux d'Homére & de Virgile : *Dubiam facientia carmina palmam*. *Polieucte* lui paroissoit le chef-d'œuvre du Grand Corneille. Il ne connoissoit rien au-dessus des trois premiers Actes des *Horaces* ; il n'avoit point de termes assez forts pour exalter *Cinna*, à la réserve des vers qui ouvrent la Piéce, dont il avouoit s'être moqué dans son troisiéme Chant de l'Art Poëtique. La raison qu'il en donnoit, c'est qu'ils ne signifient rien, & sentent trop le Déclamateur. Il étoit comme transporté d'admiration, lorsqu'il récitoit l'imprécation de la Reine Cléopatre à son fils, dans la derniére scéne de *Rodogune*. Tout ce que Corneille a fait de merveilleux étoit parcouru du Satirique avec des profusions d'éloges ; mais il ne convenoit pas que la scéne de Sertorius avec Pompée eût mérité d'être si fort applaudie : pleine d'esprit, si vous voulez, mais n'étant pas dans la raison, ni dans la nature ; outre qu'il n'y avoit point de comparaison à faire entre Sertorius, vieux & très-expérimenté Capitaine, & Pompée qui avoit à peine de la barbe au menton. Au reste il n'étoit point du tout content de la Tragédie d'*Othon*, qui se passoit toute en raisonnemens, & où il n'y avoit point d'action tragique. Corneille avoit affecté d'y faire parler trois Ministres d'Etat, dans le temps où Louis XIV. n'en avoit pas moins que Galba, c'est-à-dire, Messieurs le Tellier, Colbert, & de Lionne. M. Despréaux ne se cachoit point d'avoir attaqué directement *Othon* dans ces quatre vers de son Art Poëtique :

Vos froids raisonnemens ne feront qu'attiédir
Un Spectateur toujours paresseux d'applaudir,
Et qui des vains efforts de votre Rhétorique
Justement fatigué, s'endort, & vous critique.

¶ Sur les remontrances de quelques connoisseurs, M. Despréaux changea ces deux vers de son Epître VIII. où l'on lisoit :

Le Parnasse François non exempt de tous crimes,
Offre encore à mes vers des sujets & des rimes.

On lui fit entendre que le premier vers étoit durement exprimé, & que d'ailleurs il bornoit trop la mission d'un Satirique, en la restreignant à la censure des mauvais Auteurs. Pour y substituer deux nouveaux vers, il en fit au moins quarante, & s'en tint à ces deux derniers, dont il paroissoit fort content :

BOLAEANA.

Sur ſes nombreux défauts, merveilleux à décrire,
Le ſiécle m'offre encor plus d'un bon mot à dire.

J'arrivai juſtement chez lui lorſqu'il venoit de finir ces vers; & ſur ce que je l'en félicitois: N'eſt-ce pas une choſe pitoyable, me diſoit-il, qu'étant preſqu'à la veille de rendre compte de mes actions à Dieu, je m'occupe encore à des niaiſeries de Parnaſſe? M. l'Abbé de Châteauneuf me dit fort ſouvent: Oh! Que je vous plains, vous autres Meſſieurs les beaux eſprits, d'être toujours condamnés à la juſteſſe! Cela eſt plus vrai de moi que de tout autre; car lorſque j'ai bien dit quelque choſe, je ne ſuis pas content, ſi je m'apperçois que je l'aurois pû dire mieux; auſſi c'eſt ce qui me rend quelquefois fanfaron malgré moi. L'autre jour un homme de la Cour vint me chicaner ſur quelques-unes de mes expreſſions qu'il trouvoit trop hardies. Je lui répliquai aſſez bruſquement: Monſieur, quand je fais tant que de vous reciter un Ouvrage, ce ne ſont pas vos critiques que je crains, ce ſont celles que je me fais à moi-même.

¶ M. Racine étoit ami de Chapelain que M. Deſpréaux ne connoiſſoit point du tout. Ces deux amis voulurent ſe donner le régale d'aller voir ce Poëte avare; & M. Deſpréaux devoit paſſer pour le Bailli de Chevreuſe. Ils trouverent l'auteur de *la Pucelle* auprès de ſon feu, les deux piéds appuyés ſur une buche mal allumée. Leur arrivée ne lui fit point quitter ſa poſture, de maniére qu'il s'emparoit de tout le feu, les deux extrémités de la buche qui ne brûloient point ſe trouvant préciſément aux piéds des deux fameux Poëtes. La converſation tomba ſur les Comédies, Chapelain ſoutenant que les Comédies de l'Arioſte l'emportoient ſur toutes les Comédies anciennes & modernes. Mais encore quel jugement faites-vous de Térence? reprit M. Deſpréaux. Hé, repartit Chapelain, c'eſt un Auteur dont le ſtyle eſt aſſez pur. Mais, répliqua M. Deſpréaux, ne trouvez-vous pas qu'il repréſente les mœurs admirablement? Chapelain en revenoit toujours à ſon Arioſte, quand M. Deſpréaux penſa éclater contre lui. J'allois, diſoit-il, oublier que j'étois le Bailli de Chevreuſe, & lui prouver par Ariſtote qu'il étoit éloigné de la droite raiſon, lorſque M. Racine ſe leva bruſquement, & fit ceſſer la diſpute, en prenant congé de lui. A peine avoient-ils fait trois pas dans la rue, qu'ils rencontrerent Cotin qui alloit viſiter Chapelain; de maniere qu'un petit moment plus tard les Armées ſe ſeroient trouvées en préſence; & Cotin qui connoiſſoit M. Deſpréaux n'auroit pas manqué de démaſquer le faux Bailli de Chevreuſe.

¶ M. Deſpréaux ne faiſoit aucun cas de Corbinelli, tant loué par Madame la Marquiſe de Sevigni, & par le Comte Buſſi de Rabutin. Il diſoit que le Marquis de Vardes & Corbinelli s'étoient fait un Tribunal, où ils prétendoient juger les Ecrivains, & entr'autres Horace, dont ils n'a-

Tome I. h

voient jamais sû comprendre les délicatesses. Il les frondoit, sur-tout à l'égard de ce passage d'Horace, que M. Dacier avoit très-mal rendu sur leur interprétation :

Notum si callida verbum
Reddiderit junctura novum.

Car, disoit M. Despréaux, où est le grand artifice à rendre nouveau un mot déja connu, par le moyen d'une adroite liaison ? Il est bien plus naturel de hazarder si adroitement un mot nouveau qu'on le fasse connoître tout d'un coup par l'adroite liaison qu'on y emploie, comme par exemple :

Cette agréable raillerie
Que l'on appelle urbanité.

Et c'est le sens d'Horace, d'autant qu'à trois vers de-là, ce Poëte dit qu'une telle liberté est raisonnable, pourvû qu'on en use sobrement :

Dabitur licentia sumpta pudenter.

¶ Dans la Campagne de Gand, M. Despréaux suivoit le Roi; & s'étant trouvé en marche avec M. le Duc, fils du Grand Condé, ce Prince lui dit : En vérité, les hommes sont bien fous de courir après la gloire, qui, dans le fond, n'est qu'une chimére, & de laquelle on ne jouit proprement qu'après la mort. D'ailleurs, disoit-il, qui est l'homme qui puisse se flatter d'arriver jusqu'à la renommée d'Alexandre ? car c'est un nom qui a effacé, & effacera toujours les plus grands noms. En connoissez-vous quelqu'autre qui ait fait autant d'éclat parmi les hommes ? Il n'est pas surprenant, répondit M. Despréaux, qu'Alexandre, jeune, guerrier, ambitieux, soutenu par une fortune toujours constante, ait étendu si loin sa réputation ; mais qu'un petit Bourgeois Athénien, connu seulement par son bon sens, & par ses deux méchantes femmes; que Socrate en un mot, qui n'a jamais rien écrit, & qu'on ne connoîtroit point sans ses Disciples ; c'est une chose qui me passe, que le Philosophe marche de pair avec le Conquérant pour l'éclat de la réputation ; la Philosophie étant un métier paisible, qui n'impose pas aux hommes, à beaucoup près, autant que fait le fracas des Armes, & cependant la réputation de Socrate est presqu'aussi étendue que celle du Grand Alexandre. Là-dessus M. le Duc appelle malicieusement un Laboureur, & lui demande s'il connoissoit bien Alexandre. Oui-da, Monseigneur, m'est avis que c'étoit un grand Roi. Et Socrate, quel homme

BOLAEANA.

étoit-ce? Le Payſan ſecoua la tête, ſur quoi M. le Duc croyoit avoir gagné; mais M. Deſpréaux dit qu'il en appelloit à un autre villageois.

¶ M. Boileau Docteur de Sorbonne, & Doyen de Sens, ayant obtenu du Roi un Canonicat de la Sainte Chapelle, alla remercier Sa Majeſté qui lui dit obligeamment: Monſieur, c'eſt une place qui étoit dûe à votre mérite, auſſi-bien qu'aux priéres de votre frere qui nous a tant réjouis.

Ce Docteur étoit véritablement docte, mais il aimoit à écrire ſur des matiéres ſinguliéres, & peut-être un peu trop comiquement; ſon pere l'appelloit le petit diſcoureur. Comme il avoit toujours le mot pour rire, même dans les occaſions les plus graves, M. Deſpréaux diſoit de lui en plaiſantant: Mon frere ne pouvoit pas manquer d'être Docteur; car s'il ne l'eût pas été de Sorbonne, il auroit pû l'être de la Comédie Italienne.

¶ M. Deſpréaux diſoit du Marquis de Termes, qu'il étoit toujours à la penſée d'autrui; & que c'étoit là où conſiſtoit le ſavoir vivre.

¶ M. Deſpréaux craignoit les Satires injurieuſes, mais il étoit le premier à rire de ce qui s'écrivoit d'ingénieux contre lui. Il ſe comparoit d'ordinaire à un Chevalier enchanté ſur lequel tous les coups de ſes ennemis n'avoient point porté, ou n'avoient porté que foiblement. Avec toute leur malice, diſoit-il, ils n'ont jamais pû trouver l'endroit fatal d'Achille. Et quel eſt cet endroit fatal? lui demandois-je. C'eſt ce que je ne vous dirai point, me répondoit-il; c'eſt à vous à le deviner. J'ai toujours crû qu'il ſe reprochoit de n'avoir pas aſſez varié le tour de ſes Ouvrages, & ſur tout le ſtyle de ſes Préfaces, qui ſont preſque toutes ſur le même ton.

¶ Jamais brochures ne ſe ſont plus vendues que celle de la Satire de l'*Homme*, & celle de la Satire des *Femmes*. Le Libraire avouoit qu'il avoit tiré plus de 2000. écus de celle-ci; elle eut pourtant encore moins d'acheteurs que de cenſeurs. M. Deſpréaux étoit preſque perſuadé qu'il avoit fait un mauvais Ouvrage. Ce fut M. Racine qui le raſſura, en lui diſant qu'il falloit laiſſer paſſer l'orage. Vous avez, dit-il, attaqué tout un Corps qui n'eſt compoſé que de langues, ſans compter celles des Galans, qui prennent parti dans la querelle. Attendez que le beau ſexe ait dormi ſur ſa colere, vous verrez qu'il ſe rendra à la raiſon, & votre Satire reviendra à ſa juſte valeur; ce qui eſt effectivement arrivé, ſur tout depuis que Meſſieurs Arnauld, la Bruyére, & Bayle ſe ſont autentiquement déclarés pour cet Ouvrage.

¶ La première, & la ſeule fois que j'aie vû M. Broſſette, je le tançai fort d'avoir inſéré dans ſon Commentaire une très-jolie Epigramme de M. de F*** contre la Satire des *Femmes*, à la réſerve qu'il n'y manquoit que la vérité: Paſſe encore, Monſieur, lui dis-je, d'avoir placé l'E-

h ij

pigramme ; mais il ne falloit pas ajoûter dans une note que M. de F***, vous l'avoit permis: c'étoit aux Manes de M. Defpréaux qu'il en falloit demander la permiffion.

¶ M. Defpréaux s'étoit de bonne heure accoûtumé à ne plus faire de vifites; auffi difoit-il, qu'il étoit un folitaire fréquentant M. le Verrier. Il y avoit des gens affez malins pour publier qu'il ne fréquentoit ce Financier que pour s'entretenir dans l'efprit de Satire, parce que le Verrier donnoit d'étranges prifes fur lui, en affectant de paffer pour favant, pour homme à bonnes fortunes, & pour ami des grands Seigneurs. Mais M. Defpréaux y alloit de bonne foi. Il fermoit les yeux fur les travers d'un homme qu'il croyoit fincérement attaché à lui. Il avoit affez d'affaires à l'excufer, fur ce qu'on difoit qu'il portoit toujours un Livre Grec à la Meffe; & que la relieure en étoit bariolée, pour fe faire remarquer de plus loin : Auffi l'apelloit-on dans le monde le Traitant renouvellé des Grecs. On dit même qu'allant chez M. de Pontchartrain, depuis Chancelier, pour s'intéreffer dans quelque nouvel armement, ce Miniftre lui dit: Mais, Monfieur, on n'arme pas pour la Grece.

¶ M. Defpréaux ne mangeoit nulle part, & même chez fes meilleurs amis, fans en être prié. Il difoit que la fierté de cœur étoit l'attribut des honnêtes gens ; mais que la fierté d'airs & de maniéres ne convenoit qu'à des fots.

¶ M. Defpréaux fut quelques mois à fe voir déperir de jour en jour, & lorfque fes amis cherchoient à lui donner du courage, il leur répetoit plufieurs fois ce vers de Malherbe :

Je fuis vaincu du temps, je céde à fon outrage.

Le Verrier s'avifa de lui aller lire une nouvelle Tragédie, lorfqu'il étoit dans fon lit, n'attendant plus que l'heure de la mort. Ce grand homme eut la patience d'en écouter jufqu'à deux fcénes, après quoi il lui dit: Quoi, Monfieur, cherchez-vous à me hâter l'heure fatale ? Voilà un Auteur devant qui les Boyers & les Pradons font de vrais foleils. Hélas! J'ai moins de regret à quitter la vie, puifque notre fiécle enchérit chaque jour fur les fottifes.

¶ Meffieurs du Port-Royal ont un peu maltraité Montagne dans leur Logique, fur ce qu'il avouoit trop franchement fon humeur, fes penchans, fes inclinations; à la vérité, ce n'étoit pas dans la même vûe que S. Auguftin. Mais Balzac & M. Defpréaux, quoique très-chaftes tous les deux, n'étoient point effrayés de la grande liberté de Montagne. Ils la regardoient moins comme une complaifance pour fes vices, que comme un épanchement de cœur, qui ne lui permettoit pas de fe donner pour autre qu'il n'étoit. Il eût été à fouhaiter qu'il n'eût point donné de prife fur ses écrits aux Intendans des mœurs, & aux Directeurs de conscience. Mais à cela près tout le monde convient qu'il a encore sur Seneque l'avantage de n'être point hypocrite; qu'il s'étoit fait une étude du cœur humain, qui est fort embellie par ses expressions naturelles & courageuses. Voilà l'opinion qu'en avoit M. Despréaux. Qu'est-ce, disoit-il, qu'un Saint-Evremond, que les Sots osent comparer à Montagne? Les écarts de l'un valent mieux que tout le concert & l'arrangement de l'autre, qui n'est qu'un charlatan de ruelles, qui se pannade dans ses termes étudiés, & ses maximes prétendues philosophiques. Passons-lui ce qu'il a écrit sur la Guerre, dont il ne se démêle pas trop mal. Mais pour le reste, c'est un faux Aristarque qui veut toujours juger comme Perrin Dandin, quoiqu'il prenne souvent l'ombre pour le corps. Admirez pourtant la folie d'un certain Public particulier qui a long-temps été ébloui de ses décisions. Pour moi, j'estime plus un seul Chapitre d'Aulugelle, que tous les *Miscellanea* de cet Auteur.

¶ Rien ne choquoit plus M. Despréaux que des expressions basses, rampantes & triviales. Quoiqu'élevé dans la poudre du Greffe, ainsi qu'il s'exprime lui-même, son style se sentoit toujours de la noblesse de son cœur. Son frere Puimorin, moins homme de lettres qu'homme du grand monde, avoit retenu grand nombre de ses vers, dont il relevoit la sublimité & la plaisanterie. Qu'on ne croie pas, disoit-il, que l'amour fraternel ait part aux éloges que je fais des nouvelles Satires; mais qui est l'Auteur qui pourroit s'exprimer avec plus de dignité dans ces deux vers qui regardent Chapelain:

Lui seul il s'applaudit, & d'un esprit tranquile,
Prend le pas au Parnasse au-dessus de Virgile.

¶ Le style prosaïque déplaisoit encore infiniment à M. Despréaux; mais sur tout il étoit grand ennemi des pointes & des quolibets, aussi-bien que des équivoques, & des allusions froides, basses & obscénes, comme par exemple, de celle que fait Voiture à une Abbesse, en lui envoyant un chat. C'est là qu'il lui dit, qu'il ne croit pas que les Dames de son Couvent laissent aller le chat au fromage.

¶ Chapelle, disoit-il, tombe assez souvent dans le bas; témoin ce vers sur l'Eclipse, où il croit avoir dit un beau mot, en s'écriant, *Gare le pot au noir.* Il eût voulu retrancher des Piéces de Moliere tout le jargon propre à divertir le menu peuple, & sur tout le langage Paysan. Vous ne voyez pas, disoit-il, que dans ses Piéces, ni Plaute, ni ses confreres estropient la langue, en faisant parler des Villageois; ils leur font tenir des discours proportionnés à leur état, sans qu'il en coûte rien à la pureté du langage. Otez cela à Moliere, continuoit-il, je ne lui connois point de supérieur pour l'esprit & pour le naturel: ce grand hom-

BOLAEANA.

me l'emporte de beaucoup fur Corneille, fur M. Racine, & fur moi; car, ajoutoit-il en riant, il faut que je me mette auffi de la partie.

¶ De toutes les Epigrammes qui ont jamais été faites, M. Defpréaux eftimoit le plus celle-ci:

> *Cy gift ma femme, ah! qu'elle eft bien*
> *Pour fon repos, & pour le mien!*

¶ M. Defpréaux étant prêt à donner fes Satires, fes amis lui confeillerent de n'y point fourer Chapelain. Ne vous y trompez pas, lui difoit-on, le décri de la *Pucelle* ne l'a pas encore tout-à-fait décrié auprès des Grands. M. de Montaufier eft fon partifan déclaré; M. Colbert lui fait de fréquentes vifites. Eh bien, infiftoit M. Defpréaux, quand il feroit vifité du Pape, je foutiens fes vers déteftables. Il n'y a point de Police au Parnaffe, fi je ne vois ce Poëte-là quelque jour attaché au Mont fourchu. Moliere qui étoit préfent à cette faillie, la trouva digne d'être placée dans fon *Mifantrope*, à l'occafion du Sonnet d'Oronte:

> *Je foutiendrai, morbleu, que fes vers font mauvais,*
> *Et qu'un homme eft pendable après les avoir faits.*

¶ M. Defpréaux avoit prêté neuf mille francs à un de fes neveux, qui en ufa mal avec lui: il ne laiffa pas de lui remettre deux mille francs fur la fomme dûe. Si j'euffe été content de lui, je lui euffe volontiers cedé la fomme entière; car auffi-bien, difoit-il, il m'avoit accoûtumé à m'en paffer.

¶ M. Defpréaux difoit que la plûpart des Epigrammes naiffent dans la converfation. Il en citoit pour exemple quelques-unes des fiennes, qui n'avoient point eu d'autre origine. Quoiqu'ami de Furetiere, il le blâmoit fort de s'être applaudi d'une Epigramme qu'il avoit réduite à quatre vers, après l'avoir faite & refaite à trente diverfes reprifes. Voici l'Epigramme:

> *Paul vend fa maifon de Saint-Clou,*
> *A maints Créanciers engagée;*
> *On dit par tout qu'il en eft fou;*
> *Je le croi, car il l'a mangée.*

La vieille Cour étoit fort pour ces jeux de mots; mais depuis que Benferade eut du deffous, les pointes & les allufions furent envelopées dans fa difgrace. Il a pourtant laiffé quelques héritiers; & fans parler de l'Opera Comique, les autres Théatres ont affez fidélement recueilli fa fucceffion.

BOLAEANA.

Crescit occulto velut arbor ævo
Fama Bolæi.

Dans ses nobles Ecrits que respecte l'envie,
Despréaux est plein de grandeur:
Dans le commerce de la vie
C'est un enfant pour la candeur.
Tout Lecteur doué d'un sens droit
Nomme en vain Despréaux la gloire de notre âge;
S'il ne connoît les mœurs d'un si grand personnage,
Il manque à l'admirer par son plus bel endroit.

✦✦✦

ADDITIONS

Tirées de l'Histoire de l'Académie Françoise. TOME II.

C'est M. l'Abbé d'Olivet qui parle.

GIlles Boileau travailloit sur la Poëtique d'Aristote, lorsqu'une mort prématurée l'enleva. Il en avoit déja fait plus des deux tiers; & M. Despréaux, en 1709, donna son manuscrit en ma présence à M. de Tourreil, qui témoignoit avoir envie d'achever l'ouvrage.

Je me souviens qu'à cette occasion M. Despréaux fit l'éloge de son frère. Ils ne s'aimoient pas dans leur jeunesse: Ils avoient à démêler entr'eux des intérêts d'Auteurs, & qui plus est de Poëtes. Doit-on s'étonner que la tendresse fraternelle en souffrît? Mais enfin dans le temps dont je parle, les sentimens de M. Despréaux étoient si changés à son égard, qu'il se proposoit de mettre au-devant de cet Ouvrage, si M. de Tourreil l'achevoit, une Préface où il exalteroit le mérite de son aîné. Et comme peu-à-peu le discours tomba sur les Traductions en général: » Quoi, dit-il, » l'Académie ne voudra-t-elle jamais connoître ses forces? Toujours bor- » née à son Dictionnaire, quand donc prendra-t-elle l'essor? Je voudrois » que la France pût avoir ses Auteurs classiques, aussi-bien que l'Italie. Pour » cela, il nous faudroit un certain nombre de Livres qui fussent déclarés » exempts de fautes, quant au style. Quel est le Tribunal qui aura le droit » de prononcer là-dessus, si ce n'est l'Académie? Je voudrois qu'elle prît » d'abord le peu que nous avons de bonnes Traductions; qu'elle invitât » ceux qui ont ce talent à en faire de nouvelles; & que si elle ne jugeoit » pas à propos de corriger tout ce qu'elle y trouveroit d'équivoque, de

» hazardé, de négligé, elle fût au moins exacte à le marquer au bas des
» pages, dans une espece de Commentaire qui ne fût que Grammatical.
» Mais pourquoi veux-je que cela se fasse sur des Traductions? Parce que
» des Traductions avouées par l'Académie, en même temps qu'elles se-
» roient lues comme des modeles pour bien écrire, serviroient aussi de
» modeles pour bien penser, & rendroient le goût de la bonne Antiquité
» familier à ceux qui ne sont pas en état de lire les originaux. Ce n'est pas
» l'esprit qui manque aux François, ni même le travail; c'est le goût: & il
» n'y a que le goût ancien qui puisse former parmi nous, & des Auteurs,
» & des Connoisseurs.

Ainsi parla ce sage critique, avec un feu qu'il n'avoit guére dans la conversation, à moins qu'elle ne roulât sur des matiéres de son ressort. Et revenant encore au même sujet, après que M. de Tourreil se fut retiré.
» Savez-vous, me demanda-t-il, pourquoi les Anciens ont si peu d'admi-
» rateurs? C'est parce que les trois quarts, tout au moins, de ceux qui les
» ont traduits, étoient des ignorans ou des sots. Madame de la Fayette,
» la femme de France qui avoit le plus d'esprit, & qui écrivoit le mieux,
» comparoit un sot Traducteur à un laquais que sa Maîtresse envoye faire
» un compliment à quelqu'un. Ce que sa Maîtresse lui aura dit en ter-
» mes polis, il va le rendre grossiérement; il l'estropie. Plus il y avoit de
» délicatesse dans le compliment, moins ce laquais s'en tire bien; & voilà
» en un mot la plus parfaite image d'un mauvais Traducteur.
» Mais, ajoûta M. Despréaux, ce n'est pas même assez qu'un Traducteur
» ait de l'esprit, s'il n'a la sorte d'esprit de son Original. Car l'homme qui
» sort d'ici, n'est pas un sot, à beaucoup près, & cependant quel monstre
» que son Démosthene? Je dis monstre, parce qu'en effet c'est un monstre,
» qu'un homme démesurément grand & bouffi. Un jour que Racine étoit
» à Auteuil chez moi, Tourreil y vint, & nous consulta sur un endroit
» qu'il avoit traduit de cinq ou six façons, toutes moins naturelles, & plus
» guindées les unes que les autres. *Ah! le boureau, il fera tant qu'il don-*
» *nera de l'esprit à Démosthene*, me dit Racine tout bas. Ce qu'on appelle
» esprit dans ce sens-là, c'est précisément l'or du bon sens, converti en
» clinquant.

J'écoutois M. Despréaux avec une ardeur de jeune homme, & j'ai si souvent pris plaisir à me rappeller ses paroles, que je suis presque certain de les avoir ici raportées sans aucune alteration.

¶ Quelqu'un ayant demandé à M. Despréaux, peu de temps avant sa mort, s'il n'avoit point changé d'avis sur le Tasse. » J'en ai si peu chan-
» gé, dit-il, que relisant derniérement *ce Poëte*, je fus très-fâché de ne
» m'être pas expliqué un peu plus au long sur ce sujet dans quelqu'une de
» mes Réflexions sur Longin. J'aurois commencé par avouer que le Tasse
» a été un génie sublime, étendu, heureusement né à la Poësie, & à la
» grande

BOLAEANA.

» grande Poësie. Mais enfuite venant à l'ufage qu'il a fait de fes talens,
» j'aurois montré que le bon fens n'eft pas toujours ce qui domine chez
» lui; que dans la plûpart de fes narrations il s'attache bien moins au
» néceffaire qu'à l'aimable. Que fes defcriptions font prefque toujours
» chargées d'ornement fuperflus. Que dans la peinture des plus fortes
» paffions, & au milieu du trouble qu'elles venoient d'exciter, fouvent il
» dégénere en traits d'efprit, qui font tout-à-coup ceffer le pathétique.
» Qu'il eft plein d'images trop fleuries, de tours affectés, & de penfées
» frivoles, qui loin de pouvoir convenir à fa *Jerufalem*, pouvoient à
» peine convenir à fon *Aminte*. Or conclut M. Defpréaux, tout cela op-
» pofé à la fageffe, à la gravité, à la majefté de Virgile, qu'eft-ce autre
chofe que du *clinquant* oppofé à de l'or.

FIN DU BOLÆANA.

ORDRE CHRONOLOGIQUE
Des principaux Ouvrages de M. Despréaux.

PIECES.	Age de l'Auteur.	Année de la composition.
ODE contre les Anglois.	20	1656
Satire I. / Satire VI.	24	1660
Satire VII. / Dissertation sur Joconde.	27	1663
Satire II. / Satire IV.	28 - 40	1664
Héros de Romans, Dialogue.	28 - 29	1664 - 1665
Satire III. / Satire V. / Discours au Roi.	29	1665
Satire VIII. / Satire IX.	31	1667
Discours sur la Satire.	32	1668
Epître I. / Epître II.	33	1669
Art Poëtique.	33 - 38	1669 - 1674
Epître IV.	36	1672
Epître III.	37	1673
Epître V. / Traduction de Longin. / Arrêt burlesque. / Les quatre premiers Chants du Lutrin.	38	1674
Epître VIII. / Epître IX.	39	1675
Epître VI. / Epître VII.	41	1677

ORDRE CHRONOLOGIQUE.

PIECES.	Age de l'Auteur.	Année de la composition.
Lutrin, Chant V. & VI.	47	1683
Remerciment à l'Académie.	48	1684
Ode sur Namur.	56	1692
Satire VI. Réflexions critiques, excepté les X. XI. XII.	57	1693
Epître X. Epître XI. Epître XII. Lettre à M. de Maucroix.	59	1695
Satire XI.	62	1698
Lettre à M. Perrault.	64	1700
Satire XII.	69	1705
Réflexions critiques, X. XI. & XII. Discours sur le Dialogue des Romans.	94	1710

TABLE

DES PIECES CONTENUES DANS CE PREMIER TOME.

On a marqué par un Astérisque les Piéces qui paroissent ici pour la premiére fois.

Préface de l'Editeur, page j
* Eloge de l'Auteur par M. de Boze, v
Autre Eloge par M. de Valincourt, xiij
* Bolæana par M. de Monchesnay, xvj
* Additions tirées de l'Histoire de l'Académie Françoise, Tome II. lxiij
* Ordre chronologique des Ouvrages de l'Auteur, lxvj
Discours au Roi, 1

SATIRES.
Satire I. 9
Satire II. 19
Satire III. 24
Satire IV. 36
Satire V. 43
Satire VI. 51
Satire VII. 58
Satire VIII. 63
Satire IX. 79
Satire X. 97
Satire XI. 131
Satire XII. 143

EPISTRES.
Epître I. *au Roi.* 163
Epître II. *à M. l'Abbé des Roches.* 174
Epître III. *à M. Arnaud.* 177
Epître IV. *au Roi.* 182
Epître V. *à M. de Guilleragues.* 192
Epître VI. *à M. de Lamoignon.* 200
Epître VII. *à M. Racine.* 209
Epître VIII. *au Roi.* 216
Epître IX. *à M. de Seignelay.* 221
Préface sur les trois derniéres Epîtres. 230
Epître X. *à ses vers.* 235
Epître XI. *à son Jardinier* 243
Epître XII. *sur l'Amour de Dieu.* 249

ART POETIQUE.
Avertissement sur l'Art Poëtique. 260
Chant I. 262
Chant II. 275
Chant III. 286
Chant IV. 307

LE LUTRIN.
Avis au Lecteur. 321
Argument. 324
Chant I. 325
Chant II. 338
Chant III. 346
Chant IV. 354
Chant V. 365
Chant VI. 377

ODES.
Discours sur l'Ode. 387
Ode sur la prise de Namur. 391
Ode contre les Anglois. 400

TABLE.

Stances à Moliere. 402
SONNETS.
Sonnet sur la mort d'une Parente. 403
Autre Sonnet sur le même sujet. 404

EPIGRAMMES.
I. A un Médecin. 405
II. A M. Racine. 406
III. Contre Saint-Sorlin. 407
IV. A Messieurs Pradon & Bonnecorse. ibid.
V. Contre l'Abbé Cotin. 408
VI. Contre le même. ibid.
VII. Contre un Athée. 409
VIII. Vers en style de Chapelain. ibid.
IX. Epitaphe. 410
X. A Climene. ibid.
XI. Imitation de Martial. 411
XII. Sur la harangue d'un Magistrat. ibid.
XIII. Sur l'Agésilas de P. Corneille. 412
XIV. Sur l'Attila du même. ibid.
XV. Sur le Poëte Santeuil. 413
XVI. A la Fontaine de Bourbon. 414
XVII. L'Amateur d'Horloges. 415
XVIII. Sur des vers contre Homere. 416
XIX. Sur le même sujet. 417
XX. Sur le même sujet. ibid.
XXI. A M. P. sur le même sujet. 418
XXII. Sur le même sujet. ibid.
XXIII. Au même. 419
XXIV. Au même. ibid.
XXV. Parodie burlesque. 420
XXVI. Sur la réconciliation de l'Auteur avec M. Perrault. 421
XXVII. Aux Journalistes de Trevoux. ibid.
XXVIII. Aux mêmes. 422
XXIX. Sur le livre des Flagellans. 423
XXX. Fable d'Esope. 424
XXXI. Le Débiteur reconnoissant. ibid.
XXXII. Enigme. 425
XXXIII. Vers pour la Macarise. ibid.
XXXIV. Sur un portrait de Rocinante. 426
XXXV. Vers à mettre en chant. ibid.
XXXVI. Chanson à boire. 427
XXXVII. Chanson faite à Baville. 428
XXXVIII. Vers sur Homere. 429
XXXIX. Pour le buste du Roi. 430
XL. Pour le portrait de M. le Duc du Maine. ibid.
XLI. Pour le portrait de Mademoiselle de Lamoignon. 431
XLII. Sur le portrait du P. Bourdaloue. 432
XLIII. Pour le portrait de Tavernier. ibid.
XLIV. Pour le portrait du Pere de l'Auteur. 433
XLV. Epitaphe de la Mere de l'Auteur. 434
XLVI. Sur son frere aîné. ibid.
XLVII. Pour le portrait de M. de la Bruyere. 435
XLVIII. Pour le portrait de M. Hamon. ibid.
XLIX. Pour le portrait de M. Racine. 436
L. Pour le portrait de l'Auteur. ibid.

TABLE.

LI. Réponse aux vers du portrait. 437
LII. Pour un autre portrait du même. ibid.
LIII. Sur une méchante gravure. ibid.
LIV. Sur le buste de l'Auteur. 438
* LV. Parodie. ibid.
Avertissement sur un Prologue d'Opera. 439
Prologue d'Opera. 442

POESIES LATINES.
Epigramma in novum Causidicum. 445
Alterum in Marcellum. ibid.
Satira. 446
Parodie du Cid contre Chapelain. 447
Métamorphose de la perruque de Chapelain en Comete. 459

Fin de la Table.

APPROBATION.

J'Ai lû par ordre de Monseigneur le Chancelier, *les Oeuvres de M. Boileau Despréaux, avec des éclaircissemens historiques.* A Paris, ce 29. Avril, 1740. SOUCHAY.

DISCOURS

DISCOURS
AU ROI.

Ce Discours fut composé en 1665. inseré la même année dans un Recueil, & publié séparément en 1666. avec les sept premières Satires, dont cinq avoient déja paru sans l'aveu de l'Auteur. Louis XIV. est loué ici avec d'autant plus d'art, que le ton général est celui de la Satire, & que les traits lancés contre quelques Poëtes sont autant de louanges pour le Prince.

Eune & vaillant Heros, dont la haute sagesse
N'est point le fruit tardif d'une lente vieillesse,
Et qui seul, sans Ministre, à l'exemple des Dieux,
Soutiens tout par Toi-mesme, & vois tout par Tes yeux,
5 GRAND ROI; si jusqu'ici, par un trait de prudence,
J'ai demeuré pour Toi dans un humble silence,

REMARQUES.

Vers 3. *Et qui seul, sans Ministre*, &c.]
Le Cardinal Mazarin étant mort le 9. Mars 1661. Louis XIV. ne voulut plus avoir de premier Ministre. Il commença alors à gouverner par lui-même, âgé seulement de vingt-deux ans & demi.

Vers 4. *Soutiens tout par toi-mesme*, &c.]

Horace écrivant à Auguste, dit:
  Cùm tot sustineas & tanta negotia solus.
L. 2. Ep. 1.
  Le fonds de la pensée est le même; mais le poëte François ajoutant une image à celle qu'il emprunte: c'est-là, pour m'exprimer avec le Poëte lui-même, moins imiter, que

Tome I. * A

DISCOURS

Ce n'eſt pas que mon cœur vainement ſuſpendu
Balance pour T'offrir un encens qui T'eſt dû.
Mais je ſçai peu loüer, & ma Muſe tremblante
10 Fuit d'un ſi grand fardeau la charge trop peſante,
Et dans ce haut éclat où Tu Te viens offrir,
Touchant à Tes lauriers craindroit de les flétrir.

Ainſi, ſans m'aveugler d'une vaine manie,
Je meſure mon vol à mon foible génie :
15 Plus ſage en mon reſpect, que ces hardis Mortels
Qui d'un indigne encens profanent Tes autels ;
Qui dans ce champ d'honneur, où le gain les ameine,
Oſent chanter Ton nom ſans force & ſans haleine ;
Et qui vont tous les jours, d'une importune voix,
20 T'ennuyer du récit de Tes propres exploits.

L'Un en ſtile pompeux habillant une Eglogue,
De ſes rares vertus Te fait un long prologue,
Et meſle, en ſe vantant ſoi-meſme à tout propos,
Les loüanges d'un Fat à celles d'un Heros.

25 L'Autre en vain ſe laſſant à polir une rime,
Et reprenant vingt fois le rabot & la lime,

REMARQUES.

lutter contre ſon original. Ainſi répondoit-il à ceux qui lui faiſoient un reproche de ſes imitations.

Vers 21. *L'un en ſtile pompeux habillant une Eglogue.*] François Charpentier, Pariſien, de l'Académie Françoiſe, avoit publié en 1663. un Dialogue en vers pompeux, intitulé *Louis, Eglogue Royale*, & y avoit mêlé ſes propres louanges avec celles du Prince. Au reſte, Charpentier poſſedoit les Langues ſçavantes, & il a laiſſé, avec divers Ouvrages de ſa compoſition, des Traductions eſtimées ; telle eſt ſur-tout la Traduction de la Cyropedie de Xenophon.

Vers 25. *L'autre en vain ſe laſſant,* &c.] Jean Chapelain, auſſi Pariſien, & de l'A-

AU ROI.

Grand & nouvel effort d'un esprit sans pareil !
Dans la fin d'un Sonnet Te compare au Soleil.
   Sur le haut Helicon leur veine méprisée,
30 Fut toûjours des neuf Sœurs la fable & la risée.
Calliope jamais ne daigna leur parler,
Et Pégase pour eux refuse de voler.
Cependant à les voir enflez de tant d'audace,
Te promettre en leur nom les faveurs du Parnasse,
35 On diroit, qu'ils ont seuls l'oreille d'Apollon,
Qu'ils disposent de tout dans le sacré Vallon.
C'est à leurs doctes mains, si l'on veut les en croire,
Que Phébus a commis tout le soin de Ta gloire :
Et Ton nom, du Midi jusqu'à l'Ourse vanté,
40 Ne devra qu'à leurs vers son immortalité.
Mais plûtost sans ce nom, dont la vive lumiere
Donne un lustre éclatant à leur veine grossiere,
Ils verroient leurs écrits, honte de l'Univers,
Pourir dans la poussiere à la merci des vers.
45 A l'ombre de Ton nom ils trouvent leur asile ;
Comme on void dans les champs un arbrisseau débile,

REMARQUES.

cadémie Françoise, connu par le Poëme de *la Pucelle*, dont les douze premiers Chants imprimés en 1656. furent d'abord accueillis, mais qui par la sécheresse, & la dureté de la versification, tomberent au point, que personne jusqu'ici n'a osé publier les douze derniers. Chapelain étoit d'ailleurs un homme d'un sçavoir peu commun, & d'une vertu encore plus rare. Voyez la Sat. 9. v. 215.

Qu'il soit doux, complaisant, officieux, sincere,
On le veut, j'y souscris, & suis prest de me taire.

DISCOURS

Qui sans l'heureux appui qui le tient attaché,
Languiroit tristement sur la terre couché.
　　Ce n'est pas que ma plume injuste & temeraire,
50　Veüille blâmer en eux le dessein de Te plaire :
Et parmi tant d'Auteurs, je veux bien l'avoüer,
Apollon en connoist qui Te peuvent loüer.
Oui, je sçai qu'entre ceux qui t'adressent leurs veilles,
Parmi les Pelletiers on compte des Corneilles.
55　Mais je ne puis souffrir, qu'un Esprit de travers,
Qui pour rimer des mots pense faire des vers,
Se donne en Te loüant une gesne inutile.
Pour chanter un Auguste, il faut estre un Virgile.
Et j'approuve les soins du Monarque guerrier,
60　Qui ne pouvoit souffrir qu'un Artisan grossier
Entreprist de tracer, d'une main criminelle,
Un portrait reservé pour le pinceau d'Apelle.
　　Moi donc, qui connois peu Phébus & ses douceurs,
Qui suis nouveau sevré sur le mont des neuf Sœurs ;

REMARQUES.

Vers 54. *Parmi les Pelletiers*, &c.] Pierre du Pelletier, Parisien, Maître de Langue, ne faisoit guéres que des Sonnets, où il loüoit indistinctement toutes sortes de personnes. Dès qu'il sçavoit qu'on imprimoit un Livre, il ne manquoit pas de porter un Sonnet à l'Auteur, pour avoir un exemplaire de l'Ouvrage.

―― *On compte des Corneilles.*] Pierre Corneille est mis en opposition avec *Pelletier*; c'est que Corneille, outre ses admirables Tragédies, a composé à la louange de Louis XIV. des Poëmes excellens.

Vers 59. *Et j'approuve les soins du Monarque guerrier.*] Alexandre le Grand n'avoit permis qu'à *Apelle* de le peindre, à *Lysippe* de faire son image en bronze, & à *Pyrgotèle* de le graver sur des pierres précieuses. *Plin. Hist. Nat.* l. 7. 37. & l. 37. 4.

Vers 60. *Qui ne pouvoit souffrir*, &c.] Horace 2. Ep. 1. v. 239.

Edicto vetuit, ne quis se, præter Apellem,
Pingeret; aut alius Lysippo duceret æra
Fortis Alexandri vultum simulantia.

AU ROI.

65 Attendant que pour Toi l'âge ait meûri ma Muse,
Sur de moindres sujets je l'exerce & l'amuse:
Et tandis que Ton bras, des peuples redouté,
Va, la foudre à la main, rétablir l'équité,
Et retient les Méchans par la peur des supplices:
70 Moi, la plume à la main, je gourmande les vices,
Et gardant pour moi-mesme une juste rigueur,
Je confie au papier les secrets de mon cœur.
Ainsi, dés qu'une fois ma verve se réveille,
Comme on voit au printemps la diligente abeille,
75 Qui du butin des fleurs va composer son miel,
Des sottises du temps je compose mon fiel.
Je vais de toutes parts où me guide ma veine,
Sans tenir en marchant une route certaine,
Et, sans gesner ma plume en ce libre métier,
80 Je la laisse au hazard courir sur le papier.
 Le mal est, qu'en rimant, ma Muse un peu legere
Nomme tout par son nom, & ne sçauroit rien taire.
C'est là ce qui fait peur aux Esprits de ce temps,
Qui tout blancs au dehors, sont tout noirs au dedans.

REMARQUES.

Vers 67. 68. *Et tandis que ton bras... Va, la foudre à la main...*] Figure hardie, & que je doute qui puisse être justifiée par cette expression de Racine: *Mes derniers regards ont vû fuir les Romains.* Peut-être que le Poëte, qui vient de nommer Apelle, fait allusion au chef-d'œuvre de ce Peintre. C'étoit un *Alexandre*, dont le bras droit armé de la foudre, paroissoit sortir de la toile. Il y auroit allusion & comparaison.

Vers 72. *Je confie au papier*, &c.] Horace, parlant du Poëte Lucilius:

Ille, velut fidis arcana sodalibus, olim
Credebat libris. L. 2. Sat. 1. v. 30.

Ce n'est ni à Lucilius, ni à Horace que M. Despréaux doit ce vers; c'est à Montagne. Il en convenoit lui-même.

DISCOURS

85 Ils tremblent qu'un Cenfeur, que fa verve encourage,
Ne vienne en fes écrits démafquer leur vifage,
Et foüillant dans leurs mœurs en toute liberté,
N'aille du fond du Puits tirer la Vérité.
Tous ces gens éperdus au feul nom de Satire,
90 Font d'abord le procez à quiconque ofe rire.
Ce font eux que l'on voit, d'un difcours infenfé,
Publier dans Paris que tout eft renverfé,
Au moindre bruit qui court, qu'un Auteur les menace
De joüer des Bigots la trompeufe grimace.
95 Pour eux un tel ouvrage eft un monftre odieux;
C'eft offenfer les loix, c'eft s'attaquer aux Cieux.
Mais bien que d'un faux zele ils mafquent leur foibleffe,
Chacun voit qu'en effet la Verité les bleffe.
Envain d'un lafche orgueil leur efprit revêtu
100 Se couvre du manteau d'une auftere vertu:
Leur cœur qui fe connoift, & qui fuit la lumiere,
S'il fe mocque de Dieu, craint Tartuffe & Moliere.
Mais pourquoi fur ce point fans raifon m'écarter?
GRAND ROI, c'eft mon defaut, je ne fçaurois flatter.
105 Je ne fçai point au Ciel placer un Ridicule,
D'un Nain faire un Atlas, ou d'un Lafche un Hercule,

REMARQUES.

Vers 88. *N'aille du fond du puits tirer la vérité.*] Démocrite difoit que la vérité étoit au fond d'un puits, & que perfonne ne l'en avoit encore pû tirer.

Vers 93. — *Qu'un Auteur les menace*, &c.] Moliere avoit compofé fon *Tartuffe* en 1664. mais la Cabale des faux Dé-vots porta Louis XIV. à en défendre la repréfentation; & cette défenfe fubfifta jufqu'en 1669.

Vers 121. *Fouler aux pieds l'orgueil & du Tage & du Tibre.*] Le Poëte a en vûe le droit de préféance reconnu par l'Efpagne en 1662. & la Pyramide élevée à Rome

AU ROI.

Et sans cesse en esclave à la suite des Grands,
A des Dieux sans vertu prodiguer mon encens.
On ne me verra point d'une veine forcée,
110 Mesmes pour Te loüer, déguiser ma pensée :
Et quelque grand que soit Ton pouvoir souverain,
Si mon cœur en ces vers ne parloit par ma main,
Il n'est espoir de biens, ni raison, ni maxime,
Qui pust en ta faveur m'arracher une rime.
115 Mais lorsque je Te voi, d'une si noble ardeur,
T'appliquer sans relasche aux soins de Ta grandeur,
Faire honte à ces Rois que le travail étonne,
Et qui sont accablez du faix de leur Couronne.
Quand je voi Ta sagesse, en ses justes projets,
120 D'une heureuse abondance enrichir Tes sujets ;
Fouler aux pieds l'orgueil & du Tage & du Tibre ;
Nous faire de la mer une campagne libre ;
Et tes braves Guerriers secondant Ton grand cœur,
Rendre à l'Aigle éperdu sa premiere vigueur :
125 La France sous Tes loix maistriser la Fortune ;
Et nos vaisseaux domtant l'un & l'autre Neptune,
Nous aller chercher l'or, malgré l'onde & le vent,
Aux lieux où le Soleil le forme en se levant.

REMARQUES.

en 1664. à l'occasion de l'attentat des Corses.

 Vers 122. *Nous faire de la mer une campagne libre.*] La mer fut purgée de Pirates par la double victoire remportée en 1665. aux côtes d'Afrique sur les Corsaires de Tunis, & sur ceux d'Alger.

 Vers 124. *Rendre à l'Aigle éperdu, &c.*] En 1664. les Turcs avoient porté la terreur jusqu'à Vienne ; ils furent défaits sur les bords du Raab par six mille hommes d'élite que la France avoit envoyés au secours des Princes d'Allemagne.

 Vers 128. *Aux lieux où le Soleil le forme*

Alors, sans consulter si Phébus l'en avouë,
130 Ma Muse toute en feu me prévient & Te louë.
 Mais bien-tost la Raison arrivant au secours,
Vient d'un si beau projet interrompre le cours,
Et me fait concevoir, quelque ardeur qui m'emporte,
Que je n'ai ni le ton, ni la voix assez forte.
135 Aussi-tost je m'effraye, & mon esprit troublé
Laisse-là le fardeau dont il est accablé :
Et sans passer plus loin, finissant mon ouvrage,
Comme un Pilote en mer, qu'épouvante l'orage,
Dés que le bord paroist, sans songer où je suis,
140 Je me sauve à la nage, & j'aborde où je puis.

REMARQUES.

en se levant.] Dans la même année 1664. Louis XIV. établit la Compagnie des Indes Orientales. Ce Prince lui accorda de grands privileges, & lui fournit avec des sommes considérables les vaisseaux nécessaires pour le premier embarquement.

SATIRE

SATIRE I.

Cette Satire, commencée en 1660. est une imitation de la Satire III. de Juvénal. Le Poète Latin représente Umbricius *s'exilant de Rome, à cause des vices qui y regnoient, & des embarras qui en rendoient le séjour incommode. Le Poëte François, en décrivant la retraite de* Damon, *avoit aussi décrit les embarras de Paris; mais trouvant dans ce plan une duplicité de sujet, il détacha la seconde description, & en fit une Satire séparée. C'est la sixiéme.*

 Amon ce grand Auteur, dont la Muse fertile
Amusa si long-temps & la Cour & la Ville :
Mais qui n'estant vestu que de simple bureau,
Passe l'esté sans linge, & l'hyver sans manteau :
5 Et de qui le corps sec, & la mine affamée,
N'en sont pas mieux refaits pour tant de renommée :

REMARQUES.

Vers 1. *Damon ce grand Auteur,* &c.] François Cassandre le principal Héros de cette Satire. Il mourut tel qu'il avoit vêcu, très-pauvre, & très-misantrope, & voulant à peine se reconcilier avec Dieu. Il a traduit en François la Rhétorique d'Aristote, & selon M. Despreaux lui-même, il n'y eut jamais de traduction ni plus claire, ni plus exacte, ni plus fidéle. *Préface à la tête du Subl.* Ed. de 1675.

Vers 4. *Passe l'esté sans linge, & l'hyver sans manteau.*] Ce trait particulier regarde Tristan l'Hermite, un des premiers Acadé- miciens, & non pas Cassandre. Celui-ci portoit en tout temps un manteau, & celui-là n'en eut jamais : témoin cette Epigramme de M. de Montmort.

Elie, ainsi qu'il est écrit,
De son manteau comme de son esprit
Récompensa son Serviteur fidéle.
Tristan eût suivi ce modéle ;
Mais Tristan, qu'on mit au tombeau
Plus pauvre que n'est un Prophéte,
En laissant à Quinaut son esprit de Poëte,
Ne put lui laisser un manteau.

Tome I. B

SATIRE I.

Las de perdre en rimant & fa peine & fon bien,
D'emprunter en tous lieux, & de ne gagner rien,
Sans habits, fans argent, ne fçachant plus que faire,
10 Vient de s'enfuir chargé de fa feule mifere ;
Et bien loin des Sergens, des Clercs, & du Palais,
Va chercher un repos qu'il ne trouva jamais :
Sans attendre qu'ici la Juftice ennemie
L'enferme en un cachot le refte de fa vie ;
15 Ou que d'un bonnet vert le falutaire affront
Flétriffe les lauriers qui lui couvrent le front.
 Mais le jour qu'il partit, plus défait & plus blême
Que n'eft un Penitent fur la fin d'un Carême,
La colere dans l'ame, & le feu dans les yeux,
20 Il diftila fa rage en ces triftes adieux.
 Puifqu'en ce lieu, jadis aux Mufes fi commode,
Le merite & l'efprit ne font plus à la mode,
Qu'un Poëte, dit-il, s'y voit maudit de Dieu,
Et qu'ici la Vertu n'a plus ni feu ni lieu ;

REMARQUES.

Vers 15. & 16. *Ou que d'un bonnet verd*, &c.] M. Defpréaux avouoit que c'étoit un Poëte inconnu qui lui avoit fourni l'idée de ces deux vers. Ce Poëte inconnu eft Motin, qui dans fes Stances fur un mari jaloux, difoit, en parlant de Céfar :
Sur fon front couronné par les mains de la Gloire,
A l'envi des lauriers, &c.
—— *Le bonnet verd.* Ceux qui faifoient ceffion de leurs biens en Juftice étoient obligés de le porter, en figne qu'ils étoient devenus pauvres par leur folie, dit Pafquier ; & comme un avertiffement de ne plus contracter avec eux. La peine du bonnet verd introduite en France vers 1580. eft comme abolie depuis quelque-temps.

Vers 21. *Puifqu'en ce lieu, jadis aux Mufes fi commode.* C'eft ici proprement que commence l'imitation de Juvénal, Satire 3. v. 21.
—— *Quando artibus, inquit, honeftis*
Nullus in urbe locus, nulla emolumenta laborum, &c.

SATIRE I.

25 Allons du moins chercher quelqu'antre ou quelque roche,
 D'où jamais ni l'Huiſſier, ni le Sergent n'approche;
 Et ſans laſſer le Ciel par des vœux impuiſſans,
 Mettons-nous à l'abri des injures du temps.
 Tandis que libre encor, malgré les deſtinées,
30 Mon corps n'eſt point courbé ſous le faix des années;
 Qu'on ne voit point mes pas ſous l'âge chanceler,
 Et qu'il reſte à la Parque encor dequoy filer.
 C'eſt là dans mon malheur le ſeul conſeil à ſuivre.
 Que George vive ici, puiſque George y ſçait vivre;
35 Qu'un million comptant, par ſes fourbes acquis,
 De Clerc, jadis Laquais, a fait Comte & Marquis.
 Que Jacquin vive ici, dont l'adreſſe funeſte
 A plus cauſé de maux que la guerre & la peſte,
 Qui de ſes revenus écrits par alphabet,
40 Peut fournir aiſément un Calepin complet.
 Qu'il regne dans ces lieux; il a droit de s'y plaire.
 Mais moi, vivre à Paris : Eh, qu'y voudrois-je faire?
 Je ne ſçai ni tromper, ni feindre, ni mentir,
 Et quand je le pourrois je n'y puis conſentir.

REMARQUES.

Vers 29. *Tandis que libre encor*, &c.] Juvénal au même endroit :

Dum nova canities, dum prima & recta
 ſeneſtus,
Dum ſupereſt Lacheſi quod torqueat, &
 pedibus me
Porto meis, nullo dextram ſubeunte ba-
 cillo, &c.

Vers 34. *Que George vive ici.*] & Vers 37. *Que Jacquin*, &c.] Sous ces mots l'Auteur déſigne les Partiſans. Juvénal, au même endroit.

 ———— *Vivant Arturius illic*
Et Catulus; maneant qui nigra in candida
 vertunt.

Vers 42. *Mais moi, vivre à Paris*, &c.] Juvénal, *ibid.* v. 41.
 Quid Roma faciam? mentiri neſcio.

SATIRE I.

45 Je ne sçai point en lasche essuyer les outrages
D'un Faquin orgueilleux qui vous tient à ses gages,
De mes Sonnets flateurs lasser tout l'univers,
Et vendre au plus offrant mon encens & mes vers.
Pour un si bas emploi ma Muse est trop altiere,
50 Je suis rustique & fier, & j'ai l'ame grossiere.
Je ne puis rien nommer, si ce n'est par son nom.
J'appelle un chat un chat, & Rolet un fripon.
De servir un Amant, je n'en ai pas l'adresse.
J'ignore ce grand art qui gagne une maîtresse,
55 Et je suis à Paris, triste, pauvre & reclus,
Ainsi qu'un corps sans ame, ou devenu perclus.
Mais, pourquoi dira-t-on, cette vertu sauvage,
Qui court à l'hospital, & n'est plus en usage?
La Richesse permet une juste fierté.
60 Mais il faut estre souple avec la Pauvreté.
C'est par là qu'un Auteur, que presse l'indigence,
Peut des astres malins corriger l'influence,

REMARQUES.

Vers 45. *Je ne sçai point en lâche*, &c.] Terence, dans l'Eunuque, Act. 2. Sc. 2. v. 14. *At ego infelix, neque ridiculus esse, neque plagas pati possum.*

Vers 50. & 51. ——— *J'ai l'ame grossière. Je ne puis rien nommer*, &c.] Lasthenes avoit livré la Ville d'Olynthe sa patrie à Philippe de Macédoine : quelques Courtisans traiterent l'Olynthien de *Traître*. Il vint s'en plaindre à Philippe : *Les Macédoniens sont si grossiers*, lui répondit ce Prince, *qu'ils ne sçavent nommer les choses que par leur nom.* Plut. Apopht.

Vers 52. ——— *Et Rolet un fripon.*] Charles Rolet, Procureur au Parlement; on l'appelloit au Palais l'*ame damnée*. Il étoit si décrié, que M. le Premier President de Lamoignon, pour signifier un Fripon insigne, disoit communément : *C'est un Rolet.*

Vers 56. *Ainsi qu'un corps sans ame, ou devenu perclus.*] Juvénal dans la même Satire troisiéme.

——— *Tanquam Mancus, & extincta corpus non utile dextræ.*

SATIRE I.

Et que le Sort burlesque, en ce siecle de fer,
D'un Pédant, quand il veut, sçait faire un Duc & Pair.
65 Ainsi de la Vertu, la Fortune se jouë.
Tel aujourd'hui triomphe au plus haut de sa rouë,
Qu'on verroit, de couleurs bizarrement orné,
Conduire le carrosse où l'on le voit traîné,
Si dans les droits du Roi sa funeste science
70 Par deux ou trois avis n'eust ravagé la France.
Je sçai qu'un juste effroi l'éloignant de ces lieux,
L'a fait pour quelque mois disparoistre à nos yeux :
Mais envain pour un temps une taxe l'exile :
On le verra bien-tost pompeux en cette Ville,
75 Marcher encor chargé des dépoüilles d'autrui,
Et joüir du Ciel mesme irrité contre lui.
Tandis que Colletet, crotté jusqu'à l'échine,
S'en va chercher son pain de cuisine en cuisine :
Sçavant en ce métier si cher aux beaux Esprits,
80 Dont Monmaur autrefois fit leçon dans Paris.

REMARQUES.

Vers 63. *Et que le sort burlesque, en ce siécle de fer*, &c.] Les Ennemis du Poëte abusant de ce Vers, tenterent inutilement de le rendre odieux au Prince lui-même. Juvenal, Sat. 7. v. 197.

*Si fortuna volet, fies de Rhetore Consul :
Si volet hæc eadem, fies de Consule Rhetor.*

Vers 64. *D'un Pédant, ... sçait faire un Duc & Pair.*] L'Auteur a en vûe Louis Barbier, connu sous le nom d'Abbé de la Riviere. On sait que pour avoir trahi la confiance de Gaston Duc d'Orleans, & revelé tous ses secrets au Cardinal Mazarin, il devint de Regent au Collége du Plessis, Evêque de Langres, & par-là Duc & Pair.

Vers 76. *Et joüir du Ciel même irrité contre lui.*] Juvénal, Sat. 1. v. 47.

———— *Damnatus inani
Judicio fruitur Dis iratis*, &c.

Vers 80. *Dont Monmaur autrefois fit leçon dans Paris.*] Monmaur, fameux Parasite, & l'objet de toutes les Satires de ses contemporains. Il étoit de la Marche; il fut d'abord Avocat, puis Professeur Royal en Langue Grecque : d'où lui vint le surnom de *Monmaur le Grec*.

SATIRE I.

Il est vrai que du Roi la bonté secourable
Jette enfin sur la Muse un regard favorable,
Et reparant du Sort l'aveuglement fatal,
Va tirer deformais Phébus de l'hospital.
85 On doit tout esperer d'un Monarque si juste.
Mais sans un Mecénas, à quoi sert un Auguste?
Et fait comme je suis, au siecle d'aujourd'hui,
Qui voudra s'abbaisser à me servir d'appui?
Et puis, comment percer cette foule effroïable
90 De Rimeurs affamez dont le nombre l'accable,
Qui, dés que sa main s'ouvre, y courent les premiers,
Et ravissent un bien qu'on devoit aux derniers?
Comme on voit les Frêlons, troupe lâche & sterile,
Aller piller le miel que l'Abeille distile.
95 Cessons donc d'aspirer à ce prix tant vanté,
Que dorne la faveur à l'importunité.
Saint-Amand n'eut du Ciel que sa veine en partage:
L'habit, qu'il eut sur lui, fut son seul heritage:

REMARQUES.

Vers 81. ——— *Du Roi la bonté secourable.*] Loüis XIV. venoit de faire des gratifications aux Savans François & Etrangers. Chapelain en avoit dressé la liste par ordre du Ministre : ce qui lui attira les respects interessés d'une infinité d'Auteurs de toute espece. C'est à quoi l'Auteur faisoit allusion dans l'Edition de 1674. où il avoit ajouté ces Vers après le vers 94.

Enfin je ne sçaurois pour faire un juste gain,
Aller bas & rampant fléchir sous Chapelain.

Cependant pour flater ce Rimeur tutelaire
Le frere en un besoin va renier son frere ;
Et Phœbus en personne y faisant la leçon,
Gagneroit moins ici qu'au métier de Maçon,

Ou pour estre couché sur la liste nouvelle,
S'en iroit chez Bilaine admirer la Pucelle.

Vers 97. *Saint Amand n'eut du Ciel,* &c.] Il s'appelloit Marc-Antoine Gerard. Son pere avoit été Chef d'Escadre au service d'Elizabeth Reine d'Angleterre. Il mourut en 1660. après avoir consacré ses dernières années à la pénitence & à la pieté. *Histoire de l'Académie Françoise.*

SATIRE I.

Un lit & deux placets compofoient tout fon bien ;
100 Ou, pour en mieux parler, Saint-Amand n'avoit rien.
Mais quoi, las de traîner une vie importune,
Il engagea ce rien pour chercher la Fortune,
Et tout chargé de vers qu'il devoit mettre au jour,
Conduit d'un vain efpoir, il parut à la Cour.
105 Qu'arriva-t-il enfin de fa Mufe abufée ?
Il en revint couvert de honte & de rifée ?
Et la Fiévre au retour terminant fon deftin,
Fit par avance en lui, ce qu'auroit fait la Faim.
Un Poëte à la Cour fut jadis à la mode :
110 Mais des Fous aujourd'hui c'eft le plus incommode :
Et l'Efprit le plus beau, l'Auteur le plus poli,
N'y parviendra jamais au fort de l'Angeli.
 Faut-il donc deformais joüer un nouveau rôle ?
Dois-je, las d'Apollon, recourir à Bartole,
115 Et feüilletant Loüet allongé par Brodeau,
D'une robbe à longs plis balayer le Barreau ?

REMARQUES.

Vers 108. *Fit par avance en lui ce qu'auroit fait la faim.*] Il eft à préfumer que l'Auteur n'a employé ici un nom connu qu'afin de rendre fa narration plus intereffante. On voit par les Poefies même de Saint-Amand, qu'il n'avoit pas attendu fi tard ni à mandier les graces de la Cour, ni à mettre au jour les Vers qu'il avoit faits dans cette vûe. *Ibid.*

Vers 112. *N'y parviendra jamais au fort de l'Angeli.*] L'Angeli étoit un fou, qui avoit fuivi en Flandres M. le Prince de Condé en qualité de Valet d'écurie, & que ce Prince donna depuis au Roi. L'Angeli avoit de l'efprit. Il trouva le fecret en flatant les uns, & fe faifant craindre des autres, d'amaffer environ vingt-cinq mille écus. Mais fes railleries piquantes le firent enfin chaffer de la Cour.

Vers 114. *Dois-je, las d'Apollon, recourir à Bartole ?*] C'eft-à-dire, dois-je quitter la Poëfie pour la Jurifprudence ? Bartole étoit un célebre Jurifconfulte d'Italie, qui a fait d'amples Commentaires fur le Droit.

Vers 115. *Et feüilletant Loüet allongé par Brodeau,*] George Loüet, Confeiller au

SATIRE I.

Mais à ce feul penfer je fens que je m'égare.
Moi ? que j'aille crier dans ce païs barbare,
Où l'on voit tous les jours l'Innocence aux abbois
120 Errer dans les détours d'un Dédale de lois,
Et dans l'amas confus des chicanes énormes,
Ce qui fut blanc au fond rendu noir par les formes ;
Où Patru gagne moins qu'Uot & le Mazier,
Et dont les Cicerons fe font chez Pé-Fournier ?
125 Avant qu'un tel deffein m'entre dans la penfée,
On pourra voir la Seine à la Saint Jean glacée,
Arnauld à Charenton devenir Huguenot,
Saint-Sorlin Janfenifte, & Saint-Pavin bigot.
Quittons donc pour jamais une Ville importune,
130 Où l'Honneur a toujours guerre avec la Fortune :
Où le Vice orgueilleux s'érige en Souverain,
Et va la mitre en tefte & la croffe à la main :
Où la Science trifte, affreufe, délaiffée,
Eft par tout des bons lieux comme infame chaffée ;

REMARQUES.

Parlement de Paris, a fait un Recueil d'Arrêts fort eftimé; & Julien Brodeau, Avocat au même Parlement, y a ajoûté un favant Commentaire.

Vers 122. *Ce qui fut blanc au fond, rendu noir par les formes.*] C'eft une efpece de Proverbe.

Candida de nigris, & de candentibus atra.
Ovid. Metam. 11. v. 136. & Juvénal, Sat. 3.
— *Maneant qui nigra in candida vertunt.*
Vers 123. *Où Patru gagne moins qu'Uot & le Mazier.*] Olivier Patru, Avocat au Parlement, & l'un des Quarante de l'Académie Françoife.

Uot & le Mazier, deux Avocats d'un mérite fort médiocre.

Vers 124. *Et dont les Cicerons fe font chez Pé-Fournier ?*] Pierre Fournier, Procureur au Parlement, fignoit *P. Fournier*, pour fe diftinguer de quelques-uns de fes confreres qui portoient auffi le nom de *Fournier*. Dans la Comédie Italienne d'*Arlequin Procureur*, Arlequin, pour imiter ce Vers, fe nommoit *Pé-Arlequin*.

Où

SATIRE I.

135 Où le seul art en vogue est l'art de bien voler :
Où tout me choque : enfin, où.... Je n'ose parler.
Et quel Homme si froid ne seroit plein de bile
A l'aspect odieux des mœurs de cette Ville ?
Qui pourroit les souffrir ? & qui, pour les blasmer,
140 Malgré Muse & Phébus n'apprendroit à rimer ?
Non, non ; sur ce sujet pour escrire avec grace,
Il ne faut point monter au sommet du Parnasse,
Et sans aller resver dans le double Vallon,
La colére suffit, & vaut un Apollon.
145 Tout beau, dira quelqu'un, vous entrez en furie.
A quoi bon ces grands mots ? doucement, je vous prie :
Ou bien montez en Chaire, & là, comme un Docteur,
Allez de vos sermons endormir l'Auditeur.
C'est là que bien ou mal on a droit de tout dire.
150 Ainsi parle un Esprit qu'irrite la Satire,
Qui contre ses defauts croit estre en seureté,
En raillant d'un Censeur la triste austerité :

REMARQUES.

Vers 127. *Arnauld à Charenton devenir Huguenot.*] Antoine Arnauld Docteur de Sorbonne. Il a publié d'excellens ouvrages contre les Calvinistes.

Vers 128. *Saint-Sorlin Janseniste.*] Jean Desmarêts de Saint-Sorlin, de l'Académie Françoise, après avoir cessé d'écrire pour le Théatre, publia en 1665. un Ecrit contre les Religieuses de Port-Royal; ainsi il étoit bien éloigné d'embrasser le Jansénisme.

Vers 128. ——— *Et Saint-Pavin bigot.*]
Sanguin de Saint-Pavin, fameux Libertin, disciple de Théophile, aussi-bien que des Barreaux, Bardouville, & quelques autres.

Vers 144. *La colére suffit, & vaut un Apollon.*] Juvénal en ce Vers célebre, Sat. 1. v. 79.

Si natura negat, facit indignatio versum.

Puis souvent la colére engendre de bons Vers. Regnier, Sat. 2.

Qui fait l'homme intrepide, & tremblant de foibleſſe,
Attend pour croire en Dieu que la fiévre le preſſe;
155 Et toûjours dans l'orage au Ciel levant les mains,
Dés que l'air eſt calmé, rit des foibles Humains.
Car de penſer alors qu'un Dieu tourne le Monde,
Et regle les reſſorts de la machine ronde,
Ou qu'il eſt une vie au delà du trépas,
160 C'eſt là, tout haut du moins, ce qu'il n'avoûra pas.
 Pour moi qu'en ſanté meſme un autre Monde étonne,
Qui crois l'ame immortelle, & que c'eſt Dieu qui tonne :
Il vaut mieux pour jamais me bannir de ce Lieu.
Je me retire donc. Adieu, Paris, Adieu.

REMARQUES.

Vers 154. *Attend pour croire en Dieu, que la fiévre le preſſe.*] Ce Vers déſigne le fameux *Des-Barreaux*, qui, ſelon le langage de Bourſault dans ſes Lettres, *ne croyoit en Dieu que quand il étoit malade.*

SATIRE II.
A M. DE MOLIERE.

L'Auteur composa cette Satire en 1664. Elle est purement de son invention. Il y a exprimé de la maniere la plus heureuse toutes les bizarreries de la rime; il se propose de montrer combien il est difficile de la concilier avec la raison.

RARE & fameux Esprit, dont la fertile veine
Ignore en écrivant le travail & la peine;
Pour qui tient Apollon tous ses trésors ouverts,
Et qui sçais à quel coin se marquent les bons vers;
5 Dans les combats d'esprit sçavant Maistre d'escrime,
Enseigne-moi, Moliere, où tu trouves la rime.
On diroit, quand tu veux, qu'elle te vient chercher.
Jamais au bout du vers on ne te voit broncher;
Et sans qu'un long détour t'arreste, ou t'embarrasse,
10 A peine as-tu parlé, qu'elle-mesme s'y place.
Mais moi, qu'un vain caprice, une bizarre humeur,
Pour mes pechez, je croi, fit devenir Rimeur:
Dans ce rude métier, où mon esprit se tuë,
Envain, pour la trouver, je travaille & je suë.
15 Souvent j'ai beau rêver du matin jusqu'au soir:
Quand je veux dire *blanc*, la quinteuse dit *noir*.
Si je veux d'un Galant dépeindre la figure,
Ma plume pour rimer trouve l'Abbé de Pure:

REMARQUES.

Vers 17. *Si je veux d'un Galant*, &c.] Michel de Pure, né à Lyon, Auteur de plusieurs Traductions médiocres, affectoit de la galanterie, sans être galant. Et le trait dont il est percé dans ce vers, il se l'étoit attiré par une Parodie contre M. Despréaux.

SATIRE II.

Si je penſe exprimer un Auteur ſans défaut,
20 La Raiſon dit Virgile, & la Rime Quinaut.
Enfin quoi que je faſſe, ou que je veüille faire,
La bizarre toûjours vient m'offrir le contraire.
De rage quelquefois, ne pouvant la trouver,
Triſte, las, & confus, je ceſſe d'y rêver :
25 Et maudiſſant vingt fois le Démon qui m'inſpire,
Je fais mille ſermens de ne jamais écrire.
Mais quand j'ai bien maudit & Muſes & Phébus,
Je la voi qui paroiſt, quand je n'y penſe plus.
Auſſi-toſt, malgré moi, tout mon feu ſe rallume :
30 Je reprens ſur le champ le papier & la plume.
Et de mes vains ſermens perdant le ſouvenir,
J'attens de vers en vers qu'elle daigne venir.
Encor ſi pour rimer, dans ſa verve indiſcrete,
Ma Muſe au moins ſouffroit une froide épithete :
35 Je ferois comme un autre, & ſans chercher ſi loin,
J'aurois toûjours des mots pour les coudre au beſoin.
Si je loüois Philis, *En miracles feconde;*
Je trouverois bientoſt, *A nulle autre ſeconde.*
Si je voulois vanter un objet *Nompareil;*
40 Je mettrois à l'inſtant, *Plus beau que le Soleil.*

REMARQUES.

Vers 20. *La Raiſon dit Virgile, & la Rime Quinaut.*] Philippe Quinaut, Auteur de pluſieurs Tragédies tombées dans l'oubli ; célébre d'ailleurs par ſes Opera. Il mourut en 1688.

Vers 35. *Je ferois comme un autre,* &c.] C'eſt ainſi qu'en uſoit Menage. Ses Poëſies en font foi.

SATIRE II.

Enfin parlant toûjours, d'*Astres* & de *Merveilles*,
De *Chef-d'œuvres des Cieux*, de *Beautez sans pareilles*;
Avec tous ces beaux mots souvent mis au hazard,
Je pourrois aisément, sans genie & sans art,
45 Et transposant cent fois & le nom & le verbe,
Dans mes vers recousus mettre en piéces Malherbe.
Mais mon esprit, tremblant sur le choix de ses mots,
N'en dira jamais un, s'il ne tombe à propos,
Et ne sçauroit souffrir, qu'une phrase insipide
50 Vienne à la fin d'un vers remplir la place vuide.
Ainsi recommençant un ouvrage vingt fois,
Si j'écris quatre mots, j'en effacerai trois.
   Maudit soit le premier, dont la verve insensée
Dans les bornes d'un vers renferma sa pensée,
55 Et donnant à ses mots une étroite prison,
Voulut avec la Rime enchaîner la Raison.
Sans ce métier, fatal au repos de ma vie,
Mes jours pleins de loisir couleroient sans envie,
Je n'aurois qu'à chanter, rire, boire d'autant;
60 Et comme un gras Chanoine, à mon aise, & content,
Passer tranquillement, sans souci, sans affaire,
La nuit à bien dormir, & le jour à rien faire.

REMARQUES.

Vers 53. *Maudit soit le premier*, &c.] On a toujours admiré ce Vers & les trois suivans.

Vers 62. —— *Et le jour à rien faire.*] Les Pradons se sont élevés contre cette expression. L'Académie l'a adoptée sur ce fondement, qu'en ôtant la négative, *rien faire* devient une sorte d'occupation.

SATIRE II.

Mon cœur exempt de ſoins, libre de paſſion,
Sçait donner une borne à ſon ambition;
65 Et fuïant des grandeurs la preſence importune,
Je ne vais point au Louvre adorer la Fortune.
Et je ferois heureux, ſi, pour me conſumer,
Un deſtin envieux ne m'avoit fait rimer.

Mais depuis le moment que cette freneſie
70 De ſes noires vapeurs troubla ma fantaiſie,
Et qu'un Démon, jaloux de mon contentement,
M'inſpira le deſſein d'écrire poliment:
Tous les jours malgré moi, cloüé ſur un ouvrage,
Retouchant un endroit, effaçant une page,
75 Enfin paſſant ma vie en ce triſte métier,
J'envie en écrivant le ſort de Pelletier.

Bienheureux Scuderi, dont la fertile plume
Peut tous les mois ſans peine enfanter un volume!
Tes écrits, il eſt vrai, ſans force & languiſſans,
80 Semblent eſtre formez en dépit du bon ſens:
Mais ils trouvent pourtant, quoi qu'on en puiſſe dire,
Un Marchand pour les vendre, & des Sots pour les lire.
Et quand la Rime enfin ſe trouve au bout des vers,
Qu'importe que le reſte y ſoit mis de travers?

REMARQUES.

Vers 77. *Bienheureux Scuderi*, &c.] George de Scuderi, de l'Académie Françoiſe, Auteur de divers Romans, de pluſieurs Tragédies, & du Poeme d'*Alaric*.

Vers 87. *Un Sot en écrivant*, &c.]

Ridentur mala qui componunt carmina;
verùm
Gaudent ſcribentes, & ſe venerantur, &
ultro
Si taceas laudant, quidquid ſcripſere, beati.

SATIRE II.

85 Malheureux mille fois celui dont la manie
Veut aux regles de l'art aſſervir ſon génie!
Un Sot en écrivant fait tout avec plaiſir;
Il n'a point en ſes vers l'embarras de choiſir,
Et toujours amoureux de ce qu'il vient d'écrire,
90 Ravi d'étonnement en ſoi-meſme il s'admire.
Mais un Eſprit ſublime envain veut s'élever
A ce degré parfait qu'il tâche de trouver:
Et toûjours mécontent de ce qu'il vient de faire,
Il plaiſt à tout le monde, & ne ſçauroit ſe plaire.
95 Et Tel, dont en tous lieux chacun vante l'eſprit,
Voudroit pour ſon repos n'avoir jamais écrit.
Toi donc, qui vois les maux où ma Muſe s'abîme,
De grace, enſeigne-moi l'art de trouver la Rime:
Ou, puiſqu'enfin tes ſoins y feroient ſuperflus,
100 Moliere, enſeigne-moi l'art de ne rimer plus.

REMARQUES.

Vers 98. *De grace, enſeigne-moi*, &c.] Moliere penſoit toujours juſte; mais la rime & l'expreſſion ne répondoient pas toujours à la juſteſſe de ſes penſées. Il ſe livroit trop à ſon premier feu, & il lui étoit comme impoſſible de revenir ſur ſes Ouvrages.

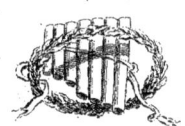

SATIRE III.

Cette Satire composée en 1667. contient le récit d'un festin donné par un homme qui se pique de rafiner sur la bonne chere; mais qui a le goût faux & extravagant. C'est ainsi qu'Horace avoit peint Nasidiénus, Satire VIII. Liv. 2. & Regnier, Sat. X. un homme non moins ridicule.

Le Poëte ne s'est point représenté ici, comme on l'a crû faussement. C'est M. du Broussin, si connu par sa délicatesse excessive, qu'il a en vûë, & qu'il vouloit même désigner par la lettre B. La lettre A marque la personne qui interroge, & la lettre P le Poëte.

A. Quel sujet inconnu vous trouble & vous altere?
D'où vous vient aujourd'hui cet air sombre &
    severe,
Et ce visage enfin plus pasle qu'un Rentier,
A l'aspect d'un Arrest qui retranche un quartier?
5 Qu'est devenu ce teint, dont la couleur fleurie
Sembloit d'ortolans seuls, & de bisques nourrie,
Où la joye en son lustre attiroit les regards,
Et le vin en rubis brilloit de toutes parts?
Qui vous a pû plonger dans cette humeur chagrine?
10 A-t-on par quelque Edit reformé la cuisine?

REMARQUES.

Vers 4. *A l'aspect d'un Arrêt qui retranche un quartier?*] En 1664. le Roi supprima un quartier des rentes constituées sur l'Hôtel-de-Ville.

Vers 18. *J'éludois tous les jours*, &c.] La plus méprisable des critiques que l'Auteur ait essuyée a pour titre, *Le Satirique François expirant*. Elle roule toute entiere sur cette Satire. Au lieu de *j'éludois*, le Critique soutient qu'il falloit dire *j'évitois*. Au lieu d'*il m'aborde*, *il m'acoste*. Sur le Vers 31. *A peine estois-je entré*, il s'écrie : à peine, quelle peine ! Quel dommage que de pareils Écrits soient oubliés!

Vers 22. & 23. *Boucingo.*] Fameux Marchand de vin. *Le Commandeur.*] Jac-

SATIRE III.

Ou quelque longue pluye, inondant vos vallons,
A-t-elle fait couler vos vins & vos melons?
Répondez donc enfin, ou bien je me retire.
 P. Ah! de grace, un moment, souffrez que je respire.
15 Je sors de chez un Fat, qui, pour m'empoisonner,
Je pense, exprés chez lui m'a forcé de disner.
Je l'avois bien prévû. Depuis prés d'une année,
J'éludois tous les jours sa poursuite obstinée.
Mais hier il m'aborde, & me serrant la main:
20 Ah! Monsieur, m'a-t-il dit, je vous attens demain.
N'y manquez pas au moins. J'ay quatorze bouteilles
D'un vin vieux.... Boucingo n'en a point de pareilles:
Et je gagerois bien que chez le Commandeur,
Villandri priseroit sa féve & sa verdeur.
25 Moliere avec Tartuffe y doit joüer son rôle:
Et Lambert, qui plus est, m'a donné sa parole.
C'est tout dire en un mot, & vous le connoissez.
Quoi Lambert? Oüi, Lambert. A demain. C'est assez.
 Ce matin donc, séduit par sa vaine promesse,
30 J'y cours, midi sonnant, au sortir de la Messe.

REMARQUES.

ques de Souvré, Commandeur de Saint Jean de Latran, puis Grand Prieur de France. Il étoit fils du Maréchal de Souvré, Gouverneur de Louis XIV.

Vers 24. *Villandri.*] Il étoit fils de Baltazar le Breton, Seigneur de Villandri, Conseiller d'Etat, Gentilhomme de la Chambre.

Vers 25. *Moliere avec Tartuffe.*] La Comédie du *Tartuffe* avoit été défendue. Tout le monde vouloit avoir Moliere pour la lui entendre réciter.

Vers 26. *Et Lambert, qui plus est.*] Michel Lambert, célébre Musicien. On le regardoit comme l'inventeur du beau chant. Il mourut à Paris en 1696. & fut inhumé

SATIRE III.

A peine eſtois-je entré, que ravi de me voir,
Mon Homme, en m'embraſſant, m'eſt venu recevoir,
Et montrant à mes yeux une allegreſſe entiere,
Nous n'avons, m'a-t-il dit, ni Lambert ni Moliere :
35 Mais puiſque je vous voy, je me tiens trop content.
Vous eſtes un brave homme : Entrez. On vous attend.
A ces mots, mais trop tard, reconnoiſſant ma faute,
Je le ſuis en tremblant dans une chambre haute,
Où malgré les volets le Soleil irrité
40 Formoit un poëſle ardent au milieu de l'Eſté.
Le couvert eſtoit mis dans ce Lieu de plaiſance ;
Où j'ai trouvé d'abord, pour toute connoiſſance,
Deux nobles Campagnards, grands lecteurs de Romans,
Qui m'ont dit tout Cyrus dans leurs longs complimens.
45 J'enrageois. Cependant on apporte un potage.
Un coq y paroiſſoit en pompeux équipage,
Qui changeant ſur ce plat & d'eſtat & de nom,
Par tous les Conviez s'eſt appellé chappon.
Deux aſſiettes ſuivoient, dont l'une eſtoit ornée
50 D'une langue en ragouſt de perſil couronnée ;

REMARQUES.

dans le tombeau de Lulli ſon gendre.

Vers 44. *Qui m'ont dit tout Cyrus*, &c.] C'eſt le titre d'un Roman fort connu, & dont on s'imaginoit en Province que le ſtile étoit celui de la Cour.

Vers 45. —— *Cependant on apporte un potage*, &c.] M. Fourcroi, célébre Avocat, donna exprés un repas tout ſemblable. On devine aiſément que l'imitation ne lui réuſſit pas.

Vers 60. *Qu'aux Sermons de Caſſagne, ou de l'Abbé Cotin.*] Jacques Caſſagnes, né & élevé à Nîmes, où ſon pere étoit Tréſorier du Domaine ; Garde de la Bibliothéque du Roi, reçû à l'Académie Françoiſe à l'âge de 27. ans, mourut en 1679. à S. Lazare, âgé ſeulement de 46. ans. L'étude & le chagrin du trait ſatirique qui donne occaſion à cette remarque, lui avoient dérangé la tête. Entr'autres Ouvrages, il a laiſſé une

SATIRE III.

L'autre d'un godiveau tout bruſlé par dehors,
Dont un beure gluant inondoit tous les bords.
On s'aſſied : mais d'abord, notre Troupe ſerrée
Tenoit à peine autour d'une table quarrée,
55 Où chacun malgré ſoi, l'un ſur l'autre porté,
Faiſoit un tour à gauche, & mangeoit de coſté.
Jugez en cet eſtat ſi je pouvois me plaire,
Moi qui ne compte rien ni le vin, ni la chere,
Si l'on n'eſt plus au large aſſis en un feſtin,
60 Qu'aux Sermons de Caſſagne, ou de l'Abbé Cotin.
 Noſtre Hoſte, cependant, s'adreſſant à la Troupe :
Que vous ſemble, a-t-il dit, du gouſt de cette ſoupe ?
Sentez-vous le citron, dont on a mis le jus,
Avec des jaunes d'œufs meſlez dans du verjus ?
65 Ma foy, vive Mignot, & tout ce qu'il appreſte !
Les cheveux cependant me dreſſoient à la teſte :
Car Mignot, c'eſt tout dire, & dans le monde entier
Jamais empoiſonneur ne ſceut mieux ſon métier.
J'approuvois tout pourtant de la mine & du geſte,
70 Penſant qu'au moins le vin dûſt reparer le reſte.

REMARQUES.

Traduction eſtimée des trois Livres de *Oratoriæ*.

Cotin.] Charles Cotin, auſſi de l'Académie Françoiſe, & Aumônier du Roi. Nous avons de lui différentes Poëſies, & quelques Ouvrages en Proſe, tels que la *Paſtorale ſacrée*, & *Salomon*, ou *la Politique Royale*. C'eſt la fatale néceſſité de la rime qui lui a attiré les traits répandus dans les Satires de M. Deſpréaux. Un hémiſtiche lui manquoit. *Vous voilà bien embarraſſé*, dit Furetiere ? *Que ne placez-vous là l'Abbé Cotin ?* Ainſi eſt juſtifiée la vérité de ces deux Vers :

Et malheur à tout nom, qui propre à la cenſure,
Peut entrer dans un Vers, ſans rompre la meſure.

Vers 65. *Ma foi, vive Mignot,* &c.] Jac-

SATIRE III.

Pour m'en éclaircir donc, j'en demande. Et d'abord
Un Laquais effronté m'apporte un rouge-bord,
D'un Auvernat fumeux, qui meflé de Lignage,
Se vendoit chez Crenet, pour vin de l'Hermitage;
75 Et qui rouge & vermeil, mais fade & doucereux,
N'avoit rien qu'un gouft plat, & qu'un déboire affreux.
A peine ay-je fenti cette liqueur traîtreffe,
Que de ces vins meflez j'ay reconnu l'adreffe.
Toutefois avec l'eau que j'y mets à foifon,
80 J'efperois adoucir la force du poifon.
Mais qui l'auroit penfé? pour comble de difgrace,
Par le chaud qu'il faifoit nous n'avions point de glace.
Point de glace, bon Dieu! dans le fort de l'Efté!
Au mois de Juin! Pour moi, j'eftois fi tranfporté,
85 Que donnant de fureur tout le feftin au Diable,
Je me fuis veu vingt fois preft à quitter la table;
Et dûft-on m'appeller & fantafque & bouru,
J'allois fortir enfin, quand le roft a paru.
 Sur un liévre flanqué de fix poulets étiques,
90 S'élevoient trois lapins, animaux domeftiques,

REMARQUES.

ques Mignot, Patiffier-Traiteur. Comme il étoit Maître Queux de la Maifon du Roi, & Ecuyer de la bouche de la Reine, il fe crut déshonoré, s'il fouffroit qu'on traitât d'Empoifonneur un Officier tel que lui. Il préfenta fa plainte à M. Deffita, Lieutenant Criminel. Celui-ci le renvoya, en difant que l'injure dont il fe plaignoit, n'étoit qu'une plaifanterie dont il devoit rire le premier.

Mignot, plus irrité que jamais, s'avifa d'un expédient tout nouveau, pour fe faire juftice à lui-même. Il avoit la réputation de faire d'excellens Bifcuits; & fçachant que l'Abbé Cotin avoit compofé une Satire contre leur ennemi commun, il la fit imprimer à fes dépens, & lorfqu'on venoit acheter des Bifcuits, il les enveloppoit dans la feuille qui contenoit la Satire imprimée, afin de la répandre,

SATIRE III.

Qui dés leur tendre enfance élevez dans Paris,
Sentoient encor le chou dont ils furent nourris.
Autour de cet amas de viandes entaſſées,
Regnoit un long cordon d'aloüetes preſſées,
95 Et ſur les bords du plat, ſix pigeons étalez
Préſentoient pour renfort leurs ſqueletes bruſlez.
A coſté de ce plat paroiſſoient deux ſalades,
L'une de pourpier jaune, & l'autre d'herbes fades,
Dont l'huile de fort loin ſaiſiſſoit l'odorat,
100 Et nageoit dans des flots de vinaigre roſat.
Tous mes Sots à l'inſtant changeant de contenance,
Ont loüé du feſtin la ſuperbe ordonnance :
Tandis que mon Faquin, qui ſe voïoit priſer,
Avec un ris moqueur les prioit d'excuſer.
105 Sur tout certain Hableur, à la gueule affamée,
Qui vint à ce feſtin conduit par la fumée,
Et qui s'eſt dit Proféſ dans l'ordre des Coſteaux,
A fait en bien mangeant, l'éloge des morceaux.
Je riois de le voir, avec ſa mine étique,
110 Son rabat jadis blanc, & ſa perruque antique,

REMARQUES.

Vers 73. *D'un Auvernat fumeux, qui meſlé de Lignage.*] L'*Auvernat*, ou *Auvernas*, & *le Lignage*, vins peu eſtimés qui croiſſent aux environs d'Orleans.

Vers 74. *Se vendoit chez Crenet.*]Fameux Marchand de vin, qui tenoit le Cabaret de la Pomme de Pin, déja célébre du temps de Regnier, *Sat. X.*

Vers 74. —— *Pour vin de l'Hermitage.*]
Ce vin eſt ainſi appellé, parce qu'il croîť dans le Dauphiné, vis-à-vis de Tournon, ſur un côteau où eſt un Hermitage.

Vers 96. —— *Leurs ſqueletes brûlés.*] Horace applique aux Merles ce que l'Auteur dit des Pigeons :

—————— *Tum pectore adusto*
Vidimus & Merulas poni. L. 2. Sat. 8.

Vers 107.—*Dans l'Ordre des Côteaux.*]

30 SATIRE III.

En lapins de garenne ériger nos clapiers,
Et nos pigeons Cauchois en superbes ramiers;
Et pour flatter notre Hoste, observant son visage,
Composer sur ses yeux son geste & son langage.
115 Quand nostre Hoste charmé, m'avisant sur ce point,
Qu'avez-vous donc, dit-il, que vous ne mangez point?
Je vous trouve aujourd'hui l'ame toute inquiette,
Et les morceaux entiers restent sur votre assiette.
Aimez-vous la muscade? On en a mis par tout.
120 Ah! Monsieur, ces poulets sont d'un merveilleux goust.
Ces pigeons sont dodus, mangez sur ma parole.
J'aime à voir aux lapins cette chair blanche & molle.
Ma foy, tout est passable, il le faut confesser;
Et Mignot aujourd'hui s'est voulu surpasser.
125 Quand on parle de sauce il faut qu'on y raffine.
Pour moi, j'aime sur tout que le poivre y domine.
J'en suis fourni, Dieu sçait, & j'ai tout Pelletier
Roulé dans mon office en cornets de papier.
A tous ces beaux discours, j'estois comme une pierre,
130 Ou comme la Statuë est au festin de Pierre;
Et sans dire un seul mot, j'avalois au hazard
Quelque aisle de poulet dont j'arrachois le lard.

REMARQUES.

Cet Ordre, suivant le Pere Bouhours, étoit une Societé de fins Débauchés, qui vouloient que le vin qu'ils bûvoient, fût d'un certain côteau aux environs de Rheims, & qui par cette raison furent appellés *les Côteaux*. On ne se tourmentera point pour concilier ici Menage dans son *Dictionnaire* *Etymologique*, & M. des Maiseaux dans sa *Vie de Saint-Evremond*. On peut consulter les Nouvelles de la République des Lettres, *Août* 1704.

Vers 111. *En lapins de garenne ériger nos clapiers.*] On appelle *Clapiers* les Lapins domestiques.

SATIRE III.

Cependant mon Hableur, avec une voix haute,
Porte à mes Campagnards la santé de nostre Hoste:
135 Qui tous deux pleins de joye, en jettant un grand cri,
Avec un rouge-bord acceptent son deffi.
Un si galant exploit réveillant tout le monde,
On a porté par tout des verres à la ronde,
Où les doigts des Laquais dans la crasse tracez,
140 Témoignoient par écrit qu'on les avoit rincez.
Quand un des Conviez, d'un ton melancolique,
Lamentant tristement une chanson bachique;
Tous mes Sots à la fois, ravis de l'écouter,
Détonnant de concert, se mettent à chanter.
145 La Musique sans doute estoit rare & charmante:
L'un traîne en longs fredons une voix glapissante,
Et l'autre l'appuyant de son aigre fausset,
Semble un violon faux qui jure sous l'archet.
Sur ce point un jambon, d'assez maigre apparence,
150 Arrive sous le nom de jambon de Mayence.
Un Valet le portoit, marchant à pas comptez,
Comme un Recteur suivi des quatre Facultez.

REMARQUES.

Vers 112. *Et nos pigeons Cauchois en superbes Ramiers.*] *Cauchois*, Pigeons ainsi nommés du Pays de Caux, où ils sont plus gros qu'ailleurs. *Ramiers*, Pigeons sauvages qui perchent sur les arbres.

Vers 130. *Ou comme la statuë est au festin de Pierre.*] *Le festin de Pierre*, piece de Théatre, en Espagnol, *El combidado de piedra*, litteralement *le convié de pierre*. Les Comédiens Italiens nous ont apporté ce sujet. Moliere l'a traité en prose, & Thomas Corneille a tourné en vers la piéce de Moliere, mais avec quelques changemens dans la disposition.

Vers 152. *Comme un Recteur*, &c.] Aux Processions de l'Université de Paris, le Recteur marche précedé de ses Bedeaux, & suivi des quatre Facultés, qui sont les Arts,

Deux Marmitons crasseux, revestus de serviettes,
Lui servoient de Massiers, & portoient deux assiettes,
155 L'une de champignons, avec des ris de veau,
Et l'autre de pois verds, qui se noyoient dans l'eau.
Un spectacle si beau surprenant l'assemblée,
Chez tous les Conviez la joye est redoublée :
Et la troupe à l'instant cessant de fredonner,
160 D'un ton gravement fou s'est mise à raisonner.
Le vin au plus müet fournissant des paroles,
Chacun a debité ses maximes frivoles,
Reglé les interests de chaque Potentat,
Corrigé la Police, & reformé l'Estat ;
165 Puis de là s'embarquant dans la nouvelle guerre,
A vaincu la Hollande, ou battu l'Angleterre.
Enfin, laissant en paix tous ces peuples divers,
De propos en propos on a parlé de Vers.
Là tous mes Sots, enflez d'une nouvelle audace,
170 Ont jugé des Auteurs en maistres du Parnasse.

REMARQUES.

la Médecine, le Droit, & la Théologie.
Vers 154. *Lui servoient de Massiers.*] Le Recteur dans les Processions est accompagné de deux Massiers ou Bedeaux qui portent devant lui des Masses ou Bâtons à tête garnis d'argent, tels qu'on en porte par honneur devant le Roi & devant M. le Chancellier.
Vers 161. *Le vin au plus muet fournissant des paroles.*] Horace, L. 1. Ep. 5.
Fœcundi calices quem non fecere disertum ?
Vers 166. *A vaincu la Hollande, ou battu l'Angleterre.*] L'Angleterre & la Hollande étoient alors en guerre. Les Hollandois furent battus sur mer en 1665. Louis XIV. se déclara contr'eux, & la guerre fut enfin terminée en 1667. par le Traité de Breda.
Vers 170. *Ont jugé des Auteurs*, &c.] Perse, Satire I. 30.
—— *Ecce inter pocula quærunt Romulidæ saturi quid dia poemata narrent.*
Vers 172. —— *Théophile & Ronsard.*] Le premier avoit une imagination brillante, mais nulle régularité. Le second fut admiré en son temps, mais il est tombé dans l'oubli par son érudition pédantesque.

Mais

SATIRE III.

Mais noftre Hofte fur tout, pour la jufteffe & l'art,
Elevoit jufqu'au ciel Theophile & Ronfard.
Quand un des Campagnards relevant fa mouftache,
Et fon feutre à grands poils ombragé d'un pennache,
175 Impofe à tous filence, & d'un ton de Docteur,
Morbleu! dit-il, la Serre eft un charmant Auteur!
Ses vers font d'un beau ftile, & fa profe eft coulante.
La Pucelle eft encore une œuvre bien galante,
Et je ne fçai pourquoi je baaille en la lifant.
180 Le Païs, fans mentir, eft un bouffon plaifant:
Mais je ne trouve rien de beau dans ce Voiture.
Ma foi, le jugement fert bien dans la lecture.
A mon gré, le Corneille eft joli quelquefois.
En vérité pour moi, j'aime le beau François.
185 Je ne fçai pas pourquoi l'on vante l'Alexandre.
Ce n'eft qu'un glorieux qui ne dit rien de tendre.
Les Heros chez Quinaut parlent bien autrement,
Et jufqu'à *je vous hais*, tout s'y dit tendrement.

REMARQUES.

Vers 176. ▬ *La Serre eft un charmant Auteur.*] Puget de la Serre, qui a publié plufieurs Ouvrages en profe & en vers, & tous de la même force.

Vers 178. *La Pucelle eft encore une œuvre bien galante.*] La Pucelle, ou *la France délivrée*, Poëme héroïque de Chapelain.

Vers 180. *Le Païs, fans mentir, eft un bouffon plaifant.*] René Le Païs, Nantois, connu par le Livre qu'il publia en 1664. fous le titre d'*Amitiés, Amours, & Amourettes*.

Vers 185. *Je ne fçai pas pourquoi l'on vante l'Alexandre.*] *Aléxandre le Grand*, Tragédie de M. Racine, donnée au public en 1665.

Vers 188. *Et jufqu'à* je vous hais, *tout s'y dit tendrement.*] Le Poëte avoit en vûe une Scéne de *la Stratonice* de Quinault. Antiochus y dit à Stratonice : *Vous me haiffez donc.* A quoi elle répond : *J'y mets toute ma gloire.* Et la Scéne finit par ces deux Vers :
Adieu, croyez toujours que ma haine eft extrême,
Prince, & fi je vous hais, haïffez-moi de même.

Tome I.   *   E

SATIRE III.

On dit qu'on l'a drapé dans certaine Satire,
190 Qu'un jeune homme... Ah! je sçai ce que vous voulez dire,
A répondu notre Hoste, *Un Auteur sans defaut,*
La Raison dit Virgile, & la Rime Quinaut.
Justement. A mon gré, la piece est assez plate.
Et puis blâmer Quinaut... Avez-vous vû l'Astrate?
195 C'est là ce qu'on appelle un ouvrage achevé.
Sur tout l'*Anneau Royal* me semble bien trouvé.
Son sujet est conduit d'une belle maniere,
Et chaque acte en sa piece est une piece entiere:
Je ne puis plus souffrir ce que les autres font.
200   Il est vrai que Quinaut est un Esprit profond,
A repris certain Fat, qu'à sa mine discrete
Et son maintien jaloux j'ai reconnu Poëte:
Mais il en est pourtant qui le pourroient valoir.
Ma foi, ce n'est pas vous qui nous le ferez voir,
205 A dit mon Campagnard avec une voix claire,
Et déja tout boüillant de vin & de colere.
Peut-estre, a dit l'Auteur pallissant de courroux:
Mais vous, pour en parler vous y connoissez-vous?
Mieux que vous mille fois, dit le Noble en furie.
210 Vous? Mon Dieu, meslez-vous de boire, je vous prie,

REMARQUES.

Vers 189. *On dit qu'on l'a drapé dans certaine Satire.*] Dans la Satire précedente.
Vers 194. —— *Avez-vous vû l'Astrate?*
Vers 196. *Sur tout l'Anneau Royal,* &c.]
Astrate, Roi de Tyr, Tragédie de Quinault, représentée en 1665. L'*Anneau Royal* fait le sujet de deux Scénes du troisiéme Acte.

SATIRE III.

    A l'Auteur fur le champ aigrement reparti.
    Je fuis donc un Sot? Moi? Vous en avez menti,
    Reprend le Campagnard, & fans plus de langage,
    Lui jette, pour deffi, fon affiette au vifage;
215 L'autre efquive le coup, & l'affiette volant
    S'en va frapper le mur, & revient en roulant.
    A cet affront, l'Auteur fe levant de la table,
    Lance à mon Campagnard un regard effroyable :
    Et chacun vainement fe ruant entre-deux,
220 Nos Braves s'accrochant fe prennent aux cheveux.
    Auffi-toft fous leurs pieds les tables renverfées
    Font voir un long débris de bouteilles caffées :
    Envain à lever tout les Valets font fort promts,
    Et les ruiffeaux de vin coulent aux environs.
225   Enfin, pour arrefter cette lutte barbare,
    De nouveau l'on s'efforce, on crie, on les fepare,
    Et leur premiere ardeur paffant en un moment,
    On a parlé de paix & d'accommodement.
    Mais, tandis qu'à l'envi tout le monde y confpire,
230 J'ai gagné doucement la porte fans rien dire,
    Avec un bon ferment, que fi pour l'avenir,
    En pareille cohuë on me peut retenir,
    Je confens de bon cœur, pour punir ma folie,
    Que tous les vins pour moi deviennent vins de Brie :
235 Qu'à Paris le gibier manque tous les hyvers,
    Et qu'à peine au mois d'Aouft l'on mange des pois verds.

SATIRE IV.
A MONSIEUR L'ABBÉ LE VAYER.

Cette Satire fut composée en 1664. L'Auteur en conçut l'idée dans une conversation qu'il eut avec l'Abbé le Vayer & Moliere, & où l'on établit par divers exemples, que tous les hommes sont fous; & que chacun néanmoins se croit sage tout seul. Proposition qui fait le sujet de la Piéce.

D'Où vient, cher le Vayer, que l'Homme le moins sage
Croit toûjours seul avoir la sagesse en partage :
Et qu'il n'est point de Fou, qui par belles raisons
Ne loge son voisin aux Petites-Maisons ?
5   Un Pédant enyvré de sa vaine science,
Tout herissé de Grec, tout bouffi d'arrogance,
Et qui de mille Auteurs retenus mot pour mot,
Dans sa teste entassez, n'a souvent fait qu'un Sot,
Croit qu'un livre fait tout, & que sans Aristote
10 La raison ne voit goute, & le bon sens radote.
   D'autre part un Galant, de qui tout le mestier
Est de courir le jour de quartier en quartier,
Et d'aller, à l'abri d'une perruque blonde,
De ses froides douceurs fatiguer le beau monde,

REMARQUES.

Vers 1. *D'où vient, cher le Vayer.*] L'Abbé le Vayer, fils unique de M. de la Mothe le Vayer, Conseiller d'Etat, Précepteur de Monsieur Philippe de France. On le croit Auteur du Roman de *Tarsis & Zélie*. Il mourut en 1664. âgé d'environ 35. ans.

Vers 4. —— *Aux Petites-Maisons.*] Hôpital de Paris, où l'on enferme les Fous.

Vers 31. *Il compteroit plutôt*, &c.] Ces deux vers sont imités de Juvénal, Satire 10. vers 229.

SATIRE IV.

15 Condamne la science, & blasmant tout écrit,
Croit qu'en lui l'ignorance est un titre d'esprit :
Que c'est des Gens de Cour le plus beau privilege,
Et renvoye un Sçavant dans le fond d'un College.
    Un Bigot orgueilleux, qui dans sa vanité
20 Croit tromper jusqu'à Dieu par son zele affecté,
Couvrant tous ses defauts d'une sainte apparence,
Damne tous les Humains, de sa pleine puissance.
    Un Libertin d'ailleurs, qui sans ame & sans foy,
Se fait de son plaisir une suprême loy,
25 Tient que ces vieux propos, de Démons & de flammes,
Sont bons pour étonner des enfans & des femmes ;
Que c'est s'embarrasser de soucis superflus,
Et qu'enfin tout Devot a le cerveau perclus.
    En un mot qui voudroit épuiser ces matieres,
30 Peignant de tant d'esprits les diverses manieres,
Il compteroit plustost, combien dans un Printemps,
Guenaud & l'antimoine ont fait mourir de gens,
Et combien la Neveu devant son mariage,
A de fois au public vendu son P ✱ ✱ ✱.
35 Mais, sans errer en vain dans ces vagues propos,
Et pour rimer ici ma pensée en deux mots ;

REMARQUES.

Promptiùs expediam, quot amaverit Hippia mœchos,
Quot Themison ægros autumno occiderit uno.
Vers 32. *Guenaud & l'antimoine.*] La dispute des Medecins au sujet de l'antimoine étoit alors dans sa plus grande vivacité. Ceux qui approuvoient l'usage de ce mineral avoient à leur tête *Guenaud*, Medecin de la Reine. Gui-Patin tenoit pour l'autre parti. 23. *Journal des Savans.*
Vers 33. *Et combien la Neveu devant*

N'en déplaise à ces Fous nommez Sages de Grece;
En ce monde il n'est point de parfaite sagesse:
Tous les hommes sont fous: & malgré tous leurs soins,
40 Ne different entre eux que du plus ou du moins.
Comme on voit qu'en un bois, que cent routes separent,
Les voyageurs sans guide assez souvent s'égarent,
L'un à droit, l'autre à gauche, & courant vainement,
La mesme erreur les fait errer diversement:
45 Chacun suit dans le monde une route incertaine,
Selon que son erreur le joüe & le promene;
Et Tel y fait l'habile & nous traite de fous,
Qui sous le nom de sage est le plus fou de tous.
Mais quoi que sur ce point la Satire publie,
50 Chacun veut en sagesse ériger sa folie,
Et se laissant regler à son esprit tortu,
De ses propres défauts se fait une vertu.
Ainsi, cela soit dit pour qui veut se connoistre,
Le plus sage est celui qui ne pense point l'estre;

REMARQUES.

son mariage.] La *Neveu* fameuse Courtisane, morte avant la composition de cette Satire.

Vers 41. *Comme on voit qu'en un bois*, &c.] Horace, Sat. 3. liv. 2.

—— *Velut Sylvis, ubi passim*
Palantes error certo de tramite ducit.
Ille sinistrorsùm hic dextrorsùm abit; unus utrique
Error, sed variis illudit partibus.

Vers 60. *Un Avare idolâtre.*] Les six vers qui expriment ici le caractére de l'Avare, sont imités d'Horace.

—— *Qui discrepat istis,*
Qui nummos aurumque recondit, nescius
uti
Compositis.

Vers 64. *A grossir un trésor qui ne lui sert de rien.*] L'Auteur a retranché ici dans les dernieres éditions les treize Vers suivans, qui font une Traduction d'Horace, Satire 1. l. 1. mais peu digne de l'original.
Dites-moi, pauvre esprit, ame basse & venale.
Ne vous souvient-il point du tourment de Tantale,
Qui dans le triste état où le Ciel l'a réduit;

SATIRE IV.

55 Qui toûjours pour un autre enclin vers la douceur,
    Se regarde soi-mesme en severe Censeur,
    Rend à tous ses defauts une exacte justice,
    Et fait sans se flatter le procés à son vice.
    Mais chacun pour soi-mesme est toûjours indulgent.
60   Un Avare idolâtre, & fou de son argent,
    Rencontrant la disette au sein de l'abondance,
    Appelle sa folie une rare prudence,
    Et met toute sa gloire, & son souverain bien,
    A grossir un trésor qui ne lui sert de rien.
65 Plus il le voit accrû, moins il en sçait l'usage.
    Sans mentir, l'avarice est une étrange rage,
    Dira cet autre Fou, non moins privé de sens,
    Qui jette, furieux, son bien à tous venans,
    Et dont l'ame inquiete, à soi-mesme importune,
70 Se fait un embarras de sa bonne fortune.
    Qui des deux en effet est le plus aveuglé ?
    L'un & l'autre à mon sens ont le cerveau troublé,

REMARQUES.

Meurt de soif au milieu d'un fleuve qui le fuit ?
Vous riez : savez-vous que c'est votre peinture,
Et que c'est vous par là que la fable figure ?
Chargé d'or & d'argent, loin de vous en servir,
Vous brulez d'une soif qu'on ne peut assouvir.
Vous nagez dans les biens, mais votre ame alterée
Se fait de sa richesse une chose sacrée :
Et tous ces vains trésors que vous allez cacher,
Sont pour vous un dépôt que vous n'osez toucher,
Quoi donc ? de votre argent ignorez vous l'usage ?

    Les six premiers Vers n'en rendent que deux du Poëte Latin. Pradon leur opposoit ceux-ci :

Tantale dans un fleuve a soif, & ne peut boire.
Tu ris. Change le nom. La Fable est ton histoire.

SATIRE IV.

Répondra chez Fredoc, ce Marquis sage & prude,
Et qui sans cesse au jeu, dont il fait son étude,
75 Attendant son destin d'un quatorze ou d'un sept,
Voit sa vie ou sa mort sortir de son cornet.
Que si d'un sort fâcheux la maligne inconstance
Vient par un coup fatal faire tourner la chance :
Vous le verrez bien-tost, les cheveux herissez,
80 Et les yeux vers le Ciel de fureur élancez,
Ainsi qu'un Possedé que le Prestre exorcise,
Fester dans ses sermens tous les Saints de l'Eglise.
Qu'on le lie ; ou je crains, à son air furieux,
Que ce nouveau Titan n'escalade les Cieux.
85 Mais laissons-le plûtost en proye à son caprice.
Sa folie, aussi-bien, lui tient lieu de supplice.
Il est d'autres erreurs, dont l'aimable poison
D'un charme bien plus doux enyvre la raison :
L'esprit dans ce nectar heureusement s'oublie.
90 Chapelain veut rimer, & c'est là sa folie.
Mais bien que ses durs vers, d'epithetes enflez,
Soient des moindres Grimauds chez Ménage siflez :

REMARQUES.

Vers 73. *Répondra chez Fredoc.*] Fredoc tenoit une Académie de jeu très-fréquentée alors.

Vers 91. *Mais bien que ses durs vers.*] L'Auteur a voulu peindre la dureté des Vers de Chapelain.

Vers 92. *Soient des moindres Grimauds chez Ménage siflez.*] Tous les mercredis, l'Abbé Ménage tenoit une assemblée, où alloient beaucoup de petits esprits. Il appelloit ces assemblées *Mercuriales*.

Vers 94. *Prend le pas au Parnasse au-dessus de Virgile.*] Quelle élégance ! Quelle dignité dans cette expression ! Comme le Poëte a sçû annoblir une pensée très-simple ?

Vers 98. *Montez sur deux grands mots, comme sur deux échasses.*] Le Poëme de la

Lui-

SATIRE IV.

Lui-mesme il s'applaudit, & d'un esprit tranquile,
Prend le pas au Parnasse au dessus de Virgile.
95 Que feroit-il, helas! si quelque Audacieux
Alloit pour son malheur lui desiller les yeux,
Lui faisant voir ses vers, & sans force & sans graces,
Montez sur deux grands mots, comme sur deux échasses;
Ses termes sans raison l'un de l'autre écartez,
100 Et ses froids ornemens à la ligne plantez?
Qu'il maudiroit le jour, où son ame insensée
Perdit l'heureuse erreur qui charmoit sa pensée!
Jadis certain Bigot, d'ailleurs homme sensé,
D'un mal assez bizarre eut le cerveau blessé:
105 S'imaginant sans cesse, en sa douce manie,
Des Esprits bien-heureux entendre l'harmonie.
Enfin un Medecin, fort expert en son art,
Le guerit par adresse, ou plûtost par hazard.
Mais voulant de ses soins exiger le salaire,
110 Moi? vous payer? lui dit le Bigot en colere,
Vous, dont l'art infernal, par des secrets maudits,
En me tirant d'erreur, m'oste du Paradis?

REMARQUES.

Pucelle offre plusieurs Vers composés seulement de deux mots. M. Despréaux, pour en faire sentir le ridicule, citoit d'ordinaire ce Vers tiré du même Poëme:

De ce sourcilleux Roc l'inébranlable cime.

Roc l'inébranlable cime. De ce sourcilleux

Et il le disposoit de maniere que le mot *Roc* sembloit monté sur deux échasses.

Vers 103. *Jadis certain Bigot.*] Un Citoyen d'Argos, étant seul assis sur le théatre, où il ne paroissoit ni Acteurs ni Spectateurs, s'imaginoit entendre les plus belles Tragédies du monde. *Horace, Ep. 2. Liv. I.*

Tome I.   *   F

J'approuve son couroux. Car, puisqu'il faut le dire,
Souvent de tous nos maux la Raison est le pire.
115 C'est Elle qui farouche, au milieu des plaisirs,
D'un remords importun vient brider nos desirs.
La Fascheuse a pour nous des rigueurs sans pareilles;
C'est un Pédant qu'on a sans cesse à ses oreilles,
Qui toûjours nous gourmande, & loin de nous toucher,
120 Souvent, comme Joli, perd son temps à prescher.
En vain certains Resveurs nous l'habillent en Reine,
Veulent sur tous nos sens la rendre souveraine,
Et s'en formant en terre une Divinité,
Pensent aller par Elle à la felicité.
125 C'est Elle, disent-ils, qui nous montre à bien vivre.
Ces discours, il est vrai, sont fort beaux dans un livre:
Je les estime fort: mais je trouve en effet,
Que le plus fou souvent est le plus satisfait.

REMARQUES.

Vers 117. *La fâcheuse a pour nous des rigueurs sans pareilles.*] Malherbe a dit en parlant de la Mort:
La Mort a des rigueurs à nulle autre pareilles.

Vers 120. *Souvent, comme Joli*, &c.] Prédicateur célébre, alors Curé de Saint Nicolas des Champs, mort en 1678. Evêque d'Agen.

SATIRE V.

A M. LE MARQUIS DE DANGEAU.

Cette Satire est de l'année 1665. & la premiere qui ait été lue au Roi. L'objet du Poëte est de montrer que la vraye Noblesse consiste uniquement dans la vertu. Juvénal a traité le même sujet. Satire VIII.

LA Noblesse, Dangeau, n'est pas une chimere;
Quand sous l'étroite loi d'une vertu severe,
Un homme issu d'un sang fecond en Demi-Dieux,
Suit, comme toi, la trace où marchoient ses ayeux.
5   Mais je ne puis souffrir qu'un Fat, dont la mollesse
N'a rien pour s'appuyer qu'une vaine Noblesse,
Se pare insolemment du merite d'autruy,
Et me vante un honneur qui ne vient pas de Luy.
Je veux que la valeur de ses Ayeux antiques
10 Ait fourni de matiere aux plus vieilles chroniques,
Et que l'un des Capets, pour honnorer leur nom,
Ait de trois fleurs de lis doré leur écusson.
Que sert ce vain amas d'une inutile gloire?
Si de tant de Heros celebres dans l'Histoire,

REMARQUES.

Vers 1. *La Noblesse, Dangeau*, &c.] Philippe de Courcillon, Marquis de Dangeau, Gouverneur de Touraine, Chevalier des Ordres du Roi en 1686. & mort en 1720. dans sa quatre-vingt-quatriéme année.

Vers 11. & 12. *Et que l'un des Capets....*

Ait de trois fleurs de Lys, &c.] La Maison d'Estaing porte les Armes de France, par concession. Philippe Auguste, à la Bataille de Bovines, courut un danger extrême. *Adeodat* d'Estaing, un des Chevaliers commis à la garde de sa Personne, aida à le sauver. Il sauva aussi l'Ecu du Prince,

F ij

15 Il ne peut rien offrir aux yeux de l'Univers,
   Que de vieux parchemins qu'ont épargnez les vers :
   Si tout forti qu'il eft d'une fource divine,
   Son cœur dément en lui fa fuperbe origine,
   Et n'ayant rien de grand qu'une fotte fierté,
20 S'endort dans une lafche & molle oifiveté ?
   Cependant, à le voir avec tant d'arrogance
   Vanter le faux éclat de fa haute naiffance ;
   On diroit que le Ciel eft foûmis à fa loi,
   Et que Dieu l'a paiftri d'autre limon que moi.
25 Enyvré de lui-mefme, il croit dans fa folie,
   Qu'il faut que devant lui d'abord tout s'humilie.
   Aujourd'hui toutefois, fans trop le ménager,
   Sur ce ton un peu haut je vais l'interroger.
   Dites-moi, grand Heros, Efprit rare & fublime,
30 Entre tant d'Animaux, qui font ceux qu'on eftime ?
   On fait cas d'un Courfier, qui fier & plein de cœur
   Fait paroiftre en courant fa boüillante vigueur :

REMARQUES.

& pour récompenfe il eut la permiffion de porter les trois Fleurs de Lys, avec un chef d'or pour brifure.

Vers 29. *Dites-moi, grand Heros*, &c.] La plupart s'étoient imaginé que le Poëte s'adreffoit ici à M. de Dangeau lui-méme. C'eft pour écarter cette idée qu'il ajouta en 1713. les quatre Vers qui précedent, & qui répondent mal à la beauté des autres. Ce Vers & les neuf fuivans, font une imitation de Juvénal, Satire VIII. vers 56.

Dic mihi, Teucrorum proles : animalia muta
Quis generofa putet, nifi fortia ? nempe volucrem
Sic laudamus equum, facili cui plurima palma
Fervet, & exfultat rauco victoria circo...
Sed venale pecus, Corythes pofteritas, &
Hirpini, fi rara jugo victoria fedit ;
Nil ibi majorum refpectus, &c.

Vers 35. *Mais la pofterité d'Alfane & de Bayard.*] *Alfane* & *Bayard*, font ici les

SATIRE V.

Qui jamais ne se lasse, & qui dans la carriere
S'est couvert mille fois d'une noble poussiere:
35 Mais la posterité d'Alfane & de Bayard,
Quand ce n'est qu'une rosse, est venduë au hazard,
Sans respect des Ayeux dont elle est descenduë,
Et va porter la malle, ou tirer la charuë.
Pourquoi donc voulez-vous que par un sot abus
40 Chacun respecte en vous un honneur qui n'est plus ?
On ne m'ébloüit point d'une apparence vaine.
La Vertu, d'un cœur noble est la marque certaine.
Si vous estes sorti de ces Heros fameux,
Montrez-nous cette ardeur qu'on vit briller en eux,
45 Ce zele pour l'honneur, cette horreur pour le vice.
Respectez-vous les loix ? Fuiez-vous l'injustice ?
Sçavez-vous pour la gloire oublier le repos,
Et dormir en plein champ le harnois sur le dos ?
Je vous connois pour Noble à ces illustres marques.
50 Alors soyez issu des plus fameux Monarques;

REMARQUES.

noms de deux Chevaux très-renommés dans les vieux Romanciers. *Alfana*, dans l'Orlando Furioso, Chant I. est un nom générique: d'où l'on infere que le Poëte François s'est trompé. *Bayard*, dont le Roman dit, qu'*il n'eut onques son pareil*, & que *pour avoir couru dix lieues il n'étoit point las*, servoit de monture à Renaud de Montauban l'aîné & le plus vaillant des quatre Fils Aimon.

Vers 42. *La vertu, d'un cœur noble est la marque certaine.*] Juvénal a dit:

Nobilitas, sola est atque unica Virtus.
Sat. VIII.

Vers 50. *Alors soyez issu des plus fameux Monarques*, &c.] Juvénal dans la même Satire VIII.

Tunc licet à Pico numeres genus, alta-
que si te
Nomina delectant, omnem Titanida pu-
gnam,
Inter majores, ipsumque Promethea ponas,
De quocumque voles proavum tibi sumito
libro.

SATIRE V.

Venez de mille Ayeux ; & fi ce n'eſt aſſez,
Feüilletez à loiſir tous les ſiecles paſſez,
Voyez de quel Guerrier il vous plaiſt de deſcendre ;
Choiſiſſez de Céſar, d'Achille, ou d'Alexandre.
55 Envain un faux Cenſeur voudroit vous démentir,
Et ſi vous n'en ſortez, vous en devez ſortir.
Mais fuſſiez-vous iſſu d'Hercule en droite ligne,
Si vous ne faites voir qu'une baſſeſſe indigne,
Ce long amas d'Ayeux, que vous diffamez tous,
60 Sont autant de teſmoins qui parlent contre vous ;
Et tout ce grand éclat de leur gloire ternie
Ne ſert plus que de jour à voſtre ignominie.
Envain tout fier d'un ſang que vous deshonorez,
Vous dormez à l'abri de ces noms reverez.
65 Envain vous vous couvrez des vertus de vos Peres :
Ce ne ſont à mes yeux que de vaines chimeres.
Je ne voi rien en vous qu'un laſche, un impoſteur,
Un traiſtre, un ſcelerat, un perfide, un menteur,
Un Fou, dont les accés vont juſqu'à la furie,
70 Et d'un tronc fort illuſtre une branche pourrie.
  Je m'emporte peut-eſtre, & ma Muſe en fureur
Verſe dans ſes diſcours trop de fiel & d'aigreur.

REMARQUES.

Vers 60. *Sont autant de témoins*, &c.] Juvénal au même endroit.
Incipit ipſorum contra te ſtare parentum
Nobilitas, claramque facem præferre pudendis.

Vers 75. ——— *Depuis mille ans entiers.*]
Perſe, Sat. III. v. 28.
Stemmate quòd Tuſco ramum milleſime
ducis.

SATIRE V.

Il faut avec les Grands un peu de retenuë.
Hé bien, je m'adoucis. Voſtre race eſt connuë.
75 Depuis quand? Reſpondez. Depuis mille ans entiers;
Et vous pouvez fournir deux fois ſeize quartiers.
C'eſt beaucoup. Mais enfin les preuves en ſont claires;
Tous les livres ſont pleins des titres de vos Peres:
Leurs noms ſont échappez du naufrage des temps.
80 Mais qui m'aſſurera, qu'en ce long cercle d'ans,
A leurs fameux Epoux vos Ayeules fideles,
Aux douceurs des Galands furent toûjours rebelles;
Et comment ſçavez-vous, ſi quelque Audacieux
N'a point interrompu le cours de vos Ayeux;
85 Et ſi leur ſang tout pur, ainſi que leur nobleſſe,
Eſt paſſé juſqu'à vous de Lucrece en Lucrece?
Que maudit ſoit le jour, où cette vanité
Vint ici de nos mœurs ſoüiller la pureté!
Dans les temps bienheureux du monde en ſon enfance,
90 Chacun mettoit ſa gloire en ſa ſeule innocence.
Chacun vivoit content, & ſous d'égales loix.
Le Merite y faiſoit la Nobleſſe & les Rois;
Et ſans chercher l'appui d'une naiſſance illuſtre,
Un Heros de ſoi-meſme empruntoit tout ſon luſtre.
95 Mais enfin par le temps le Merite avili
Vit l'honneur en roture, & le vice annobli;

REMARQUES.

Vers 76. *Et vous pouvez fournir deux fois ſeize quartiers.*] Les preuves de Nobleſſe ſe comptent par quartiers, en progreſſion géométrique, quatre, huit, ſeize, trente-deux. La plus haute preuve eſt ordinairement de trente-deux quartiers.

SATIRE V.

Et l'Orgueil, d'un faux titre appuyant sa foiblesse,
Maîtrisa les Humains sous le nom de Noblesse.
De là vinrent en foule & Marquis & Barons.
100 Chacun pour ses vertus n'offrit plus que des noms.
Aussi-tost maint Esprit, fecond en resveries,
Inventa le blason avec les armories;
De ses termes obscurs fit un langage à part,
Composa tous ces mots de *Cimier*, & d'*Ecart*,
105 De *Pal*, de *Contrepal*, de *Lambel*, & de *Face*,
Et tout ce que Segoing dans son Mercure entasse.
Une vaine folie enyvrant la raison,
L'Honneur triste & honteux ne fut plus de saison.
Alors, pour soûtenir son rang & sa naissance,
110 Il fallut étaler le luxe & la dépense;
Il fallut habiter un superbe palais,
Faire par les couleurs distinguer ses valets:
Et traisnant en tous lieux de pompeux équipages,
Le Duc & le Marquis se reconnut aux Pages.
115 Bien-tost pour subsister, la Noblesse sans bien
Trouva l'art d'emprunter, & de ne rendre rien;
Et bravant des Sergens la timide cohorte,
Laissa le Créancier se morfondre à sa porte.

REMARQUES.

Vers 106. *Et tout ce que Segoing.*] Charles Segoing, Avocat, Auteur du *Trésor Héraldique*, ou *Mercure Armorial*, imprimé en 1657. à Paris.
Vers 132. ———*La mandille.*] Casaque alors particuliere aux Laquais. Elle étoit composée de trois pièces, dont l'une pendoit sur le dos, & les deux autres sur les épaules. *Furetiére.*

Mais

SATIRE V.

Mais pour comble, à la fin le Marquis en prifon
120 Sous le faix des procés vit tomber fa maifon.
Alors le Noble altier, preffé de l'indigence,
Humblement du Faquin rechercha l'alliance;
Avec lui trafiquant d'un nom fi precieux,
Par un lafche contract vendit tous fes Ayeux;
125 Et corrigeant ainfi la fortune ennemie,
Rétablit fon honneur à force d'infamie.
Car fi l'éclat de l'or ne releve le fang,
Envain l'on fait briller la fplendeur de fon rang;
L'amour de vos Ayeux paffe en vous pour manie,
130 Et chacun pour parent vous fuit & vous renie.
Mais quand un Homme eft riche, il vaut toûjours fon prix:
Et l'euft-on vû porter la mandille à Paris,
N'euft-il de fon vray nom ni titre ni memoire,
D'Hozier lui trouvera cent Ayeux dans l'Hiftoire.
135 Toi donc, qui de merite & d'honneurs reveftu,
Des écueils de la Cour as fauvé ta vertu,
Dangeau, qui dans le rang où noftre Roy t'appelle,
Le vois toûjours orné d'une gloire nouvelle,
Et plus brillant par foi que par l'éclat des Lys,
140 Dédaigner tous ces Rois dans la pourpre amollis;
Fuir d'un honteux loifir la douceur importune;
A fes fages confeils affervir la Fortune;

REMARQUES.

Vers 134. *D'Hozier lui trouvera*, &c.] du Roi, Juge général des Armes & Bla-
Pierre *D'Hozier* Généalogifte de la Maifon zons de France.

Et de tout son bonheur ne devant rien qu'à soy,
Montrer à l'Univers ce que c'est qu'estre Roy :
145 Si tu veux te couvrir d'un éclat legitime,
Va par mille beaux faits meriter son estime :
Sers un si noble Maistre ; & fais voir qu'aujourd'huy
Ton Prince a des Sujets qui sont dignes de luy.

REMARQUES.

Vers dernier. *Ton Prince a des Sujets.*] Dans les premieres éditions on lisoit : *La France a des Sujets.* Expression qui manquoit de justesse, & que Pradon avoit relevée d'un air de triomphe.

SATIRE VI.

Cette Satire composée en même-temps que la premiere, dont elle faisoit partie, contient la description des embarras de Paris. C'est une imitation de la Satire III. de Juvénal.

QUi frappe l'air, bon Dieu! de ces lugubres cris?
Est-ce donc pour veiller qu'on se couche à Paris?
Et quel fascheux Demon, durant les nuits entieres,
Rassemble ici les chats de toutes les goutieres?
5 J'ai beau sauter du lit plein de trouble & d'effroy;
Je pense qu'avec eux tout l'Enfer est chez moy.
L'un miaule en grondant comme un tigre en furie.
L'autre roule sa voix comme un enfant qui crie.
Ce n'est pas tout encor. Les souris & les rats
10 Semblent, pour m'éveiller, s'entendre avec les chats,
Plus importuns pour moy, durant la nuit obscure,
Que jamais, en plein jour, ne fut l'Abbé de Pure.
 Tout conspire à la fois à troubler mon repos:
Et je me plains ici du moindre de mes maux.
15 Car à peine les coqs, commençant leur ramage,
Auront de cris aigus frappé le voisinage:
Qu'un affreux Serrurier, laborieux Vulcain,
Qu'éveillera bien-tost l'ardente soif du gain,

REMARQUES.

Vers 2. *Est-ce donc pour veiller qu'on se couche à Paris?*] Juvénal III.
Plurimus hic æger moritur vigilando.
Vers 15. *Car à peine les coqs*, &c.] Mar-tial, L. IX. Ep. 69.
Nondum cristati rupêre silentia galli, &c.
Vers 17. & 18. Le Poëte substitua ces deux Vers, dans l'édition qui fut commen-

SATIRE VI.

Avec un fer maudit, qu'à grand bruit il apprefte,
20 De cent coups de marteau me va fendre la tefte.
J'entens déja par tout les charrettes courir,
Les maçons travailler, les boutiques s'ouvrir :
Tandis que dans les airs mille cloches émuës,
D'un funebre concert font retentir les nuës,
25 Et fe meflant au bruit de la grefle & des vents,
Pour honorer les morts, font mourir les vivans.
Encor je benirois la bonté fouveraine,
Si le Ciel à ces maux avoit borné ma peine.
Mais fi feul en mon lit je pefte avec raifon,
30 C'eft encor pis vingt fois en quittant la maifon.
En quelque endroit que j'aille, il faut fendre la preffe
D'un peuple d'importuns qui fourmillent fans ceffe.
L'un me heurte d'un ais, dont je fuis tout froiffé.
Je vois d'un autre coup mon chapeau renverfé.
35 Là d'un enterrement la funebre ordonnance
D'un pas lugubre & lent vers l'Eglife s'avance :
Et plus loin des Laquais, l'un l'autre s'agaçans,
Font aboyer les chiens, & jurer les paffans.

REMARQUES.

cée avant fa mort, aux deux fuivans qui avoient paru dans toutes les autres éditions, & qui méritoient d'être changés.

Qu'un affreux Serrurier, que le Ciel en courroux,
A fait pour mes péchés trop voifin de chez nous.

Vers 31. *En quelque endroit que j'aille,* &c.] Ce Vers & les trois fuivans font imités de Juvénal, III. 243.

―――― *Nobis properantibus obftat*
Unda prior : magno populus premit agmine lumbos
Qui fequitur : ferit hic cubito, ferit affere duro,
Alter : at hic tignum capiti incutit, ille metretam.

Vers 35. *Là d'un enterrement,* &c.]

SATIRE VI.

Des Paveurs en ce lieu me bouchent le paſſage.
40 Là je trouve une croix de funeſte preſage :
Et des Couvreurs, grimpez au toit d'une maiſon,
En font pleuvoir l'ardoiſe & la tuile à foiſon.
Là ſur une charrette une poutre branlante
Vient menaçant de loin la foule qu'elle augmente.
45 Six chevaux, attelez à ce fardeau peſant,
Ont peine à l'émouvoir ſur le pavé gliſſant.
D'un carroſſe en tournant il accroche une rouë ;
Et du choc le renverſe en un grand tas de bouë :
Quand un autre à l'inſtant, s'efforçant de paſſer,
50 Dans le meſme embarras ſe vient embarraſſer.
Vingt carroſſes bien-toſt arrivant à la file,
Y ſont en moins de rien ſuivis de plus de mille :
Et pour ſurcroiſt de maux, un ſort malencontreux
Conduit en cet endroit un grand troupeau de bœufs.
55 Chacun pretend paſſer : l'un mugit, l'autre jure.
Des mulets en ſonnant augmentent le murmure.
Auſſi-toſt cent chevaux dans la foule appellez,
De l'embarras qui croiſt ferment les défilez,

REMARQUES.

Horace, L. II. Ep. 2. v. 74.
 Triſtia robuſtis luctantur funera plauſtris.
Vers 40. —— *Une croix de funeſte preſage.*] C'eſt une de ces croix, formées avec deux lattes, que les Maçons & les Couvreurs ſont obligés de ſuſpendre devant les maiſons ſur leſquelles ils travaillent, pour avertir les paſſans de n'en pas approcher.
 Vers 43. *Là ſur une charrette*, &c.] Ju-vénal, Sat. III. v. 254.
 —————— *Modò longa coruſcat,*
Sarraco veniente, abies, atque altera pinum
Plauſtra vehunt, nutant altè, populoque
   minantur.
Et Horace, parlant des mêmes embarras,
L. II. Ep. 2.
 Torquet nunc lapidem, nunc ingens machina tignum, &c.

SATIRE VI.

Et par tout des Paſſans enchaînant les brigades,
60 Au milieu de la paix font voir les barricades.
On n'entend que des cris pouſſez confuſément.
Dieu, pour s'y faire ouïr, tonneroit vainement.
Moi donc, qui dois ſouvent en certain lieu me rendre,
Le jour déja baiſſant, & qui ſuis las d'attendre,
65 Ne ſçachant plus tantoſt à quel Saint me voüer,
Je me mets au hazard de me faire roüer.
Je ſaute vingt ruiſſeaux, j'eſquive, je me pouſſe :
Guenaud ſur ſon cheval en paſſant m'éclabouſſe.
Et n'oſant plus paroiſtre en l'état où je ſuis,
70 Sans ſonger où je vais, je me ſauve où je puis.
Tandis que dans un coin en grondant je m'eſſuie,
Souvent, pour m'achever, il ſurvient une pluie.
On diroit que le Ciel, qui ſe fond tout en eau,
Veüille inonder ces lieux d'un déluge nouveau.
75 Pour traverſer la ruë, au milieu de l'orage,
Un ais ſur deux pavez forme un eſtroit paſſage.
Le plus hardi Laquais n'y marche qu'en tremblant.
Il faut pourtant paſſer ſur ce pont chancelant,
Et les nombreux torrens qui tombent des goutieres,
80 Groſſiſſant les ruiſſeaux, en ont fait des rivieres.

REMARQUES.

Vers 60. — *Font voir les barricades.*] En 1648. le Peuple s'étant mutiné à Paris, tendit des chaînes dans les rues ; on appella cette émeute *la journée des Barricades*. C'eſt à quoi le Poëte fait alluſion.

Vers 68. *Guenaud ſur ſon cheval*, &c.]

Guenaud célébre Medecin, dont on a parlé, Satire IV. v. 32.

Vers 83. *Car ſi-tôt que du ſoir les ombres pacifiques.*] Juvénal, Satire III. vers 302.

— *Nam qui ſpoliet te*

SATIRE VI.

J'y paſſe en trébuchant, mais malgré l'embarras,
La frayeur de la nuit précipite mes pas.
 Car ſi-toſt que du ſoir les ombres pacifiques
D'un double cadenas font fermer les boutiques,
85 Que retiré chez luy, le paiſible Marchand
Va revoir ſes billets, & compter ſon argent;
Que dans le Marché-neuf tout eſt calme & tranquille,
Les Voleurs à l'inſtant s'emparent de la Ville.
Le bois le plus funeſte, & le moins frequenté,
90 Eſt, au prix de Paris, un lieu de ſeureté.
Malheur donc à celuy qu'une affaire imprévûë
Engage un peu trop tard au détour d'une ruë.
Bien-toſt quatre Bandits, lui ſerrant les coſtez:
La bourſe: il faut ſe rendre; ou bien non, reſiſtez;
95 Afin que voſtre mort, de tragique memoire,
Des maſſacres fameux aille groſſir l'Hiſtoire.
Pour moi, fermant ma porte, & cedant au ſommeil,
Tous les jours je me couche avecque le Soleil.
Mais en ma chambre à peine ay-je éteint la lumiere,
100 Qu'il ne m'eſt plus permis de fermer la paupiere.
Des Filous effrontez, d'un coup de piſtolet,
Ebranlent ma feneſtre, & percent mon vôlet.

REMARQUES.

*Non deerit, clauſis foribus, poſtquam
omnis ubique
Fixa catenata ſiluit compago tabernæ.
Interdum & ferro ſubitus graſſator agit
rem.*

Vers 88. *Les Voleurs à l'inſtant s'emparent de la Ville.*] Les dangers étoient alors d'autant plus grands, qu'il n'y avoit point encore de Lanternes dans les rues, & que la Garde de nuit étoit moins forte qu'à préſent.

SATIRE VI.

J'entens crier par tout, au meurtre, on m'affaſſine;
Ou, le feu vient de prendre à la maiſon voiſine.
105 Tremblant, & demi mort, je me leve à ce bruit,
Et ſouvent ſans pourpoint je cours toute la nuit.
Car le feu, dont la flâme en ondes ſe déploye,
Fait de noſtre quartier une ſeconde Troye;
Où maint Grec affamé, maint avide Argien,
110 Au travers des charbons va piller le Troyen.
Enfin ſous mille crocs la maiſon abyſmée
Entraiſne auſſi le feu qui ſe perd en fumée.

Je me retire donc, encor paſle d'effroi:
Mais le jour eſt venu quand je rentre chez moi.
115 Je fais pour repoſer un effort inutile:
Ce n'eſt qu'à prix d'argent qu'on dort en cette Ville.
Il faudroit, dans l'enclos d'un vaſte logement,
Avoir loin de la ruë un autre appartement.

Paris eſt pour un Riche un pays de Cocagne.
120 Sans ſortir de la ville, il trouve la campagne.
Il peut dans ſon jardin, tout peuplé d'arbres verds,
Receler le printemps au milieu des hyvers,

REMARQUES.

Vers 116. *Ce n'eſt qu'à prix d'argent qu'on dort en cette Ville.*] Juvénal, Satire III. vers 235.

— *Magnis opibus dormitur in urbe.*

Martial, Livre XII. Epig. 37.
Nec cogitandi ſpatium, nec quieſcendi
In urbe locus eſt pauperi.
Vers 119. — *Un Païs de Cocagne.*] Païs imaginaire, où l'on ſuppoſe que les habitans vivent dans une heureuſe abondance ſans rien faire. On ignore la véritable origine de ce nom. Selon M. de la Monnoye, il vient du célebre *Merlin Cocaïe*, qui dans ſa premiere *Macaronie*, décrit un ſejour ſemblable. M. Huet dérive ce mot de *Gogaille*, & prétend que *Gogue* eſt une ſorte de farce.

Et

SATIRE VI. 57

Et foulant le parfum de ses plantes fleuries,
Aller entretenir ses douces resveries.
125 Mais moi, grace au destin, qui n'ai ni feu ni lieu,
Je me loge où je puis, & comme il plaist à Dieu.

REMARQUES.

Vers dernier. *Je me loge où je puis*, &c.] L'Auteur occupoit alors dans la Cour du Palais une espéce de Guerite au-dessus d'un grenier.

Tome I. * H

SATIRE VII.

Cette Satire a été composée immédiatement après la premiere & la sixiéme, sur la fin de l'année 1663. L'Auteur délibere avec sa Muse, s'il doit renoncer au genre satirique; & se détermine, malgré les inconveniens qu'entraîne la satire, à suivre l'impulsion de son genie. Horace offre une idée toute semblable, dans la Satire I. du Livre II.

  Muse, changeons de stile, & quittons la Satire.
C'est un méchant métier que celui de médire.
A l'Auteur qui l'embrasse il est toujours fatal.
Le mal, qu'on dit d'autrui, ne produit que du mal.
5 Maint Poëte, aveuglé d'une telle manie,
En courant à l'honneur, trouve l'ignominie,
Et tel mot, pour avoir réjoüi le Lecteur,
A coûté bien souvent des larmes à l'Auteur.
  Un éloge ennuyeux, un froid panegyrique,
10 Peut pourrir à son aise au fond d'une boutique,
Ne craint point du Public les jugemens divers,
Et n'a pour ennemis que la poudre & les vers.
Mais un Auteur malin, qui rit, & qui fait rire,
Qu'on blasme en le lisant, & pourtant qu'on veut lire,
15 Dans ses plaisans accés qui se croit tout permis,
De ses propres Rieurs se fait des ennemis.
Un discours trop sincere aisément nous outrage.
Chacun dans ce miroir pense voir son visage;
Et tel, en vous lisant, admire chaque trait,
20 Qui dans le fond de l'ame & vous craint & vous hait.

SATIRE VII.

Muse, c'est donc envain que la main vous demange.
S'il faut rimer ici, rimons quelque loüange,
Et cherchons un Heros, parmi cet Univers,
Digne de nostre encens, & digne de nos vers.
25 Mais à ce grand effort envain je vous anime :
Je ne puis pour loüer rencontrer une rime.
Dés que j'y veux resver, ma veine est aux abois.
J'ai beau frotter mon front, j'ai beau mordre mes doigts ;
Je ne puis arracher du creux de ma cervelle,
30 Que des vers plus forcez que ceux de la Pucelle.
Je pense estre à la gesne, & pour un tel dessein,
La plume & le papier resistent à ma main.
Mais quand il faut railler, j'ai ce que je souhaite.
Alors, certes alors je me connois Poëte :
35 Phébus, dés que je parle, est prest à m'exaucer :
Mes mots viennent sans peine, & courent se placer.
Faut-il peindre un fripon, fameux dans cette Ville ?
Ma main, sans que j'y resve, escrira Raumaville.
Faut-il d'un Sot parfait montrer l'original ?
40 Ma plume au bout du vers d'abord trouve Sofal.
Je sens que mon esprit travaille de genie.
Faut-il d'un froid Rimeur dépeindre la manie ?
Mes vers, comme un torrent, coulent sur le papier ;
Je rencontre à la fois Perrin & Pelletier,

REMARQUES.

Vers 40. ——— *D'abord trouve Sofal.*] *Sofal* nom en l'air, aussi-bien que *Raumaville*.

Vers 44. *Je rencontre à la fois Perrin & Pelletier.*] L'Abbé *Perrin*, né à Lyon, avoit été Introducteur des Ambassadeurs de Ga-

SATIRE VII.

45 Bonnecorse, Pradon, Colletet, Titreville,
 Et pour un que je veux, j'en trouve plus de mille.
 Auſſi-toſt je triomphe, & ma Muſe en ſecret
 S'eſtime & s'applaudit du beau coup qu'elle a fait.
 C'eſt envain qu'au milieu de ma fureur extrême,
50 Je me fais quelquefois des leçons à moi-meſme.
 Envain je veux au moins faire grace à quelqu'un :
 Ma plume auroit regret d'en épargner aucun ;
 Et ſi-toſt qu'une fois la verve me domine,
 Tout ce qui s'offre à moi paſſe par l'étamine.
55 Le Merite pourtant m'eſt toûjours precieux :
 Mais tout Fat me déplaiſt, & me bleſſe les yeux.
 Je le pourſuis par tout, comme un chien fait ſa proye,
 Et ne le ſens jamais, qu'auſſi-toſt je n'aboye.
 Enfin, ſans perdre temps en de ſi vains propos,
60 Je ſçai coudre une rime au bout de quelques mots.
 Souvent j'habille en vers une maligne proſe.
 C'eſt par là que je vaux, ſi je vaux quelque choſe.
 Ainſi, ſoit que bientoſt, par une dure loi,
 La Mort d'un vol affreux vienne fondre ſur moi :

REMARQUES.

ſton de France. Il a traduit l'Enéïde en vers François, & compoſé pluſieurs Poëſies. En 1699. il obtint le Privilége d'établir en France des Opéra, ſur le modéle des Opéra de Veniſe, & il fut obligé en 1672. de céder ſon Privilége au célebre Lully.

 Vers 45. *Bonnecorſe, Pradon, Colletet, Titreville.*] On parlera de *Pradon*, ſur le dernier vers de l'Epître VII. & de *Bonnecorſe*, ſur le vers 64. de l'Epître IX.

Colletet : Guillaume Colletet, de l'Académie Françoiſe, mort en 1659.
 Titreville : Poëte très-obſcur, dont il y a quelques vers dans les Recueils du temps.
 Vers 60. *Je ſai coudre une rime,* &c.] Horace Livre I. Satire 4.

 —— *Neque enim concludere verſum*
Dixeris eſſe ſatis ; neque ſi quis ſcribat,
 uti nos,
Sermoni propiora, putes hunc eſſe Poëtam.
 Vers 63. *Ainſi, ſoit que bien-tôt, par une*

SATIRE VII.

65 Soit que le Ciel me garde un cours long & tranquille,
A Rome ou dans Paris, aux champs ou dans la ville,
Deuſt ma Muſe par là choquer tout l'Univers,
Riche, gueux, triſte, ou gay, je veux faire des vers.
Pauvre Eſprit, dira-t-on, que je plains ta folie!
70 Modere ces boüillons de ta melancolie;
Et garde qu'un de ceux que tu penſes blaſmer
N'éteigne dans ton ſang cette ardeur de rimer.
  Hé quoi? lors qu'autrefois Horace, après Lucile,
Exhaloit en bons mots les vapeurs de ſa bile,
75 Et vangeant la Vertu par des traits éclatans,
Alloit oſter le maſque aux vices de ſon temps:
Ou bien quand Juvenal, de ſa mordante plume
Faiſant couler des flots de fiel & d'amertume,
Gourmandoit en courroux tout le peuple Latin,
80 L'un ou l'autre fit-il une tragique fin?
Et que craindre, aprés tout, d'une fureur ſi vaine?
Perſonne ne connoiſt ni mon nom ni ma veine.
On ne voit point mes vers, à l'envi de Montreüil,
Groſſir impunément les feüillets d'un recueil.

REMARQUES.

dure loi, &c.] Ce vers, & les dix-ſept ſuivans ſont imités d'Horace, Satire 1. Liv. II.

 Ne longum faciam: ſeu me tranquilla ſeneƈtus
Exſpeƈtat, ſeu mors atris circumvolat alis:
Dives, inops, Romæ, ſeu fors ita juſſerit,
 exſul,
Quiſquis erit vita, ſcribam, color.

Vers 68. *Riche, gueux, triſte ou gai*, &c.] La critique que Deſmarêts publia en 1674.

contre les Satires de l'Auteur, lui donna lieu de corriger ainſi ce vers. On liſoit auparavant: *Riche, gueux, ou content.*

— Vers 73. *Hé, quoi? lors qu'autrefois Horace après Lucile*, &c.] Horace au même endroit:

 ———— *Quid, cùm eſt Lucilius auſus*
Primus in hunc operis componere carmina
 morem?
Detrahere & pellem, &c.

Vers 83. ———— *A l'envi de Montreüil.*]

SATIRE VII.

85 A peine quelquefois je me force à les lire,
Pour plaire à quelque Ami, que charme la Satire,
Qui me flatte peut-eftre, & d'un air impofteur,
Rit tout haut de l'ouvrage, & tout bas de l'Auteur.
Enfin c'eft mon plaifir : je me veux fatisfaire;
90 Je ne puis bien parler, & ne fçaurois me taire;
Et dés qu'un mot plaifant vient luire à mon efprit,
Je n'ai point de repos qu'il ne foit en écrit :
Je ne refifte point au torrent qui m'entraifne.
Mais c'eft affez parlé. Prenons un peu d'haleine.
95 Ma main, pour cette fois, commence à fe laffer.
Finiffons. Mais demain, Mufe, à recommencer.

REMARQUES.

Mathieu de Montreüil, né en 1620. fils d'un Avocat au Parlement, mort à Valence en 1692. Il avoit de l'efprit, il s'étoit fait de la réputation par fes vers; mais il affecta trop de les faire paffer dans les Recueils de Poëfies choifies.

Horace, Satire 4. Livre I.
Nulla taberna meos habeat, neque pila libellos,
Queis manus infudet vulgi, Hermogeni-
que Tigelli.

Vers 85. *A peine quelquefois je me force à les lire.*] Horace, au même endroit :
Non recito cuiquam, nifi amicis, idque coactus :
Non ubivis, corámve quibuflibet.

SATIRE VIII.
A MONSIEUR M***
DOCTEUR DE SORBONNE.

Cette Satire, que l'Auteur nommoit la Satire de l'Homme, & qu'il regardoit comme un de ses meilleurs ouvrages, fut composée en 1667. Elle est écrite avec force, & remplie de traits sublimes. On y voit un Philosophe chagrin qui ne peut souffrir les vices des Hommes. Elle est adressée à M. Morel, Docteur de Sorbonne, né à Châlons sur Marne, Auteur de plusieurs Ouvrages contre les Jansénistes, & mort en 1679. Doyen de la Faculté de Theologie & Chanoine Theologal de Paris.

DE tous les Animaux qui s'élevent dans l'air,
Qui marchent sur la terre, ou nagent dans la mer,
De Paris au Perou, du Japon jusqu'à Rome,
Le plus sot animal, à mon avis, c'est l'Homme.
5 Quoy? dira-t-on d'abord, un ver, une fourmi,
Un insecte rampant qui ne vit qu'à demi,
Un taureau qui rumine, une chevre qui broute,
Ont l'esprit mieux tourné qu'en a l'Homme? Oui sans doute.
Ce discours te surprend, Docteur, je l'apperçoy.
10 L'Homme de la nature est le chef & le Roy.
Bois, prez, champs, animaux, tout est pour son usage,
Et luy seul a, dis-tu, la Raison en partage.
Il est vrai, de tout temps la Raison fut son lot:
Mais de là je conclus que l'Homme est le plus sot.
15 Ces propos, diras-tu, sont bons dans la Satire,
Pour égayer d'abord un Lecteur qui veut rire:

SATIRE VIII.

Mais il faut les prouver. En forme. J'y confens.
Répons-moy donc, Docteur, & mets-toy fur les bancs.
    Qu'eſt-ce que la Sageſſe? Une égalité d'ame,
20 Que rien ne peut troubler, qu'aucun defir n'enflâme;
Qui marche en ſes conſeils à pas plus meſurez,
Qu'un Doyen au Palais ne monte les degrez.
    Or cette égalité, dont ſe forme le Sage,
Qui jamais moins que l'Homme en a connu l'uſage?
25 La Fourmi tous les ans traverſant les guerets,
Groſſit ſes magaſins des tréſors de Cerés;
Et dés que l'Aquilon, ramenant la froidure,
Vient de ſes noirs frimats attriſter la Nature,
Cet animal, tapi dans ſon obſcurité,
30 Joüit l'hyver des biens conquis durant l'eſté.
Mais on ne la voit point d'une humeur inconſtante,
Pareſſeuſe au printemps, en hyver diligente,
Affronter en plein champ les fureurs de Janvier,
Ou demeurer oiſive au retour du Belier.
35 Mais l'Homme ſans arreſt, dans ſa courſe inſenſée,
Voltige inceſſamment de penſée en penſée:
Son cœur, toujours flottant entre mille embarras,
Ne ſçait ni ce qu'il veut, ni ce qu'il ne veut pas.

REMARQUES.

Vers 25. *La Fourmi tous les ans traverſant les guérets*, &c.] Horace, Satire 1. Livre I.
  Parvula (nam exemplo eſt) magni Formica laboris ...
  Quæ, ſimul inverſum contriſtat Aquarius annum,
  Non uſquam prorepit, & illis utitur ante Quæſitis ſapiens.

Vers 34. ――― *Au retour du Bélier.*] C'eſt-à-dire, du Printemps.

Vers 35. *Mais l'Homme ſans arreſt*, &c.] Horace, Epître 1. Liv. I.
  ――― *Quid, mea cùm pugnat ſententia ſecum?*

Ce

SATIRE VIII.

    Ce qu'un jour il abhorre, en l'autre il le souhaite.
40 Moi? j'irois épouser une Femme coquette?
    J'irois, par ma constance aux affronts endurci,
    Me mettre au rang des Saints qu'a celebrez Bussi?
    Assez de Sots sans moi feront parler la Ville,
    Disoit le mois passé ce Marquis indocile,
45 Qui depuis quinze jours dans le piege arresté,
    Entre les bons Maris pour exemple cité,
    Croit que Dieu, tout exprés, d'une coste nouvelle
    A tiré pour lui seul une Femme fidelle.
    Voilà l'Homme en effet. Il va du blanc au noir.
50 Il condamne au matin ses sentimens du soir.
    Importun à tout autre, à soi-mesme incommode,
    Il change à tous momens d'esprit comme de mode :
    Il tourne au moindre vent, il tombe au moindre choc.
    Aujourd'hui dans un casque, & demain dans un froc.
55   Cependant à le voir plein de vapeurs legeres,
    Soi-mesme se bercer de ses propres chimeres.
    Lui seul de la Nature est la bâze & l'appui,
    Et le dixiesme Ciel ne tourne que pour lui.
    De tous les animaux il est, dit-il, le maistre.
60 Qui pourroit le nier? poursuis-tu. Moi peut-estre.

REMARQUES.

Quod petiit, spernit : repetit, quod nuper omisit.
Æstuat, & vita disconvenit ordine toto.
Vers 42. — *Des Saints qu'a célébrez Bussi.*] Le Comte de Bussi-Rabutin avoit fait un petit Livre, relié proprement en manière d'Heures, où, au lieu des Images que l'on met dans les Livres de priéres, étoient les portraits en mignature de quelques Hommes de la Cour, dont les Femmes étoient soupçonnées de galanterie. Et, ce que dans la suite il a lui-même condamné, il avoit mis au bas de chaque portrait, un petit discours en forme d'Oraison

SATIRE VIII.

Mais fans examiner, fi vers les antres fourds
L'Ours a peur du Paffant, ou le Paffant de l'Ours :
Et fi, fur un Edict des Paftres de Nubie,
Les Lions de Barca vuideroient la Libye :
65 Ce Maiftre pretendu, qui leur donne des lois,
Ce Roi des animaux, combien a-t-il de Rois ?
L'Ambition, l'Amour, l'Avarice, la Haine
Tiennent comme un forçat fon efprit à la chaîne.
Le fommeil fur fes yeux commence à s'épancher.
70 Debout, dit l'Avarice, il eft temps de marcher.
Hé laiffez-moi. Debout. Un moment. Tu repliques ?
A peine le Soleil fait ouvrir les boutiques.
N'importe, leve-toi. Pour quoi faire aprés tout ?
Pour courir l'Ocean de l'un à l'autre bout,
75 Chercher jufqu'au Japon la porcelaine & l'ambre,
Rapporter de Goa le poivre & le gingembre.
Mais j'ai des biens en foule, & je puis m'en paffer.
On n'en peut trop avoir ; & pour en amaffer,
Il ne faut épargner ni crime ni parjure :
80 Il faut fouffrir la faim, & coucher fur la dure :

REMARQUES.

ou de Priére, accommodée au fujet.

Vers 63. *Et fi fur un édit des Paftres de Nubie*, &c.] La Nubie eft un grand Païs de l'Afrique, fitué au Midi du Royaume de Barca, & rempli de lions, de tigres, & de crocodiles.

Vers 69. *Le fommeil fur fes yeux commence*, &c.] Perfe, Satire V. vers 132.

Manè piger ftertis : furge, inquit Avaritia, eia,
Surge. Negas ? inftat. Surge, inquit. Non queo. Surge.
En quid agam ? Rogitas ? en faperdam avehè ponto, &c.

Vers 76. *Rapporter de Goa*, &c.] Capitale des Etats que les Portugais poffédent

SATIRE VIII.

Euſt-on plus de tréſors que n'en perdit Galet,
N'avoir en ſa maiſon ni meubles ni valet :
Parmi les tas de bled vivre de ſeigle & d'orge,
De peur de perdre un liard, ſouffrir qu'on vous égorge.
85 Et pourquoi cette épargne enfin ? L'ignores-tu ?
Afin qu'un Heritier bien nourri, bien veſtu,
Profitant d'un tréſor en tes mains inutile,
De ſon train quelque jour embarraſſe la Ville.
Que faire ? il faut partir. Les matelots ſont preſts.
90 Ou, ſi pour l'entraiſner l'argent manque d'attraits,
Bien-toſt l'Ambition, & toute ſon eſcorte,
Dans le ſein du repos, vient le prendre à main forte,
L'envoye en furieux au milieu des hazards
Se faire eſtropier ſur les pas des Ceſars,
95 Et cherchant ſur la bréche une mort indiſcrete,
De ſa folle valeur embellir la Gazette.
Tout-beau, dira quelqu'un, raillez plus à propos;
Ce vice fut toûjours la vertu des Heros.
Quoi donc ? à voſtre avis, fut-ce un fou qu'Alexandre ?
100 Qui ? cet écervelé, qui mit l'Aſie en cendre ?

REMARQUES.

dans les Indes Orientales.
Vers 81. *Euſt-on plus de tréſors que n'en perdit Galet.*] Fameux Joueur qui avoit gagné au jeu des ſommes immenſes, qu'il reperdit dans la ſuite. Il avoit fait bâtir à Paris l'Hôtel de Sulli, dans la rue S. Antoine; il le joua en un coup de dez. Après avoir perdu tout ſon bien, il alloit encore jouer, dit-on, avec les Laquais dans les ruës, & même ſur les dégrés de la maiſon qui lui avoit appartenu.
Vers 100. *Qui ? cet écervelé*, &c.] Deſmarêts critiqua fortement cette belle & ingénieuſe invective. Il ne tint pas à lui, dit Bayle, que ſa critique ne fût convertie en accuſation de crime d'Etat. Il ſe fondoit

SATIRE VIII.

Ce fougueux l'Angely, qui de sang alteré,
Maistre du monde entier, s'y trouvoit trop serré?
L'enragé qu'il estoit, né Roi d'une province,
Qu'il pouvoit gouverner en bon & sage Prince,
105 S'en alla follement, & pensant estre Dieu,
Courir comme un Bandit qui n'a ni feu ni lieu.
Et traînant avec soi les horreurs de la guerre,
De sa vaste folie emplir toute la Terre.
Heureux ! si de son temps, pour cent bonnes raisons,
110 La Macedoine eust eu des Petites-Maisons,
Et qu'un sage Tuteur l'eust en cette demeure,
Par avis de Parens enfermé de bonne heure.
Mais sans nous égarer dans ces digressions;
Traiter, comme Senaut, toutes les passions;
115 Et les distribuant par classes & par titres,
Dogmatizer en vers, & rimer par chapitres :
Laissons-en discourir la Chambre, & Coëffeteau :
Et voyons l'Homme enfin par l'endroit le plus beau.

REMARQUES.

sur ce que M. Despréaux louoit ailleurs A-
lexandre, & le comparoit à Louis XIV.
C'est dans l'Art Poëtique.
*Qu'il soit tel qu'Alexandre, ou César, ou
Louis.*
Vers 101. *Ce fougueux l'Angéli*, &c.]
Voyez le vers 112. de la Satire I. & la Re-
marque sur ce même vers.
Vers 102. *Maitre du monde entier, s'y
trouvoit trop serré.*] Juvénal, Satire X. vers
168.
*Unus Pellæo Juveni non sufficit Orbis :
Æstuat infelix angusto limite mundi.*

Vers 114. *Traiter, comme Senaut, toutes
les passions.*] Le P. Jean-François Senaut,
Général de l'Oratoire, a fait un Traité *de
l'usage des Passions.*
Vers 117. *Laissons-en discourir la Chambre, & Coëffeteau.*] Marin Cureau *de la
Chambre*, de l'Académie Françoise, Médecin ordinaire du Roi, a composé *les Caractéres des Passions*, & plusieurs autres ouvrages. Il mourut à Paris au mois de Novembre 1669. âgé de 76. ans. Nicolas *Coëffeteau*, Religieux de l'Ordre de S. Dominique, nommé à l'Evêché de Marseille, Au-

SATIRE VIII. 69

Lui seul vivant, dit-on, dans l'enceinte des Villes,
120 Fait voir d'honnestes mœurs, des coûtumes civiles,
Se fait des Gouverneurs, des Magistrats, des Rois,
Observe une police, obeit à des lois.
Il est vrai. Mais pourtant, sans lois & sans police,
Sans craindre Archers, Prevost, ni suppost de Justice,
125 Voit-on les Loups brigands, comme nous inhumains,
Pour détrousser les Loups, courir les grands chemins?
Jamais pour s'agrandir, vit-on dans sa manie
Un Tigre en factions partager l'Hyrcanie?
L'Ours a-t-il dans les bois la guerre avec les Ours?
130 Le Vautour dans les airs fond-il sur les Vautours?
A-t-on veu quelquefois dans les plaines d'Afrique,
Déchirant à l'envi leur propre République,
Lions contre Lions, Parens contre Parens,
Combattre follement pour le choix des Tyrans?
135 L'animal le plus fier qu'enfante la Nature,
Dans un autre animal respecte sa figure,

REMARQUES.

teur du *Tableau des Passions humaines.*

Vers 119. L'Auteur citoit ce vers & les trois suivans, en exemple de ces vers simples & faciles, qui coûtent infiniment.

Vers 125. *Voit-on les Loups brigans, &c.*] Horace, Epode VII.

Neque hic lupis mos, nec fuit leonibus
Unquam, nisi in dispar, feris.

Juvénal, Satire XV. v. 159.

Sed jam serpentum major concordia. Parcit
Cognatis maculis similis fera. Quando leoni
Fortior eripuit vitam leo? Quo nemore
unquam
Exspiravit aper majoris dentibus apri?

Vers 128. —— *Partager l'Hyrcanie?*] Province de la Perse au Midi de la Mer Caspienne.

Vers 133. *Lions contre lions*, &c.] Ce vers & le suivant sont parodiés de *Cinna*, Acte I. Scéne III.

Romains contre Romains, parens contre
parens,
Combattoient seulement pour le choix des
Tyrans.

SATIRE VIII.

De ſa rage avec lui modere les accés,
Vit ſans bruit, ſans débats, ſans noiſe, ſans procés.
Un Aigle, ſur un champ prétendant droit d'Aubaine,
140 Ne fait point appeller un Aigle à la huitaine.
Jamais contre un Renard chicanant un Poulet,
Un Renard de ſon ſac n'alla charger Rolet.
Jamais la Biche en rut n'a pour fait d'impuiſſance
Traîné du fond des bois un Cerf à l'Audiance,
145 Et jamais Juge, entr'eux ordonnant le congrés,
De ce burleſque mot n'a ſali ſes arrefts.
On ne connoiſt chez eux ni Placets, ni Requeſtes,
Ni haut ni bas Conſeil, ni Chambre des Enqueſtes.
Chacun l'un avec l'autre en toute ſeureté
150 Vit ſous les pures lois de la ſimple Equité.
L'Homme ſeul, l'Homme ſeul, en ſa fureur extreſme,
Met un brutal honneur à s'égorger ſoi-meſme.
C'eſtoit peu que ſa main, conduite par l'Enfer,
Euſt paiſtri le ſalpeſtre, euſt aiguiſé le fer.
155 Il falloit que ſa rage, à l'Univers funeſte,
Allaſt encore de lois embroüiller un Digeſte;

REMARQUES.

Vers 139. *Un Aigle ſur un champ prétendant droit d'Aubaine.*] Le droit d'*Aubaine* eſt le droit de prendre la ſucceſſion d'un Etranger qui meurt en France. Ce Droit appartient au Roi ſeul, dans ſon Royaume.

Vers 142. *Un Renard de ſon ſac n'alla charger Rolet.*] Procureur au Parlement, dont on a parlé Satire I. v. 52.

Vers 145. *Et jamais Juge entr'eux ordonnant le congrés.*] Le *congrès* eſt une preuve honteuſe, qui, lorſqu'une femme alléguant l'impuiſſance du mari demandoit la diſſolution de ſon mariage, ſe faiſoit par ordonnance des Juges Eccleſiaſtiques, en préſence de Chirurgiens & de Matrônes. Ces deux vers qui frappérent M. le Premier Préſident de Lamoignon, ne contribuérent pas peu à faire abolir l'uſage du *Congrès*. En effet, depuis la publication de cette Satire, toutes les fois qu'il ſe préſenta au Par-

SATIRE VIII.

Cherchaſt pour l'obſcurcir des gloſes, des Docteurs,
Accablaſt l'Equité ſous des monceaux d'Auteurs,
Et pour comble de maux apportaſt dans la France
160 Des harangueurs du temps l'ennuieuſe éloquence.
  Doucement, diras-tu. Que ſert de s'emporter?
L'Homme a ſes paſſions; on n'en ſçauroit douter;
Il a comme la Mer ſes flots & ſes caprices.
Mais ſes moindres vertus balancent tous ſes vices.
165 N'eſt-ce pas l'Homme enfin, dont l'art audacieux
Dans le tour d'un compas a meſuré les Cieux?
Dont la vaſte ſcience, embraſſant toutes choſes,
A foüillé la Nature, en a percé les cauſes?
Les Animaux ont-ils des Univerſitez?
170 Voit-on fleurir chez eux des quatre Facultez?
Y voit-on des Sçavans en Droit, en Medecine,
Endoſſer l'écarlate, & ſe fourrer d'hermine?
Non ſans doute, & jamais chez eux un Medecin
N'empoiſonna les bois de ſon art aſſaſſin.
175 Jamais Docteur, armé d'un argument frivole,
Ne s'enroüa chez eux ſur les bancs d'une Ecole.

REMARQUES.

lement quelque conteſtation au ſujet du *Congrès*, ce ſage Magiſtrat ſe déclara contre cette épreuve. M. de Lamoignon ſon fils, Avocat Général, portant la parole en 1674. dans une cauſe de cette eſpéce, témoigna la juſte horreur que l'on devoit avoir d'un uſage qui offenſoit, diſoit-il, les bonnes mœurs, la Religion, la Juſtice, & la Nature même. Enfin, en 1677. M. le Premier Préſident de Lamoignon pro- nonça un Arrêt en forme de Réglement; qui abolit pour toujours la preuve inutile & infâme du Congrès. *Journal du Palais*, Tome 3. page 466. & Tome 5. page 1.

 Vers 153. *C'étoit peu que ſa main, &c.*] Juvénal au même endroit.

 Aſt homini ferrum lethale incude nefandâ
 Produxiſſe parum eſt.

 Vers 166. *Dans le tour d'un compas a meſuré les Cieux.*] Virgile, Eglog. III. v. 41.

SATIRE VIII.

Mais sans chercher au fond, si nostre esprit deçeû
Sçait rien de ce qu'il sçait, s'il a jamais rien sçeû,
Toi-mesme, respons-moi. Dans le siecle où nous sommes,
180 Est-ce au pié du sçavoir qu'on mesure les hommes?
Veux-tu voir tous les Grands à ta porte courir?
Dit un Pere à son Fils, dont le poil va fleurir;
Pren-moi le bon parti. Laisse-là tous les livres.
Cent francs au denier cinq combien font-ils? Vingt livres.
185 C'est bien dit. Va, tu sçais tout ce qu'il faut sçavoir.
Que de biens, que d'honneurs sur toi s'en vont pleuvoir!
Exerce-toi, mon Fils, dans ces hautes sciences;
Prens, au lieu d'un Platon, le Guidon des Finances:
Sçache quelle Province enrichit les Traitans:
190 Combien le sel au Roi peut fournir tous les ans.
Endurcy-toi le cœur. Sois Arabe, Corsaire,
Injuste, violent, sans foi, double, faussaire.
Ne va point sottement faire le genereux.
Engraisse-toi, mon Fils, du suc des malheureux,
195 Et trompant de Colbert la prudence importune,
Va par tes cruautez meriter la fortune.

REMARQUES.

Descripsit radio totum qui Gentibus Orbem.
Et Horace, Ode 28. Liv. I.
Aërias tentasse domos, animoque rotundum
Percurrisse polum.
Vers 181. *Veux-tu voir tous les Grands à ta porte courir?*] Horace, Art poëtique, vers 325.
Romani pueri longis rationibus assem

Discunt in partes centum diducere, &c.
Vers 184. *Cent francs au denier cinq, combien font-ils? vingt livres.*] C'est un Usurier qui parle, & qui, au lieu d'interroger son fils sur le pié du denier vingt, qui est l'intérêt légitime, l'interroge sur le pié du denier cinq, qui est son intérêt ordinaire.
Vers 188. ――― *Le Guidon des Finances.*] Livre qui traite des droits & revenus

Aussi-

SATIRE VIII.

Aussi-tost tu verras Poëtes, Orateurs,
Rheteurs, Grammairiens, Astronomes, Docteurs,
Degrader les Heros pour te mettre en leurs places,
200 De tes titres pompeux enfler leurs dedicaces,
Te prouver à toi-mesme en Grec, Hebreu, Latin,
Que tu sçais de leur art & le fort & le fin.
Quiconque est riche est tout. Sans sagesse il est sage.
Il a, sans rien sçavoir, la science en partage.
205 Il a l'esprit, le cœur, le merite, le rang,
La vertu, la valeur, la dignité, le sang.
Il est aimé des Grands, il est cheri des Belles.
Jamais Sur-intendant ne trouva de Cruelles.
L'or mesme à la laideur donne un teint de beauté :
210 Mais tout devient affreux avec la pauvreté.
C'est ainsi qu'à son fils un Usurier habile
Trace vers la Richesse une route facile :
Et souvent tel y vient, qui sçait pour tout secret,
Cinq & quatre font neuf, ostez deux, reste sept.
215 Aprés cela, Docteur, va pallir sur la Bible ;
Va marquer les écueils de cette mer terrible :

REMARQUES.

du Roi, & de tout ce qui concerne les Finances.

Vers 195. *Et trompant de Colbert*, &c.] Ministre aussi loué depuis sa mort, qu'il méritoit de l'être pendant sa vie.

Vers 200. *De tes titres pompeux enfler leurs dédicaces.*] Le Poëte avoit en vüe le Grand Corneille, qui, pour dédier Cinna à Montauron, riche partisan, reçut une somme considérable. Ainsi s'est expliqué le Com- mentateur de notre Poëte. Ainsi m'étois-je expliqué moi-même, & plus fortement au Tome I. des Oeuvres de Pellisson. Mais l'illustre Pere Tournemine, dans son ingénieuse *Défense de Corneille*, a prouvé que ce grand homme, loin d'avoir aimé l'argent, avoit porté l'indifférence à cet égard jusqu'à une insensibilité blâmable.

Vers 203. *Quiconque est riche est tout*, &c.] Horace, L. I. Ép. 6. v. 36.

Tome I. K

Perce la sainte horreur de ce Livre divin:
Confonds dans un ouvrage & Luther & Calvin:
Débroüille des vieux temps les querelles celebres:
220 Eclaircy des Rabins les sçavantes tenebres:
Afin qu'en ta vieillesse, un livre en maroquin
Aille offrir ton travail à quelque heureux Faquin,
Qui pour digne loyer de la Bible éclaircie,
Te paye en l'acceptant d'un, *Je vous remercie.*
225 Ou, si ton cœur aspire à des honneurs plus grands,
Quitte-là le bonnet, la Sorbonne & les bancs ;
Et prenant deformais un emploi salutaire,
Mets-toi chez un Banquier, ou bien chez un Notaire:
Laisse-là saint Thomas s'accorder avec Scot :
230 Et conclus avec moi, qu'un Docteur n'est qu'un sot.
Un Docteur, diras-tu ? Parlez de vous, Poëte.
C'est pousser un peu loin vostre Muse indiscrete.
Mais sans perdre en discours le temps hors de saison,
L'Homme, venez au fait, n'a-t-il pas la Raison ?
235 N'est-ce pas son flambeau, son pilote fidelle ?
Oüi : Mais de quoi lui sert que sa voix le rappelle,
Si sur la foi des vents tout prest à s'embarquer,
Il ne voit point d'écueil qu'il ne l'aille choquer ?

REMARQUES.

Scilicet uxorem cum dote, fidemque &
amicos,
Et genus,& formam regina pecunia donat:
Ac bene nummatum decorat Suadela,
Venusque.
Vers 229. *Laisse-là Saint Thomas s'accor-*
der avec Scot.] Les Disputes des Thomistes
& des Scotistes sont fameuses dans les Ecoles. Jean Duns, vulgairement appellé *Scot*,
parce qu'il étoit Ecossois, fut surnommé le
Docteur Subtil ; ses opinions sont souvent
opposées à celles de S. Thomas.

SATIRE VIII.

Et que sert à Cottin la Raison qui lui crie,
240 N'écri plus, guéri-toi d'une vaine furie;
Si tous ces vains conseils, loin de la reprimer,
Ne font qu'accroistre en lui la fureur de rimer?
Tous les jours de ses vers, qu'à grand bruit il recite,
Il met chez lui Voisins, Parens, Amis en fuite.
245 Car lors que son Démon commence à l'agiter,
Tout, jusqu'à sa Servante, est prest à deserter.
Un Asne, pour le moins instruit par la Nature,
A l'instinct qui le guide obeït sans murmure:
Ne va point follement de sa bizarre voix
250 Défier aux chansons les oiseaux dans les bois.
Sans avoir la Raison, il marche sur sa route.
L'Homme seul, qu'elle éclaire, en plein jour ne voit goute;
Reglé par ses avis, fait tout à contre-temps,
Et dans tout ce qu'il fait, n'a ni raison ni sens.
255 Tout lui plaist & déplaist, tout le choque & l'oblige.
Sans raison il est gay, sans raison il s'afflige.
Son esprit au hazard aime, évite, poursuit,
Défait, refait, augmente, oste, éleve, détruit.
Et voit-on, comme lui, les Ours ni les Pantheres,
260 S'effrayer sottement de leurs propres Chimeres,

REMARQUES.

Vers 244. *Il met chez lui Voisins, Parens, Amis en fuite.*] Horace, Art poëtique, vers 474.

Indoctum, doctumque fugat recitator acerbus.

Vers 258. *Défait, refait, augmente, &c.*] Horace, I. Epître 1. vers 100.

Diruit, ædificat, mutat quadrata rotundis.

SATIRE VIII.

Plus de douze attroupés craindre le nombre impair,
Ou croire qu'un corbeau les menace dans l'air?
Jamais l'Homme, dis-moi, vit-il la Beste folle
Sacrifier à l'Homme, adorer son idole,
265 Lui venir, comme au Dieu des saisons & des vents,
Demander à genoux la pluie, ou le beau temps?
Non. Mais cent fois la Beste a vû l'Homme hypochondre
Adorer le metal que lui-mesme il fit fondre :
A vû dans un pays les timides Mortels
270 Trembler aux pieds d'un Singe assis sur leurs Autels,
Et sur les bords du Nil les peuples imbeciles,
L'encensoir à la main, chercher les Crocodiles.
 Mais pourquoi, diras-tu, cet exemple odieux?
Que peut servir ici l'Egypte & ses faux Dieux?
275 Quoi? me prouverez-vous par ce discours profane,
Que l'Homme, qu'un Docteur est au dessous d'un Asne?
Un Asne, le joüet de tous les animaux,
Un stupide animal, sujet à mille maux;
Dont le nom seul en soi comprend une satire?
280 Oüi d'un Asne, & qu'a-t-il qui nous excite à rire?
Nous nous mocquons de lui; mais s'il pouvoit un jour,
Docteur, sur nos defauts s'exprimer à son tour:

REMARQUES.

Vers 270. *Trembler aux piés d'un Singe.*]
Juvénal commence ainsi sa quinziéme Satire.

Quis nescit, Volusi Bithynice, qualia demens

Ægyptus portenta colat ? Crocodilon adorat

Pars hæc ; illa pavet saturam serpentibus Ibin.

SATIRE VIII.

Si, pour nous reformer, le Ciel prudent & sage
De la parole enfin lui permettoit l'usage :
285 Qu'il pût dire tout haut ce qu'il se dit tout bas,
Ah ! Docteur, entre nous, que ne diroit-il pas ?
Et que peut-il penser, lorsque dans une ruë
Au milieu de Paris il promene sa vûë :
Qu'il voit de toutes parts les Hommes bigarrez,
290 Les uns gris, les uns noirs, les autres chamarrez ?
Que dit-il quand il voit, avec la Mort en trousse,
Courir chez un Malade un Assassin en housse :
Qu'il trouve de Pédans un escadron fouré,
Suivi par un Recteur de Bedeaux entouré :
295 Ou qu'il voit la Justice, en grosse compagnie,
Mener tuer un homme avec ceremonie ?
Que pense-t-il de nous, lors que sur le Midi
Un hazard au Palais le conduit un Jeudi ;
Lors qu'il entend de loin, d'une gueule infernale,
300 La Chicane en fureur mugir dans la Grand'Sale ?
Que dit-il quand il voit les Juges, les Huissiers,
Les Clercs, les Procureurs, les Sergens, les Greffiers ?
O ! que si l'Asne alors, à bon droit misanthrope,
Pouvoit trouver la voix qu'il eut au temps d'Esope !

REMARQUES.

Vers 276. *Que l'Homme, qu'un Docteur est au dessous d'un Asne.*] Le Docteur à qui cette Satire est adressée, étoit surnommé *la Mâchoire d'Asne*, parce qu'il avoit la mâchoire fort grande & fort avancée.

Vers 294. *Suivi par un Recteur*, &c.] L'Université de Paris fait ses Processions quatre fois l'année. Le Recteur y assiste avec ses Supôts. Les quatre Facultés, de Théologie, de Droit, de Médecine, & des Arts, marchent aussi à leur rang, & avec les habits qui leur sont propres.

305 De tous coſtez, Docteur, voyant les Hommes fous,
Qu'il diroit de bon cœur, ſans en eſtre jaloux,
Content de ſes chardons, & ſecoüant la teſte,
Ma foi, non plus que nous, l'Homme n'eſt qu'une beſte!

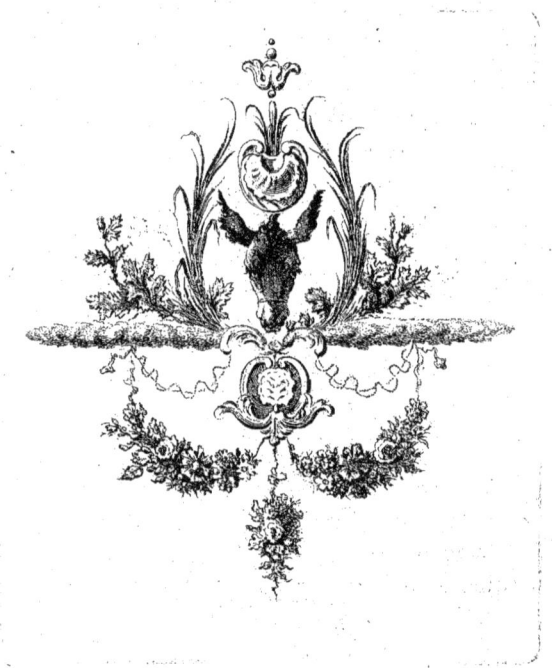

SATIRE IX.

Cette Satire, composée en 1667. imprimée seulement en 1668. est un des meilleurs ouvrages de l'Auteur. Il en jugeoit ainsi lui-même. En feignant de badiner, il tourne adroitement en ridicule ceux qui lui faisoient un crime d'avoir nommé dans ses premieres Satires quelques Auteurs vivans.

C'Est à vous, mon Esprit, à qui je veux parler.
Vous avez des defauts que je ne puis celer.
Assez & trop long-temps ma lasche complaisance,
De vos jeux criminels a nourri l'insolence.
5 Mais puisque vous poussez ma patience à bout,
Une fois en ma vie il faut vous dire tout.
    On croiroit à vous voir, dans vos libres caprices,
Discourir en Caton des vertus & des vices,
Décider du merite & du prix des Auteurs,
10 Et faire impunément la leçon aux Docteurs,
Qu'estant seul à couvert des traits de la Satire,
Vous avez tout pouvoir de parler & d'écrire.
Mais moi, qui dans le fond sçais bien ce que j'en crois,
Qui compte tous les jours vos defauts par mes doigts ;
15 Je ris, quand je vous vois, si foible & si sterile,
Prendre sur vous le soin de reformer la Ville,
Dans vos discours chagrins plus aigre, & plus mordant,
Qu'une Femme en furie, ou Gautier en plaidant.

REMARQUES.

Vers 18. ——— *Ou Gautier en plaidant.*] mordant, mort en 1666.
Claude *Gautier*, Avocat fameux, & très-

Mais répondez un peu. Quelle verve indiscrete,
20 Sans l'aveu des neuf Sœurs, vous a rendu Poëte?
Sentiez-vous, dites-moi, ces violens transports,
Qui d'un esprit divin font mouvoir les ressorts?
Qui vous a pû souffler une si folle audace?
Phébus a-t-il pour vous applani le Parnasse?
25 Et ne sçavez-vous pas que sur ce Mont sacré,
Qui ne vôle au sommet tombe au plus bas degré:
Et qu'à moins d'estre au rang d'Horace, ou de Voiture,
On rampe dans la fange avec l'Abbé de Pure?
Que si tous mes efforts ne peuvent reprimer
30 Cet ascendant malin qui vous force à rimer:
Sans perdre en vains discours tout le fruit de vos veilles;
Osez chanter du Roi les augustes merveilles.
Là, mettant à profit vos caprices divers,
Vous verriez tous les ans fructifier vos vers;
35 Et par l'espoir du gain vostre Muse animée,
Vendroit au poids de l'or une once de fumée.
Mais envain, direz-vous, je pense vous tenter
Par l'éclat d'un fardeau trop pesant à porter.
Tout Chantre ne peut pas, sur le ton d'un Orphée,
40 Entonner en grands vers, *la Discorde etouffée*.

REMARQUES.

Vers 26. *Qui ne vole au sommet tombe au plus bas degré.*] Horace, Art poëtique.
Si paulum à summo discessit, vergit ad imum.

Vers 30. *Cet ascendant malin*, &c.] Horace, Satire 1. Livre II.

Aut si tantus amor scribendi te rapit, aude
Cæsaris invicti res dicere, multa laborum
Præmia laturus. Cupidum, pater optime, vires
Deficiunt.

Peindre

SATIRE IX.

Peindre *Bellone en feu tonnant de toutes parts,*
Et le Belge effrayé fuyant sur ses ramparts.
Sur un ton si hardi, sans estre temeraire,
Racan pourroit chanter au defaut d'un Homere.
45 Mais pour Cotin & moi, qui rimons au hazard,
Que l'amour de blasmer fit Poëtes par art;
Quoiqu'un tas de Grimauds vante nostre éloquence,
Le plus seur est pour nous de garder le silence.
Un poëme insipide, & sottement flatteur,
50 Deshonnore à la fois le Heros & l'Auteur.
Enfin de tels projets passent nostre foiblesse.
Ainsi parle un Esprit languissant de mollesse,
Qui, sous l'humble dehors d'un respect affecté,
Cache le noir venin de sa malignité.
55 Mais deussiez-vous en l'air voir vos aisles fonduës,
Ne valoit-il pas mieux vous perdre dans les nuës;
Que d'aller sans raison, d'un stile peu Chrestien,
Faire insulte en rimant à qui ne vous dit rien,
Et du bruit dangereux d'un livre temeraire,
60 A vos propres perils, enrichir le Libraire?
Vous vous flattez peut-estre en vostre vanité,
D'aller comme un Horace à l'immortalité:

REMARQUES.

Vers 42. *Et le Belge effrayé*, &c.] Le Roi venoit de prendre Lille, lorsque l'Auteur travailloit à cette Satire.

Vers 44. *Racan pourroit chanter*, &c.] Honorat de Bueil, Marquis de Racan, de l'Académie Françoise, Poëte estimé, mort en 1670.

Vers 45. *Mais pour Cotin & moi*, &c.] Juvénal, Satire I.
Si natura negat, facit indignatio versum,
Qualemcumque potest, quales ego, vel Cluvienus.

Tome I. ★ L

SATIRE IX.

Et déja vous croyez dans vos rimes obscures,
Aux Saumaises futurs préparer des tortures.
65 Mais combien d'Ecrivains, d'abord si bien reçeus,
Sont de ce fol espoir honteusement deçeus?
Combien, pour quelques mois, ont veu fleurir leur livre,
Dont les vers en paquet se vendent à la livre?
Vous pourrez voir un temps vos écrits estimez,
70 Courir de main en main par la Ville semez:
Puis delà tout poudreux, ignorez sur la terre,
Suivre chez l'Epicier Neuf-Germain & la Serre:
Ou de trente feüillets reduits peut-estre à neuf,
Parer demi-rongez les rebords du Pont-neuf.
75 Le bel honneur pour vous, en voyant vos ouvrages
Occuper le loisir des Laquais & des Pages,
Et souvent dans un coin renvoyez à l'écart,
Servir de second tome aux airs du Savoyard!
Mais je veux que le Sort, par un heureux caprice,
80 Fasse de vos Ecrits prosperer la malice,
Et qu'enfin vostre livre aille, au gré de vos vœux,
Faire siffler Cotin chez nos derniers Neveux.

REMARQUES.

Vers 64. *Aux Saumaises futurs préparer des tortures.*] Claude Saumaise, sçavant Critique & Commentateur, a éclairci une infinité d'endroits obscurs & difficiles, des Auteurs anciens. Il mourut en 1653.

Vers 72. —— *Neuf-Germain & la Serre.*] Loüis de Neuf-Germain, Poëte ridicule & extravagant; il a fleuri sous le regne de Louis XIII. On a parlé de La Serre, au vers 176. de la Satire III.

Vers 74. —— *Les rebords du Pont-neuf.*] Où d'ordinaire on étale les Livres de rebut.

Vers 78. *Servir de second tome aux airs du Savoiard.*] Fameux Chantre du Pont-neuf, dont on vante encore les Chansons. Elles sont imprimées en un petit volume, sous ce titre: *Recueil nouveau des Chansons*

SATIRE IX.

Que vous sert-il qu'un jour l'Avenir vous estime,
Si vos vers aujourd'hui vous tiennent lieu de crime,
85 Et ne produisent rien pour fruit de leurs bons mots,
Que l'effroi du Public, & la haine des Sots?
Quel Démon vous irrite, & vous porte à médire?
Un livre vous déplaist. Qui vous force à le lire?
Laissez mourir un Fat dans son obscurité.
90 Un Auteur ne peut-il pourrir en seureté?
Le Jonas inconnu seche dans la poussiere.
Le David imprimé n'a point veu la lumiere.
Le Moïse commence à moisir par les bords.
Quel mal cela fait-il? Ceux qui sont morts sont morts.
95 Le tombeau contre vous ne peut-il les défendre?
Et qu'ont fait tant d'Auteurs pour remuer leur cendre?
Que vous ont fait Perrin, Bardin, Pradon, Haynaut,
Colletet, Pelletier, Titreville, Quinaut,
Dont les noms en cent lieux, placez comme en leurs niches,
100 Vont de vos vers malins remplir les hemistiches?
Ce qu'ils font vous ennuie. O le plaisant détour!
Ils ont bien ennuié le Roi, toute la Cour;

REMARQUES.

du Savoïard, par lui seul chantées à Paris.
Vers 91. *Le Jonas inconnu*, &c.] *Jonas* ou *Ninive pénitente*, Poëme de Jacques de Coras, imprimé en 1663. *Le David*. Ce n'est point le *David* de Coras que le Poëte a en vûe, & qui valut à son Auteur une pension du Clergé: mais le *David* de les *Fargues* Touloufain. Le *Moïse*, Idylle héroïque, par Saint-Amant.

Vers 97. *Que vous ont fait Perrin*, &c.] Ce vers & le suivant font allusion aux 44. & 45. de la Satire VII. où la plupart des mêmes noms sont placés. *Hénaut*, connu par le fameux Sonnet de l'Avorton, & par quelques autres Piéces en vers & en Prose, imprimées à Paris en 1670. mourut en 1682.

L ij

SATIRE IX.

Sans que le moindre Edit ait, pour punir leur crime,
Retranché les Auteurs, ou supprimé la rime.
105 Escrive qui voudra. Chacun à ce métier
Peut perdre impunément de l'encre & du papier.
Un Roman, sans blesser les loix ni la coûtume,
Peut conduire un Heros au dixiéme volume.
Delà vient que Paris voit chez lui de tout temps
110 Les Auteurs à grands flots déborder tous les ans :
Et n'a point de portail, où jusques aux corniches,
Tous les piliers ne soient enveloppez d'affiches.
Vous seul plus dégoûté, sans pouvoir & sans nom,
Viendrez regler les droits & l'Estat d'Apollon.
115 Mais vous, qui raffinez sur les écrits des autres,
De quel œil pensez-vous qu'on regarde les vostres ?
Il n'est rien en ce temps à couvert de vos coups.
Mais sçavez-vous aussi comme on parle de vous ?
Gardez-vous, dira l'Un, de cet Esprit critique.
120 On ne sçait bien souvent quelle mouche le pique.
Mais c'est un jeune Fou, qui se croit tout permis,
Et qui pour un bon mot va perdre vingt Amis.
Il ne pardonne pas aux vers de la Pucelle,
Et croit regler le Monde au gré de sa cervelle.

REMARQUES.

Vers 119. *Gardez-vous.... de cet Esprit critique.*] Horace, Livre I. Satire 4. v. 34.
*Omnes hi metuunt versus, odere Poëtas.
Fœnum habet in cornu, longè fuge. Dummodo risum*

Excutiat sibi, non hic cuiquam parcet amico.

Regnier, Satire XII. a imité ce même endroit d'Horace.
Vers 136. *Iroit la tête en bas rimer dans*

SATIRE IX.

125 Jamais dans le Barreau trouva-t-il rien de bon?
Peut-on si bien prescher qu'il ne dorme au Sermon?
Mais lui, qui fait ici le Regent du Parnasse,
N'est qu'un gueux revestu des dépoüilles d'Horace.
Avant lui Juvenal avoit dit en Latin,
130 *Qu'on est assis à l'aise aux Sermons de Cotin.*
L'Un & l'Autre avant lui s'estoient plaints de la rime.
Et c'est aussi sur eux qu'il rejette son crime.
Il cherche à se couvrir de ces noms glorieux.
J'ai peu lû ces Auteurs: mais tout n'iroit que mieux,
135 Quand de ces Médisans l'Engeance toute entiere
Iroit la teste en bas rimer dans la riviere.

Voilà comme on vous traitte: & le Monde effrayé
Vous regarde déja comme un homme noyé.
Envain quelque Rieur, prenant votre défense,
140 Veut faire au moins de grace adoucir la sentence.
Rien n'appaise un Lecteur toûjours tremblant d'effroi,
Qui voit peindre en autrui ce qu'il remarque en soi.
Vous ferez-vous toûjours des affaires nouvelles?
Et faudra-t-il sans cesse essuyer des querelles?
145 N'entendrai-je qu'Auteurs se plaindre & murmurer?
Jusqu'à quand vos fureurs doivent-elles durer?

REMARQUES.

la riviére.] L'austére vertu dont M. le Duc de Montausier faisoit profession, lui fit regarder certains traits des Satires de l'Auteur, comme des médisances affreuses qu'on ne devoit pas autoriser. Un jour dans un mouvement de colére, il dit qu'il faudroit envoyer Boileau & tous les Satiriques rimer dans la riviére. Cependant on sait que ce Duc qui s'étoit mêlé de Poësie dans sa jeunesse, avoit composé des Satires, qui passoient pour vives.

Répondez, mon Esprit ; ce n'est plus raillerie :
Dites… Mais, direz-vous, pourquoi cette furie ?
Quoi ? pour un maigre Auteur, que je glôze en passant,
150 Est-ce un crime, aprés tout, & si noir & si grand ?
Et qui voyant un Fat s'applaudir d'un ouvrage,
Où la droite Raison trébuche à chaque page,
Ne s'écrie aussi-tost : *L'impertinent Auteur !*
L'ennuyeux Escrivain ! le maudit Traducteur !
155 *A quoi bon mettre au jour tous ces discours frivoles,*
Et ces Riens enfermez dans de grandes paroles.
Est-ce donc là médire, ou parler franchement ?
Non, non, la Médisance y va plus doucement.
Si l'on vient à chercher, pour quel secret mystere
160 Alidor à ses frais bâtit un monastere :
Alidor, dit un Fourbe, *il est de mes Amis.*
Je l'ai connu Laquais, avant qu'il fust Commis.
C'est un Homme d'honneur, de pieté profonde,
Et qui veut rendre à Dieu ce qu'il a pris au monde.
165 Voilà joüer d'adresse, & médire avec art ;
Et c'est avec respect enfoncer le poignard.
Un Esprit né sans fard, sans basse complaisance,
Fuit ce ton radouci que prend la Médisance.

REMARQUES.

Vers 159. *Si l'on vient à chercher pour quel secret mystere.*] Horace, Livre I. Satire 4.

―――――― *Mentio si qua*
De Capitolini furtis injecta Petilli
Te coram fuerit, defendas ut tuus est mos :

Me Capitolinus convictore usus amicoque
A puero est.

Vers 176. *Et le clinquant du Tasse*, &c.] Sur ce Jugement de l'Auteur, on peut consulter l'Histoire de l'Académie, tome 2. page 277. par M. l'Abbé d'Olivet, & la

SATIRE IX.

Mais de blasmer des vers ou durs ou languissans;
170 De choquer un Auteur, qui choque le bon sens:
De railler d'un Plaisant, qui ne sçait pas nous plaire;
C'est ce que tout Lecteur eut toujours droit de faire.
  Tous les jours à la Cour un Sot de qualité
Peut juger de travers avec impunité:
175 A Malherbe, à Racan, préferer Theophile,
Et le clinquant du Tasse, à tout l'or de Virgile.
  Un Clerc, pour quinze sous, sans craindre le hola,
Peut aller au Parterre attaquer Attila;
Et si le Roi des Huns ne lui charme l'oreille,
180 Traiter de Visigots tous les vers de Corneille.
  Il n'est Valet d'Auteur, ni Copiste à Paris,
Qui la balance en main ne pése les Ecrits.
Dés que l'impression fait éclorre un Poëte,
Il est esclave né de quiconque l'achete:
185 Il se soumet lui-mesme aux caprices d'autrui,
Et ses écrits tous seuls doivent parler pour lui.
  Un Auteur à genoux, dans une humble Préface,
Au Lecteur, qu'il ennuye, a beau demander grace;
Il ne gagnera rien sur ce Juge irrité,
190 Qui lui fait son procés de pleine autorité.

REMARQUES.

Préface que M. Mirabaud a mis à la tête de sa belle Traduction de *la Jérusalem délivrée*. *Le Tasse*, Poëte Italien du XVIe. Siécle, mis en parallele avec *Virgile* par beaucoup d'Auteurs, & par les Italiens surtout.

Vers 178. ———— *Attaquer Attila.*] Piéce du Grand Corneille, inférieure aux belles Tragédies de ce Poëte, mais où l'on reconnoît pourtant l'Auteur d'Héraclius & de Nicoméde. Voyez la Défense de Corneille par le R. P. Tournemine.

SATIRE IX.

Et je ferai le feul qui ne pourrai rien dire?
On fera ridicule, & je n'oferai rire?
Et qu'ont produit mes vers de fi pernicieux,
Pour armer contre moi tant d'Auteurs furieux?
195 Loin de les décrier, je les ay fait paroiftre;
Et fouvent, fans ces vers qui les ont fait connoiftre,
Leur talent dans l'oubli demeureroit caché.
Et qui fçauroit fans moi que Cotin a prefché?
La Satire ne fert qu'à rendre un Fat illuftre.
200 C'eft une ombre au tableau, qui lui donne du luftre.
En les blafmant enfin, j'ai dit ce que j'en croi,
Et Tel, qui m'en reprend, en penfe autant que moi.
   Il a tort, dira l'Un. *Pourquoi faut-il qu'il nomme?*
Attaquer Chapelain! ah! c'eft un fi bon Homme.
205 *Balzac en fait l'éloge en cent endroits divers.*
   Il eft vrai, s'il m'eût crû, qu'il n'eût point fait de vers.
Il fe tuë à rimer. Que n'écrit-il en profe?
Voilà ce que l'on dit. Et que dis-je autre chofe?
En blafmant fes Ecrits, ai-je d'un ftile affreux
210 Diftilé fur fa vie un venin dangereux?

REMARQUES.

Vers 198. *Et qui fçauroit, fans moi, que Cotin a prêché?*] Cependant il avoit prêché feize Carêmes dans les meilleures Chaires de Paris. Voyez la continuation de l'Hiftoire de l'Académie. Au refte ce vers eft une allufion à celui-ci de la Satire III.

Qu'aux Sermons de Caffagne, ou de l'Abbé Cotin.

Vers 205. *Balzac en fait l'éloge*, &c.]

Voyez les Lettres de Balzac à Chapelain: il y en a fix livres entiers.

Vers 218. *Qu'il foit le mieux renté de tous les beaux Efprits.*] Le Roi lui donnoit une penfion de mille écus. M. le Duc de Longueville une de 4000 francs.

Vers 222. *J'irai creufer la terre, & comme ce Barbier.*] Apollon & Pan s'étant défiés à chanter, prirent pour Juge Midas Roi de Phrygie, Prince auffi dénué d'efprit

SATIRE IX.

Ma Muſe en l'attaquant, charitable & diſcrette,
Sçait de l'Homme d'honneur diſtinguer le Poëte.
Qu'on vante en lui la foi, l'honneur, la probité;
Qu'on priſe ſa candeur & ſa civilité:
215 Qu'il ſoit doux, complaiſant, officieux, ſincere:
On le veut, j'y ſouſcris, & ſuis preſt de me taire.
Mais que pour un modele on montre ſes Ecrits,
Qu'il ſoit le mieux renté de tous les beaux Eſprits:
Comme Roi des Auteurs, qu'on l'éleve à l'Empire;
220 Ma bile alors s'échauffe, & je brûle d'écrire:
Et s'il ne m'eſt permis de le dire au papier;
J'iray creuſer la terre, & comme ce Barbier,
Faire dire aux roſeaux par un nouvel orgâne,
Midas, le Roi Midas a des oreilles d'aſne.
225 Quel tort lui fais-je enfin? ay-je par un écrit
Petrifié ſa veine, & glacé ſon eſprit?
Quand un Livre au Palais ſe vend & ſe debite,
Que chacun par ſes yeux juge de ſon merite:
Que Billaine l'étale au deuxiéme Pilier:
230 Le degoût d'un Cenſeur peut-il le décrier?

REMARQUES.

qu'il étoit opulent. Midas adjugea la préférence à Pan; & Apollon, pour s'en venger, lui donna des oreilles d'Aſne. Midas ne put cacher ſa diſgrace à ſon Barbier. Envain il lui ordonna de ſe taire ſur peine de la vie. Envain même le Barbier voulut-il enſévelir ce ſecret dans la terre. A l'endroit où il avoit prononcé, quoiqu'à voix baſſe: *Midas a des oreilles d'Aſne;* la terre produiſit des roſeaux, qui, agités par le vent, rediſoient tout haut: *Midas a des oreilles d'Aſne.*

*Men' mutire nefas, nec clam, nec eum
ſcrobe? Nuſquam.
Hìc tamen infodiam...
Auriculas Aſini quis non habet?*

Vers 229. *Que Billaine l'étale, &c.*] Louis Billaine, fameux Libraire du Palais.

SATIRE IX.

Envain contre le Cid un Miniſtre ſe ligue.
Tout Paris pour Chimene a les yeux de Rodrigue.
L'Academie en corps a beau le cenſurer:
Le Public revolté s'obſtine à l'admirer.
235 Mais lors que Chapelain met une œuvre en lumiere,
Chaque Lecteur d'abord lui devient un Liniere.
Envain il a receu l'encens de mille Auteurs:
Son Livre en paroiſſant dément tous ſes Flateurs.
Ainſi, ſans m'accuſer, quand tout Paris le jouë,
240 Qu'il s'en prenne à ſes vers que Phébus deſavouë,
Qu'il s'en prenne à ſa Muſe Allemande en François.
Mais laiſſons Chapelain pour la derniere fois.
La Satire, dit-on, eſt un métier funeſte,
Qui plaiſt à quelques gens, & choque tout le reſte.
245 La fuite en eſt à craindre. En ce hardi métier
La peur plus d'une fois fit repentir Regnier.
Quittez ces vains plaiſirs, dont l'appas vous abuſe:
A de plus doux emplois occupez voſtre Muſe:
Et laiſſez à Feüillet reformer l'Univers.
250 Et ſur quoi donc faut-il que s'exercent mes vers?
Irai-je dans une Ode, en phraſes de Malherbe,
Troubler dans ſes roſeaux le Danube ſuperbe:

REMARQUES.

Vers 231. *En vain contre le Cid un Mi-niſtre ſe ligue.*] Le Cardinal de Richelieu qui obligea l'Académie Françoiſe d'en faire la critique. *Voyez* Hiſtoire de l'Académie.

Vers 236. ———— *Lui devient un Linié-re.*] Auteur qui a écrit contre *la Pucelle* de Chapelain.

Vers 246. *La peur plus d'une fois fit re-pentir Regnier.*] *Et moi auſſi*, diſoit quelquefois l'Auteur. Mathurin Regnier, Poëte Satirique, né à Chartres, le 21 de Decembre 1573. mort à Rouen, le 22 d'Octobre 1613.

Vers 249. *Et laiſſez à Feüillet réformer l'Univers.*] Nicolas Feüillet, Chanoine de

SATIRE IX.

Délivrer de Sion le peuple gemissant;
Faire trembler Memphis, ou paslir le Croissant:
255 *Et passant du Jourdain les ondes alarme'es,*
Cueillir, mal-à-propos, *les palmes Idume'es?*
Viendrai-je, en une Eglogue, entouré de troupeaux,
Au milieu de Paris enfler mes chalumeaux,
Et dans mon cabinet assis au pied des hestres,
260 Faire dire aux Echos des sottises champestres?
Faudra-t-il de sens froid, & sans estre amoureux,
Pour quelque Iris en l'air, faire le langoureux;
Lui prodiguer les noms de Soleil & d'Aurore,
Et toûjours bien mangeant mourir par metaphore?
265 Je laisse aux Doucereux ce langage affeté,
Où s'endort un esprit de mollesse hebeté.
  La Satire, en leçons, en nouveautez fertile,
Sçait seule assaisonner le Plaisant & l'Utile,
Et d'un vers, qu'elle épure aux rayons du bon sens,
270 Détromper les Esprits des erreurs de leur temps.
Elle seule, bravant l'orgueil & l'injustice,
Va jusques sous le dais faire paslir le vice;
Et souvent sans rien craindre, à l'aide d'un bon mot,
Va venger la Raison des attentats d'un Sot.

REMARQUES.

S. Cloud, Prédicateur célébre, mort à Paris le 7 Septembre 1693.
  Vers 251. ——— *En phrases de Malherbe.*] Charles du Périer avoit renoncé à la Poësie Latine, pour faire des Odes Françoises; & dans ces Odes il mettoit Malherbe en pieces.

  Vers 256. ——— *Les Palmes Idumées.*] L'Idumée est une Province voisine de la Judée, abondante en Palmiers.
  Vers 262. *Pour quelque Iris en l'air faire le langoureux.*] Charles Perraut de l'Académie Françoise, & Pierre Perraut son frere ne faisoient guére alors que des Stances amou-

M ij

SATIRE IX.

275 C'est ainsi que Lucile, appuyé de Lelie,
Fit justice en son temps des Cotins d'Italie,
Et qu'Horace, jettant le sel à pleines mains,
Se joüoit aux dépens des Pelletiers Romains.
C'est elle, qui m'ouvrant le chemin qu'il faut suivre,
280 M'inspira dés quinze ans la haine d'un sot Livre,
Et sur ce Mont fameux, où j'osay la chercher,
Fortifia mes pas, & m'apprit à marcher.
C'est pour elle, en un mot, que j'ay fait vœu d'écrire.
Toutefois, s'il le faut, je veux bien m'en dédire :
285 Et pour calmer enfin tous ces flots d'Ennemis,
Reparer en mes vers les maux que j'ay commis.
Puisque vous le voulez, je vais changer de stile.
Je le declare donc. Quinaut est un Virgile.
Pradon comme un Soleil en nos ans a paru.
290 Pelletier écrit mieux qu'Ablancourt ni Patru.
Cotin, à ses Sermons traisnant toute la Terre,
Fend les flots d'Auditeurs pour aller à sa chaire.
Sauvalle est le Phenix des Esprits relevez.
Perrin... Bon, mon Esprit, courage, poursuivez.

REMARQUES.

reuses, des Eglogues tendres ; des Elégies à Iris.

Vers 275. *C'est ainsi que Lucile appuïé de Lélie.*] Lucilius, Poëte Satirique, aimé de Scipion & de *Lélius*. Perse, Satire I. vers 114.

━━━ *Secuit Lucilius Vrbem,
Te Lupe, te Muti, & genuinum fregit
in illis.*

*Omne vafer vitium ridenti Flaccus amicô
Tangit, & admissus circum præcordia
ludit.*

Vers 288. ━━━ *Quinaut est un Virgile.*] Allusion au vers 20. de la Satire II.

La Raison dit Virgile, & la Rime Quinaut.

SATIRE IX.

295 Mais ne voyez-vous pas, que leur troupe en furie
Va prendre encor ces vers pour une raillerie ?
Et Dieu sçait, aussi-tost, que d'Auteurs en courroux,
Que de Rimeurs blessez s'en vont fondre sur vous !
Vous les verrez bien-tost, feconds en impostures,
300 Amasser contre vous des volumes d'injures,
Traiter en vos écrits chaque vers d'attentat,
Et d'un mot innocent faire un crime d'Etat.
Vous aurez beau vanter le Roi dans vos ouvrages,
Et de ce nom sacré sanctifier vos pages.
305 Qui méprise Cotin, n'estime point son Roy,
Et n'a, selon Cotin, ni Dieu, ni foy, ni loy.
Mais quoi ? respondrez-vous : Cotin nous peut-il nuire ?
Et par ses cris enfin que sçauroit-il produire ?
Interdire à mes vers, dont peut-estre il fait cas,
310 L'entrée aux pensions, où je ne prétens pas ?
Non, pour loüer un Roy, que tout l'Univers loüe,
Ma langue n'attend point que l'argent la dénoüe ;
Et sans esperer rien de mes foibles Ecrits,
L'honneur de le loüer m'est un trop digne prix.

REMARQUES.

Vers 290. *Pelletier écrit mieux qu'A-blancourt ni Patru.*] Pelletier : voyez le vers 54. du Discours au Roi. *Ablancourt* : Nicolas Perrot d'Ablancourt, célébre par les traductions qu'il a données. Il étoit de l'Académie Françoise, & mourut en 1664. *Patru* : Olivier Patru, de la même Académie, un des plus célébres Avocats qu'ait eu le Parlement de Paris, mort le 6 Janvier 1681.

Vers 302. *Et d'un mot innocent faire un crime d'Etat.*] M. le Duc de *Montausier* avoit voulu lui faire un crime d'Etat de cette expression qu'il avoit employée dans la Satire II. *En ce Siécle de fer.*

315 On me verra toûjours, sage dans mes caprices,
De ce mesme pinceau, dont j'ay noirci les vices,
Et peint, du nom d'Auteur tant de Sots revestus,
Luy marquer mon respect & tracer ses vertus.
Je vous crois : mais pourtant, on crie, on vous menace.
320 Je crains peu, direz-vous, les Braves du Parnasse.
Hé, mon Dieu, craignez tout d'un Auteur en courroux,
Qui peut... Quoi? je m'entens. Mais encor? Taisez-vous.

AU LECTEUR.

VOici enfin la Satire qu'on me demande depuis si long-temps. Si j'ai tant tardé à la mettre au jour, c'est que j'ai été bien aise qu'elle ne parust qu'avec la nouvelle édition qu'on faisoit de mon Livre*, où je voulois qu'elle fust inserée. Plusieurs de mes Amis à qui je l'ai luë, en ont parlé dans le monde avec de grands éloges, & ont publié que c'estoit la meilleure de mes Satires. Ils ne m'ont pas en cela fait plaisir. Je connois le Public. Je sçai que naturellement il se revolte contre ces loüanges outrées, qu'on donne aux Ouvrages avant qu'ils ayent paru ; & que la pluspart des Lecteurs ne lisent ce qu'on leur a élevé si haut, qu'avec un dessein formé de le rabbaisser.

* En 1694.

Je declare donc que je ne veux point profiter de ces discours avantageux : & non seulement je laisse au Public son jugement libre, mais je donne plein pouvoir à tous ceux qui ont tant critiqué mon Ode sur Namur, d'exercer aussi contre ma Satire toute la rigueur de leur critique. J'espere qu'ils le feront avec le mesme succés : & je puis les assurer que tous leurs discours ne m'obligeront point à rompre l'espece de vœu que j'ai fait de ne jamais défendre mes Ouvrages, quand on n'en attaquera que les mots & les syllabes. Je sçaurai fort bien soûtenir contre ces Censeurs, Homere, Horace, Virgile, & tous ces autres grands personnages dont j'admire les Ecrits : mais pour mes Ecrits que je n'admire point, c'est à ceux qui les approuveront à trouver des raisons pour les défendre. C'est tout l'avis que j'ai à donner ici au Lecteur.

La bienseance neanmoins voudroit, ce me semble, que je fisse quelque excuse au Beau Sexe, de la liberté que je me suis donnée de peindre ses vices. Mais au fond, toutes les peintures que je fais dans ma Satire sont si generales, que bien loin d'apprehender que les Femmes s'en offensent, c'est sur leur approbation & sur leur curiosité que je fonde la plus grande esperance du succés de mon Ouvrage. Une chose au moins, dont je suis certain qu'elles me loüeront, c'est d'avoir trouvé moyen, dans une matiere aussi délicate qu'est celle que j'y traite, de ne pas laisser échaper un seul mot qui pust le moins du monde blesser la pudeur. J'espere donc que j'obtiendrai aisément ma grace, & qu'Elles ne seront pas plus choquées des predications que je fais contre leurs defauts dans cette Satire, que des Satires que les Predicateurs font tous les jours en chaire contre ces mesmes defauts.

SATIRE

SATIRE X.

L'Auteur entreprend de peindre ici les défauts que l'on reproche le plus communément aux Femmes. Les portraits sont variés, & touchés d'une main habile. La Coquette, la Joueuse, l'Avare, la Sçavante, la Précieuse, la Bourgeoise de qualité, la fausse Dévote, la Pédante, la Plaideuse, occupent successivement la Scéne; & le Lecteur est conduit à ces différentes peintures par les transitions les plus heureuses: Le Poëte lui-même s'en applaudissoit avec justice; les transitions étant ce qu'il y a de plus difficile dans les Ouvrages d'esprit. Cette Satire fut achevée en 1693. & publiée l'année suivante.

Enfin bornant le cours de tes galanteries,
Alcippe, il est donc vrai, dans peu tu te maries.
Sur l'argent, c'est tout dire, on est déja d'accord.
Ton Beaupere futur vuide son coffre fort:
5 Et déja le Notaire a, d'un stile energique,
Griffonné de ton joug l'instrument authentique.
C'est bien fait. Il est temps de fixer tes desirs.
Ainsi que ses chagrins l'Hymen a ses plaisirs.
Quelle joye en effet, quelle douceur extresme!
10 De se voir carressé d'un Epouse qu'on aime:
De s'entendre appeller *petit Cœur*, ou *mon bon*;
De voir autour de soy croistre dans sa maison,
Sous les paisibles lois d'une agreable Mere,
De petits Citoyens dont on croit estre Pere!
15 Quel charme, au moindre mal qui nous vient menacer,
De la voir aussi-tost accourir, s'empresser,

REMARQUES.

Vers 6. ——— *L'Instrument autentique.*] trat, un Acte public.
Instrument, en stile de Pratique, un Con-

SATIRE X.

S'effrayer d'un peril qui n'a point d'apparence,
Et souvent de douleur se pasmer par avance.
Car tu ne seras point de ces Jaloux affreux,
20 Habiles à se rendre inquiets, malheureux,
Qui tandis qu'une Epouse à leurs yeux se desole,
Pensent toûjours qu'un Autre en secret la console.
  Mais quoy, je voy déja que ce discours t'aigrit.
Charmé de Juvenal, & plein de son esprit
25 Venez-vous, diras-tu, dans une piece outrée,
Comme luy nous chanter : *Que dés le temps de Rhée,*
La Chasteté déja, la rougeur sur le front,
Avoit chez les Humains reçeu plus d'un affront :
Qu'on vit avec le fer naistre les Injustices,
30 *L'Impieté, l'Orgueil, & tous les autres Vices,*
Mais que la Bonne foy dans l'amour conjugal
N'alla point jusqu'au temps du troisiéme Métal ?
Ces mots ont dans sa bouche une emphâze admirable :
Mais je vous dirai, moy, sans alleguer la fable,
35 Que si sous Adam mesme, & loin avant Noé,
Le Vice audacieux, des Hommes avoüé,
A la triste Innocence en tous lieux fit la guerre,
Il demeura pourtant de l'honneur sur la Terre :

REMARQUES.

Vers 24. *Charmé de Juvénal*, &c.] Juvénal a fait une Satire contre les Femmes, qui est son plus bel Ouvrage.

Vers 26. ——— *Que dès le temps de Rhée*, &c.] Paroles du commencement de la Satire de Juvénal.

Credo Pudicitiam Saturno rege moratam
In terris, visamque diu.

Vers 39. ——— *En Phrynés, en Laïs.*]

SATIRE X.   99

Qu'aux temps les plus féconds en Phrynés, en Laïs,
40 Plus d'une Penelope honora son païs;
Et que mesme aujourd'hui sur ce fameux modelle,
On peut trouver encor quelque Femme fidelle.
   Sans doute; & dans Paris, si je sçay bien compter,
Il en est jusqu'à trois, que je pourrois citer.
45 Ton Epouse dans peu sera la quatriéme.
   Je le veux croire ainsi. Mais la Chasteté mesme,
Sous ce beau nom d'Epouse, entrast-elle chés toy;
De retour d'un voyage, en arrivant, croy moy,
Fais toûjours du logis avertir la Maistresse.
50 Tel partit tout baigné des pleurs de sa Lucrece;
Qui faute d'avoir pris ce soin judicieux,
Trouva. Tu sçais… Je sçai que d'un conte odieux
Vous avez comme moi sali vostre memoire.
Mais laissons-là, dis-tu, Joconde & son Histoire.
55 Du projet d'un Hymen déja fort avancé,
Devant vous aujourd'hui criminel dénoncé,
Et mis sur la sellette aux pieds de la Critique,
Je voy bien tout de bon qu'il faut que je m'explique.
   Jeune autrefois par vous dans le monde conduit,
60 J'ai trop bien profité, pour n'estre pas instruit

REMARQUES.

C'étoit deux fameuses Courtisanes de la Gréce.

Vers 52. *Trouva. Tu sçais…*] Tout le monde sçait l'Histoire de *Joconde* mise en vers par le célébre la Fontaine.

Vers 59. *Jeune autrefois par vous*, &c.] Ce vers & le suivant n'étoient pas ainsi. M. le Prince de Conti, à qui l'Auteur récita cette Satire, n'approuvoit pas que l'un

A quels discours malins le Mariage expose.
Je sçai, que c'est un texte où chacun fait sa glose :
Que de Maris trompez tout rit dans l'Univers,
Epigrammes, Chansons, Rondeaux, Fables en vers,
65 Satire, Comedie : & sur cette matiere,
J'ai veu tout ce qu'ont fait la Fontaine & Moliere.
J'ay leû tout ce qu'ont dit Villon & Saint Gelais,
Arioste, Marot, Bocace, Rabelais,
Et tous ces vieux Recueils de Satires naïves,
70 Des malices du Sexe immortelles archives.
Mais tout bien balancé, j'ay pourtant reconnu,
Que de ces contes vains le Monde entretenu
N'en a pas de l'Hymen moins veu fleurir l'usage ;
Que sous ce joug moqué, Tout à la fin s'engage :
75 Qu'à ce commun filet les Railleurs mesmes pris,
Ont esté tres-souvent de commodes Maris ;
Et que pour estre heureux sous ce joug salutaire,
Tout dépend en un mot du bon choix qu'on sçait faire.
Enfin, il faut icy parler de bonne foy,
80 Je vieillis, & ne puis regarder sans effroy
Ces Neveux affamez, dont l'importun visage
De mon bien à mes yeux fait déja le partage.
Je crois déja les voir, au moment annoncé
Qu'à la fin, sans retour, leur cher Oncle est passé,

REMARQUES.

des deux Interlocuteurs tutoïât l'autre. C'est ce qui obligea le Poëte de faire dire à *Alcippe* :

Jeune autrefois par vous dans le monde conduit.
Et par-là est autorisée la familiarité.

SATIRE X.

85 Sur quelques pleurs forcez, qu'ils auront foin qu'on voye,
Se faire confoler du fujet de leur joye.
Je me fais un plaifir, à ne vous rien celer,
De pouvoir, moy vivant, dans peu les defoler;
Et trompant un efpoir pour eux fi plein de charmes,
90 Arracher de leurs yeux de veritables larmes.
Vous dirai-je encor plus? Soit foibleffe ou raifon,
Je fuis las de me voir le foir en ma maifon
Seul avec des Valets, fouvent voleurs & traiftres,
Et tousjours, à coup feur, ennemis de leurs Maiftres.
95 Je ne me couche point, qu'auffi-toft dans mon lit
Un fouvenir fafcheux n'apporte à mon efprit
Ces Hiftoires de morts lamentables, tragiques,
Dont Paris tous les ans peut groffir fes Chroniques.
Dépoüillons-nous icy d'une vaine fierté.
100 Nous naiffons, nous vivons pour la focieté.
A nous-mefmes livrez dans une folitude,
Noftre bonheur bien-toft fait noftre inquietude;
Et fi, durant un jour, noftre premier Ayeul
Plus riche d'une cofte avoit vécu tout feul,
105 Je doute, en fa demeure alors fi fortunée,
S'il n'euft point prié Dieu d'abreger la journée.
N'allons donc point icy reformer l'Univers,
Ni par de vains difcours, & de frivoles vers,

REMARQUES.

Vers 97. *Ces Hiftoires de morts*, &c.] Blandin & de Roffet, ont compofé des Hiftoires, fous le titre d'*Hiftoires tragiques* de notre temps, où font contenuës les morts funeftes & lamentables de plufieurs perfonnes, &c.

Eſtalant au Public noſtre miſanthropie,
110 Cenſurer le lien le plus doux de la vie.
Laiſſons-là, croyez-moy, le monde tel qu'il eſt.
L'Hymenée eſt un joug, & c'eſt ce qui m'en plaiſt.
L'Homme en ſes paſſions tousjours errant ſans guide,
A beſoin qu'on lui mette & le mords & la bride.
115 Son pouvoir malheureux ne ſert qu'à le geſner,
Et pour le rendre libre, il le faut enchaiſner.
C'eſt ainſi que ſouvent la main de Dieu l'aſſiſte.
Ha bon ! voila parler en docte Janſeniſte,
Alcipe, & ſur ce point ſi ſçavamment touché,
120 Deſmâres, dans Saint Roch, n'auroit pas mieux preſché.
Mais c'eſt trop t'inſulter, quittons la raillerie,
Parlons ſans hyperbole & ſans plaiſanterie.
Tu viens de mettre icy l'Hymen en ſon beau jour.
Entens donc : & permets que je preſche à mon tour.
125   L'Epouſe que tu prens, ſans tache en ſa conduite,
Aux vertus, m'a-t-on dit, dans Port-Royal inſtruite,
Aux loix de ſon devoir regle tous ſes deſirs.
Mais qui peut t'aſſeurer, qu'invincible aux plaiſirs

REMARQUES.

Vers 116. *Et pour le rendre libre, il le faut enchaîner.*] Horace I. Epiſt. 2. v. 62.

—————— *Animum rege, qui niſi paret,*
Imperat ; hunc frænis, hunc tu compeſce
    catenâ.

Vers 120. *Deſmâres, dans Saint Roch,*

&c.] Le Pére Touſſaint *Deſmâres*, Prêtre de l'Oratoire, fameux Prédicateur.

Vers 126. —————— *Dans Port-Royal inſtruite.*] Port-Royal, Monaſtére près de Verſailles, dont les Religieuſes furent diſperſées en 1709. pour les affaires du Janſéniſme, & les bâtimens détruits en 1710.

Vers 134. —————— *Ces Héros à vous in-*

SATIRE X.

    Chez toy, dans une vie ouverte à la Licence,
130 Elle confervera fa premiere innocence ?
    Par toi-mefme bien-toft conduite à l'Opera,
    De quel air penfes-tu que ta Sainte verra
    D'un fpectacle enchanteur la pompe harmonieufe,
    Ces danfes, ces Heros à voix luxurieufe ;
135 Entendra ces difcours fur l'Amour feul roulans,
    Ces doucereux Renauds, ces infenfez Rolands,
    Sçaura d'eux qu'à l'Amour, comme au feul Dieu fuprême,
    On doit immoler tout, jufqu'à la Vertu mefme.
    Qu'on ne fçauroit trop toft fe laiffer enflammer :
140 Qu'on n'a receu du Ciel un cœur que pour aimer ;
    Et tous ces lieux communs de Morale lubrique,
    Que Lully rechauffa des fons de fa Mufique ?
    Mais de quels mouvemens, dans fon cœur excitez,
    Sentira-t-elle alors tous fes fens agitez ?
145 Je ne te répons pas, qu'au retour, moins timide,
    Digne Efcoliere enfin d'Angelique & d'Armide,
    Elle n'aille à l'inftant, pleine de ces doux fons,
    Avec quelque Médor pratiquer ces leçons.

REMARQUES.

xurieufe.] Le mot de *Luxurieux* emploïé dans ce vers, & le mot de *Lubrique* dans le vers 141. pour défigner la Morale de l'Opéra, occafionnerent une Lettre de M. Perrault, dans laquelle il reprocha à l'Auteur de s'être fervi de termes qui bleffoient la pudeur. M. Arnaud prit la défenfe de notre Poëte dans une Lettre qu'il écrivit à M. Perrault. On la trouvera dans le volume II.

Vers 142. *Que Lulli rechauffa*, &c.] Jean-Baptifte de Lulli, célébre Muficien, qui a fait nos plus beaux Opéra. Il mourut à Paris en 1687. âgé de 54. ans.

Vers 146. ——— *D'Angélique & d'Armide.*] Voïez les Opéra de Quinaut, intitulés, *Roland* & *Armide*.

Suppofons toutefois, qu'encor fidelle & pure,
150 Sa vertu de ce choc revienne fans bleffure.
Bien-toft dans ce grand Monde, où tu vas l'entraîner,
Au milieu des écueils qui vont l'environner,
Crois-tu que tousjours ferme aux bords du precipice,
Elle pourra marcher fans que le pied lui gliffe?
155 Que tousjours infenfible aux difcours enchanteurs
D'un idolatre amas de jeunes Seducteurs,
Sa fageffe jamais ne deviendra folie?
D'abord tu la verras, ainfi que dans Clélie,
Recevant fes Amans fous le doux nom d'Amis,
160 S'en tenir avec eux aux petits foins permis:
Puis, bien-toft en grande eau fur le fleuve de Tendre,
Naviger à fouhait, tout dire, & tout entendre.
Et ne préfume pas que Venus, ou Satan,
Souffre qu'elle en demeure aux termes du Roman.
165 Dans le crime il fuffit qu'une fois on débute.
Une chûte tousjours attire une autre chûte.
L'honneur eft comme une Ifle efcarpée & fans bords.
On n'y peut plus rentrer dés qu'on en eft dehors.

REMARQUES.

Vers 161. ——— *Sur le Fleuve de Tendre*, &c.] Le Poëte fait allufion au Païs de *Tendre*, décrit dans le Roman de *Clélie*, I. Partie, & repréfenté dans une Carte. La tendreffe peut avoir trois principes différens, l'Eftime, la Reconnoiffance, & l'Inclination. Auffi trois Riviéres dans le Païs fous ces noms, & fur ces Riviéres trois Villes, fçavoir, *Tendre* fur Inclination, *Tendre* fur Eftime, & *Tendre* fur Reconnoiffance. *Petits-foins*, eft un des Villages que l'on voit fur la Carte du *Tendre*.

Vers 170. *Eprife d'un Cadet, ivre d'un Moufquetaire.*] *Cadet*, fignifie ici un jeune-Homme, un jeune Militaire. En 1682. Louis XIV. établit des Compagnies de jeunes gens que l'on nomma *Cadets*, & qui étoient inftruits dans tous les exercices de la guerre.

Moufquetaire. Les Moufquetaires du

SATIRE X.

Peut-eftre, avant deux ans ardente à te déplaire,
170 Efprife d'un Cadet, yvre d'un Moufquetaire,
Nous la verrons hanter les plus honteux brelans,
Donner chez la Cornu rendez-vous aux Galans;
De Phédre dédaignant la pudeur enfantine,
Suivre à front découvert Z... & Meffaline;
175 Compter pour grands exploits vingt Hommes ruïnez,
Bleffez, battus pour Elle, & quatre affaffinez;
Trop heureux! fi tousjours Femme defordonnée,
Sans mefure & fans regle au vice abandonnée,
Par cent traits d'impudence aifez à ramaffer,
180 Elle t'acquiert au moins un droit pour la chaffer.
  Mais que deviendras-tu? fi folle en fon caprice,
N'aimant que le fcandale & l'éclat dans le vice,
Bien moins pour fon plaifir, que pour t'inquieter,
Au fond peu vicieufe, elle aime à coqueter?
185 Entre nous, verras-tu d'un efprit bien tranquille,
Chez ta Femme aborder & la Cour & la Ville?
Hormis toy, tout chez toy rencontre un doux accueil.
L'un eft payé d'un mot, & l'autre d'un coup d'œil.

REMARQUES.

Roi, font deux Compagnies de gens à cheval, compofées de jeunes Gens de qualité, ou de bonne Maifon.

Vers 172. *Donner chez la Cornu,* &c.] Une infâme, dont le nom étoit alors connu de tout le monde.

Vers 173. *De Phédre dédaignant la pudeur enfantine.*] Le caractére de Phédre a été heureufement exprimé par M. Racine dans ces Vers :

 —— *Je ne fuis point de ces femmes hardies,*
Qui goûtant dans le crime une tranquille
 paix,
Ont fçû fe faire un front qui ne rougit ja-
 mais.

Vers 174. *Suivre à front découvert Z... & Meffaline.*] Cette lettre initiale Z. n'eft mife ici que pour dépayfer les Lecteurs.

Tome I.   O

Ce n'est que pour toy seul qu'elle est fiere & chagrine :
190 Aux autres elle est douce, agreable, badine :
C'est pour eux qu'elle étale & l'or & le brocard ;
Que chez toy se prodigue & le rouge & le fard,
Et qu'une main sçavante, avec tant d'artifice,
Bastit de ses cheveux le galant édifice.
195 Dans sa chambre, croy-moy, n'entre point tout le jour.
Si tu veux posseder ta Lucrece à ton tour,
Atten, discret Mari, que la Belle en cornette
Le soir ait étalé son teint sur la toilette ;
Et dans quatre mouchoirs, de sa beauté salis,
200 Envoye au Blanchisseur ses roses & ses lys.
Alors tu peux entrer : mais sage en sa presence,
Ne va pas murmurer de sa folle dépense.
D'abord, l'argent en main, paye & viste & comptant.
Mais non, fay mine un peu d'en estre mécontent,
205 Pour la voir aussi-tost, de douleur oppressée,
Déplorer sa vertu si mal recompensée.
Un Mari ne veut pas fournir à ses besoins.
Jamais Femme, aprés tout, a-t-elle cousté moins ?
A cinq cens Loüis d'or, tout au plus, chaque année,
210 Sa dépense en habits n'est-elle pas bornée ?
Que répondre ? Je voy, qu'à de si justes cris,
Toy-mesme convaincu déja tu t'attendris,

REMARQUES.

Messaline, Femme de l'Empereur Claude, fameuse par ses débordemens.

Vers 220. ——— *D'un Pique ou d'un Sonnez.*] *Pique*, terme du jeu de Piquet.

SATIRE X.

Tout prest à la laisser, pourveu qu'elle s'appaise,
Dans ton coffre à pleins sacs puiser tout à son aise.
215 A quoy bon en effet t'allarmer de si peu?
Hé que feroit-ce donc, si le Démon du jeu,
Versant dans son esprit sa ruïneuse rage,
Tous les jours mis par elle à deux doigts du naufrage,
Tu voyois tous tes biens au sort abandonnez
220 Devenir le butin d'un Pique ou d'un Sonnez!
Le doux charme pour toy! de voir chaque journée,
De nobles Champions ta femme environnée,
Sur une table longue, & façonnée exprés,
D'un Tournoy de Bassette ordonner les apprests :
225 Ou, si par un Arrest la grossiere Police
D'un jeu si necessaire interdit l'exercice,
Ouvrir sur cette table un champ au Lansquenet,
Ou promener trois dez chassez de son cornet :
Puis sur une autre table, avec un air plus sombre,
230 S'en aller mediter une vole au jeu d'Hombre;
S'écrier sur un As mal à propos jetté;
Se plaindre d'un Gâno qu'on n'a point écouté;
Ou, querellant tout bas le Ciel qu'elle regarde,
A la Beste gemir d'un Roy venu sans garde.
235 Chez elle en ces emplois l'Aube du lendemain
Souvent la trouve encor les cartes à la main.

REMARQUES.

Sonnez, terme du jeu de Tric-trac. | Terme du jeu d'Hombre.
Vers 232. *Se plaindre d'un Gâno*, &c.]

Alors, pour fe coucher, les quittant, non fans peine,
Elle plaint le malheur de la Nature humaine,
Qui veut qu'en un fommeil, où tout s'enfevelit,
240 Tant d'heures, fans joüer, fe confument au lit.
Toutefois en partant la Troupe la confole,
Et d'un prochain retour chacun donne parole.
C'eft ainfi qu'une femme en doux amufemens
Sçait du temps qui s'envole employer les momens;
245 C'eft ainfi que fouvent par une Forcenée
Une trifte Famille à l'hofpital traifnée,
Voit fes biens en decret fur tous les murs écrits
De fa déroute illuftre effrayer tout Paris.
  Mais que plûtoft fon jeu mille fois te ruïne;
250 Que fi la famelique & honteufe Lézine,
Venant mal à propos la faifir au collet,
Elle te reduifoit à vivre fans valet,
Comme ce Magiftrat de hideufe memoire,
Dont je veux bien ici te crayonner l'hiftoire.
255   Dans la Robe on vantoit fon illuftre Maifon.
Il eftoit plein d'efprit, de fens, & de raifon.
Seulement pour l'argent un peu trop de foibleffe
De ces vertus en luy ravaloit la nobleffe.

REMARQUES.

Vers 253. *Comme ce Magiftrat de hideu-fe mémoire.*] Jacques Tardieu, Lieutenant Criminel de Paris, & Marie Ferrier, fa femme, auffi fameux par leur fordide ava-rice; que par leur mort funefte.
Vers 264. *De furcroift une mule,* &c.] Le Lieutenant Criminel eft obligé de fuivre les Criminels condamnés à la mort; & il

SATIRE X.

Sa table toutefois, sans superfluité,
260 N'avoit rien que d'honneste en sa frugalité.
Chez lui deux bons Chevaux, de pareille encolure,
Trouvoient dans l'Ecurie une pleine pasture,
Et du foin, que leur bouche au ratelier laissoit,
De surcroist une mule encor se nourrissoit.
265 Mais cette soif de l'or, qui le brusloit dans l'ame,
Le fit enfin songer à choisir une Femme;
Et l'honneur dans ce choix ne fut point regardé.
Vers son triste penchant son naturel guidé,
Le fit dans une avare & sordide famille
270 Chercher un monstre affreux sous l'habit d'une fille;
Et sans trop s'enquerir d'où la Laide venoit,
Il sçut, ce fut assez, l'argent qu'on lui donnoit.
Rien ne le rebuta; ni sa veuë éraillée,
Ni sa masse de chair bizarrement taillée;
275 Et trois cens mille francs, avec elle obtenus,
La firent à ses yeux plus belle que Vénus.
Il l'épouse; & bien-tost son Hostesse nouvelle,
Le preschant, luy fit voir qu'il estoit, au prix d'elle,
Un vrai dissipateur, un parfait débauché.
280 Lui-mesme le sentit, reconnut son peché,

REMARQUES.

est monté sur une Mule, qui étoit l'ancienne monture des Magistrats, avant l'usage des Carrosses.
Vers 266. *Le fit enfin songer à choisir une femme.*] La fille de Jérémie Ferrier qui avoit été Ministre à Nîmes, & qui abjura ensuite le Calvinisme.

Se confessa prodigue, & plein de repentance,
Offrit sur ses avis de regler sa dépense.
Aussi-tost de chez eux tout rosti disparut.
Le pain bis renfermé d'une moitié décrut.
285 Les deux chevaux, la mule, au marché s'envolerent.
Deux grands Laquais, à jeun, sur le soir s'en allerent.
De ces Coquins déja l'on se trouvoit lassé,
Et pour n'en plus revoir le reste fut chassé.
Deux Servantes déja, largement souffletées,
290 Avoient à coups de pied descendu les montées,
Et se voyant enfin hors de ce triste lieu,
Dans la ruë en avoient rendu graces à Dieu.
Un vieux Valet restoit, seul cheri de son Maistre,
Que tousjours il servit, & qu'il avoit veu naistre,
295 Et qui de quelque somme, amassée au bon temps,
Vivoit encor chez eux, partie à ses dépens.
Sa veuë embarrassoit ; il fallut s'en défaire ;
Il fut de la maison chassé comme un Corsaire.
Voilà nos deux Epoux sans valets, sans enfans,
300 Tous seuls dans leur logis libres & triomphans.
Alors on ne mit plus de borne à la lézine.
On condamna la cave, on ferma la cuisine.

REMARQUES.

Vers 308. *Ou de ce que la Femme aux Voisins excroquoit.*] C'est d'elle que M. Racine a dit dans ses Plaideurs, Scéne IV.
Elle eût du Buvetier emporté les serviettes,
Plûtost que de rentrer au logis les mains nettes.

Vers 309. *Mais pour bien mettre ici leur crasse,* &c.] M. Racine obligea l'Auteur

SATIRE X.

 Pour ne s'en point fervir aux plus rigoureux mois,
Dans le fond d'un grenier on fequeftra le bois.
305 L'un & l'autre deflors vécut à l'aventure
Des prefens, qu'à l'abri de la Magiftrature,
Le Mari quelquefois des Plaideurs extorquoit,
Ou de ce que la Femme aux voifins excroquoit.
  Mais pour bien mettre ici leur craffe en tout fon luftre,
310 Il faut voir du Logis fortir ce Couple illuftre;
Il faut voir le Mari tout poudreux, tout foüillé,
Couvert d'un vieux chapeau de cordon dépoüillé,
Et de fa robe, envain de pieces rajeunie,
A pied dans les ruiffeaux traifnant l'ignominie.
315 Mais qui pourroit compter le nombre de haillons,
De pieces, de lambeaux, de fales guenillons,
De chiffons ramaffez dans la plus noire ordure,
Dont la Femme aux bons jours compofoit fa parure?
Décrirai-je fes bas en trente endroits percez,
320 Ses fouliers grimaffans vingt fois rapetaffez,
Ses coëffes, d'où pendoit au bout d'une ficelle
Un vieux mafque pelé, prefque auffi hideux qu'Elle?
Peindrai-je fon juppon bigarré de Latin,
Qu'enfemble compofoient trois Théfes de fatin,

REMARQUES.

de retrancher ici vingt vers, parce qu'ils contiennent un détail qui ne lui plaifoit pas. Ils ne parurent point dans la premiere édition de cette Satire; mais l'Auteur les rétablit dans les éditions fuivantes.

Vers 322. *Un vieux mafque pelé*, &c.] La plûpart des femmes portoient alors un mafque de velours noir, quand elles fortoient.

325 Prefent qu'en un procés fur certain privilege
 Firent à fon Mari les Regens d'un College ;
 Et qui fur cette juppe à maint Rieur encor
 Derriere elle faifoit dire, *Argumentabor*?
  Mais peut-eftre j'invente une fable frivole.
330 Déments donc tout Paris, qui prenant la parole,
 Sur ce fujet encor de bons témoins pourveû,
 Tout preft à le prouver, te dira : Je l'ay veû.
 Vingt ans j'ay veû ce Couple, uni d'un mefme vice,
 A tous mes Habitans montrer que l'Avarice
335 Peut faire dans les biens trouver la Pauvreté,
 Et nous reduire à pis que la mendicité.
 Des voleurs, qui chez eux pleins d'efperance entrerent,
 De cette trifte vie enfin les délivrerent.
 Digne & funefte fruit du nœud le plus affreux,
340 Dont l'Hymen ait jamais uni deux Malheureux.
  Ce recit paffe un peu l'ordinaire mefure.
 Mais un exemple enfin, fi digne de cenfure,
 Peut-il dans la Satire occuper moins de mots?
 Chacun fçait fon métier : fuivons noftre propos.

REMARQUES.

Vers 337. *Des Voleurs qui chez eux*, &c.] Le Lieutenant Criminel & fa femme furent affaffinés dans leur maifon fur le Quay des Orfévres, le 24. Août 1665. fur les dix heures du matin, par René & François Touchet, Freres, nés près de Cran en Anjou. Ces deux voleurs n'ayant pû ouvrir la porte pour fortir, parce qu'il y avoit un fecret à la ferrure, furent pris dans la maifon même, &, trois jours après, condamnés à la roué.

Vers 346. ——— *Singe de Bourdaloue.*] Le Pere Louis Bourdaloue, Jéfuite, le plus grand Prédicateur qu'ait eu la France, né à Bourges le 20. Août 1632. & mort à Paris le 13. Mai 1704.

Nouveau

SATIRE X.

345 Nouveau Predicateur aujourd'huy, je l'avouë,
Efcolier, ou plûtoft finge de Bourdalouë,
Je me plais à remplir mes fermons de portraits.
En voilà déja trois, peints d'affez heureux traits,
La Femme fans honneur, la Coquette, & l'Avare.
350 Il faut y joindre encor la revefche Bizarre,
Qui fans ceffe d'un ton, par la colere aigri,
Gronde, choque, dément, contredit un Mari.
Il n'eft point de repos ni de paix avec elle.
Son mariage n'eft qu'une longue querelle.
355 Laiffe-t-elle un moment refpirer fon Epoux?
Ses valets font d'abord l'objet de fon courroux,
Et fur le ton grondeur, lorfqu'elle les harangue,
Il faut voir de quels mots elle enrichit la Langue.
Ma plume ici, traçant ces mots par alphabet,
360 Pourroit d'un nouveau tôme augmenter Richelet.
Tu crains peu d'effuyer cette étrange furie.
En trop bon lieu, dis-tu, ton Epoufe nourrie
Jamais de tels difcours ne te rendra martyr.
Mais eût-elle fucé la raifon dans Saint Cyr,

REMARQUES.

Vers 360. ——— *Augmenter Richelet.*] Le Dictionnaire François de *Richelet*. Pierre Céfar *Richelet*, Avocat au Parlement, mort en 1698. étoit Petit-fils de Nicolas Richelet, célébre parmi les Auteurs de fon temps, & qui avoit commenté les Oeuvres de Ronfard.

Vers 364. ——— *Dans Saint Cyr.*] En 1686. le Roi fit bâtir à Saint Cyr, près de Verfailles, une magnifique Maifon, à laquelle il a attaché des revenus confidérables pour l'entretien ou pour l'établiffement de deux cens cinquante jeunes Demoifelles, qui n'ont pas un bien proportionné à leur naiffance. Là, elles font inftruites & formées jufqu'à l'âge de vingt

Tome I.

SATIRE X.

365 Crois-tu que d'une fille humble, honnête, charmante,
L'Hymen n'ait jamais fait de Femme extravagante?
Combien n'a-t-on point veu de Belles aux doux yeux,
Avant le mariage, Anges si gracieux,
Tout à coup se changeant en Bourgeoises sauvages,
370 Vrais Démons, apporter l'Enfer dans leurs ménages,
Et découvrant l'orgueil de leurs rudes esprits,
Sous leur fontange altiere asservir leurs Maris?
   Et puis, quelque douceur dont brille ton Epouse,
Penses-tu, si jamais elle devient jalouse,
375 Que son ame, livrée à ses tristes soupçons,
De la Raison encor écoute les leçons?
Alors, Alcippe, alors tu verras de ses œuvres.
Resou toi, pauvre Espoux, à vivre de couleuvres:
A la voir tous les jours, dans ses fougueux accés,
380 A ton geste, à ton rire intenter un procés:
Souvent de ta maison gardant les avenuës,
Les cheveux herissez, t'attendre au coin des ruës:
Te trouver en des lieux de vingt portes fermez,
Et par tout où tu vas, dans ses yeux enflammez,
385 T'offrir, non pas d'Isis la tranquille Eumenide,
Mais la vraye Alecto peinte dans l'Eneïde,

REMARQUES.

ans, aux exercices d'une solide piété.
  Vers 372. *Sous leur fontange altiére*, &c.] *Fontange*, nœud de ruban que les Dames portent sur le devant de la tête pour attacher leur coëffure, nommé de la sorte, parce que Madame la Duchesse de Fontange porta la premiere un ruban ainsi noué.
  Vers 378. ―― *A vivre de couleuvres.*] Expression proverbiale, c'est souffrir tous

SATIRE X.

Un tison à la main chez le Roy Latinus,
Soufflant sa rage au sein d'Amate & de Turnus.
Mais quoy? je chausse icy le cothurne Tragique.
390 Reprenons au plûtost le brodequin Comique,
Et d'objets moins affreux songeons à te parler.
Dy-moy donc, laissant là cette Folle heurler,
T'accommodes-tu mieux de ces douces Ménades,
Qui dans leurs vains chagrins, sans mal toûjours malades,
395 Se font des mois entiers sur un lit effronté
Traiter d'une visible & parfaite santé;
Et douze fois par jour, dans leur molle indolence,
Aux yeux de leurs Maris tombent en défaillance?
Quel sujet, dira l'un, peut donc si frequemment
400 Mettre ainsi cette Belle aux bords du monument?
La Parque, ravissant ou son fils ou sa fille,
A-t-elle moissonné l'espoir de sa famille?
Non: il est question de reduire un mari
A chasser un Valet dans la maison cheri,
405 Et qui, parce qu'il plaist, a trop sçeu lui déplaire:
Ou de rompre un voyage utile & necessaire;
Mais qui la priveroit huit jours de ses plaisirs,
Et qui loin d'un Galant, objet de ses desirs...

REMARQUES.

les jours des choses fâcheuses, & n'oser s'en plaindre.
Vers 385. ——— *D'Isis la tranquille Euménide.*] Furie, qui, dans l'Opéra d'Isis, demeure sans action.

Vers 386. *Mais la vraie Alecto*, &c.] Une des Furies. Livre VII. de l'Enéïde.
Vers 393. ——— *De ces douces Ménades.*] Bacchantes, Femmes qui célébroient les Orgies de Bacchus, en courant comme

O! que pour la punir de cette Comedie,
410 Ne lui vois-je une vraye & triste maladie!
Mais ne nous fâchons point. Peut-être avant deux jours,
Courtois & Denyau, mandez à son secours,
Digne ouvrage de l'art dont Hippocrate traite,
Lui sçauront bien oster cette santé d'Athlete:
415 Pour consumer l'humeur qui fait son embonpoint,
Lui donner sagement le mal qu'elle n'a point;
Et fuyant de Fagon les maximes énormes,
Au tombeau merité la mettre dans les formes.
Dieu veüille avoir son ame, & nous délivre d'eux.
420 Pour moi, grand ennemi de leur art hazardeux,
Je ne puis cette fois que je ne les excuse.
Mais à quels vains discours est-ce que je m'amuse?
Il faut sur des sujets plus grands, plus curieux,
Attacher de ce pas ton esprit & tes yeux.
425   Qui s'offrira d'abord? Bon, c'est cette Sçavante,
Qu'estime Roberval, & que Sauveur frequente.
D'où vient qu'elle a l'œil trouble, & le teint si terni?
C'est que sur le calcul, dit-on, de Cassini,

REMARQUES.

des insensées & des Furies.

Vers 412. *Courtois & Denyau*, &c.] Deux Médecins de la Faculté de Paris.

Vers 417. *Et fuiant de Fagon*, &c.] Gui Crescent *Fagon*, Premier Médecin du Roi, mort en 1718. âgé de 80 ans.

Vers 426. *Qu'estime Roberval, & que Sauveur fréquente.*] *Roberval :* Gille Personne, Sieur *de Roberval*, Géomètre, Professeur Roïal en Mathématiques. *Sauveur :* autre sçavant Mathématicien, aussi Professeur Roïal, mort en 1716.

Vers 428. *C'est que sur le calcul... de Cassini.*] Jean Dominique *Cassini*, célébre Astronome, de l'Académie Roïale des Sciences, mort en 1712. âgé de 87 ans & demi.

SATIRE X.

    Un aſtrolabe en main, elle a dans ſa goutiere
430 A ſuivre Jupiter paſſé la nuit entiere.
    Gardons de la troubler. Sa ſcience, je croy,
    Aura pour s'occuper ce jour plus d'un employ.
    D'un nouveau microſcope on doit en ſa preſence
    Tantoſt chez Dalancé faire l'experience ;
435 Puis d'une femme morte avec ſon embryon,
    Il faut chez Du Verney voir la diſſection.
    Rien n'échape aux regards de noſtre Curieuſe.
      Mais qui vient ſur ſes pas? C'eſt une Précieuſe,
    Reſte de ces Eſprits jadis ſi renommez,
440 Que d'un coup de ſon Art Moliere a diffamez.
    De tous leurs ſentimens cette noble heritiere
    Maintient encore ici leur ſecte façonniere.
    C'eſt chez elle touſjours que les fades Auteurs
    S'en vont ſe conſoler du mépris des Lecteurs.
445 Elle y reçoit leur plainte, & ſa docte demeure
    Aux Perrins, aux Corras eſt ouverte à toute heure.
    Là du faux bel eſprit ſe tiennent les bureaux.
    Là tous les Vers ſont bons, pourvû qu'ils ſoient nouveaux.
    Au mauvais gouſt public la Belle y fait la guerre :
450 Plaint Pradon opprimé des ſiflets du Parterre :

REMARQUES.

Vers 429. *Un aſtrolabe en main,* &c.] Inſtrument de Mathématique en forme de Planiſphére; il ſert à prendre les hauteurs des Aſtres, & à faire quelques autres obſervations.

Vers 434. *Tantôt chez Dalencé,* &c.] Curieux qui ſe ruina à faire des expériences de Phyſique.

Vers 436. *Il faut chez Du Verney,* &c.] Joſeph *Du Verney*, Médecin du Roi, & ſçavant Anatomiſte, mort en 1730. âgé de 82 ans.

Vers 440. *Que d'un coup de ſon Art Mo*

Rit des vains amateurs du Grec & du Latin ;
Dans la balance met Ariſtote & Cotin ;
Puis, d'une main encor plus fine & plus habile,
Péſe ſans paſſion Chapelain & Virgile ;
455 Remarque en ce dernier beaucoup de pauvretez ;
Mais pourtant confeſſant qu'il a quelques beautez,
Ne trouve en Chapelain, quoy qu'ait dit la Satire,
Autre défaut, ſinon qu'on ne le ſçauroit lire ;
Et pour faire goûter ſon Livre à l'Univers,
460 Croit qu'il faudroit en proſe y mettre tous les Vers.
 A quoy bon m'étaler cette bizarre Eſcole,
Du mauvais ſens, dis-tu, preſché par une Folle ?
De livres & d'écrits bourgeois admirateur
Vai-je épouſer ici quelque apprentive Auteur ?
465 Sçavez-vous que l'Eſpouſe avec qui je me lie
Compte entre ſes parens des Princes d'Italie ?

REMARQUES.

liere a diffamez.] Dans la Comédie des Pré-
cieuſes ridicules.
 Vers 452. *Dans la balance met Ariſtote*
& Cotin.] L'Auteur déſigne ici M. Per-
rault, qui, dans ſon *Paralléle des Anciens*
& des Modernes, Tome III. fait à peu près
les mêmes jugemens.
 Vers 454. *Péſe ſans paſſion Chapelain &*
Virgile.] Juvénal, Satire VI.
  Laudat Virgilium, peritura ignoſcit
   Eliſa.
  Committit vates, & comparat: inde Ma-
   ronem,
  Atque alia parte in trutina ſuſpendit Ho-
   merum.

 Vers 458. *Autre défaut, ſinon, qu'on ne*
le ſçauroit lire.] Dans la premiere édition,
après ce vers, on liſoit les quatorze ſuivans :
ils contiennent la ſuite des paroles de Perrault, au ſujet de Chapelain, Tome III.
des Parall. page 255.
  Et croit qu'on pourra meſme enfin le lire
   un jour,
  Quand la Langue vieillie ayant changé
   de tour,
  On ne ſentira plus la barbare ſtructure
  De ces expreſſions miſes à la torture :
  S'étonne cependant d'où vient que chez
   Coignard,
  Le Saint Paulin écrit avec un ſi grand art,

SATIRE X. 119

Sort d'Ayeux dont les noms... Je t'entens, & je voy
D'où vient que tu t'es fait Secretaire du Roy.
Il falloit de ce titre appuyer ta naiſſance.
470 Cependant, t'avoûrai-je icy mon inſolence ?
Si quelque objet pareil chez moy, deçà les Monts,
Pour m'épouſer entroit avec tous ces grands noms,
Le ſourcil rehauſſé d'orgueilleuſes chimeres,
Je luy dirois bien-toſt : Je connois tous vos Peres :
475 Je ſçay qu'ils ont brillé dans ce fameux combat
Où ſous l'un des Valois Enguien ſauva l'Etat.
D'Hozier n'en convient pas : mais, quoi qu'il en puiſſe eſtre,
Je ne ſuis point ſi ſot que d'eſpouſer mon maiſtre.
Ainſi donc au plûtoſt délogeant de ces lieux,
480 Allez, Princeſſe, allez avec tous vos Ayeux,
Sur le pompeux débris des lances Eſpagnoles,
Coucher, ſi vous voulez, aux champs de Cerizoles.

REMARQUES.

Et d'une plume douce, aiſée & naturelle,
Pourrit, vingt fois encor moins lûë que la
  Pucelle.
Elle en accuſe alors notre ſiécle infecté
Du pédanteſque gouſt qu'ont pour l'Anti-
  quité
Magiſtrats, Princes, Ducs, & meſme Fils
  de France,
Qui liſent ſans rougir & Virgile & Te-
  rence ;
Et touſjours pour Perrault pleins d'un dé-
  gouſt malin,
Ne ſçavent pas s'il eſt au monde un Saint
  Paulin.
M. Perrault doit la ſuppreſſion de ces vers à ſa réconciliation avec l'Auteur. Au lieu de ces quatorze vers il a mis ces deux :

Et pour faire gouſter ſon Livre, &c.

Vers 473. *Le ſourcil rehauſſé d'orgueil-*
leuſes chimeres.] Juvénal, Satire VI.

Malo Venuſinam, quàm te, Cornelia ;
  mater
Gracchorum, ſi cum magnis virtutibus
  affers
Grande ſupercilium, & numeras in dote
  triumphos.

Vers 475. *Je ſçai qu'ils ont brillé dans ce*
fameux combat.] Le Combat de Cerizoles en Italie, ſous le régne de François I.

Ma maifon, ni mon lit ne font point faits pour vous.
　　J'admire, pourfuis-tu, votre noble courroux.
485 Souvenez-vous pourtant que ma famille illuftre
　　De l'affiftance au fçeau ne tire point fon luftre :
　　Et que né dans Paris de Magiftrats connus,
　　Je ne fuis point icy de ces nouveaux venus,
　　De ces Nobles fans nom, que par plus d'une voye,
490 La Province fouvent en gueftres nous envoye.
　　Mais euffai-je comme eux des Meufniers pour parens,
　　Mon Efpoufe vinft-elle encor d'Ayeux plus grands,
　　On ne la verroit point, vantant fon origine,
　　A fon trifte Mari reprocher la farine.
495 Son cœur tousjours nourri dans la devotion,
　　De trop bonne heure apprit l'humiliation :
　　Et pour vous détromper de la penfée eftrange,
　　Que l'Hymen aujourd'huy la corrompe & la change,
　　Sçachez qu'en noftre accord elle a, pour premier point,
500 Exigé qu'un Efpoux ne la contraindroit point
　　A traifner aprés elle un pompeux équipage,
　　Ni fur tout de fouffrir, par un profane ufage,
　　Qu'à l'Eglife jamais devant le Dieu jaloux,
　　Un faftueux carreau foit veu fous fes genoux.
505 Telle eft l'humble vertu qui dans fon ame emprainte...
　　Je le voy bien, tu vas efpoufer une Sainte :

REMARQUES.

Vers 486. *De l'affiftance au Sceau*, &c.] Une des principales fonctions des Secretai-res du Roi, eft d'affifter au Sceau, dans les Chancelleries.

Et

SATIRE X.

Et dans tout ce grand zele il n'est rien d'affecté.
Sçais-tu bien cependant sous cette humilité,
L'orgueil que quelquefois nous cache une Bigotte,
510 Alcippe, & connois-tu la nation devote?
Il te faut de ce pas en tracer quelques traits,
Et par ce grand portrait finir tous mes portraits.
   A Paris, à la Cour on trouve, je l'avouë,
Des Femmes dont le zele est digne qu'on le louë,
515 Qui s'occupent du bien en tout temps, en tout lieu.
J'en sçais Une cherie & du Monde & de Dieu,
Humble dans les grandeurs, sage dans la fortune;
Qui gemit, comme Esther, de sa gloire importune:
Que le Vice lui-mesme est contraint d'estimer,
520 Et que sur ce tableau d'abord tu vas nommer.
Mais pour quelques vertus si pures, si sinceres,
Combien y trouve-t-on d'impudentes Faussaires,
Qui sous un vain dehors d'austere pieté,
De leurs crimes secrets cherchent l'impunité,
525 Et couvrent de Dieu mesme empraint sur leur visage
De leurs honteux plaisirs l'affreux libertinage?
N'atten pas qu'à tes yeux j'aille icy l'étaler.
Il vaut mieux le souffrir que de le dévoiler.
De leurs galants exploits les Bussis, les Brantômes
530 Pourroient avec plaisir te compiler des tômes:

REMARQUES.

Vers 520. *Et que sur ce tableau d'abord tu vas nommer.*] Madame de Maintenon, Françoise d'Aubigné.
Vers 529. ——— *Les Bussis, les Bran-*

Tome I.   Q

Mais pour moy dont le front trop aifément rougit,
Ma bouche a déja peur de t'en avoir trop dit.
Rien n'égale en fureur, en monftrueux caprices,
Une fauffe Vertu qui s'abandonne aux vices.
535 De ces Femmes pourtant l'hypocrite noirceur,
Au moins pour un Mari garde quelque douceur.
Je les aime encor mieux qu'une Bigotte altiere,
Qui dans fon fol orgueil, aveugle & fans lumiere,
A peine fur le feüil de la devotion,
540 Penfe atteindre au fommet de la perfection :
Qui du foin qu'elle prend de me gefner fans ceffe,
Va quatre fois par mois fe vanter à confeffe ;
Et les yeux vers le Ciel, pour fe le faire ouvrir,
Offre à Dieu les tourmens qu'elle me fait fouffrir.
545 Sur cent pieux devoirs aux Saints elle eft égale.
Elle lit Rodriguez, fait l'oraifon mentale,
Va pour les malheureux quefter dans les maifons,
Hante les hôpitaux, vifite les prifons,
Tous les jours à l'Eglife entend jufqu'à fix Meffes.
550 Mais de combattre en elle, & dompter fes foibleffes,
Sur le fard, fur le jeu vaincre fa paffion,
Mettre un frein à fon luxe, à fon ambition,
Et foumettre l'orgueil de fon efprit rebelle :
C'eft ce qu'envain le Ciel voudroit exiger d'elle.

REMARQUES.

tômes.] Le Comte de *Buffi* Rabutin, Auteur de l'Hiftoire amoureufe des Gaules. *Brantôme* a fait les Vies des Dames Galantes de fon temps.

Vers 546. *Elle lit Rodriguez*, &c.] Le P. Alphonfe Rodriguez, Jefuite, a fait un

SATIRE X.

555 Et peut-il, dira-t-elle, en effet l'exiger ?
Elle a son Directeur, c'est à lui d'en juger.
Il faut, sans differer, sçavoir ce qu'il en pense.
Bon ! vers nous à propos je le vois qui s'avance.
Qu'il paroist bien nourri ! Quel vermillon, quel teint !
560 Le Printemps dans sa fleur sur son visage est peint.
Cependant, à l'entendre, il se souftient à peine.
Il eut encor hier la fiévre & la migraine :
Et sans les prompts secours qu'on prit soin d'apporter,
Il seroit sur son lit peut-estre à tremblotter.
565 Mais de tous les Mortels, grace aux devotes Ames,
Nul n'est si bien soigné qu'un Directeur de Femmes.
Quelque leger dégoust vient-il le travailler ?
Une foible vapeur le fait-elle baailler ?
Un Escadron coëffé d'abord court à son aide.
570 L'une chauffe un boüillon, l'autre appreste un remede,
Chez luy syrops exquis, ratafias vantez,
Confitures sur tout volent de tous costez :
Car de tous mets sucrez, secs, en paste, ou liquides,
Les estomachs devots tousjours furent avides :
575 Le premier masse-pain pour eux, je croy, se fit,
Et le premier citron à Roüen fut confit.
Nostre Docteur bientost va lever tous ses doutes,
Du Paradis pour elle il applanit les routes ;

REMARQUES.

excellent Traité de la Perfection Chrétienne.
Vers 559. *Qu'il paroist bien nourri !*]

L'Auteur preferoit ce caractére à tous ceux qu'il a peints dans la même piéce.

SATIRE X.

Et loin fur fes defauts de la mortifier,
580 Lui-mefme prend le foin de la juftifier.
Pourquoi vous alarmer d'une vaine cenfure?
Du rouge qu'on vous voit on s'étonne, on murmure.
Mais a-t-on, dira-t-il, fujet de s'étonner?
Eft-ce qu'à faire peur on veut vous condamner?
585 Aux ufages receus il faut qu'on s'accommode.
Une Femme fur tout doit tribut à la Mode.
L'orgueil brille, dit-on, fur vos pompeux habits.
L'œil à peine foutient l'éclat de vos rubis.
Dieu veut-il qu'on étale un luxe fi profâne?
590 Oüy, lorfqu'à l'étaler noftre rang nous condamne.
Mais ce grand jeu chez vous comment l'autorifer?
Le jeu fut de tout temps permis pour s'amufer.
On ne peut pas tousjours travailler, prier, lire:
Il vaut mieux s'occuper à joüer qu'à médire.
595 Le plus grand jeu joüé dans cette intention,
Peut mefme devenir une bonne action.
Tout eft fanctifié par une Ame pieufe.
Vous eftes, pourfuit-on, avide, ambitieufe,
Sans ceffe vous bruflez de voir tous vos parens
600 Engloutir à la Cour Charges, Dignitez, Rangs.
Voftre bon naturel en cela pour eux brille.
Dieu ne nous defend point d'aimer noftre famille.

REMARQUES.

Vers 622. ——— *Au vrai Molinozif-* | Michel Molinos, Prêtre Efpagnol, & célè-
me.] Le Quiétifme introduit à Rome, par | bre Directeur. Molinos avoit 60. ans, lorf-

SATIRE X.

D'ailleurs tous vos parens font fages, vertueux.
Il eſt bon d'empeſcher ces Emplois faſtueux
605 D'eſtre donnez peut-eſtre à des Ames mondaines,
Eſpriſes du neant des vanitez humaines.
Laiſſez-là, croyez-moy, gronder les Indevots,
Et ſur voſtre ſalut demeurez en repos.
   Sur tous ces points douteux c'eſt ainſi qu'il prononce.
610 Alors croyant d'un Ange entendre la réponſe,
Sa Devote s'incline, & calmant ſon eſprit,
A cet ordre d'enhaut ſans replique ſouſcrit.
Ainſi pleine d'erreurs, qu'elle croit legitimes,
Sa tranquille vertu conſerve tous ſes crimes :
615 Dans un cœur tous les jours nourri du Sacrement,
Maintient la vanité, l'orgueil, l'enteſtement,
Et croit que devant Dieu ſes frequents ſacrileges
Sont pour entrer au Ciel d'aſſurez privileges.
Voilà le digne fruit des ſoins de ſon Docteur.
620 Encore eſt-ce beaucoup, ſi ce Guide impoſteur,
Par les chemins fleuris d'un charmant Quietiſme
Tout à coup l'amenant au vrai Molinoziſme,
Il ne luy fait bien-toſt, aidé de Lucifer,
Gouſter en Paradis les plaiſirs de l'Enfer.
625   Mais dans ce doux eſtat molle, delicieuſe,
La hais-tu plus, dy-moy, que cette Bilieuſe,

REMARQUES.

qu'il fut déferé à l'Inquiſition, & condam- | Il avoit fait abjuration de ſa doctrine à Ro-
né à une priſon perpetuelle, où il mourut. | me, en 1687.

Qui follement outrée en fa feverité,
Baptizant fon chagrin du nom de pieté,
Dans fa charité fauffe, où l'amour propre abonde,
630 Croit que c'eft aimer Dieu que haïr tout le monde ?
Il n'eft rien où d'abord fon foupçon attaché
Ne préfume du crime, & ne trouve un peché.
Pour une Fille honnefte & pleine d'innocence,
Croit-elle en fes Valets voir quelque complaifance ?
635 Reputez criminels les voilà tous chaffez,
Et chez elle à l'inftant par d'autres remplacez.
Son Mari, qu'une affaire appelle dans la Ville,
Et qui chez luy, fortant, a tout laiffé tranquille,
Se trouve affez furpris, rentrant dans la maifon,
640 De voir que le Portier luy demande fon nom ;
Et que parmi fes Gens changez en fon abfence,
Il cherche vainement quelqu'un de connoiffance.

Fort bien : Le trait eft bon. Dans les Femmes, dis-tu,
Enfin vous n'approuvez ni vice, ni vertu.
645 Voilà le Sexe peint d'une noble maniere !
Et Theophrafte mefme aidé de la Bruyere,
Ne m'en pourroit pas faire un plus riche tableau.
C'eft affez : Il eft temps de quitter le pinceau.

REMARQUES.

Vers 646. *Et Théophrafte même aidé de la Bruyere.*] Jean de la Bruyere, de l'Académie Françoife, mort en 1696. a traduit du Grec les Caractéres de Théophrafte ; & donné dans le même volume, les Caractéres, ou *les Mœurs de ce Siécle.*

Vers 657. *Si j'allois t'y montrer plus d'une Capanée.*] C'eft-à-dire, une Athée : *Capanée* Capitaine Grec, étant allé au fiége de Thébes avec Polynice, Jupiter le foundroya pour fes impietés.

SATIRE X.

Vous avez deſormais eſpuiſé la Satire.
650 Eſpuiſé, cher Alcippe, Ah! tu me ferois rire!
Sur ce vaſte ſujet ſi j'allois tout tracer,
Tu verrois ſous ma main des tômes s'amaſſer.
Dans le Sexe j'ay peint la pieté cauſtique.
Et que ſeroit-ce donc, ſi Cenſeur plus tragique,
655 J'allois t'y faire voir l'Atheiſme établi,
Et non moins que l'honneur, le Ciel mis en oubli?
Si j'allois t'y montrer plus d'une Capanée,
Pour ſouveraine loy mettant la Deſtinée,
Du tonnerre dans l'air bravant les vains carreaux,
660 Et nous parlant de Dieu du ton de Des-Barreaux?
Mais ſans aller chercher cette Femme infernale,
T'ay-je encor peint, dy-moy, la Fantaſque inégale,
Qui m'aimant le matin, ſouvent me hait le ſoir?
T'ay-je peint la Maligne aux yeux faux, au cœur noir?
665 T'ay-je encore exprimé la Bruſque impertinente?
T'ay-je tracé la Vieille à morgue dominante,
Qui veut vingt ans encore après le Sacrement,
Exiger d'un Mari les reſpects d'un Amant?
T'ay-je fait voir de joye une Belle animée,
670 Qui ſouvent d'un repas ſortant toute enfumée,

REMARQUES.

Vers 660. ——— *Du ton de Des-Barreaux.*] Jacques de Vallée, Seigneur Des-Barreaux, né à Paris en 1602. Il fut reçu Conſeiller au Parlement en 1625. & ſe défit bien-tôt de ſa Charge, ſon penchant au plaiſir le rendant incapable des devoirs de la Magiſtrature. Quelques années avant ſa mort qui arriva en 1674. il s'étoit retiré à Châlons ſur Saône, où il mourut d'une manière plus édifiante qu'il n'avoit vécu.

SATIRE X.

Fait mesme à ses Amans trop foibles d'estomac,
Redouter ses baisers pleins d'ail & de tabac?
T'ay-je encore décrit la Dame Brelandiere,
Qui des Joüeurs chez soy se fait Cabaretiere,
675 Et souffre des affronts que ne souffriroit pas
L'Hostesse d'une Auberge à dix sous par repas?
Ay-je offert à tes yeux ces tristes Tisiphones,
Ces monstres pleins d'un fiel, que n'ont point les Liones,
Qui prenant en desgoust les fruits nez de leur flanc,
680 S'irritent sans raison contre leur propre sang;
Tousjours en des fureurs que les plaintes aigrissent,
Battent dans leurs Enfans l'Espoux qu'elles haïssent,
Et font de leur maison digne de Phalaris,
Un sejour de douleurs, de larmes & de cris?
685 Enfin t'ay-je dépeint la Superstitieuse,
La Pédante au ton fier, la Bourgeoise ennuieuse;
Celle qui de son chat fait son seul entretien,
Celle qui tousjours parle, & ne dit jamais rien?
Il en est des milliers : mais ma bouche enfin lâsse,
690 Des trois quarts, pour le moins, veut bien te faire grâce.
    J'entens. C'est pousser loin la moderation.
Ah! finissez, dis-tu, la declamation.
Pensez-vous qu'ébloüi de vos vaines paroles,
J'ignore qu'en effet tous ces discours frivoles

REMARQUES.

Vers 683. —— *Digne de Phalaris.*] Tyran de Sicile, fameux par ses cruautés.
Vers 695. *Ne sont qu'un badinage,* &c.]

Le Poëte fait entendre qu'il y auroit de l'injustice à prendre dans la rigueur ce qu'il dit contre les femmes. *Je suis du senti-*

SATIRE X.

695 Ne font qu'un badinage, un fimple jeu d'efprit
D'un Cenfeur, dans le fond, qui folaftre & qui rit,
Plein du mefme projet qui vous vint dans la tefte,
Quand vous plaçaftes l'Homme au deffous de la Befte?
Mais enfin vous & moy c'eft affez badiner.
700 Il eft temps de conclurre ; & pour tout terminer,
Je ne diray qu'un mot. La Fille qui m'enchante,
Noble, fage, modefte, humble, honnefte, touchante,
N'a pas un des defauts que vous m'avez fait voir.
Si par un fort pourtant qu'on ne peut concevoir,
705 La Belle tout à coup renduë infociable,
D'Ange, ce font vos mots, fe transformoit en Diable :
Vous me verriez bien-toft, fans me defefperer,
Luy dire : Hé bien, Madame, il faut nous feparer.
Nous ne fommes pas faits, je le voy, l'un pour l'autre.
710 Mon bien fe monte à tant : Tenez, voilà le voftre.
Partez : Délivrons-nous d'un mutuel fouci.
  Alcippe, tu crois donc qu'on fe fepare ainfi?
Pour fortir de chez toy, fur cette offre offenfante,
As-tu donc oublié qu'il faut qu'elle y confente?
715 Et crois-tu qu'aifément elle puiffe quitter
Le favoureux plaifir de t'y perfecuter ?
Bien-toft fon Procureur, pour elle ufant fa plume,
De fes pretentions va t'offrir un volume.

REMARQUES.

ment d'*Alcippe*, difoit-il, *& je tiens comme
lui* :
 Que pour être heureux fous ce joug falutaire,

*Tout dépend en un mot du choix que l'on
fçait faire.*
Vers 708. —— *Il faut nous feparer,&c.*]

Tome I.   *   R

SATIRE X.

Car, grace au Droit receu chez les Parisiens,
720 Gens de douce nature, & Maris bons Chrestiens,
Dans ses pretentions une Femme est sans borne.
Alcippe, à ce discours je te trouve un peu morne.
Des Arbitres, dis-tu, pourront nous accorder.
Des Arbitres... Tu crois l'empescher de plaider ?
725 Sur ton chagrin déja contente d'elle-mesme,
Ce n'est point tous ses droits, c'est le procez qu'elle aime.
Pour elle un bout d'arpent, qu'il faudra disputer,
Vaut mieux qu'un Fief entier acquis sans contester.
Avec elle il n'est point de droit qui s'éclaircisse,
730 Point de procez si vieux qui ne se rajeunisse ;
Et sur l'art de former un nouvel embarras,
Devant elle Rolet mettroit pavillon bas.
Croy-moy, pour la fléchir trouve enfin quelque voye,
Ou je ne respons pas dans peu qu'on ne te voye
735 Sous le faix des procez abbatu, consterné,
Triste, à pied, sans Laquais, maigre, sec, ruiné,
Vingt fois dans ton malheur resolu de te pendre,
Et, pour comble de maux, reduit à la reprendre.

REMARQUES.

Ce vers & les suivans contiennent la formule du Libelle de Divorce, qui étoit en usage anciennement. *Res tuas tibi habeto : Tuas res tibi agito*, &c. Loi 2. §. 1. au Digeste *de divortiis & repudiis*.

Vers 721. *Dans ses prétentions une femme est sans borne*.] La Coutume de Paris est extrêmement favorable aux Femmes. » Parmi » nous, dit Patru, *Plaid*. 9. les Femmes » ont des Douaires & des préciputs, elles » partagent la communauté, où pourtant » elles n'apportent presque rien que le bon- » heur de leur sexe, & la faveur de nos » Coutumes. Enfin à bien parler, elles sont » les principales héritieres de leurs Maris.

SATIRE XI.
A MONSIEUR
DE VALINCOUR,

Le sujet de cette Satire commencée vers la fin de 1698. est le vrai & le faux honneur. L'Auteur, après avoir parlé des méprises de la pluspart des hommes au sujet de ce qu'ils appellent l'Honneur, établit que le vrai & le solide Honneur consiste dans la justice, sans laquelle toutes les autres qualités ne sont que de faux brillans.

OUI, l'Honneur, VALINCOUR, est cheri dans le Monde :
Chacun pour l'exalter en paroles abonde ;
A s'en voir revestu chacun met son bonheur ;
Et tout crie ici-bas, l'Honneur! vive l'Honneur!
5 Entendons discourir sur les bancs des Galeres,
Ce Forçat abhorré mesme de ses Confreres ;
Il plaint, par un Arrest injustement donné,
L'Honneur en sa personne à ramer condamné.

REMARQUES.

Vers 1. *Oui, l'Honneur, Valincour,* &c.] J. B. Henry du Trousset de Valincour, Conseiller du Roi en ses Conseils, Secretaire Général de la Marine, & des Commandemens de M. le Comte de Toulouse, lié d'une étroite amitié avec M. Despréaux. Il fut reçu en 1699. à l'Académie Françoise à la place de M. Racine, & mourut le 5. Janvier 1730.

Vers 5. *Entendons discourir sur les bancs des Galeres,* &c.] Allusion à une action mémorable du Duc d'Ossonne, Viceroi de Naples. Un jour qu'il visitoit les Galéres du Port, il eut la curiosité d'interroger les Forçats ; tous se prétendirent innocens, à l'exception d'un seul, qui avoua de bonne foi que si on lui avoit fait justice, il auroit été pendu. *Qu'on m'ôte d'ici ce coquin,* dit le Duc, en lui donnant la liberté ; *il gateroit tous ces honnêtes gens.*

SATIRE XI.

En un mot parcourons & la Mer & la Terre:
10 Interrogeons Marchands, Financiers, Gens de Guerre,
Courtisans, Magistrats: chez Eux, si je les croy,
L'Interest ne peut rien, l'Honneur seul fait la loy.
Cependant, lors qu'aux yeux leur portant la lanterne,
J'examine au grand jour l'esprit qui les gouverne,
15 Je n'apperçoy par tout que folle Ambition,
Foiblesse, Iniquité, Fourbe, Corruption;
Que ridicule orgueil de soi-mesme idolâtre.
Le Monde, à mon avis, est comme un grand Theâtre,
Où chacun en public l'un par l'autre abusé,
20 Souvent à ce qu'il est, jouë un rôle opposé.
Tous les jours on y voit, orné d'un faux visage,
Impudemment le Fou representer le Sage;
L'Ignorant s'ériger en Sçavant fastueux,
Et le plus vil Faquin trancher du Vertueux.
25 Mais, quelque fol espoir dont leur orgueil les berce,
Bien-tost on les connoist, & la Verité perce.
On a beau se farder aux yeux de l'Univers;
A la fin sur quelqu'un de nos vices couverts
Le Public malin jette un œil inévitable;
30 Et bien-tost la Censure, au regard formidable,

REMARQUES.

Vers 13. —— *Lors qu'aux yeux leur portant la lanterne.*] Diogéne le Cynique portoit une lanterne en plein jour, & disoit qu'il cherchoit un Homme.
Vers 39. *Le Ris sur son visage est en mau-*

vaise humeur.] Un jour à Baville, M. de Lamoignon pria l'Auteur de lire à un Grand Seigneur très-caustique, *la Satire à son Esprit*. Après l'avoir écoutée d'un air froid, ce Seigneur lui dit très-séchement : *Voilà*

SATIRE XI.

Sçait, le crayon en main, marquer nos endroits faux,
Et nous développer avec tous nos defauts.
Du Mensonge tousjours le Vray demeure maistre.
Pour paroistre honneste homme en un mot il faut l'estre :
35 Et jamais, quoi qu'il fasse, un Mortel ici-bas
Ne peut aux yeux du Monde estre ce qu'il n'est pas.
En vain ce Misanthrope, aux yeux tristes & sombres,
Veut par un air riant en éclaircir les ombres :
Le Ris sur son visage est en mauvaise humeur ;
40 L'agrément fuit ses traits, ses caresses font peur ;
Ses mots les plus flateurs paroissent des rudesses,
Et la Vanité brille en toutes ses bassesses.
Le naturel tousjours sort, & sçait se montrer.
Vainement on l'arreste, on le force à rentrer,
45 Il rompt tout, perce tout, & trouve enfin passage.
 Mais loin de mon projet je sens que je m'engage.
Revenons de ce pas à mon texte égaré.
L'Honneur par tout, disois-je, est du Monde admiré.
Mais l'Honneur en effet qu'il faut que l'on admire,
50 Quel est-il, VALINCOUR, pourras-tu me le dire ?
L'Ambitieux le met souvent à tout brusler ;
L'Avare à voir chez luy le Pactôle rouler ;

REMARQUES.

de beaux vers : C'est ce même Seigneur que l'Auteur a en vûe ici.

Vers 43. *Le naturel toujours sort,* &c.] Horace, I. Ep. 10. v. 24.

Naturam expellas furcâ ; tamen usque recurret,
Et mala perrumpet furtim fastidia victrix.

Vers 52. *L'Avare à voir chez lui le*

SATIRE XI.

Un faux Brave à vanter ſa proüeſſe frivole;
Un vray Fourbe à jamais ne garder ſa parole;
55 Ce Poëte à noircir d'inſipides papiers;
Ce Marquis à ſçavoir frauder ſes Creanciers;
Un Libertin à rompre & jeuſnes & Careſme;
Un Fou perdu d'honneur à braver l'Honneur meſme.
L'un d'Eux a-t-il raiſon? Qui pourroit le penſer?
60 Qu'eſt-ce donc que l'Honneur que tout doit embraſſer?
Eſt-ce de voir, dis-moy, vanter noſtre éloquence;
D'exceller en courage, en adreſſe, en prudence;
De voir à noſtre aſpect tout trembler ſous les Cieux;
De poſſeder enfin mille dons precieux?
65 Mais avec tous ces dons de l'eſprit & de l'ame
Un Roy meſme ſouvent peut n'eſtre qu'un infâme,
Qu'un Herode, un Tibere effroyable à nommer.
Où donc eſt cet Honneur qui ſeul doit nous charmer?
Quoi qu'en ſes beaux diſcours S. Evremond nous prône,
70 Aujourd'huy j'en croiray Seneque avant Petrône.

REMARQUES.

Pactole rouler.] Le *Pactole* Riviere de l'Aſie mineure, qui roule de l'or parmi ſon gravier.

Vers 70. *Aujourd'hui j'en croirai Séneque avant Petrône.*] L'Auteur oppoſe la Morale auſtére de Sénéque à la Morale licentieuſe de Petrône. Et par-là il cenſure S. Evremond, qui *eſtimoit beaucoup plus la perſonne de Sénéque que ſes ouvrages*, & qui louoit au contraire *les ſentimens délicats, le luxe poli, & les voluptés étudiées de Petrône.* Voyez Jugement ſur Sénéque, Plutarque & Petrône. » Au reſte, S. Evremond » n'eſt qu'un Charlatan de ruelles, qui ſe » panade en ſes termes étudiés, & ſes » maximes prétendues Philoſophiques; un » faux Ariſtarque, qui veut toujours juger, » & prend ſouvent l'ombre pour le corps. » C'eſt ainſi qu'en parloit M. Deſpréaux.

Vers 78. *N'eſt qu'un plus grand Voleur,* &c.] Ce vers & les trois précedens contiennent le ſens de la réponſe que fit un Pirate au même Alexandre, qui lui reprochoit ſa condition : *Je ſuis un Pirate,* dit-il, *parce que je n'ai qu'un vaiſſeau; ſi j'avois une Armée navale je ſerois un Con-*

SATIRE XI.

Dans le Monde il n'eſt rien de beau que l'Equité.
Sans elle la Valeur, la Force, la Bonté,
Et toutes les Vertus dont s'éblouit la Terre,
Ne ſont que faux brillans, & que morceaux de verre.
75 Un injuſte Guerrier, terreur de l'Univers,
Qui ſans ſujet courant chez cent Peuples divers,
S'en va tout ravager juſqu'aux rives du Gange,
N'eſt qu'un plus grand Voleur que Duterte & Saint Ange.
Du premier des Ceſars on vante les exploits;
80 Mais dans quel Tribunal, jugé ſuivant les Loix,
Euſt-il pû diſculper ſon injuſte manie?
Qu'on trouve ſon pareil en France à La Reynie,
Dans trois jours nous verrons le Phénix des Guerriers
Laiſſer ſur l'eſchaffaut ſa teſte & ſes lauriers.
85 C'eſt d'un Roi que l'on tient cette maxime auguſte,
Que jamais on n'eſt grand qu'autant que l'on eſt juſte.
Raſſemblez à la fois Mithridate & Sylla.
Joignez-y Tamerlan, Genſeric, Attila;

REMARQUES.

querant. Apopht. des Anciens.
Ibid. ———— *Que Duterte & Saint Ange.*] Deux Voleurs de grand chemin, qui ſubirent la deſtinée qu'ils méritoient.
Vers 82. ———— *A La Reynie.*] Gabriel-Nicolas de la Reynie, Conſeiller d'Etat ordinaire, & Lieutenant Général de Police; né à Limoges, en 1625. mort en 1709.
Vers 84. ———— *Sa teſte & ſes lauriers.*] Jules Céſar étoit chauve; & pour cacher ce défaut, il portoit une Couronne de lauriers. C'eſt à quoi ce vers peut faire alluſion.

Vers 85. *C'eſt d'un Roy*, &c.] Agéſilas Roi de Sparte, ſelon Plutarque, traduit par Amiot, *avoit toujours accoutumé de dire en ſes privez deviz, que Juſtice étoit la premiere de toutes les Vertus; pour autant, diſoit-il, que la Proüeſſe ne vaut rien, ſi elle n'eſt conjointe avec la Juſtice, & que ſi tous les hommes étoient juſtes, alors on n'auroit que faire de la Proüeſſe.* Et à ceux qui diſoient: le Grand Roi (*le Roi de Perſe*) le veut ainſi; *Et en quoi, diſoit-il, eſt-il plus grand que moi, s'il n'eſt plus juſte?* Le même Agéſilas étant preſſé de tenir une pro-

Tous ces fiers Conquerans, Rois, Princes, Capitaines,
90 Sontmoinsgrandsàmesyeuxquece Bourgeoisd'Athenes,
Qui sçeut, pour tous exploits, doux, moderé, frugal,
Tousjours vers la Justice aller d'un pas égal.
Oüi la Justice en nous est la Vertu qui brille.
Il faut de ses couleurs qu'ici-bas tout s'habille.
95 Dans un Mortel cheri, tout injuste qu'il est,
C'est quelque air d'équité qui seduit & qui plaist.
A cet unique appas l'ame est vraiment sensible :
Mesme aux yeux de l'Injuste, un Injuste est horrible;
Et tel qui n'admet point la Probité chez luy,
100 Souvent à la rigueur l'exige chez autruy.
Disons plus : Il n'est point d'ame livrée au vice,
Où l'on ne trouve encor des traces de justice.
Chacun de l'Equité ne fait pas son flambeau.
Tout n'est pas Caumartin, Bignon, ni Daguesseau;
105 Mais jusqu'en ces Païs, où tout vit de pillage,
Chez l'Arabe & le Scythe Elle est de quelque usage;
Et du butin acquis en violant les loix,
C'est Elle entre eux qui fait le partage & le choix.

REMARQUES.

messe injuste : *Si la chose n'est pas juste, dit-il, je ne l'ai pas promise.*

Vers 90. ——— *Ce Bourgeois d'Athènes.*] Socrate.

Vers 104. *Tout n'est pas Caumartin,* &c.] Urbain-Louis le Févre de Caumartin, Conseiller d'Etat, Intendant des Finances.

M. l'Abbé Bignon : Jean-Paul Bignon, Abbé de Saint Quentin, Conseiller d'Etat ordinaire, l'un des Quarante de l'Académie Françoise,& ancien Président des deux Académies Roïales des Belles-Lettres & des Sciences ; maintenant Bibliothécaire du Roi.

M. Daguesseau : Avocat Général au Parlement de Paris, ensuite Procureur Général, aujourd'hui Chancellier de France.

Vers 108. *C'est Elle entr'eux qui fait le*

Mais

SATIRE XI.

Mais allons voir le Vrai jufqu'en fa fource mefme.
110 Un Devot aux yeux creux, & d'abftinence blefme,
S'il n'a point le cœur jufte, eft affreux devant Dieu.
L'Evangile au Chreftien ne dit en aucun lieu,
Sois devot : Elle dit, Sois doux, fimple, équitable.
Car d'un Devot fouvent au Chreftien veritable
115 La diftance eft deux fois plus longue, à mon avis,
Que du Pôle Antarctique au Deftroit de Davis.
Encor par ce Devot ne croi pas que j'entende
Tartuffe, ou Molinos, & fa myftique Bande.
J'entens un faux Chreftien mal inftruit, mal guidé,
120 Et qui de l'Evangile en vain perfuadé,
N'en a jamais conceu l'efprit ni la juftice ;
Un Chreftien qui s'en fert pour difculper le vice ;
Qui tousjours prés des Grands, qu'il prend foin d'abufer,
Sur leurs foibles honteux fçait les autorifer,
125 Et croit pouvoir au Ciel, par fes folles maximes,
Avec le Sacrement faire entrer tous les crimes.
Des faux Devots pour moi voilà le vrai Heros.
Mais, pour borner enfin tout ce vague propos,

REMARQUES.

partage & le choix.] Ciceron au Traité des Offices, Livre II. Chap. 11. *Juftitia tanta vis eft, ut ne illi quidem qui maleficio & fcelere pafcuntur, poffint fine ulla particula juftitiæ vivere,* &c.

Vers 116. *Que du Pôle Antarctique au Détroit de Davis.*] C'eft-à-dire, d'un Pôle à l'autre, ou d'une extrêmité de la Terre à l'autre. Le Détroit de Davis eft prefque fous le Pôle Arctique, près de la nouvelle Zemble, dans cette partie de la Groenlande, qui fut découverte en 1585. par *Jean Davis,* Anglois.

Vers 118. *Tartuffe, ou Molinos, & fa myftique Bande.*] Les Hypocrites, défignés par *Tartuffe* ; & les Quiétiftes, défignés par *Molinos.*

Tome I.

SATIRE XI.

Concluons qu'ici bas le feul Honneur folide,
130 C'eſt de prendre tousjours la Verité pour guide;
De regarder en tout la Raiſon & la Loi;
D'eſtre doux pour tout autre, & rigoureux pour ſoi;
D'accomplir tout le bien que le Ciel nous inſpire,
Et d'eſtre juſte enfin: Ce mot ſeul veut tout dire.
135 Je doute que le flot des vulgaires Humains
A ce diſcours pourtant donne aiſément les mains,
Et pour t'en dire ici la raiſon hiſtorique,
Souffre que je l'habille en Fable allegorique.
Sous le bon Roi Saturne ami de la douceur,
140 L'Honneur, cher VALINCOUR, & l'Equité ſa Sœur,
De leurs ſages conſeils éclairant tout le Monde,
Regnoient cheris du Ciel dans une paix profonde.
Tout vivoit en commun ſous ce Couple adoré.
Aucun n'avoit d'enclos, ni de champ ſeparé.
145 La Vertu n'eſtoit point ſujette à l'Oſtraciſme,
Ni ne s'appelloit point alors un * * * * *
L'Honneur beau par ſoi-meſme, & ſans vains ornemens,
N'étaloit point aux yeux l'or ni les diamans;
Et jamais ne ſortant de ſes devoirs auſteres,
150 Maintenoit de ſa Sœur les regles ſalutaires.
Mais une fois au Ciel par les Dieux appellé,
Il demeura long-temps au Sejour eſtoilé.

REMARQUES.

Vers 145. *La Vertu n'étoit point ſujette à l'Oſtraciſme.*] Loi chez les Athéniens, qui permettoit de bannir les Citoyens dont la trop grande autorité étoit ſuſpecte

SATIRE XI.

    Un Fourbe cependant affez haut de corfage,
    Et qui lui reffembloit de gefte & de vifage,
155 Prend fon temps, & par tout ce hardi Suborneur
    S'en va chez les Humains crier, qu'il eft l'Honneur :
    Qu'il arrive du Ciel, & que voulant lui-mefme
    Seul porter deformais le faix du Diadême,
    De lui-feul il pretend qu'on reçoive la loi.
160 A ces difcours trompeurs le Monde ajoufte foi.
    L'innocente Equité honteufement bannie
    Trouve à peine un defert où fuïr l'ignominie.
    Auffi-toft fur un Throfne efclatant de rubis,
    L'Impofteur monte orné de fuperbes habits.
165 La Hauteur, le Dédain, l'Audace l'environnent,
    Et le Luxe & l'Orgueil de leurs mains le couronnent.
    Tout fier il montre alors un front plus fourcilleux.
    Et le Mien & le Tien deux Freres pointilleux,
    Par fon ordre amenant les Procez & la Guerre,
170 En tous lieux de ce pas vont partager la Terre ;
    En tous lieux fous les noms de Bon Droit & de Tort,
    Vont chez elle eftablir le feul droit du plus Fort.
    Le nouveau Roi triomphe, & fur ce droit inique
    Baftit de vaines loix un Code fantaftique ;
175 Avant tout aux Mortels prefcrit de fe vanger ;
    L'un l'autre au moindre affront les force à s'efgorger ;

REMARQUES.

au Peuple, & faifoit craindre qu'elle ne dégénerât en tyrannie. Ce banniffement n'étoit pas infamant ; il duroit ordinairement dix ans.

SATIRE XI.

Et dans leur ame envain de remords combattuë,
Trace en lettres de fang ces deux mots, *Meurs*, ou *Tuë*.
 Alors, ce fut alors, fous ce vrai Jupiter,
180 Qu'on vit naiftre ici-bas le noir Siecle de Fer.
Le Frere au mefme inftant s'arma contre le Frere:
Le Fils trempa fes mains dans le fang de fon Pere:
La foif de commander enfanta les Tyrans,
Du Tanaïs au Nil porta les Conquerans:
185 L'Ambition paffa pour la Vertu fublime:
Le Crime heureux fut jufte, & ceffa d'eftre crime.
On ne vit plus que haine & que divifion,
Qu'envie, effroi, tumulte, horreur, confufion.
 Le veritable Honneur fur la voute celefte
190 Eft enfin averti de ce trouble funefte.
Il part fans differer, & defcendu des Cieux
Va par tout fe montrer dans les terreftres lieux:
Mais il n'y fait plus voir qu'un vifage incommode.
On n'y peut plus fouffrir fes Vertus hors de mode,
195 Et lui-mefme traité de Fourbe & d'Impofteur
Eft contraint de ramper aux pieds du Seducteur.

REMARQUES.

Vers 178. —— *Meurs, ou Tuë.*] Don Diegue dans le Cid, Acte I. Scéne V.
Ce n'eſt que dans le ſang qu'on lave un tel affront.
Meurs, ou tuë.
Vers 180. *Qu'on vit naiſtre ici bas le noir ſiécle de Fer.*] Ovide, Métamorph. Liv. I. v. 128.
Protinus irrupit venæ pejoris in ævum
Omne nefas: fugere pudor, verumque,
fideſque …
—— *Fratrum quoque gratia rara eſt …*
Filius ante diem patrios inquirit in annos.
Vers 184. *Du Tanaïs au Nil porta les Conquerans.*] Les premiers Conquérans fortirent de la Scythie, arrofée par le Tanaïs, & chafferent Véxoris, ou Séfoftris, Roi d'Egypte, qui vouloit les foumettre à fa domination. Juftin. Liv. II. Chap. 3.

SATIRE XI.

Enfin las d'essuyer outrage sur outrage,
Il livre les Humains à leur triste esclavage;
S'en va trouver sa Sœur, & dés ce mesme jour
200 Avec elle s'envole au celeste Sejour.
Depuis, tousjours ici, riche de leur ruine,
Sur les tristes Mortels le faux Honneur domine,
Gouverne tout, fait tout dans ce bas Univers,
Et peut-estre est-ce lui qui m'a dicté ces vers.
205 Mais en fust-il l'Auteur, je conclus de sa Fable,
Que ce n'est qu'en Dieu seul qu'est l'Honneur veritable.

DISCOURS
DE L'AUTEUR,
Pour servir d'Apologie à la Satire suivante.

Quelque heureux succès qu'aïent eu mes Ouvrages, j'avois resolu depuis leur derniere Edition de ne plus rien donner au Public; & quoiqu'à mes heures perduës, il y a environ cinq ans (1) j'eusse encore fait contre l'Equivoque une Satire, que tous ceux à qui je l'ai communiquée, ne jugeoient pas inferieure à mes autres Ecrits, bien loin de la publier, je la tenois soigneusement cachée, & je ne croïois pas que, moi vivant, elle dust jamais voir le jour. Ainsi donc aussi soigneux desormais de me faire oublier, que j'avois esté autrefois curieux de faire parler de moi, je jouïssois, à mes infirmitez près, d'une assez grande tranquillité, lorsque tout d'un coup j'ai appris qu'on debitoit dans le monde sous mon nom quantité de méchans Ecrits, & entr'autres une Piece en vers (2) contre les Jesuites, également odieuse & insipide, & où l'on me faisoit en mon propre nom dire à toute leur Societé les injures les plus atroces & les plus grossieres. J'avouë que cela m'a donné un très-grand chagrin. Car bien que tous les gens sensez aïent connu sans peine que la Piece n'étoit point de moi, & qu'il n'y ait eu que de très-petits esprits qui aïent presumé que j'en pouvois estre l'Auteur, la verité est pourtant

REMARQUES.

(1) Ce Discours fut composé en 1710.

(2) L'Ouvrage dont il s'agit ici, étoit une Epître d'environ soixante vers.

DISCOURS DE L'AUTEUR. 143

que je n'ai pas regardé comme un mediocre affront, de me voir soupçonné, mesme par des ridicules, d'avoir fait un Ouvrage si ridicule.

J'ai donc cherché les moïens les plus propres pour me laver de cette infamie : & tout bien consideré, je n'ai point trouvé de meilleur expedient, que de faire imprimer ma Satire contre l'EQUIVOQUE ; parce qu'en la lisant, les moins éclairez même de ces petits esprits ouvriroient peut-estre les yeux, & verroient manifestement le peu de rapport qu'il y a de mon stile, même en l'âge où je suis, au stile bas & rampant de l'Auteur de ce pitoïable Ecrit. Ajoûtez à cela que je pouvois mettre à la teste de ma Satire, en la donnant au Public, un Avertissement en maniere de Preface, où je me justifierois pleinement, & tirerois tout le monde d'erreur. C'est ce que je fais aujourd'hui : & j'espere que le peu que je viens de dire, produira l'effet que je me suis proposé. Il ne me reste donc plus maintenant qu'à parler de la Satire pour laquelle est fait ce Discours.

Je l'ai composée par le caprice du monde le plus bisarre, & par une espece de depit & de colere poëtique, s'il faut ainsi dire, qui me saisit à l'occasion de ce que je vais raconter. Je me promenois dans mon Jardin à Auteüil, & resvois en marchant à un Poëme que je voulois faire contre les mauvais critiques de notre Siécle. J'en avois mesme deja composé quelques vers, dont j'estois assez content. Mais voulant continuer, je m'apperçus qu'il y avoit dans ces vers une équivoque de langue ; & m'estant sur le champ mis en devoir de la corriger, je n'en pus jamais venir à bout. Cela m'irrita de telle maniere, qu'au lieu de m'appliquer davantage à reformer cette équivoque, & de poursuivre mon Poëme contre les faux Critiques, la folle pensée me vint de faire contre l'Equivoque mesme, une Satire, qui pust me vanger de tous les chagrins qu'elle m'a caufez depuis que je me mefle d'efcrire. Je vis bien que je ne rencontrerois pas de médiocres difficultez à mettre en vers un fujet fi fec. Et mefme il s'en prefenta d'abord une qui m'arrefta tout court. Ce fut de fçavoir duquel des deux genres, mafculin ou feminin, je ferois le mot d'Equivoque, beaucoup d'habiles Ecrivains, ainfi que le remarque Vaugelas, le faifant mafculin. Je me déterminai pourtant affez vifte au feminin, comme au plus ufité des deux. Et bien loin que cela empefchaft l'execution de mon projet, je crus que ce ne feroit pas une méchante plaifanterie de commencer ma Satire par cette difficulté mefme. C'eft ainfi que je m'engageai dans la compofition de cet Ouvrage. Je croïois d'abord faire tout au plus cinquante ou foixante vers ; mais enfuite les penfées me venant en foule, & les chofes que j'avois à reprocher à l'Equivoque fe multipliant à mes yeux, j'ai pouffé ces vers jufqu'à près de trois cens cinquante.

 C'eft au Public maintenant à voir fi j'ai bien ou mal réuffi. Je n'emploierai point ici, non plus que dans les Préfaces de mes autres Ecrits, mon adreffe & ma rhétorique à le prévenir en ma faveur. Tout ce que je puis lui dire, c'eft que j'ai travaillé cette Piece avec le mefme foin que toutes mes autres Poëfies. Une chofe pourtant dont il eft bon que les Jefuites foient avertis, c'eft qu'en attaquant l'Equivoque, je n'ai pas pris ce mot dans toute l'eftroite rigueur de fa fignification grammaticale ; le mot d'Equivoque en ce fens là, ne voulant dire qu'une ambiguité de paroles ; mais que je l'ai pris comme le prend ordinairement le commun des hommes, pour toutes fortes d'ambiguitez de fens, de penfées, d'expreffions, & enfin pour tous ces abus & toutes ces méprifes de l'efprit humain qui font qu'il

prend

DISCOURS DE L'AUTEUR.

prend souvent une chose pour une autre. Et c'est dans ce sens que j'ai dit, que l'idolatrie avoit pris naissance de l'Equivoque ; les hommes, à mon avis, ne pouvant pas s'équivoquer plus lourdement, que de prendre des pierres, de l'or & du cuivre, pour Dieu. J'ajousterai à cela, que la Providence divine, ainsi que je l'establis clairement dans ma Satire, n'aïant permis chez eux cet horrible aveuglement, qu'en punition de ce que leur premier Pere avoit presté l'oreille aux promesses du Démon, j'ai pû conclurre infailliblement que l'idolatrie est un fruit, ou pour mieux dire, un veritable enfant de l'Equivoque. Je ne vois donc pas qu'on me puisse faire sur cela aucune bonne critique ; sur tout ma Satire estant un pur jeu d'esprit, où il seroit ridicule d'exiger une précision géometrique de pensées & de paroles.

Mais il y a une autre objection plus importante & plus considerable, qu'on me fera peut-estre au sujet des propositions de Morale relaschée, que j'attaque dans la derniere partie de mon Ouvrage. Car ces Propositions aïant esté, à ce qu'on prétend, avancées par quantité de Théologiens, mesme celebres, la moquerie que j'en fais, peut, dira-t-on, diffamer en quelque sorte ces Théologiens, & causer ainsi une espece de scandale dans l'Eglise. A cela je respons premierement, Qu'il n'y a aucune des propositions que j'attaque, qui n'ait esté plus d'une fois condamnée par toute l'Eglise, & tout recemment encore par deux des plus grands Papes qui aïent depuis long-temps rempli le S. Siége. Je dis en second lieu, qu'à l'exemple de ces celebres Vicaires de JESUS-CHRIST, je n'ai point nommé les Auteurs de ces Propositions, ni aucun de ces Théologiens dont on dit que je puis causer la diffamation, & contre lesquels mesme j'avouë que je ne puis rien décider, puisque je n'ai point lû, ni ne suis d'humeur à

Tome I.   *   T

lire leurs Ecrits : ce qui feroit pourtant abſolument néceſſaire pour prononcer ſur les accuſations que l'on forme contr'eux, leurs accuſateurs pouvant les avoir mal entendus, & s'eſtre trompez dans l'intelligence des paſſages où ils prétendent que ſont ces erreurs dont ils les accuſent. Je ſoutiens en troiſiéme lieu, qu'il eſt contre la droite raiſon de penſer que je puiſſe exciter quelque ſcandale dans l'Egliſe, en traitant de ridicules des propoſitions rejettées de toute l'Egliſe, & plus dignes encore, par leur abſurdité, d'eſtre ſiflées de tous les fideles, que refutées ſerieuſement. C'eſt ce que je me croi obligé de dire pour me juſtifier. Que ſi après cela il ſe trouve encore quelques Théologiens qui ſe figurent qu'en décriant ces propoſitions, j'ai eu en vuë de les décrier eux-meſmes, je déclare que cette fauſſe idée qu'ils ont de moi, ne ſçauroit venir que des mauvais artifices de l'Equivoque, qui pour ſe vanger des injures que je lui dis dans ma Piece, s'efforce d'intereſſer dans ſa cauſe ces Théologiens, en me faiſant penſer ce que je n'ai pas penſé, & dire ce que je n'ai point dit.

Voilà ce me ſemble bien des paroles, & peut-eſtre trop de paroles emploïées pour juſtifier un auſſi peu conſiderable Ouvrage qu'eſt la Satire qu'on va voir. Avant néanmoins que de finir, je ne croi pas me pouvoir diſpenſer d'apprendre aux Lecteurs qu'en attaquant, comme je fais dans ma Satire ces erreurs, je ne me ſuis point fié à mes ſeules lumieres ; mais qu'ainſi que je l'ai pratiqué, il y a environ dix ans, à l'égard de mon Epiſtre de l'Amour de Dieu, j'ai non ſeulement conſulté ſur mon Ouvrage tout ce que je connois de plus habiles Docteurs, mais que je l'ai donné à examiner au Prélat de l'Egliſe, qui, par l'eſtenduë de ſes connoiſſances & par l'Eminence de ſa dignité, eſt le plus capable & le plus en droit de me preſcrire

DISCOURS DE L'AUTEUR.

ce que je dois penser sur ces matieres. Je veux dire à M. le Cardinal de Noailles, mon Archevesque. J'ajousterai, que ce pieux & sçavant Cardinal a eu trois semaines ma Satire entre les mains, & qu'à mes instantes prieres, aprés l'avoir lûë & relûë plus d'une fois, il me l'a enfin renduë, en me comblant d'éloges, & m'a assuré qu'il n'y avoit trouvé à redire qu'un seul mot, que j'ai corrigé sur le champ, & sur lequel je lui ai donné une entiere satisfaction. Je me flate donc qu'avec une approbation si authentique, si seure, & si glorieuse, je puis marcher la teste levée, & dire hardiment des critiques qu'on pourra faire desormais contre la doctrine de mon Ouvrage, que ce ne sçauroient estre que de vaines subtilitez d'un tas de miserables sophistes formez dans l'Ecole du mensonge, & aussi affidez amis de l'Equivoque, qu'opiniastres ennemis de Dieu, du bon sens & de la Verité.

SATIRE XII.
SUR L'EQUIVOQUE.

Cette Satire fut composée en 1705. on a vû dans le Discours précédent à quelle occasion. L'Equivoque qui en fait le sujet, n'est point prise, ainsi que le Poëte en avertit, dans la rigueur de sa signification grammaticale, mais pour toutes sortes d'ambiguités de sens, de pensées ou d'expressions, & même pour toutes ces méprises de l'esprit humain qui font souvent prendre une chose pour une autre.

DU langage François bisarre Hermaphrodite,
   De quel genre te faire, Equivoque maudite?
Ou maudit: car sans peine aux Rimeurs hazardeux
L'usage encor, je croi, laisse le choix des deux.
5 Tu ne me répons rien. Sors d'ici, Fourbe insigne,
Masle aussi dangereux que femelle maligne,
Qui crois rendre innocens les discours imposteurs;
Tourment des Ecrivains, juste effroi des Lecteurs;
Par qui de mots confus sans cesse embarrassée
10 Ma plume, en écrivant, cherche en vain ma pensée.
Laisse-moi, va charmer de tes vains agrémens,
Les yeux faux & gastez de tes louches amans,
Et ne viens point ici de ton ombre grossiere
Enveloper mon stile ami de la lumiere.
15 Tu sçais bien que jamais chez toi, dans mes discours,
Je n'ai d'un faux brillant emprunté le secours.

REMARQUES.

Vers 30. *Je ferois mieux... d'imiter Benserade.*] Furetiere dans un de ses factums contre l'Académie, dit que » Benserade » s'étoit érigé en Galand dans la vieille » Cour, par des Chansonnettes, & des » vers de Ballet, qui lui avoient acquis » quelque réputation, pendant le regne du » mauvais goût *des Equivoques & des*

SATIRE XII.

Fui donc. Mais non, demeure ; un Démon qui m'inspire
Veut qu'encore une utile & derniere Satire,
De ce pas en mon livre exprimant tes noirceurs,
20 Se vienne, en nombre pair, joindre à ses Onze Sœurs;
Et je sens que ta veûë échauffe mon audace.
Viens, approche : Voyons, malgré l'âge & sa glace,
Si ma Muse aujourd'hui sortant de sa langueur,
Pourra trouver encor un reste de vigueur.
25 Mais où tend, dira-t-on, ce projet fantastique ?
Ne vaudroit-il pas mieux dans mes vers, moins caustique,
Repandre de tes jeux le sel réjouïssant,
Que d'aller contre toi sur ce ton menaçant
Pousser jusqu'à l'excés ma critique boutade ?
30 Je ferois mieux, j'entens, d'imiter Benserade.
C'est par lui qu'autrefois mise en son plus beau jour,
Tu sçus, trompant les yeux du Peuple & de la Cour,
Leur faire à la faveur de tes bluettes folles,
Gouster comme bons mots tes quolibets frivoles.
35 Mais ce n'est plus le temps. Le Public détrompé,
D'un pareil enjoument ne se sent plus frappé.
Tes bons mots autrefois délices des ruelles,
Approuvez chez les Grands, applaudis chez les Belles,
Hors de mode aujourd'huy chez nos plus froids badins,
40 Sont des collets montez & des vertugadins.

REMARQUES.

Pointes qui subsiste encore chez lui.
Vers 40. *Sont des Collets-montez, & des Vertugadins.*] Les *Collets-montez* & les *Vertugadins* étoient anciennement des piéces de l'habillement des femmes.

SATIRE XII.

Le Lecteur ne sçait plus admirer dans Voiture
De ton froid jeu de mots l'insipide figure.
C'est à regret qu'on voit cet Auteur si charmant,
Et pour mille beaux traits vanté si justement,
45 Chez toi tousjours cherchant quelque finesse aiguë,
Présenter au Lecteur sa pensée ambiguë,
Et souvent du faux sens d'un proverbe affecté,
Faire de son discours la piquante beauté.
    Mais laissons-là le tort qu'à ses brillants Ouvrages
50 Fit le plat agrément de tes vains badinages.
Parlons des maux sans fin que ton sens de travers,
Source de toute erreur, sema dans l'Univers :
Et pour les contempler jusque dans leur naissance,
Dés le temps nouveau-né, quand la Toute-Puissance
55 D'un mot forma le Ciel, l'air, la terre & les flots,
N'est-ce pas toi, voyant le monde à peine éclos,
Qui par l'éclat trompeur d'une funeste pomme,
Et tes mots ambigus, fis croire au premier homme,
Qu'il alloit en goûtant de ce morceau fatal,
60 Comblé de tout sçavoir, à Dieu se rendre égal ?
Il en fit sur le champ la folle expérience.
Mais tout ce qu'il acquit de nouvelle science,
Fut que triste & honteux de voir sa nudité,
Il sçut qu'il n'étoit plus, grace à sa vanité,
65 Qu'un chétif animal pêtri d'un peu de terre,
A qui la faim, la soif, par-tout faisoient la guerre,

SATIRE XII.

Et qui courant tousjours de malheur en malheur,
A la mort arrivoit enfin par la douleur.
Oui, de tes noirs complots & de ta triste rage
70 Le genre humain perdu fut le premier ouvrage.
Et bien que l'homme alors parust si rabaissé,
Par toi contre le Ciel un orgueil insensé,
Armant de ses neveux la gigantesque engeance,
Dieu résolut enfin terrible en sa vengeance,
75 D'abismer sous les eaux tous ces audacieux.
Mais avant qu'il laschast les écluses des Cieux,
Par un fils de Noé fatalement sauvée,
Tu fus, comme serpent, dans l'Arche conservée,
Et d'abord poursuivant tes projets suspendus
80 Chez les Mortels restans, encor tout éperdus,
De nouveau tu semas tes captieux mensonges,
Et remplis leurs esprits de fables & de songes.
Tes voiles offusquant leurs yeux de toutes parts,
Dieu disparut lui-mesme à leurs troubles regards.
85   Alors tout ne fut plus que stupide ignorance,
Qu'impieté sans borne en son extravagance.
Puis de cent dogmes faux la Superstition,
Répandant l'idolâtre & folle illusion,
Sur la terre en tous lieux disposée à les suivre,
90 L'art se tailla des Dieux d'or, d'argent & de cuivre,
Et l'Artisan lui-mesme humblement prosterné
Aux pieds du vain métal par sa main façonné,

SATIRE XII.

Lui demanda les biens, la santé, la sagesse:
Le monde fut rempli de Dieux de toute espece.
95 On vit le peuple fou, qui du Nil boit les eaux,
Adorer les serpens, les poissons, les oiseaux,
Aux chiens, aux chats, aux boucs, offrir des sacrifices,
Conjurer l'ail, l'oignon d'estre à ses vœux propices,
Et croire follement maistres de ses destins
100 Ces Dieux nez du fumier porté dans ses jardins.
Bien-tost se signalant par mille faux miracles,
Ce fut toi qui par tout fis parler les Oracles.
C'est par ton double sens, dans leurs discours jetté,
Qu'ils sçurent en mentant dire la verité;
105 Et sans crainte rendant leurs réponses Normandes,
Des peuples & des Rois engloutir les offrandes.
Ainsi loin du vrai jour, par toi tousjours conduit,
L'homme ne sortit plus de son épaisse nuit.
Pour mieux tromper ses yeux, ton adroit artifice
110 Fit à chaque vertu prendre le nom d'un vice:
Et par toy de splendeur faussement revestu
Chaque vice emprunta le nom d'une vertu.
Par toy l'humilité devint une bassesse;
La candeur se nomma grossiéreté, rudesse.
115 Au contraire l'aveugle & folle ambition
S'appella des grands cœurs la belle passion:

REMARQUES.

Vers 105. —— *Leurs réponses Normandes.*] Les Normands sont accusés de peu de sincerité; &, *Répondre en Normand,* est une expression devenuë proverbiale, pour dire, que *l'on répond d'une maniere équivoque.*

SATIRE XII.

Du nom de fierté noble on orna l'impudence,
Et la fourbe paſſa pour exquiſe prudence :
L'audace brilla ſeule aux yeux de l'Univers ;
120 Et pour vraiment Heros, chez les hommes pervers,
On ne reconnut plus qu'uſurpateurs iniques,
Que tyranniques Roys cenſez grands Politiques,
Qu'infames ſcelerats à la gloire aſpirans,
Et voleurs reveſtus du nom de Conquerans.
125   Mais à quoi s'attacha ta ſçavante malice ?
Ce fut ſur-tout à faire ignorer la Juſtice.
Dans les plus claires lois ton ambiguité
Repandant ſon adroite & fine obſcurité,
Aux yeux embarraſſez des Juges les plus ſages,
130 Tout ſens devint douteux, tout mot eut deux viſages ;
Plus on crut penetrer, moins on fut éclairci ;
Le texte fut ſouvent par la gloſe obſcurci :
Et pour comble de maux, à tes raiſons frivoles
L'Eloquence preſtant l'ornement des paroles,
135 Tous les jours accablé ſous leur commun effort,
Le vrai paſſa pour faux, & le bon droit eut tort.
Voilà comment dechu de ſa grandeur premiere,
Concluons, l'homme enfin perdit toute lumiere,
Et par tes yeux trompeurs ſe figurant tout voir,
140 Ne vit, ne ſçut plus rien, ne put plus rien ſçavoir.
  De la Raiſon pourtant, par le vrai Dieu guidée,
Il reſta quelque trace encor dans la Judée.

Tome I.   *   V

Chez les hommes ailleurs fous ton joug gemiſſans,
Vainement on chercha la Vertu, le droit ſens :
145 Car qu'eſt-ce loin de Dieu que l'humaine Sageſſe ?
Et Socrate, l'honneur de la profane Grece,
Qu'eſtoit-il en effet, de prés examiné,
Qu'un mortel, par luy-meſme au ſeul mal entraiſné ;
Et malgré la vertu dont il faiſoit parade,
150 Trés-équivoque ami du jeune Alcibiade ?
Oui, j'oſe hardiment l'affirmer contre toy,
Dans le monde idolaſtre, aſſervi ſous ta Loy,
Par l'humaine raiſon de clarté dépourvuë,
L'humble & vraie Equité fut à peine entrevuë ;
155 Et par un ſage altier, au ſeul faſte attaché,
Le bien meſme accompli ſouvent fut un peché.
  Pour tirer l'homme enfin de ce deſordre extreſme,
Il fallut qu'ici-bas Dieu, fait homme luy-meſme,
Vinſt du ſein lumineux de l'éternel ſejour,
160 De tes dogmes trompeurs diſſiper le faux jour.
A l'aſpect de ce Dieu les démons diſparurent,
Dans Delphe, dans Delos, tes Oracles ſe tûrent :
Tout marqua, tout ſentit ſa venuë en ces lieux,
L'eſtropié marcha, l'aveugle ouvrit les yeux.

REMARQUES.

Vers 150. *Trés-équivoque ami du jeune Alcibiade.*] Les mœurs des Grecs étoient ſi corrompues, qu'ils ne purent voir l'amitié de Socrate pour Alcibiade, ſans y attacher un ſoupçon de crime. Mais Platon le juſtifie dans quelques Dialogues, ſur tout dans *le Banquet*, où Alcibiade lui-même prend les Dieux à témoin que l'amour de Socrate

SATIRE XII.

165 Mais bien-toſt contre lui ton audace rebelle,
Chez la Nation meſme à ſon culte fidelle,
De tous coſtez arma tes nombreux ſectateurs,
Preſtres, Phariſiens, Roys, Pontifes, Docteurs.
C'eſt par eux que l'on vit la Verité ſupreſme
170 De menſonge & d'erreur accuſée elle-meſme;
Au tribunal humain le Dieu du Ciel traiſné,
Et l'Auteur de la vie à mourir condamné.
Ta fureur toutefois à ce coup fut deçûë,
Et pour toy ton audace eut une triſte iſſuë.
175 Dans la nuit du tombeau ce Dieu précipité
Se releva ſoudain tout brillant de clarté.
Et par tout ſa doctrine en peu de temps portée
Fut du Gange & du Nil & du Tage écoutée.
Des ſuperbes Autels, à leur gloire dreſſez,
180 Tes ridicules Dieux tomberent renverſez.
On vit en mille endroits leurs honteuſes ſtatuës
Pour le plus bas uſage utilement fonduës,
Et gemir vainement, Mars, Jupiter, Vénus,
Urnes, vaſes, trepiez, vils meubles devenus.
185 Sans ſuccomber pourtant tu ſoutins cet orage;
Et ſur l'idolatrie enfin perdant courage,

REMARQUES.

pour lui n'avoit jamais rien eu de crimi-nel.

Vers 178. *Fut du Gange, & du Nil, &* *du Tage écoutée.*] Ces trois Fleuves ſont les plus fameux des trois parties du monde alors connues.

SATIRE XII.

Pour embarraſſer l'homme en des nœuds plus ſubtils,
Tu courus chez Satan brouiller de nouveaux fils.
 Alors, pour ſeconder ta triſte phreneſie,
190 Arriva de l'Enfer ta fille l'Hereſie :
Ce monſtre, dés l'enfance à ton école inſtruit,
De tes leçons bien-toſt te fit gouſter le fruit.
Par luy l'Erreur, tousjours finement appreſtée,
Sortant pleine d'attraits de ſa bouche empeſtée,
195 De ſon mortel poiſon tout courut s'abreuver,
Et l'Egliſe elle-meſme eut peine à s'en ſauver.
Elle meſme deux fois preſque toute Arienne,
Sentit chez ſoy trembler la verité Chreſtienne ;
Lors qu'attaquant le Verbe & ſa Divinité,
200 D'une ſyllabe impie un ſaint mot augmenté
Remplit tous les eſprits d'aigreurs ſi meurtrieres,
Et fit de ſang Chreſtien couler tant de rivieres.
Le fidelle au milieu de ces troubles confus
Quelque temps égaré, ne ſe reconnut plus ;
205 Et dans plus d'un affreux & tenebreux Concile
Le menſonge parut vainqueur de l'Evangile.
 Mais à quoy bon icy du profond des enfers,
Nouvel Hiſtorien de tant de maux ſoufferts,

REMARQUES.

Vers 188. —— *Brouiller de nouveaux fils.*] C'eſt, *Cauſer de nouveaux troubles.*
Vers 199. *Lors qu'attaquant le Verbe*, &c.] L'Auteur avoit d'abord fait ces quatre vers de la ſorte :

Lorſque chez ſes ſujets l'un contre l'autre armez,
Et ſur un Dieu fait homme au combat animez,

SATIRE XII.

  Rappeller Arius, Valentin & Pelage,
210 Et tous ces fiers Démons que tousjours d'âge en âge,
  Dieu, pour faire éclaircir à fond ces veritez,
  A permis qu'aux Chrestiens l'enfer ait suscitez ?
  Laissons heurler là-bas tous ces damnez antiques,
  Et bornons nos regards aux troubles fanatiques,
215 Que ton horrible fille icy sçut émouvoir,
  Quand Luther & Calvin remplis de ton sçavoir,
  Et soy disant choisis pour reformer l'Eglise,
  Vinrent du celibat affranchir la Prestrise ;
  Et des vœux les plus saints blasmant l'austerité,
220 Aux Moines las du joug rendre la liberté.
  Alors n'admettant plus d'autorité visible,
  Chacun fut de la foy censé juge infaillible,
  Et sans estre approuvé par le Clergé Romain,
  Tout Protestant fut Pape une Bible à la main.
225 De cette erreur dans peu nasquirent plus de Sectes,
  Qu'en Automne on ne voit de bourdonnans insectes
  Fondre sur les raisins nouvellement meuris ;
  Ou qu'en toutes saisons sur les murs à Paris,
  On ne voit affichez de recueils d'amourettes,
230 De vers, de contes-bleus, de frivoles sornettes,

REMARQUES.

Tu fis dans une guerre & si triste & si longue,
Perir tant de Chrestiens, Martyrs d'une diphthongue.

Il s'agissoit du mot ὁμοούσιος, auquel les Ariens substituoient le mot ὁμοιούσιος, & par-là détruisoient la Divinité du Verbe.

Souvent peu recherchez du Public nonchalant,
Mais vantez à coup seur du Mercure Galant.
Ce ne fut plus par-tout que fous Anabaptistes,
Qu'orgueilleux Puritains, qu'execrables Deïstes.
235 Le plus vil artisan eut ses dogmes à soy,
Et chaque Chrestien fut de differente loy.
La Discorde au milieu de ces Sectes altieres,
En tous lieux cependant deploïa ses bannieres;
Et ta fille, au secours des vains raisonnemens
240 Appellant le ravage & les embrasemens,
Fit en plus d'un pays, aux Villes desolées,
Sous l'herbe en vain chercher leurs Eglises bruslées.
L'Europe fut un champ de massacre & d'horreur:
Et l'Orthodoxe mesme aveugle en sa fureur,
245 De tes dogmes trompeurs nourrissant son idée,
Oublia la douceur aux Chrestiens commandée;
Et crut, pour venger Dieu de ses fiers ennemis,
Tout ce que Dieu defend, legitime & permis.
Au signal tout à coup donné pour le carnage,
250 Dans les Villes, par-tout, théatres de leur rage,
Cent mille faux zélez le fer en main courans,
Allerent attaquer leurs amis, leurs parens,
Et, sans distinction, dans tout sein heretique,
Pleins de joye, enfoncer un poignard catholique.

REMARQUES.

Vers 249. *Au signal tout à coup donné pour le carnage.*] Le massacre des Huguenots en 1572. le jour de Saint Barthelemi.

255 Car quel Lion, quel Tigre, égale en cruauté
Une injuste fureur qu'arme la Pieté?
Ces fureurs, jusqu'ici du vain peuple admirées,
Estoient pourtant tousjours de l'Eglise abhorrées.
Et dans ton grand credit pour te bien conserver,
260 Il falloit que le Ciel parust les approuver.
Ce chef-d'œuvre devoit couronner ton adresse.
Pour y parvenir donc, ton active souplesse,
Dans l'Ecole abusant tes grossiers Ecrivains,
Fit croire à leurs esprits ridiculement vains,
265 Qu'un sentiment impie, injuste, abominable,
Par deux ou trois d'entr'eux reputé soutenable,
Prenoit chez eux un sceau de probabilité,
Qui mesme contre Dieu lui donnoit seureté;
Et qu'un Chrestien pouvoit rempli de confiance,
270 Mesme en le condamnant, le suivre en conscience.
C'est sur ce beau principe, admis si follement,
Qu'aussi-tost tu posas l'énorme fondement
De la plus dangereuse & terrible Morale,
Que Lucifer assis dans la Chaire infernale,
275 Vomissant contre Dieu ses monstrueux sermons,
Ait jamais enseigné aux Novices Démons.
Soudain au grand honneur de l'Eglise payenne,
On entendit prescher dans l'Ecole Chrestienne,
Que sous le joug du vice un pécheur abbatu
280 Pouvoit sans aimer Dieu ni mesme la vertu,

Par la seule frayeur au Sacrement unie,
Admis au ciel jouïr de la gloire infinie;
Et que les clefs en main, sur ce seul passe-port,
Saint Pierre à tous venans devoit ouvrir d'abord.
285   Ainsi pour éviter l'éternelle misere,
Le vrai zéle Chrestien n'étant plus necessaire,
Tu sçus, dirigeant bien en eux l'intention,
De tout crime laver la coupable action.
Bien-tost se parjurer cessa d'estre un parjure.
290 L'argent à tout denier se presta sans usure.
Sans simonie, on put contre un bien temporel
Hardiment échanger un bien spirituel.
Du soin d'aider le pauvre on dispensa l'avare;
Et mesme chez les Rois le superflu fut rare.
295 C'est alors qu'on trouva pour sortir d'embarras,
L'art de mentir tout haut en disant vrai tout bas.
C'est alors qu'on apprit qu'avec un peu d'adresse,
Sans crime un Prestre peut vendre trois fois sa Messe;
Pourveu que, laissant là son salut à l'écart,
300 Lui-mesme en la disant n'y prenne aucune part.
C'est alors que l'on sçut qu'on peut pour une pomme,
Sans blesser la justice, assassiner un homme:
Assassiner! Ah non, je parle improprement;
Mais que prest à la perdre, on peut innocemment,
305 Sur-tout ne la pouvant sauver d'une autre sorte,
Massacrer le voleur, qui fuit & qui l'emporte.

Enfin

SATIRE XII.

Enfin ce fut alors que fans fe corriger,
Tout pécheur... Mais où vai-je aujourd'hui m'engager?
Veux-je d'un Pape illuftre armé contre tes crimes,
310 A tes yeux mettre icy toute la Bulle en rimes;
Exprimer tes détours burlefquement pieux,
Pour difculper l'Impur, le Gourmand, l'Envieux;
Tes fubtils faux-fuyans, pour fauver la molleffe,
Le larcin, le duel, le luxe, la pareffe;
315 En un mot faire voir à fond dévelopez
Tous ces dogmes affreux d'anathefme frapez,
Que fans peur debitant tes diftinctions folles,
L'Erreur encor pourtant maintient dans tes Ecoles.
Mais fur ce feul projet foudain puis-je ignorer
320 A quels nombreux combats il faut me préparer?
J'entens déja d'icy tes Docteurs phrénétiques
Hautement me compter au rang des Hérétiques;
M'appeller fcélérat, traiftre, fourbe, impofteur,
Froid plaifant, faux boufon, vrai calomniateur,
325 De Pafcal, de Wendrock, copifte miferable,
Et, pour tout dire enfin, Janfénifte exécrable.
J'aurai beau condamner, en tous fens expliquez,
Les cinq dogmes fameux par ta main fabriquez;
Blafmer de tes Docteurs la Morale rifible,
330 C'eft, felon eux, prefcher un Calvinifme horrible;

REMARQUES.

Vers 309. *Veux-je d'un Pape illuftre,&c.*] Innocent XI.
Vers 328. *Les cinq dogmes fameux par ta main fabriquez.*] C'eft-à-dire, les cinq fameufes Propofitions.

SATIRE XII.

C'est nier qu'icy bas, par l'amour appellé,
Dieu pour tous les humains voulut estre immolé.
 Prévenons tout ce bruit; trop tard dans le naufrage,
Confus on se repent d'avoir bravé l'orage.
335 Alte-là donc, ma plume. Et toy sors de ces lieux,
Monstre, à qui, par un trait des plus capricieux
Aujourd'huy terminant ma course satirique,
J'ai presté dans mes vers une ame allégorique.
Fui, va chercher ailleurs tes patrons bien-aimez,
340 Dans ce Pays par toy rendus si renommez,
Où l'Orne épand ses eaux, & que la Sarthe arrose.
Ou si plus seurement tu veux gagner ta cause,
Porte-la dans ***, à ce beau tribunal,
Où de nouveaux Midas un Sénat Monacal,
345 Tous les mois, appuyé de ta sœur l'Ignorance,
Pour juger Apollon, tient, dit-on, sa séance.

REMARQUES.

Vers 341. *Où l'Orne épand ses eaux, & que la Sarthe arrose.*] L'Orne Riviére de la basse Normandie ; la *Sarthe*, du Maine.
Vers 343. *Porte-la dans* *** &c.] L'Auteur avoit publié en 1701. une édition de ses Ouvrages. Les Journalistes de *** en parlerent au mois de Septembre 1703. d'une maniere qui le piqua. Delà ces derniers vers, & ce fameux démêlé qui se termina par quelques Epigrammes de part & d'autre.

FIN DES SATIRES.

EPISTRE I.
AU ROY.

Cette Epître fut composée en 1669. & présentée au Prince par Madame de Thiange. L'Auteur y peint les douceurs & les avantages de la Paix. En quoi il secondoit les vûes de M. Colbert. Ce Ministre plus Mecéne que le Favori d'Auguste, voyoit avec un sensible déplaisir, que le Roi songeoit à recommencer une guerre à peine terminée.

RAND ROY, c'est vainement qu'abjurant la
Satire,
Pour Toi seul desormais j'avois fait vœu
d'escrire.
Dés que je prens la plume, Apollon éperdu
Semble me dire: Arreste, insensé, que fais-tu?
5 Sçais-tu dans quels périls aujourd'huy tu t'engages?
Cette mer où tu cours est celebre en naufrages.
Ce n'est pas qu'aisément, comme un autre, *à Ton char*
Je ne pûsse attacher *Alexandre & César*;

REMARQUES.

Vers 3. *Dés que je prens la plume, Apollon éperdu,* &c.] Virgil. Eclog. 6. *Cùm canerem reges & prælia, Cynthius aurem* *vellit, & admonuit.*
Vers 7. & 8. *Ce n'est pas qu'aisément,*&c.] Le grand Corneille ne seroit-il point l'ob-

Tome I.   * X ij

Qu'aisément je ne pûsse en quelque Ode insipide,
10 T'exalter aux despens & *de Mars* & *d'Alcide* ;
Te livrer *le Bosphore*, & d'un vers incivil
Proposer au *Sultan* de Te ceder le *Nil*.
Mais pour Te bien loüer, une raison severe
Me dit qu'il faut sortir de la route vulgaire :
15 Qu'aprés avoir joüé tant d'Auteurs differens,
Phébus mesme auroit peur, s'il entroit sur les rangs :
Que par des vers tout neufs, avoüez du Parnasse,
Il faut de mes degousts justifier l'audace ;
Et, si ma Muse enfin n'est égale à mon Roy,
20 Que je preste aux Cotins des armes contre moy.
Est-ce là cet Auteur, l'effroy de la Pucelle,
Qui devoit des bons vers nous tracer le modelle,
Ce Censeur, diront-ils, qui nous reformoit tous ?
Quoi ? ce Critique affreux n'en sçait pas plus que nous.
25 N'avons-nous pas cent fois, en faveur de la France,
Comme lui, dans nos vers, pris *Memphis* & *Byzance*,
Sur les bords de *l'Euphrate* abbattu *le Turban*,
Et coupé, pour rimer, *les Cedres du Liban* ?
De quel front aujourd'huy vient-il sur nos brisées,
30 Se revestir encor de nos phrases usées ?

REMARQUES.

jet de ce trait satirique ? Dans un Remerciment qu'il fit en 1663. à Louis XIV, il dit, en parlant de ses vers, & de son génie :

Par eux de l'Andromede il sçut ouvrir la scéne.
On y vit le Soleil instruire Melpomêne,
Et lui dire qu'un jour Alexandre & César
Seroient comme vaincus attachés à ton char.

Vers 21. —— *L'effroi de la Pucelle.*] Poëme de Chapelain.

Vers 28. *Et coupé, pour rimer, les Ce-*

EPISTRE I.

Que refpondrois-je alors ? Honteux & rebuté
J'aurois beau me complaire en ma propre beauté,
Et de mes triftes vers admirateur unique,
Plaindre, en les relifant, l'ignorance publique.
35 Quelque orgueil en fecret dont s'aveugle un Auteur,
Il eft fafcheux, GRAND ROY, de fe voir fans Lecteur;
Et d'aller du recit de Ta gloire immortelle
Habiller chez Francœur le fucre & la canelle.
Ainfi, craignant tousjours un funefte accident,
40 J'imite de Conrart le filence prudent:
Je laiffe aux plus hardis l'honneur de la carriere,
Et regarde le champ, affis fur la barriere.
   Malgré moi toutefois, un mouvement fecret
Vient flatter mon efprit qui fe taift à regret.
45 Quoy, dis-je tout chagrin, dans ma verve infertile,
Des vertus de mon Roy fpectateur inutile,
Faudra-t-il fur fa gloire attendre à m'exercer,
Que ma tremblante voix commence à fe glacer?
Dans un fi beau projet, fi ma Mufe rebelle
50 N'ofe le fuivre aux champs de Lille & de Bruxelle,
Sans le chercher aux bords de l'Efcaut & du Rhin,
La Paix l'offre à mes yeux plus calme & plus ferein.

REMARQUES.

dres du Liban.] Dans ce vers & les deux précédens, l'Auteur fe moque des mauvais Imitateurs de Malherbe.

Vers 38. *Habiller chez Francœur le fucre & la canelle.*] Claude Julienne, dit *Francœur*, fameux Epicier.

Vers 40. *J'imite de Conrart le filence prudent.*] Valentin *Conrart*, Académicien célébre, qui n'a prefque rien fait imprimer, mort en 1675.

Vers 50.──── *De Lille & de Bruxelle.*] La campagne de 1667. en Flandres.

EPISTRE I.

Oui, GRAND ROY, laiſſons-là les Sieges, les Batailles,
Qu'un autre aille en rimant renverſer des murailles;
55 Et ſouvent ſur Tes pas marchant ſans Ton aveu,
S'aille couvrir de ſang, de pouſſiere & de feu.
A quoy bon d'une Muſe au carnage animée,
Echauffer Ta valeur deja trop allumée?
Joüiſſons à loiſir du fruit de Tes bienfaits,
60 Et ne nous laſſons point des douceurs de la Paix.

  Pourquoy ces Elephants, ces armes, ce bagage,
Et ces vaiſſeaux tout preſts à quitter le rivage?
Diſoit au Roy Pyrrhus un ſage Confident,
Conſeiller trés-ſenſé d'un Roy trés-imprudent.
65 Je vais, luy dit ce Prince, à Rome où l'on m'appelle.
Quoy faire? L'aſſieger. L'entrepriſe eſt fort belle,
Et digne ſeulement d'Alexandre ou de vous:
Mais, Rome priſe enfin, Seigneur, où courons-nous?
Du reſte des Latins la conqueſte eſt facile.
70 Sans doute on les peut vaincre: Eſt-ce tout? La Sicile
De là nous tend les bras, & bien-toſt ſans effort
Syracuſe reçoit nos vaiſſeaux dans ſon port.
Bornez-vous là vos pas? Dés que nous l'aurons priſe,
Il ne faut qu'un bon vent, & Carthage eſt conquiſe.

REMARQUES.

Vers 61. *Pourquoi ces Eléphans*, &c.] Ce Dialogue entre Pyrrhus & Cinéas, eſt tiré de Plutarque, dans la Vie de Pyrrhus.

Vers 64. *Conſeiller trés-ſenſé*, &c.] Pyrrhus convenoit, qu'il avoit conquis moins de Villes par ſes armes, que par l'éloquence de Cinéas.

Vers 67. *Et digne ſeulement d'Alexandre ou de vous.*] A l'ardeur que Pyrrhus montroit dans les combats, on s'écrioit qu'il

EPISTRE I.

75 Les chemins font ouverts : qui peut nous arrefter ?
　Je vous entends, Seigneur, nous allons tout dompter.
　Nous allons traverfer les fables de Libye,
　Affervir en paffant l'Egypte, l'Arabie,
　Courir delà le Gange en de nouveaux pays,
80 Faire trembler le Scythe aux bords du Tanaïs :
　Et ranger fous nos loix tout ce vafte Hemifphere.
　Mais de retour enfin, que pretendez-vous faire ?
　Alors, cher Cineas, victorieux, contens,
　Nous pourrons rire à l'aife, & prendre du bon temps.
85 Hé, Seigneur, dés ce jour, fans fortir de l'Epire,
　Du matin jufqu'au foir qui vous deffend de rire ?
　Le confeil eftoit fage, & facile à goufter.
　Pyrrhus vivoit heureux, s'il euft pû l'efcouter :
　Mais à l'Ambition d'oppofer la Prudence,
90 C'eft aux Prelats de Cour prefcher la refidence.
　　Ce n'eft pas que mon cœur du travail ennemi,
　Approuve un Faineant fur le Throfne endormi.
　Mais quelques vains lauriers que promette la Guerre,
　On peut eftre Heros fans ravager la Terre.
95 Il eft plus d'une gloire. En vain aux Conquerans
　L'Erreur parmy les Roys donne les premiers rangs.
　Entre les grands Heros ce font les plus vulgaires.
　Chaque fiecle eft fecond en heureux Temeraires.

REMARQUES.

faifoit revivre Aléxandre ; & que les autres Rois ne l'imitant que par les habits de pourpre, par les gardes, par le panchement du cou, Pyrrhus le repréfentoit par la valeur & par les exploits. *Vie de Pyrrhus.*

EPISTRE I.

Chaque climat produit des Favoris de Mars.
100 La Seine a des Bourbons, le Tibre a des Cefars.
On a vû mille fois des fanges Meotides
Sortir des Conquerans, Goths, Vandales, Gepides.
Mais un Roy vraiment Roy, qui fage en fes projets,
Sçache en un calme heureux maintenir fes Sujets,
105 Qui du bonheur public ait cimenté fa gloire,
Il faut, pour le trouver, courir toute l'Hiftoire.
La Terre compte peu de ces Roys bien-faifans.
Le Ciel à les former fe prépare long-temps.
Tel fut cet Empereur, fous qui Rome adorée
110 Vid renaiftre les jours de Saturne & de Rhée :
Qui rendit de fon joug l'Univers amoureux :
Qu'on n'alla jamais voir fans revenir heureux :
Qui foupiroit le foir, fi fa main fortunée
N'avoit par fes bienfaits fignalé la journée.
115 Le cours ne fut pas long d'un empire fi doux.
Mais où cherchai-je ailleurs ce qu'on trouve chez nous?

REMARQUES.

Vers 101. *On a vû mille fois des fanges Méotides*, &c.] Le *Palus*, ou Marais *Méotide*, aujourd'hui la *Mer de Zabacche*, fitué entre l'Europe & l'Afie, dans la petite Tartarie, au Nord de la Mer Noire, avec laquelle il communique. C'eft des environs de cette contrée que font fortis autrefois les *Goths* & les *Gépides*. Pour les *Vandales*, c'étoient des Peuples plus Septentrionaux, venus du côté de la Mer Baltique, vers l'embouchure de l'Oder. *Cluver. Germ. ant. l. 3.*

Vers 109. *Tel fut cet Empereur*, &c.] Titus furnommé l'*Amour & les délices du Genre humain*. On fçait que fe fouvenant un foir qu'il n'avoit fait de bien à perfonne ce jour-là : » Mes Amis, dit-il à fes Cour- » tifans, j'ai perdu cette journée « : *Amici, diem perdidi*.

Vers 115. *Le cours ne fut pas long*, &c.] Il ne dura que deux ans & quelques mois.

Vers 118. *Ne t'avons-nous pas veû dans les plaines Belgiques.*] La campagne de 1667. marquée par la prife de plufieurs Villes. La guerre fut terminée l'année fuivante par le Traité d'Aix-la-Chapelle.

EPISTRE I.

GRAND ROY, sans recourir aux Histoires antiques,
Ne t'avons-nous pas vû dans les plaines Belgiques,
Quand l'Ennemi vaincu, desertant ses remparts,
120 Au devant de ton joug couroit de toutes parts,
Toy-mesme Te borner au fort de Ta victoire,
Et chercher dans la Paix une plus juste gloire ?
Ce sont là les exploits que Tu dois avoüer :
Et c'est par là, GRAND ROY, que je Te veux loüer.
125 Assez d'autres sans moy, d'un style moins timide,
Suivront aux champs de Mars Ton courage rapide :
Iront de ta Ta valeur effrayer l'Univers,
Et camper devant Dosle au milieu des hyvers.
Pour moy, loin des combats, sur un ton moins terrible,
130 Je diray les exploits de Ton Regne paisible.
Je peindrai les plaisirs en foule renaissans :
Les Oppresseurs du peuple à leur tour gemissans.
On verra par quels soins ta sage prévoyance
Au fort de la famine entretint l'abondance.

REMARQUES.

Vers 128. *Et camper devant Dole au milieu des hyvers.*] En 1668. le Roi partit de S. Germain en Laye, le 2 de Fevrier, & revint le 28. après avoir, en moins de huit jours, conquis toute la Franche-Comté.

Vers 130. *Je dirai les exploits de ton Regne paisible.*] Les 25. ou 30. vers suivans rappellent les principales actions du Roi, depuis qu'il commença à regner par lui-même.

Vers 131. *Je peindrai les plaisirs en foule renaissans.*] Les Fêtes Galantes, le Car-roussel de l'an 1662. les Balets, les Courses de Bague, & les Fêtes données à Versailles, sous le nom des *Plaisirs de l'Isle enchantée*, au mois de Mai 1664.

Vers 132. *Les oppresseurs du peuple à leur tour gémissans.*] Les Traitans recherchés & punis en 1661.

Vers 134. *Au fort de la famine entretint l'abondance.*] En 1662. le Roïaume, & surtout la Ville de Paris, étoient menacés d'une grande famine. Le Roi fit venir de Prusse & de Pologne, une grande quantité de blé. On fit construire des fours dans le

EPISTRE I.

135 On verra les abus par Ta main reformez;
La licence & l'orgueil en tous lieux reprimez;
Du débris des Traitans Ton espargne grossie;
Des subsides affreux la rigueur adoucie;
Le Soldat dans la Paix sage & laborieux;
140 Nos Artisans grossiers rendus industrieux;
Et nos Voisins frustrez de ces tributs serviles
Que payoit à leur art le luxe de nos Villes.
Tantost je traceray Tes pompeux Bastimens,
Du loisir d'un Heros nobles amusemens.

REMARQUES.

Louvre, & le pain fut distribué au peuple à un prix modique.

Vers 135. *On verra les abus par ta main reformez.*] Les duels abolis.

Vers 136. *La licence & l'orgueil en tous lieux reprimez.*] L'établissement des Grands-jours, à Clermont en Auvergne, par une Déclaration.

Ibid. *Et l'orgueil.*] Les Edits contre le luxe.

Vers 138. *Des subsides affreux la rigueur adoucie.*] La Taille diminuée; la plûpart des droits qu'on exigeoit sur les Riviéres, supprimés ou réglés par les Tarifs de 1664. & 1667.

Vers 139. *Le Soldat dans la Paix sage & laborieux.*] La discipline militaire établie & maintenue. Les Soldats employés aux travaux publics.

Vers 140. *Nos Artisans grossiers rendus industrieux.*] Par l'établissement de plusieurs Manufactures, des Tapisseries aux Gobelins, des Points de France en 1665. & des Glaces de miroirs en 1666.

Vers 141. & 142. *Et nos Voisins frustrez de ces tributs serviles,* &c.] La Fontaine faisoit un cas singulier de ces deux vers,

qui font allusion à l'établissement d'une Manufacture pour les Points de France. Ces vers étoient suivis dans les premieres éditions de ceux-ci:

O que j'aime à les voir, de ta gloire trou-
   blez,
Se priver follement du secours de nos blez!
Tandis que nos vaisseaux par tout maistres
   des ondes,
Vont enlever pour nous les trésors des deux
   Mondes.

Vers 143. ⸺ *Tes pompeux Bâtimens.*] On bâtissoit alors le Louvre, avec cette belle Façade que l'on admire, comme un des plus beaux morceaux d'Architecture.

Vers 145. ⸺ *Les deux Mers étonnées,* &c.] C'est la communication de la Mer Méditerranée avec l'Océan, par le Canal de Languedoc, commencé en 1665.

Vers 148. *S'enfuit au seul aspect de tes nouvelles lois.*] L'Ordonnance civile, publiée en 1667. & l'Ordonnance sur les matiéres criminelles, publiée en 1670.

Vers 150. *Que de sçavans Plaideurs desormais inutiles!*] Après ce vers il y en

EPISTRE I.

145 J'entens desja fremir les deux Mers eftonnées,
De voir leurs flots unis au pied des Pyrenées.
Desja de tous coftez la Chicane aux abois
S'enfuit au feul afpect de tes nouvelles Lois.
O que Ta main par là va fauver de Pupilles!
150 Que de fçavans Plaideurs deformais inutiles!
Qui ne fent point l'effet de Tes foins genereux?
L'Univers fous Ton Regne a-t-il des Malheureux?
Eft-il quelque vertu dans les glaces de l'Ourfe,
Ni dans ces lieux bruflez où le jour prend fa fource,

REMARQUES.

avoit trente-deux qui faifoient la conclufion de cette Epître, mais que l'Auteur retrancha dans la feconde édition, y fubftituant ceux que l'on voit ici. Voici les vers qui ont été fupprimés :

Mufe, appaife ta voix : je veux les confoler,
Et d'un Conte, en paffant, il faut les regaler.
Un jour, dit un Auteur, &c.

Les douze vers qui contiennent la Fable de l'Huiftre, font à la fin de l'Epître II. L'Auteur continuë de la forte :

Mais quoy : J'entens desja quelque auftere Critique,
Qui trouve en cet endroit la Fable un peu Comique.
Que veut-il ? C'eft ainfi qu'Horace dans fes vers
Souvent délaffe Augufte en cent ftiles divers,
Et, felon qu'au hazard fon caprice l'entraifne,
Tantoft perce les Cieux, tantoft rafe la plaine.
Revenons toutefois. Mais par où revenir?
Grand Roy, je m'apperçois qu'il eft temps de finir.
C'eft affez : il fuffit que ma plume fidelle
T'ait fait voir en ces vers quelque effay de mon zele.
En vain je prétendrois contenter un Lecteur,
Qui redoute fur tout le nom d'admirateur;
Et fouvent pour raifon, oppofe à la fcience,
L'invincible dégouft d'une injufte ignorance :
Preft à juger de tout, comme un jeune Marquis;
Qui plein d'un grand fçavoir chez les Dames acquis,
Dédaignant le Public, que lui feul il attaque,
Va pleurer au Tartuffe, & rire à l'Andromaque.

L'Auteur expliqua les raifons de ce changement, dans un *Avertiffement* que l'on trouvera dans le Volume qui contient fes ouvrages de Profe.

Y ij

EPISTRE I.

155 Dont la triste Indigence ose encore approcher,
Et qu'en foule Tes dons d'abord n'aillent chercher?
C'est par Toy qu'on va voir les Muses enrichies,
De leur longue disette à jamais affranchies.
GRAND ROY, poursui tousjours, asseûre leur repos.
160 Sans Elles un Heros n'est pas long-temps Heros.
Bien-tost, quoi qu'il ait fait, la Mort d'une ombre noire
Enveloppe avec luy son nom & son histoire.
Envain, pour s'exempter de l'oubli du cercueil,
Achille mit vingt fois tout Ilion en deuil.
165 Envain, malgré les vents, aux bords de l'Hesperie
Enée enfin porta ses Dieux & sa Patrie.
Sans le secours des Vers, leurs noms tant publiez
Seroient depuis mille ans avec eux oubliez.
Non, à quelques hauts faits que Ton destin T'appelle,
170 Sans le secours soigneux d'une Muse fidelle,
Pour T'immortaliser Tu fais de vains efforts.
Apollon Te la doit : ouvre-luy Tes thresors.
En Poëtes fameux rends nos climats fertiles.
Un Auguste aisément peut faire des Virgiles.
175 Que d'illustres témoins de Ta vaste bonté
Vont pour Toy déposer à la Posterité!

REMARQUES.

Vers 156. *Et qu'en foule tes dons*, &c.] Les Pensions accordées en 1663. aux gens de Lettres en France , & dans les païs Etrangers.

Vers 174. *Un Auguste aisément peut faire des Virgiles.*]

Sint Mecænates, non deerunt, Flacce, Marones.
Martial. L. VIII. Epigr. 56.
Le Poëte recita au Roi les quarante derniers vers. » Voilà qui est très-beau, dit ce Prince en se levant de son fauteuil avec

EPISTRE I.

Pour moy, qui fur Ton nom desja bruſlant d'eſcrire,
Sens au bout de ma plume expirer la Satire,
Je n'oſe de mes Vers vanter icy le prix.
180 Toutefois, ſi quelqu'un de mes foibles Eſcrits
Des ans injurieux peut éviter l'outrage,
Peut-eſtre pour Ta gloire aura-t-il ſon uſage.
Et comme Tes exploits, eſtonnant les Lecteurs,
Seront à peine creus ſur la foy des Auteurs;
185 Si quelque Eſprit malin les veut traiter de fables,
On dira quelque jour pour les rendre croyables:
Boileau, qui dans ſes Vers pleins de ſincerité,
Jadis à tout ſon ſiecle a dit la verité;
Qui mit à tout blaſmer ſon eſtude & ſa gloire,
190 A pourtant de ce Roy parlé comme l'Hiſtoire.

REMARQUES.

un air vif & ſatisfait; » cela eſt admirable. » Je vous louerois davantage, ſi vous ne » m'aviez pas tant loué. Le Public donne- » ra à vos ouvrages les louanges qu'ils mé- » ritent; mais ce n'eſt pas aſſez pour moi » de vous louer. Je vous donne une pen- » ſion de deux mille livres. J'ordonnerai à » Colbert de vous la payer d'avance, & je » vous accorde le privilége pour l'impreſ- » ſion de tous vos Ouvrages.

EPISTRE II.
A M. L'ABBÉ DES ROCHES.*

Le fonds de cette Epistre est la Fable de l'Huistre & des Plaideurs, retranchée de l'Epistre precedente. La moralité que renferme l'Apologue se fait sentir d'elle-mesme.

A QUOY bon réveiller mes Muses endormies,
Pour tracer aux Auteurs des Regles ennemies?
Penses-tu qu'aucun d'eux veuille subir mes loix,
Ni suivre une Raison qui parle par ma voix?
5 O le plaisant Docteur, qui sur les pas d'Horace,
Vient prescher, diront-ils, la reforme au Parnasse!
Nos Escrits sont mauvais, les siens valent-ils mieux?
J'entens desja d'icy Liniere furieux,
Qui m'appelle au combat, sans prendre un plus long terme.
10 De l'encre, du papier, dit-il : qu'on nous enferme.
Voyons qui de nous deux plus aisé dans ses Vers
Aura plustost rempli la page & le revers?
Moy donc qui suis peu fait à ce genre d'escrime,
Je le laisse tout seul verser rime sur rime,
15 Et souvent de dépit contre moy s'exerçant,
Punir de mes defauts le papier innocent.

REMARQUES.

* *M. l'Abbé des Roches.*] Jean-François-Armand Fumée, fils de François Fumée, Seigneur des Roches, issu d'Adam Fumée, Premier Médecin de Charles VII.

Vers 1. *A quoy bon reveiller,* &c.] L'Auteur travailloit alors à son Art poëtique.

Vers 8. *J'entens desja d'ici Liniere furieux*, &c.] Horace, Livre I. Satire 4. vers 14.

Crispinus minimo me provocat : accipe, si vis,
Accipe jam tabulas; detur nobis locus, hora,
Custodes : videamus uter plus scribere possit.

EPISTRE II.

Mais toy qui ne crains point qu'un Rimeur te noirciſſe,
Que fais-tu cependant ſeul en ton Benefice?
Attens-tu qu'un Fermier payant, quoiqu'un peu tard,
20 De ton bien pour le moins daigne te faire part?
Vas-tu, grand deffenſeur des droits de ton Egliſe,
De tes Moines mutins reprimer l'entrepriſe?
Croi-moy, duſt Auſanet t'aſſeurer du ſuccés,
Abbé, n'entrepren point meſme un juſte procés.
25 N'imite point ces Fous, dont la ſotte avarice
Va de ſes revenus engraiſſer la Juſtice;
Qui touſjours aſſignans, & touſjours aſſignez,
Souvent demeurent gueux de vingt procés gagnez.
Souſtenons bien nos droits: Sot eſt celuy qui donne.
30 C'eſt ainſi devers Caën que tout Normand raiſonne.
Ce ſont là les leçons, dont un pere Manceau
Inſtruit ſon fils novice au ſortir du berceau.
Mais pour toy, qui nourri bien en deçà de l'Oiſe,
As ſucé la vertu Picarde & Champenoiſe,
35 Non, non, tu n'iras point, ardent Beneficier,
Faire enroüer pour toi Corbin ni le Mazier.

REMARQUES.

Vers 23. ——— *Duſt Auzanet s'aſſeurer du ſuccès.*] Barthelemi Auzanet, célébre Avocat au Parlement.

Vers 30. *C'eſt ainſi devers Caën que tout Normand raiſonne.*] L'Auteur auroit pû dire:

C'eſt ainſi que vers Caën tout bas Normand raiſonne.

Mais il a préferé *Devers Caën*, qui eſt une eſpece de *Normaniſme.*

Vers 33. ——— *Bien en deçà de l'Oiſe.*] Riviere qui a ſa ſource dans la Picardie, vers les limites du Hainaut & de la Champagne.

Vers 36. *Faire enroüer pour toy Corbin ni le Mazier.*] Deux Avocats qui ſe chargeoient ſouvent de mauvaiſes cauſes.

Toutefois, si jamais quelque ardeur bilieuse
Allumoit dans ton cœur l'humeur litigieuse,
Consulte-moy d'abord, & pour la reprimer,
40 Retien bien la leçon que je te vais rimer.
    Un jour, dit un Auteur, n'importe en quel chapitre,
Deux Voyageurs à jeun rencontrerent une huistre.
Tous deux la contestoient, lorsque dans leur chemin,
La Justice passa la balance à la main.
45 Devant elle à grand bruit ils expliquent la chose.
Tous deux avec despens veulent gagner leur cause.
La Justice, pesant ce droit litigieux,
Demande l'huistre, l'ouvre, & l'avale à leurs yeux ;
Et par ce bel Arrest terminant la bataille :
50 Tenez ; voilà, dit-elle, à chacun une écaille.
Des sottises d'autruy nous vivons au Palais :
Messieurs, l'huistre estoit bonne. Adieu. Vivez en paix.

EPISTRE

EPISTRE III.
A M. ARNAULD,
DOCTEUR DE SORBONNE.

Le sujet de cette Epistre est la mauvaise honte qui empesche le retour vers le bien, lors-qu'on s'en est une fois écarté ; elle fut composée en 1671.

OUi, sans peine, au travers des sophismes de Claude,
Arnauld, des Novateurs tu découvres la fraude,
Et romps de leurs erreurs les filets captieux.
Mais que sert que ta main leur déffille les yeux,
5 Si tousjours dans leur ame une pudeur rebelle,
Prests d'embrasser l'Eglise, au Presche les rappelle ?
Non, ne croi pas que Claude habile à se tromper,
Soit insensible aux traits dont tu le sçais frapper :
Mais un Démon l'arreste, & quand ta voix l'attire,
10 Luy dit : Si tu te rends, sçais-tu ce qu'on va dire ?
Dans son heureux retour luy montre un faux malheur,
Luy peint de Charenton l'heretique douleur ;
Et balançant Dieu mesme en son ame flottante,
Fait mourir dans son cœur la Verité naissante.

REMARQUES.

Vers 1. — *Au travers des sophismes de Claude.*] Jean Claude, Ministre de Charenton, l'un des plus sçavans hommes de la Religion Prétenduë Reformée, né en 1619. dans l'Agenois, & mort en 1676. à la Haye, où il s'étoit retiré.

Vers 2. *Arnauld.*] Antoine Arnauld, si connu par la part qu'il eut aux troubles de son temps, & par ses Ouvrages polemiques contre le Protestantisme, né à Paris en 1612. & mort à Bruxelles en 1694.

Vers 12. *Lui peint de Charenton*, &c.] Village à deux lieues au-dessus de Paris, où, avant la révocation de l'Edit de Nantes, les Prétendus Réformés avoient un Temple pour l'exercice de leur Religion.

15 Des superbes Mortels le plus affreux lien,
   N'en doutons point, Arnauld, c'est la Honte du bien.
   Des plus nobles vertus cette adroite ennemie
   Peint l'Honneur à nos yeux des traits de l'Infamie;
   Asservit nos esprits sous un joug rigoureux,
20 Et nous rend l'un de l'autre esclaves malheureux.
   Par elle la Vertu devient lasche & timide.
   Vois-tu ce Libertin en public intrepide,
   Qui presche contre un Dieu que dans son ame il croit?
   Il iroit embrasser la Verité qu'il voit;
25 Mais de ses faux amis il craint la raillerie,
   Et ne brave ainsi Dieu que par poltronnerie.
      C'est-là de tous nos maux le fatal fondement.
   Des jugemens d'autruy nous tremblons follement;
   Et chacun l'un de l'autre adorant les caprices,
30 Nous cherchons hors de nous nos vertus & nos vices.
   Miserables joüets de nostre vanité,
   Faisons au moins l'aveu de nostre infirmité.
   A quoy bon, quand la fievre en nos arteres brusle,
   Faire de nostre mal un secret ridicule?

REMARQUES.

Vers 16. —— *C'est la honte du bien.*] Horace, Livre I. Ep, 16. vers 24.

Stultorum incurata pudor malus ulcera celat.

Vers 33. *A quoy bon, quand la fiévre en nos artéres brusle*, &c.] Horace, Livre I. Ep. 16.

Neu si te populus sanum rectéque valentem
Dictitet, occultam febrem, sub tempus edendi,
Dissimules, donec manibus tremor incidat unctis.

EPISTRE III.

35 Le feu fort de vos yeux petillans & troublez ;
Voſtre pouls inegal marche à pas redoublez ;
Quelle fauſſe pudeur à feindre vous oblige ?
Qu'avez-vous? J'en'ay rien. Mais... Je n'ay rien, vous dis-je,
Reſpondra ce Malade à ſe taire obſtiné.
40 Mais cependant voilà tout ſon corps gangrené ;
Et la fievre demain ſe rendant la plus forte,
Un Benitier aux pieds, va l'eſtendre à la porte.
Prevenons ſagement un ſi juſte malheur.
Le jour fatal eſt proche, & vient comme un voleur.
45 Avant qu'à nos erreurs le Ciel nous abandonne,
Profitons de l'inſtant que de grace il nous donne.
Haſtons-nous ; le Temps fuit, & nous traiſne avec ſoy.
Le moment où je parle eſt desja loin de moy.
 Mais quoy, touſjours la Honte en eſclaves nous lie.
50 Oüi, c'eſt toy qui nous perds, ridicule folie :
C'eſt toy qui fis tomber le premier Malheureux,
Le jour que d'un faux bien ſottement amoureux,
Et n'oſant ſoupçonner ſa femme d'impoſture,
Au Demon par pudeur il vendit la Nature.

REMARQUES.

Vers 38. *Qu'avez-vous ? Je n'ai rien,&c.*] Perſe, Satire III.

Heus, bone, tu palles. Nihil eſt. Videas tamen iſtud
Quidquid id eſt.

Vers 42. ——— *Va l'eſtendre à la porte.*] Perſe, Satire III.

In portam rigidos calces extendit.

Vers 44. *Le jour fatal eſt proche & vient comme un voleur.*] Comparaiſon tirée des LivresSaints. *Dies Domini ſicut Fur in nocte, ita veniet.* I. ad Theſſ. 5. 2.

Vers 48. *Le moment où je parle, &c.*] Perſe, Satire V. vers 163.

——— *Fugit hora : hoc quod loquor, inde eſt.*

Z ij

EPISTRE III.

55 Helas ! avant ce jour qui perdit ses Neveux,
Tous les plaisirs couroient au devant de ses vœux.
La Faim aux Animaux ne faisoit point la guerre :
Le Bled, pour se donner, sans peine ouvrant la terre,
N'attendoit point qu'un bœuf, pressé de l'eguillon,
60 Traçast à pas tardifs un penible sillon.
La Vigne offroit partout des grappes tousjours pleines,
Et des ruisseaux de lait serpentoient dans les plaines.
Mais dés ce jour Adam descheu de son estat,
D'un tribut de douleurs paya son attentat.
65 Il fallut qu'au travail son corps rendu docile,
Forçast la Terre avare à devenir fertile.
Le chardon importun herissa les guerets :
Le serpent venimeux rampa dans les forests :
La Canicule en feu desola les campagnes :
70 L'Aquilon en fureur gronda sur les montagnes.
Alors, pour se couvrir durant l'aspre saison,
Il fallut aux brebis dérober leur toison.
La Peste en mesme temps, la Guerre & la Famine,
Des malheureux Humains jurerent la ruine :
75 Mais aucun de ces maux n'égala les rigueurs
Que la mauvaise Honte exerça dans les cœurs.

REMARQUES.

Vers 56. *Tous les plaisirs couroient au devant de ses vœux*, &c.]
Molli paulatim flavescet campus aristâ,
Incultisque rubens pendebit sentibus uva.
Virgile, Eglogue IV. vers 28.
——————— *Ipsaque tellus*
Omnia liberiùs, nullo poscente, ferebat.
Georg. I. vers 127.

Mollia secura peragebant otia gentes.
Ipsa quoque immunis, rastroque intacta,
nec ullis

EPISTRE III.

De ce nid à l'inſtant ſortirent tous les Vices.
L'Avare des premiers en proye à ſes caprices,
Dans un infame gain mettant l'honneſteté,
80 Pour toute honte alors compta la pauvreté.
L'Honneur & la Vertu n'oſerent plus paroiſtre.
La Pieté chercha les deſerts & le Cloiſtre.
Depuis on n'a point veu de cœur ſi détaché,
Qui par quelque lien ne tinſt à ce peché.
85 Triſte & funeſte effet du premier de nos crimes!
Moy-meſme, Arnauld, icy, qui te preſche en ces rimes,
Plus qu'aucun des Mortels par la Honte abattu,
En vain j'arme contre elle une foible vertu.
Ainſi touſjours douteux, chancelant & volage,
90 A peine du limon, où le Vice m'engage,
J'arrache un pied timide, & ſors en m'agitant,
Que l'autre m'y reporte, & s'embourbe à l'inſtant.
Car ſi, comme aujourd'hui, quelque rayon de zele
Allume dans mon cœur une clarté nouvelle,
95 Soudain aux yeux d'autruy s'il faut la confirmer,
D'un geſte, d'un regard je me ſens alarmer;
Et meſme ſur ces Vers que je te viens d'eſcrire,
Je tremble en ce moment de ce que l'on va dire.

REMARQUES.

Saucia verberibus, per ſe dabat omnia Tellus.
Ovide, Metam. I. vers 100.
Reddit ubi Cererem tellus inarata quotannis,
Et imputata floret uſque vinea, &c.

Horace, Epod. XVI. 43.
Vers 90. *A peine du limon*, &c.] Horace, Livre II. Satire 7. vers 27.
Nequicquam cœno cupiens evellere plantam.

EPISTRE IV.
AU ROY.

Le sujet de cette Epistre est la Campagne de 1672. Parmi les évenemens qui la rendirent si glorieuse, le Poëte a choisi le passage du Rhein, comme le plus susceptible des ornemens de la Poësie. Notre armée passa le Rhein le 12. Juin, & l'Epistre fut imprimée au mois d'Aoust suivant. L'Auteur en a pris l'idée dans Martial. Un certain Hippodamus lui demandoit des vers à sa louange; & Martial s'excuse de lui en donner sur ce qu'Hippodamus porte un nom qui feroit peur aux Muses.

EN vain, pour Te louer, ma Muse tousjours preste,
Vingt fois de la Hollande a tenté la conqueste :
Ce Païs, où cent murs n'ont pû Te resister,
GRAND ROY, n'est pas en Vers si facile à dompter.
5 Des Villes, que Tu prends, les noms durs & barbares
N'offrent de toutes parts que syllabes bizarres ;
Et, l'oreille effrayée, il faut depuis l'Issel,
Pour trouver un beau mot, courir jusqu'au Tessel.
Oüi, par tout de son nom chaque Place munie,
10 Tient bon contre le Vers; en détruit l'harmonie.

REMARQUES.

Vers 7. —— *Il faut depuis l'Issel*, &c.] Riviére des Païs-Bas, qui se jette dans le Zuider-zée, ou la Mer de Sud.

Vers 8. —— *Courir jusqu'au Tessel.*] Isle de la Hollande, dans l'Océan Germanique, à l'entrée du Zuider-zée.

Martial. Lib. IV. Epigr. 31. *ad Hippodamum.*

Sed tu nomen habes averso fonte sororum
Impositum, mater quod tibi dura dedit.
Quod nec Melpomene, quod nec Polyhymnia possit,
Nec pia cum Phoebo dicere Calliope.

Vers 11. —— *Aborder Woerden ?*] Ville du côté de Hollande, située sur le Rhin.

Vers 12. —— *Au seul nom de Heusden ?*] Autre Ville de la même Province, près de la Meuse.

Vers 14. —— *Des bords du Zuider-zée.*] Le *Zuider-zée* est un grand Golphe entre les Provinces de Frise, d'Over-Issel, de Gueldre, & de Hollande.

Vers 15. —— *Assiéger Doësbourg.*] Ville du Comté de Zutphen, située à l'endroit où les eaux du Rhin se joignent à

EPISTRE IV.

Et qui peut, fans fremir, aborder Woerden?
Quel Vers ne tomberoit au feul nom de Heufden?
Quelle Mufe à rimer en tous lieux difpofée,
Oferoit approcher des bords du Zuiderzée?
15 Comment en Vers heureux affieger Doëfbourg,
Zutphen, Wageninghen, Harderwic, Knotzembourg?
Il n'eft Fort entre ceux que Tu prens par centaines,
Qui ne puiffe arrefter un Rimeur fix femaines :
Et par tout fur le Whal, ainfi que fur le Leck,
20 Le Vers eft en déroute, & le Poëte à fec.

  Encor fi tes exploits, moins grands & moins rapides,
Laiffoient prendre courage à nos Mufes timides;
Peut-eftre avec le temps, à force d'y refver,
Par quelque coup de l'art nous pourrions nous fauver.
25 Mais dés qu'on veut tenter cette vafte carriere,
Pegâfe s'effarouche & recule en arriere.
Mon Apollon s'eftonne; & Nimegue eft à Toy,
Que ma Mufe eft encore au camp devant Orfoy.

REMARQUES.

l'Iffel par le canal de Drufus.

 Vers 16. *Zutphen, Wageninghen, Hardervvic, Knotzembourg.*] *Zutphen :* Ville Capitale du Comté de Zutphen, prife par Monfieur, le 26. de Juin. *Wageninghen, Hardervvic :* Villes du Duché de Gueldre, qui fe rendirent au Roi le 22. & le 23. de Juin. *Knotzembourg :* un Fort fitué fur le Vahal, vis-à-vis de Nimégue : Il fut affiégé le 15. de Juin, & pris le 17. par M. de Turenne.

 Vers 19. *Et par tout fur le Whal, ainfi que fur le Leck.*] Le Wahal & le Leck, font deux branches du Rhin qui fe mêlent avec la Meufe.

 Vers 27. —— *Et Nimegue eft à Toy.*] Ville confidérable des Provinces-Unies, Capitale du Duché de Gueldre. Elle fut prife le 9. de Juillet par M. de Turenne.

 Vers 28. —— *Au Camp devant Orfoi.*] Ville & Place forte fur la rive gauche du Rhin, dans le Duché de Cléves. Au commencement de la campagne, le Roi fit affiéger *Orfoi,* le 1. de Juin, & le prit en deux jours.

Aujourd'huy toutefois mon zele m'encourage ;
30 Il faut au moins du Rhin tenter l'heureux paſſage.
Un trop juſte devoir veut que nous l'eſſayons.
Muſes, pour le tracer, cherchez tous vos crayons.
Car, puiſqu'en cet exploit tout paroiſt incroyable,
Que la Verité pure y reſſemble à la Fable,
35 De tous vos ornemens vous pouvez l'eſgayer.
Venez donc, & ſur tout gardez bien d'ennuyer.
Vous ſçavez des grands Vers les diſgraces tragiques,
Et ſouvent on ennuye en termes magnifiques.
Au pied du mont Adulle, entre mille roſeaux,
40 Le Rhin tranquille, & fier du progrés de ſes eaux,
Appuyé d'une main ſur ſon urne penchante,
Dormoit au bruit flatteur de ſon onde naiſſante.
Lors qu'un cri tout à coup ſuivi de mille cris,
Vient d'un calme ſi doux retirer ſes eſprits.
45 Il ſe trouble, il regarde, & par tout ſur ſes rives
Il voit fuir à grands pas ſes Naïades craintives,
Qui toutes accourant vers leur humide Roy,
Par un recit affreux redoublent ſon effroy.
Il apprend qu'un Heros, conduit par la Victoire,
50 A de ſes bords fameux fletri l'antique gloire ;

REMARQUES.

Vers 39. *Au pied du mont Adulle.*] Montagne, d'où le Rhin prend ſa ſource ; aujourd'hui le Mont *S. Godart.*

Vers 51. *Que Rhimberg & Veſel terraſſez en deux jours.*] Ces deux Villes ſont ſituées ſur le Rhin : l'une ſur la rive gauche du Fleuve, & l'autre ſur la rive droite. *Veſel* eſt une Ville du Duché de Cleves, qui appartenoit aux Hollandois depuis l'an 1629. & le Prince de Condé la prit le 4. Juin, après deux jours de ſiége. *Rhimberg* étoit auſſi ſous la domination des Hollan-

EPISTRE IV.

Que Rhimberg & Vesel, terrassez en deux jours,
D'un joug desja prochain menacent tout son cours.
Nous l'avons veû, dit l'Une, affronter la tempeste
De cent foudres d'airain tournez contre sa teste.
55 Il marche vers Tholus, & tes flots en courroux
Au prix de sa fureur sont tranquilles & doux.
Il a de Jupiter la taille & le visage;
Et depuis ce Romain, dont l'insolent passage
Sur un pont en deux jours trompa tous tes efforts,
60 Jamais rien de si grand n'a paru sur tes bords.
 Le Rhin tremble & fremit à ces tristes nouvelles;
Le feu sort à travers ses humides prunelles.
C'est donc trop peu, dit-il, que l'Escaut en deux mois
Ait appris à couler sous de nouvelles loix;
65 Et de mille remparts mon onde environnée
De ces Fleuves sans nom suivra la destinée?
Ah! perissent mes eaux, ou par d'illustres coups
Montrons qui doit ceder des Mortels ou de Nous.
A ces mots essuyant sa barbe limonneuse,
70 Il prend d'un vieux Guerrier la figure poudreuse.
Son front cicatrisé rend son air furieux,
Et l'ardeur du combat étincelle en ses yeux.

REMARQUES.

dois, & fut pris le 6. du même mois.
 Vers 55. *Il marche vers Tholus*, &c.] Village sur la rive gauche du Rhin au-dessous du Fort de Skink, à la pointe du Bétaw. C'est en cet endroit que les François passerent le Rhin à la nage.

 Vers 64. *Ait appris à couler sous de nouvelles loix.*] En 1667. le Roi avoit conquis une partie de la Flandre qui est arrosée par l'Escaut.

 Vers 69. —— *Essuiant sa barbe limo-*

Tome I.

En ce moment il part, & couvert d'une nuë,
Du fameux Fort de Skink prend la route connuë.
75 Là contemplant son cours, il voit de toutes parts
Ses pasles Deffenseurs par la frayeur épars.
Il voit cent bataillons, qui, loin de se deffendre,
Attendent sur des murs l'Ennemi pour se rendre.
Confus, il les aborde, & renforçant sa voix:
80 Grands Arbitres, dit-il, des querelles des Rois,
Est-ce ainsi que vostre ame aux perils aguerrie,
Souſtient sur ces remparts l'honneur & la patrie?
Voſtre Ennemi superbe, en cet inſtant fameux,
Du Rhin, prés de Tholus, fend les flots escumeux.
85 Du moins en vous monstrant sur la rive opposée,
N'oseriez-vous saisir une victoire aisée?
Allez, vils combattans, inutiles Soldats,
Laissez-là ces mousquets trop pesans pour vos bras:
Et la faux à la main, parmi vos marescages,
90 Allez couper vos joncs, & presser vos laictages:

REMARQUES.

neuse.] C'est le *Rheni luteum caput*, d'Horace, Livre I. Satire 10.

Vers 74. *Du fameux Fort de Skink.*] Le Fort de *Skink*, ou de *Schenk* est situé à la pointe de l'Isle de Bétaw, ou Bétuwe.

Vers 80. *Grands Arbitres, dit-il, des querelles des Roys.*] Ce vers contient une ironie très-amere. Les Hollandois s'étoient vantés d'avoir obligé le Roi à faire la Paix avec l'Espagne, par le Traité d'Aix-la-Chapelle. Ils avoient même fait frapper une Medaille, qui d'un côté représente la Liberté Batavique, & porte au revers cette pompeuse inscription:

ASSERTIS LEGIBUS. EMENDATIS SACRIS. ADJUTIS. DEFENSIS. CONCILIATIS REGIBUS. VINDICATA MARIUM LIBERTATE. PACE EGREGIA VIRTUTE ARMORUM PARTA. STABILITA ORBIS EUROPÆI QUIETE. — NUMISMA HOC. S. F. B. C. F. CIƆ. IƆC. LXVIII.

C'eſt-à-dire, suivant la Traduction de M. Vanloon: *Après avoir affermi les Loix, reformé la Religion, secouru, défendu, reconcilié les Rois, maintenu la liberté des Mers, acquis par les armes une paix glorieuse, assuré le repos de l'Europe, le Con-*

EPISTRE IV.

Ou gardant les seuls bords qui vous peuvent couvrir,
Avec moi, de ce pas, venez vaincre ou mourir.
 Ce discours d'un Guerrier que la colere enflamme,
Ressuscite l'Honneur desja mort en leur ame:
95 Et leurs cœurs s'allumant d'un reste de chaleur,
La Honte fait en eux l'effet de la Valeur.
Ils marchent droit au Fleuve, où LOUIS en personne
Desja prest à passer, instruit, dispose, ordonne.
Par son ordre Grammont le premier dans les flots
100 S'avance soustenu des regards du Heros.
Son courfier écumant sous son Maistre intrepide,
Nage tout orgueilleux de la main qui le guide.
Revel le suit de prés: sous ce Chef redouté
Marche des Cuirassiers l'escadron indompté.
105 Mais desja devant eux une chaleur guerriere
Emporte loin du bord le boüillant Lesdiguiere,

REMARQUES.

seil des Provinces-Unies des Païs-Bas a fait frapper cette Medaille. 1668. Le Roi fut indigné de la fierté de ces Républicains qui se donnoient la gloire des derniers evenemens.

 Vers 82. ——— *L'honneur & la patrie.*] On lisoit sur les Drapeaux des Hollandois, *Pro honore & patriâ.*

 Vers 99. *Par son ordre Grammont*, &c.] M. le Comte de Guiche, fils aîné du Maréchal de Grammont, fut le premier qui tenta le passage. Il étoit Lieutenant Général de l'Armée de M. le Prince. Le Roi lui commanda de chercher un gué, pour aller aux Ennemis qui paroissoient à l'autre rive du Rhin. Il rapporta qu'il avoit trouvé un gué facile vers Tholhuys, & promit de passer à la tête de la Cavalerie. Cependant il n'y avoit point de gué: de sorte que l'Armée fut obligée de traverser à la nage une bonne partie du Rhin. Le Comte de Guiche qui avoit servi en Pologne, s'y étoit accoûtumé à passer ainsi les plus profondes Riviéres, à l'exemple des Polonois.

 Vers 103. *Revel le suit de prés.*] Le Marquis de Revel, Colonel des Cuirassiers, frere de M. le Comte de Broglio. Il fut blessé de trois coups d'épée, dans l'action qui suivit le passage du Rhin.

 Vers 106. ——— *Le boüillant Lesdiguiere.*] M. le Comte de Saux, François-Emanuel de Blanchefort de Bonne de Crequi, Duc de Lesdiguiere, mort en 1681. Il fut blessé en passant le Rhin; cependant il

EPISTRE IV.

Vivonne, Nantoüillet, & Coiflin, & Salart:
Chacun d'eux au peril veut la premiere part.
Vendofme, que fouftient l'orgueil de fa naiffance,
110 Au mefme inftant dans l'onde impatient s'élance.
La Salle, Beringhen, Nogent, d'Ambre, Cavois,
Fendent les flots tremblans fous un fi noble poids.
LOUIS, les animant du feu de fon courage,
Se plaint de fa Grandeur, qui l'attache au rivage.
115 Par fes foins cependant trente legers vaiffeaux
D'un trenchant aviron desja coupent les eaux.
Cent Guerriers s'y jettant fignalent leur audace.
Le Rhin les voit d'un œil qui porte la menace.
Il s'avance en courroux. Le plomb vole à l'inftant,
120 Et pleut de toutes parts fur l'efcadron flottant.
Du falpeftre en fureur l'air s'efchauffe & s'allume ;
Et des coups redoublez tout le rivage fume.

REMARQUES.

avança toujours, fortit de l'eau le premier, & donna le premier coup. Sa valeur fe fit beaucoup remarquer dans cette action : Il montoit un cheval blanc, qui fut tué fous lui.

Vers 107. *Vivonne, Nantoüillet, & Coiflin, & Salart.*] *Vivonne*: Louis-Victor de Rochechoüart, Duc de Mortemar & de Vivonne, &c. alors Général des Galeres, depuis Maréchal de France, mort en 1688.

Nantoüillet : Le Chevalier de Nantoüillet, ami particulier de l'Auteur, auffi bien que M. de Vivonne.

Coiflin : Armand du Cambout, Duc de Coiflin. Il reçut plufieurs coups après avoir

paffé le Rhin. Il eft mort en 1702. âgé de 67. ans.

Vers 109. *Vendofme que fouftient l'orgueil de fa naiffance.*] M. le Chevalier de Vendofme. Quoiqu'il n'eût pas encore dix-fept ans, il ne laiffa pas de traverfer le Rhin à cheval ; il gagna même un Drapeau & un Etendart qu'il apporta au Roi.

Vers 111. *La Salle, Beringhen, Nogent, Cavois.*] *La Salle* : Le Marquis de la Salle fut des premiers à paffer le Rhin. Mais les Cuiraffiers ayant eu ordre de fe jetter à l'eau, & de paffer, ils le firent fi brufquement, qu'ayant rencontré M. de la Salle devant eux, ils le blefferent de cinq coups, croyant qu'il étoit Hollandois, quoiqu'il

EPISTRE IV.

Desja du plomb mortel plus d'un Brave eſt atteint.
Sous les fougueux courſiers l'Onde écume & ſe plaint.
125 De tant de coups affreux la tempeſte orageuſe
Tient un temps ſur les eaux la fortune douteuſe.
Mais LOUIS d'un regard ſçait bien-toſt la fixer.
Le Deſtin à ſes yeux n'oſeroit balancer.
Bien-toſt avec Grammont courent Mars & Bellone.
130 Le Rhin à leur aſpect d'eſpouvante friſſonne.
Quand pour nouvelle alarme à ſes eſprits glacez,
Un bruit s'épand qu'Enguien & Condé ſont paſſez :
Condé, dont le ſeul nom fait tomber les murailles,
Force les eſcadrons, & gagne les batailles :
135 Enguien de ſon hymen le ſeul & digne fruit,
Par lui dés ſon enfance à la victoire inſtruit.
L'Ennemi renverſé fuit & gagne la plaine.
Le Dieu lui-meſme cede au torrent qui l'entraiſne,
Et ſeul, deſeſperé, pleurant ſes vains efforts,
140 Abandonne à LOUIS la victoire & ſes bords.

REMARQUES.

fût habillé à la Françoiſe, & qu'il eût l'écharpe blanche.

Beringhen : Le Marquis de Beringhen, Premier Ecuyer, & Colonel du Regiment Dauphin. Son cheval ne voulant point paſſer, il ſe jetta dans le Bateau de M. le Prince. Après le paſſage il ſe battit vigoureuſement, & reçut un coup de mouſquet dans la mammelle droite, & pluſieurs coups dans ſes habits.

Nogent : Armand de Bautru, Comte de Nogent, Capitaine des Gardes de la Porte, Maître de la Garde-robe, & Maréchal de Camp, tué au paſſage du Rhin, d'un coup de mouſquet à la tête ; ſon corps fut inhumé dans l'Egliſe de Zevenart, village de Gueldre.

Cavois : Louis d'Oger, Marquis de Cavois, Grand Maréchal des Logis.

Vers 115. ——— *Trente legers vaiſſeaux.*] Des bateaux de cuivre.

Vers 132. ——— *Qu'Enguien & Condé ſont paſſez.*] *Condé :* M. le Prince de Condé, Louis de Bourbon, l'un des plus grands Capitaines de l'Europe, mort en 1686. *Enguien :* M. le Duc d'Enguien ſon fils.

Du Fleuve ainsi dompté la déroute éclatante
A Wurts jusqu'en son camp va porter l'espouvante :
Wurts l'espoir du païs, & l'appui de ses murs,
Wurts...ah quel nom, GRAND ROY! quel Hector que ce Wurts!
145 Sans ce terrible nom, mal né pour les oreilles,
Que j'allois à tes yeux estaller de merveilles!
Bien-tost on eût veû Skink dans mes Vers emporté,
De ses fameux remparts démentir la fierté.
Bien-tost... mais Wurts s'oppose à l'ardeur qui m'anime.
150 Finissons, il est temps : aussi-bien si la rime
Alloit mal à propos m'engager dans Arnheim ;
Je ne sçai pour sortir de porte qu'Hildesheim.
O ! que le Ciel soigneux de nostre Poësie,
GRAND ROY, ne nous fist-il plus voisins de l'Asie !
155 Bien-tost victorieux de cent Peuples altiers,
Tu nous aurois fourni des rimes à milliers.
Il n'est plaine en ces lieux si seche & si sterile,
Qui ne soit en beaux mots par tout riche & fertile.
Là plus d'un Bourg fameux par son antique nom
160 Vient offrir à l'oreille un agreable son.

REMARQUES.

Vers 142. *A Wurts jusqu'en son camp, &c.*] *Wurts*, Maréchal de Camp des Hollandois, commandoit le Camp destiné à s'opposer au passage du Rhin.

Vers 148. *De ses fameux remparts démentir la fierté.*] Le Fort de Skink fut assiégé par nos troupes le 18. Juin, & pris le 21.

Vers 151. ——— *M'engager dans Arnheim.*] Ville considerable des Provinces-Unies, dans le Duché de Gueldre. Elle fut prise par M. de Turenne le 14. Juin 1672.

Vers 152. ——— *De porte qu'Hildesheim.*] Petite Ville de l'Electorat de Tréves.

Vers 154. ——— *Plus voisins de l'Asie.*] De la Grece Asiatique dans laquelle étoit située la fameuse Ville de Troye, ou d'Ilion.

Quel plaisir de Te suivre aux rives du Scamandre!
D'y trouver d'Ilion la poëtique cendre:
De juger si les Grecs, qui briserent ses Tours,
Firent plus en dix ans que LOUIS en dix jours.
165 Mais pourquoi sans raison desesperer ma veine?
Est-il dans l'Univers de plage si lointaine,
Où ta valeur, GRAND ROY, ne te puisse porter,
Et ne m'offre bien-tost des exploits à chanter?
Non, non, ne faisons plus de plaintes inutiles;
170 Puisqu'ainsi dans deux mois Tu prens quarante Villes,
Assuré des beaux Vers dont Ton bras me respond,
Je t'attens dans deux ans aux bords de l'Hellespont.

EPISTRE V.
A M. DE GUILLERAGUES.

L'objet de cette Epistre composée en 1674. & publiée l'année suivante, est de montrer que la véritable félicité consiste dans la connoissance de soi-même ; & qu'on se trompe quand on cherche son bonheur ailleurs qu'en soi.

Esprit né pour la Cour, & Maistre en l'art de plaire,
GUILLERAGUES, qui sçais & parler & te taire,
Appren-moi, si je dois ou me taire, ou parler.
Faut-il dans la Satire encor me signaler,
5 Et dans ce champ fecond en plaisantes malices,
Faire encore aux Auteurs redouter mes caprices ?
Jadis, non sans tumulte, on m'y vit éclater :
Quand mon esprit plus jeune, & prompt à s'irriter,
Aspiroit moins au nom de discret & de sage :
10 Que mes cheveux plus noirs ombrageoient mon visage.
Maintenant que le temps a meuri mes desirs,
Que mon âge, amoureux de plus sages plaisirs,
Bien-tost s'en va frapper à son neuviesme lustre ;
J'aime mieux mon repos qu'un embarras illustre.

REMARQUES.

Vers 2. *Guilleragues, qui,* &c.] M. de Guilleragues, étoit de Bourdeaux ; il y avoit été Premier Président de la Cour des Aydes. Il fut ensuite Secretaire de la Chambre & du Cabinet ; & pendant quelquetemps il eut la direction de la Gazette. En 1677. il fut nommé Ambassadeur à Constantinople, où il alla en 1679. & mourut d'apoplexie quelques années après.

Vers 13. *Bien-tost s'en va frapper à son neuviéme lustre.*] Un lustre est l'espace de cinq ans : ainsi il approchoit de sa quarante-uniéme année.

Vers 17. *Que tout, jusqu'à Pinchesne,*&c.] V. la Remarque sur le vers 163. du Lutrin, Chant V.

Que

EPISTRE V.

15 Que d'une efgale ardeur mille Auteurs animez
Aiguifent contre moi leurs traits envenimez :
Que tout, jufqu'à Pinchefne, & m'infulte & m'accable.
Aujourd'huy vieux Lion je fuis doux & traitable.
Je n'arme point contre eux mes ongles efmouffez.
20 Ainfi que mes beaux jours, mes chagrins font paffez.
Je ne fens plus l'aigreur de ma bile premiere,
Et laiffe aux froids Rimeurs une libre carriere.
 Ainfi donc Philofophe à la Raifon foufmis,
Mes defauts defomais font mes feuls ennemis.
25 C'eft l'Erreur que je fuis; c'eft la Vertu que j'aime.
Je fonge à me connoiftre, & me cherche en moi-mefme.
C'eft là l'unique eftude où je veux m'attacher.
Que l'Aftrolabe en main un autre aille chercher
Si le Soleil eft fixe, ou tourne fur fon axe ;
30 Si Saturne à nos yeux peut faire un parallaxe :
Que Rohault vainement feche pour concevoir
Comment tout eftant plein, tout a pû fe mouvoir :
Ou que Bernier compofe & le fec & l'humide
Des corps ronds & crochus errans parmi le vuide.

REMARQUES.

Vers 30. *Si Saturne à nos yeux peut faire un parallaxe.*] Les Aftronomes appellent *Parallaxe*, la difference qui eft entre le *lieu véritable* d'un aftre, & *fon lieu apparent* ; c'eft-à-dire, entre le lieu du Firmament auquel l'aftre répondroit s'il étoit vû du centre de la Terre ; & le lieu auquel cet aftre répond, étant vû de la furface de la Terre.

Vers 31. *Que Rohault.*] Et Vers 33. *Que Bernier.*] *Rohault*, né à Amiens, mort à Paris en 1675. Il foutenoit avec *Defcartes*, que tout efpace étant Corps, ce qu'on appelle *vuide* feroit efpace, & corps par confequent ; & qu'ainfi il n'y a point de vuide, & qu'il n'y en peut avoir. *Bernier*, Docteur en Medecine & célébre par fes Voyages, prétendoit au contraire avec *Gaffendi*, que tout eft compofé d'atomes indivifibles, qui errent dans un efpace vuide infini, &

Tome I.   *   B b

EPISTRE V.

35 Pour moy fur cette mer, qu'icy-bas nous courons,
    Je fonge à me pourvoir d'efquif & d'avirons;
    A regler mes defirs, à prévenir l'orage,
    Et fauver, s'il fe peut, ma raifon du naufrage.
       C'eft au repos d'efprit que nous afpirons tous:
40 Mais ce repos heureux fe doit chercher en nous.
    Un Fou rempli d'erreurs, que le trouble accompagne,
    Et malade à la ville, ainfi qu'à la campagne,
    En vain monte à cheval, pour tromper fon ennui,
    Le chagrin monte en croupe, & galoppe avec lui.
45 Que crois-tu qu'Alexandre, en ravageant la Terre,
    Cherche parmi l'horreur, le tumulte & la guerre?
    Poffedé d'un ennuy, qu'il ne fçauroit dompter,
    Il craint d'eftre à foi-mefme, & fonge à s'éviter.
    C'eft là ce qui l'emporte aux lieux où naift l'Aurore,
50 Où le Perfe eft bruflé de l'Aftre qu'il adore.
       De nos propres malheurs autheurs infortunez,
    Nous fommes loin de nous à toute heure entraifnez.
    A quoy bon ravir l'or au fein du Nouveau Monde?
    Le bonheur tant cherché fur la Terre & fur l'Onde,

REMARQUES.

que ces atomes ne peuvent fe mouvoir fans laiffer néceffairement entr'eux de petits efpaces vuides.

François *Bernier*, Docteur en Medecine de la Faculté de Montpellier, après avoir fait de longs voyages, & féjourné long-temps dans le Mogol, revint à Paris où il eft mort. Il a fait l'Abregé de Gaffendi.

Vers 44. *Le chagrin monte en croupe &* *galoppe avec lui.*] Horace, Ode 1. du Livre III.

Poft equitem fedet atra cura.

Vers 54. *Le bonheur tant cherché,* &c.] Horace, Epître 11. du Livre I.

―――――― *Navibus atque*
Quadrigis petimus benè vivere, quod petis
    hîc eft,
Eft Ulubris: animus fi te non deficit æquus.

EPISTRE V.

55 Eſt ici, comme aux lieux où meurit le Coco,
   Et ſe trouve à Paris de meſme qu'à Cuſco.
   On ne le tire point des veines du Potoſe.
   Qui vit content de rien, poſſede toute choſe.
   Mais ſans ceſſe ignorans de nos propres beſoins,
60 Nous demandons au Ciel ce qu'il nous faut le moins.
     O! que ſi cet Hyver un rhume ſalutaire,
   Gueriſſant de tous maux mon avare Beau-pere,
   Pouvoit, bien confeſſé, l'eſtendre en un cercueil,
   Et remplir ſa maiſon d'un agreable deüil!
65 Que mon ame, en ce jour de joye & d'opulence,
   D'un ſuperbe convoi plaindroit peu la deſpenſe!
   Diſoit le mois paſſé, doux, honneſte & ſouſmis,
   L'heritier affamé de ce riche Commis,
   Qui, pour luy préparer cette douce journée,
70 Tourmenta quarante ans ſa vie infortunée.
   La Mort vient de ſaiſir le Vieillard catherreux.
   Voila ſon Gendre riche. En eſt-il plus heureux?
   Tout fier du faux éclat de ſa vaine richeſſe,
   Desja nouveau Seigneur il vante ſa nobleſſe.

REMARQUES.

Vers 55. ——— *Comme aux lieux où meurit le Coco.*] Dans les Indes Orientales, & dans l'Afrique.

Vers 56. ——— *De meſme qu'à Cuſco.*] Capitale du Pérou.

Vers 57. ——— *Des veines du Potoſe.*] Le *Potoſe* ou *Potoſi*, Montagne du Pérou fameuſe par ſes mines d'argent.

Vers 61. *O! que ſi cet Hiver, un rhume ſalutaire*, &c.] Perſe, Sat. II. v. 9.
————————— *O ſi*
Ebullit patrui præclarum funus! Et ô ſi
Sub raſtro crepet argenti mihi ſeria, dextro
Hercule! Pupillumve utinam quem proximus hares
Impello, expungam!

EPISTRE V.

75 Quoique fils de Meufnier encor blanc du Moulin,
Il eft preft à fournir fes titres en vélin.
En mille vains projets à toute heure il s'égare.
Le voilà fou, fuperbe, impertinent, bizarre,
Refveur, fombre, inquiet, à foi-mefme ennuyeux.
80 Il vivroit plus content, fi comme fes Ayeux,
Dans un habit conforme à fa vraye origine,
Sur le Mulet encore il chargeoit la farine.
 Mais ce difcours n'eft pas pour le peuple ignorant,
Que le fafte efblouit d'un bonheur apparent.
85 L'argent, l'argent, dit-on ; Sans luy tout eft fterile.
La Vertu fans l'Argent n'eft qu'un meuble inutile.
L'Argent en honnefte homme erige un fcelerat.
L'Argent feul au Palais peut faire un Magiftrat.
Qu'importe qu'en tous lieux on me traite d'infâme,
90 Dit ce Fourbe fans foy, fans honneur & fans âme ;
Dans mon coffre, tout plein de rares qualitez,
J'ai cent mille vertus en Louïs bien comptez.
Eft-il quelque talent que l'argent ne me donne ?
C'eft ainfi qu'en fon cœur ce Financier raifonne.

REMARQUES.

Vers 86. *La Vertu fans l'argent n'eft qu'un meuble inutile.*] Horace, Epître 1. Liv. I.

O Cives, Cives, quærenda pecunia primùm eft.

Virtus poft nummos.

Vers 99. —— *De ce Sage infenfé.*] Cratès, Philofophe Cynique.

Vers 108. *Mon Pere*, &c.] Gilles Boileau, Greffier du Confeil de la Grand'-Chambre, également recommandable par fa probité, & par fon expérience dans les affaires ; mort en 1657. âgé de 73. ans.

Vers 109. *En mourant me laiffa*, &c.] Environ douze mille écus de Patrimoine, dont l'Auteur mit près du tiers à fond perdu fur l'Hôtel de Ville de Lyon. Son bien

EPISTRE V. 197

95 Mais pour moy, que l'esclat ne sçauroit decevoir,
Qui mets au rang des biens l'Esprit & le Sçavoir,
J'estime autant Patru, mesme dans l'indigence,
Qu'un Commis engraissé des malheurs de la France.
Non que je sois du goust de ce Sage insensé,
100 Qui d'un argent commode esclave embarrassé,
Jetta tout dans la mer, pour crier, Je suis libre.
De la droite raison je sens mieux l'equilibre :
Mais je tiens qu'ici-bas, sans faire tant d'apprests,
La Vertu se contente, & vit à peu de frais.
105 Pourquoi donc s'esgarer en des projets si vagues ?
Ce que j'avance ici, croi-moi, cher Guilleragues,
Ton Ami dés l'enfance ainsi l'a pratiqué.
Mon Pere, soixante ans au travail appliqué,
En mourant me laissa pour rouler & pour vivre,
110 Un revenu leger, & son exemple à suivre.
Mais bien-tost amoureux d'un plus noble mestier,
Fils, frere, oncle, cousin, beau-frere de Greffier,
Pouvant charger mon bras d'une utile liasse,
J'allai loin du Palais errer sur le Parnasse.

REMARQUES.

s'augmenta considérablement dans la suite, par des successions, & par des pensions de la Cour.

Vers 112. —— *Frere, Oncle, Cousin, Beau-frere de Greffier.*] *Frere* : de Jerôme Boileau son aîné, qui a possédé la Charge du Pere. Il mourut au mois de Juillet 1679.

Oncle : de M. Dongois, Greffier de l'Au-

dience à la Grand'Chambre ; fils d'une Sœur de l'Auteur.

Cousin : du même M. Dongois, qui a épousé une cousine germaine de notre Poëte.

Beau-frere : de M. Sirmond, qui a eu la même Charge de Greffier du Conseil de la Grand'Chambre.

EPISTRE V.

115 La Famille en paſlit, & vit en fremiſſant
Dans la poudre du Greffe un Poëte naiſſant.
On vit avec horreur une Muſe effrenée
Dormir chez un Greffier la graſſe matinée.
Deſlors à la richeſſe il fallut renoncer.
120 Ne pouvant l'acquerir, j'appris à m'en paſſer :
Et ſur tout redoutant la baſſe ſervitude,
La libre Verité fut toute mon eſtude.
Dans ce Meſtier funeſte à qui veut s'enrichir,
Qui l'euſt creû, que pour moi le Sort deuſt ſe fléchir ?
125 Mais du plus grand des Rois la bonté ſans limite,
Tousjours preſte à courir au devant du merite,
Creut voir dans ma franchiſe un merite inconnu,
Et d'abord de ſes dons enfla mon revenu.
La brigue, ni l'envie à mon bonheur contraires,
130 Ni les cris douloureux de mes vains Adverſaires,
Ne peûrent dans leur courſe arreſter ſes bienfaits.
C'en eſt trop : mon bonheur a paſſé mes ſouhaits.
Qu'à ſon gré deſormais la Fortune me jouë ;
On me verra dormir au branle de ſa rouë.
135 Si quelque ſoin encore agite mon repos,
C'eſt l'ardeur de loüer un ſi fameux Heros.

REMARQUES.

Vers 118. —— *La graſſe matinée.*] Il aimoit à dormir, particuliérement dans ſa jeuneſſe : il ſe levoit fort tard, & dormoit encore l'après-midi.

Vers 133. *Qu'à ſon gré deſormais*, &c.]

Corneille, illuſion Comique, Acte V. Scene 5.

Ainſi de notre eſpoir la fortune ſe jouë ;
Tout s'éleve, ou s'abbaiſſe au branle de ſa
rouë.

EPISTRE V.

Ce foin ambitieux me tirant par l'oreille,
La nuit, lorfque je dors, en furfaut me refveille;
Me dit: que ces bienfaits, dont j'ofe me vanter,
140 Par des Vers immortels ont deû fe meriter.
C'eft là le feul chagrin qui trouble encor mon ame.
Mais fi dans le beau feu du zele qui m'enflamme,
Par un Ouvrage enfin des Critiques vainqueur,
Je puis fur ce fujet fatisfaire mon cœur;
145 Guilleragues, plain-toy de mon humeur legere,
Si jamais entraifné d'une ardeur eftrangere,
Ou d'un vil intereft reconnoiffant la loi,
Je cherche mon bonheur autre part que chez moi.

EPISTRE VI.
A M. DE LAMOIGNON.

Cette Epiſtre eſt de l'année 1677. L'Auteur y décrit les douceurs dont il jouit à la Campagne, & les chagrins qui l'attendent à la Ville. Horace a fait une Satire ſur le même ſujet, c'eſt la ſixiéme du Livre II.

    Ui, Lamoignon, je fuis les chagrins de la Ville,
Et contre eux la Campagne eſt mon unique azile.
Du Lieu qui m'y retient veux-tu voir le Tableau?
C'eſt un petit Village, ou pluſtoſt un Hameau,
5 Baſti ſur le penchant d'un long rang de collines,
D'où l'œil s'égare au loin dans les plaines voiſines.
La Seine au pied des monts, que ſon flot vient laver,
Voit du ſein de ſes eaux vingt Iſles s'eſlever,
Qui partageant ſon cours en diverſes manieres,
10 D'une Riviere ſeule y forme vingt Rivieres.
Tous ſes bords ſont couverts de Saules non plantez,
Et de Noyers ſouvent du Paſſant inſultez.
Le Village au deſſus forme un amphitheatre.
L'Habitant ne connoiſt ni la chaux ni le plaſtre.
15 Et dans le roc, qui cede & ſe coupe aiſément,
Chacun ſçait de ſa main creuſer ſon logement.

REMARQUES.

Vers 1. *Oui, Lamoignon*, &c.] Chrétien-François de Lamoignon, né le 26. Juin 1644. mort le 7. Août 1709. après s'être fait admirer ſucceſſivement dans les Charges d'Avocat Général, & de Préſident à Mortier.

La

EPISTRE VI.

La Maiſon du Seigneur, ſeule un peu plus ornée,
Se preſente au dehors de murs environnée.
Le Soleil en naiſſant la regarde d'abord;
20 Et le mont la deffend des outrages du Nord.
  C'eſt là, cher Lamoignon, que mon eſprit tranquille
Met à profit les jours que la Parque me file.
Ici dans un vallon bornant tous mes deſirs,
J'achete à peu de frais de ſolides plaiſirs.
25 Tantoſt, un livre en main, errant dans les prairies,
J'occupe ma raiſon d'utiles reſveries.
Tantoſt cherchant la fin d'un Vers que je conſtrui,
Je trouve au coin d'un Bois le mot qui m'avoit fui.
Quelquefois aux appas d'un hameçon perfide,
30 J'amorce, en badinant, le poiſſon trop avide;
Ou d'un plomb qui ſuit l'œil, & part avec l'éclair,
Je vais faire la guerre aux habitans de l'air.
Une table, au retour, propre & non magnifique
Nous preſente un repas agreable & ruſtique.
35 Là, ſans s'aſſujettir aux dogmes du Brouſſain,
Tout ce qu'on boit eſt bon, tout ce qu'on mange eſt ſain.
La maiſon le fournit, la Fermiere l'ordonne,
Et mieux que Bergerat l'appetit l'aſſaiſonne.

REMARQUES.

Vers 4. *C'eſt un petit Village*, &c.] Hautile, près de la Roche-Guyon, du côté de Mante, à treize lieuës de Paris.

Vers 35. ―― *Aux dogmes du Brouſſain.*] René Brulart, Comte du Brouſſain, l'un des hommes de France qui s'entendoit le mieux à la bonne chere.

Vers 38. *Et mieux que Bergerat*, &c.] Fameux Traiteur.

EPISTRE VI.

O fortuné fejour! ô Champs aimez des Cieux!
40 Que pour jamais foulant vos prez delicieux,
Ne puis-je ici fixer ma courfe vagabonde,
Et connu de vous feuls, oublier tout le monde.
    Mais à peine du fein de vos vallons cheris
Arraché malgré moi, je rentre dans Paris,
45 Qu'en tous lieux les chagrins m'attendent au paffage.
Un Coufin, abufant d'un fafcheux parentage,
Veut qu'encor tout poudreux, & fans me débotter,
Chez vingt Juges pour luy j'aille folliciter.
Il faut voir de ce pas les plus confiderables.
50 L'un demeure au Marais, & l'autre aux Incurables.
Je reçoi vingt avis qui me glacent d'effroi.
Hier, dit-on, de vous on parla chez le Roi,
Et d'attentat horrible on traita la Satire.
Et le Roy, que dit-il? Le Roy fe prit à rire.
55 Contre vos derniers Vers on eft fort en courroux:
Pradon a mis au jour un Livre contre vous,

REMARQUES.

Vers 39. *O fortuné fejour! ô champs,* &c.] Horace, Satire 6. Livre II.

O rus, quando ego te afpiciam? quando-
    que licebit
Nunc Veterum libris, nunc fomno & iner-
    tibus horis
Ducere follicitæ jucunda oblivia vitæ?

Vers 46. *Un Coufin abufant,* &c.] Baltazar Boileau. Il avoit eu trois charges de Payeur des Rentes, qui furent fupprimées. Pour en obtenir le remboufement, il avoit engagé notre Auteur dans fes follicitations, fur-tout auprès de M. Colbert.

Vers 50. *L'un demeure aux Marais, & l'autre aux Incurables.*] Horace, Epître 2. du Livre II.

—————— *Cubat hic in Colle Quirini,*
Hic extremo in Aventino: vifendus uter-
    que.
Intervalla vides humanè commoda.

EPISTRE VI.

Et chez le Chapelier du coin de noſtre Place
Autour d'un Caudebec j'en ai leû la Préface.
L'autre jour ſur un mot la Cour vous condamna.
60 Le bruit court qu'avant-hier on vous aſſaſſina.
Un Eſcrit ſcandaleux ſous voſtre nom ſe donne.
D'un Paſquin, qu'on a fait, au Louvre on vous ſoupçonne.
Moi ? Vous. On nous l'a dit dans le Palais Royal.
Douze ans ſont eſcoulez depuis le jour fatal,
65 Qu'un Libraire imprimant les eſſais de ma plume,
Donna, pour mon malheur, un trop heureux volume.
Touſjours, depuis ce temps, en proye aux ſots diſcours,
Contre eux la Verité m'eſt un foible ſecours.
Vient-il de la Province une Satire fade,
70 D'un Plaiſant du païs inſipide boutade ;
Pour la faire courir, on dit qu'elle eſt de moy :
Et le ſot Campagnard le croit de bonne foy.
J'ai beau prendre à témoin & la Cour & la Ville.
Non ; à d'autres, dit-il ; on connoiſt votre ſtile.

REMARQUES.

Vers 56. *Pradon a mis au jour un Livre*, &c.] Intitulé, *le Triomphe de Pradon*, mort en naiſſant, auſſi-bien que *le Satirique berné*.

Vers 58. *Autour d'un Caudebec*, &c.] Sorte de chapeau fabriqué à Caudebec en Normandie.

Vers 64. *Douze ans ſont écoulez*, &c.] Horace, Satire 6. Livre II.
Septimus octavo propior jam fugerit annus,
Ex quo Mecœnas me cœpit habere ſuorum, &c.

Vers 69. *Vient-il de la Province une Satire fade*, &c.] Dans les éditions contrefaites, les Libraires ont inſeré quantité de méchantes Satires dont il n'eſt point l'Auteur, & qui ſont indignes de lui. Telles que les Satires *contre le Mariage*, contre les *maltôtes Eccleſiaſtiques*, contre les *Directeurs*, contre les *Abbés*, &c. Quelque remarquable que ſoit la difference qu'il y a entre ces Satires & celles de l'Auteur, bien des gens ne laiſſent pas de lui attribuer ces miſérables Piéces.

C c ij

75 Combien de temps ces Vers vous ont-ils bien coufté?
Ils ne font point de moy, Monfieur, en verité.
Peut-on m'attribuer ces fottifes eftranges?
Ah! Monfieur, vos mefpris vous fervent de louanges.
  Ainfi de cent chagrins dans Paris accablé,
80 Juge, fi tousjours trifte, interrompu, troublé,
Lamoignon, j'ai le temps de courtifer les Mufes.
Le monde cependant fe rit de mes excufes,
Croit que pour m'infpirer fur chaque evenement,
Apollon doit venir au premier mandement.
85   Un bruit court que le Roy va tout reduire en poudre,
Et dans Valencienne eft entré comme un foudre;
Que Cambray, des François l'efpouvantable écueil,
A veû tomber enfin fes murs & fon orgueil:
Que devant Saint-Omer, Naffau, par fa defaite,
90 De Philippe vainqueur rend la gloire complete.
Dieu fçait comme les Vers chez vous s'en vont couler,
Dit d'abord un Amy qui veut me cageoler,
Et dans ce temps guerrier, & fecond en Achilles,
Croit que l'on fait les Vers comme l'on prend les Villes.

REMARQUES.

Vers 86. *Et dans Valencienne*, &c.] Louis XIV. ayant fait inveftir la Ville de Valencienne au commencement de Mars 1677. cette Ville, après quelques jours de fiége, fut emportée d'affaut en moins d'une demi-heure.

Vers 87. *Que Cambray, des François l'épouventable écueil.*] Sous les régnes pré-cedens, Cambrai avoit été affiégé inutilement par les François; mais après vingt jours de fiége, Louis XIV. fe rendit maître de la Ville & de la Citadelle, le 17. Avril 1677.

Vers 90. *De Philippe vainqueur*, &c.] Philippe de France, Duc d'Orleans, fit le fiége de Saint-Omer, pendant que le Roi

EPISTRE VI.

95 Mais moy, dont le genie est mort en ce moment,
Je ne sçay que respondre à ce vain compliment :
Et justement confus de mon peu d'abondance,
Je me fais un chagrin du bonheur de la France.
   Qu'heureux est le Mortel, qui du monde ignoré,
100 Vit content de soy-mesme en un coin retiré !
Que l'amour de ce rien, qu'on nomme Renommée,
N'a jamais enyvré d'une vaine fumée ;
Qui de sa liberté forme tout son plaisir,
Et ne rend qu'à lui seul compte de son loisir !
105 Il n'a point à souffrir d'affronts ni d'injustices,
Et du peuple inconstant il brave les caprices.
Mais nous autres faiseurs de Livres & d'Escrits,
Sur les bords du Permesse aux loüanges nourris,
Nous ne sçaurions briser nos fers & nos entraves ;
110 Du Lecteur dedaigneux honorables esclaves.
Du rang où nostre esprit une fois s'est fait voir,
Sans un fascheux éclat nous ne sçaurions descheoir.
Le Public, enrichi du tribut de nos veilles,
Croit qu'on doit ajouster merveilles sur merveilles.

REMARQUES.

assiégeoit Cambrai. Guillaume de Nassau, Prince d'Orange, désespérant de sauver Cambrai, marcha avec trente mille hommes pour secourir Saint-Omer, & vint se poster sur les hauteurs de Cassel. Au bruit de sa marche, le Duc d'Orleans laissa des Troupes devant la Place ; & quoiqu'inférieur en nombre, il alla au-devant de lui pour le combattre. Malgré le désavantage du nombre & du lieu, ce Prince remporta une victoire complette le 11. Avril 1677. & mit en fuite le Prince d'Orange avec ses troupes. Après la victoire de Cassel, le Duc d'Orleans rentra dans les Lignes pour continuer le siége de Saint-Omer qui capitula le 20. du même mois.

EPISTRE VI.

115 Au comble parvenus il veut que nous croiſſions.
Il veut en vieilliſſant que nous rajeuniſſions.
Cependant tout décroiſt, & moy-meſme à qui l'âge
D'aucune ride encor n'a fletri le viſage,
Desja moins plein de feu, pour animer ma voix
120 J'ay beſoin du ſilence & de l'ombre des Bois.
Ma Muſe, qui ſe plaiſt dans leurs routes perduës,
Ne ſçauroit plus marcher ſur le pavé des ruës.
Ce n'eſt que dans ces Bois propres à m'exciter,
Qu'Apollon quelquefois daigne encor m'écouter.
125 Ne demande donc plus par quelle humeur ſauvage,
Tout l'Eſté loin de toy demeurant au village,
J'y paſſe obſtinément les ardeurs du Lion,
Et montre pour Paris ſi peu de paſſion.
C'eſt à toy, Lamoignon, que le rang, la naiſſance,
130 Le merite éclatant, & la haute eloquence
Appellent dans Paris aux ſublimes Emplois,
Qu'il ſied bien d'y veiller pour le maintien des Lois.
Tu dois là tous tes ſoins au bien de ta patrie.
Tu ne t'en peux bannir que l'Orphelin ne crie;

REMARQUES.

Vers 116. *Il veut en vieilliſſant que nous rajeuniſſions.*] C'eſt pour ſe plaindre de cette injuſtice, qu'il a compoſé l'Epître X. à ſes Vers.

Vers 117. ——— *Et moy-meſme à qui l'âge*, &c.] Il étoit dans ſa quarante-unième année.

Vers 127. *J'y paſſe obſtinément les ardeurs du Lion.*] Le mois de Juillet. Horace, Ep. 10. Livre I.

EPISTRE VI.

135 Que l'Oppresseur ne montre un front audacieux ;
Et Thémis pour voir clair a besoin de tes yeux.
Mais pour moy, de Paris Citoyen inhabile,
Qui ne lui puis fournir qu'un resveur inutile,
Il me faut du repos, des prez & des forests.
140 Laisse-moy donc icy, sous leurs ombrages frais,
Attendre que Septembre ait ramené l'Automne,
Et que Cerés contente ait fait place à Pomone.
Quand Bacchus comblera de ses nouveaux bienfaits
Le Vendangeur ravi de ployer sous le faix :
145 Aussi-tost ton Amy, redoutant moins la Ville,
T'ira joindre à Paris, pour s'enfuïr à Bâville.
Là, dans le seul loisir que Thémis t'a laissé,
Tu me verras souvent à te suivre empressé,
Pour monter à cheval rappellant mon audace,
150 Apprentif Cavalier galopper sur ta trace.
Tantost sur l'herbe assis au pied de ces costeaux,
Où Polycrene espand ses liberales eaux,
Lamoignon, nous irons, libres d'inquietude,
Discourir des Vertus dont tu fais ton estude :

REMARQUES.

——————— *Ubi gratior aura*
Leniat & rabiem Canis, & momenta
Leonis.

Vers 146. —— *Pour s'enfuïr à Bâville.*]
Terre qui appartient à M. de Lamoignon.

Elle est à neuf lieuës de Paris, du côté d'Etampes.

Vers 152. *Où Polycrène espand ses liberales eaux.*] Fontaine à une demi-lieuë de Bâville, ainsi nommée par M. le Premier Président de Lamoignon.

Chercher quels font les biens veritables ou faux :
Si l'honnefte homme en foy doit fouffrir des defauts :
Quel chemin le plus droit à la gloire nous guide,
Ou la vafte Sçience, ou la Vertu folide.
C'eft ainfi que chez toy tu fçauras m'attacher.
Heureux ! fi les Fafcheux, prompts à nous y chercher,
N'y viennent point femer l'ennuieufe trifteffe.
Car dans ce grand concours d'Hommes de toute efpece,
Que fans ceffe à Bâville attire le devoir ;
Au lieu de quatre Amis qu'on attendoit le foir,
Quelquefois de Fafcheux arrivent trois volées,
Qui du parc à l'inftant affiegent les allées.
Alors fauve qui peut, & quatre fois heureux,
Qui fçait pour s'efchapper quelque antre ignoré d'eux.

REMARQUES.

Vers 155. *Chercher quels font les biens,* &c.] Horace, Satire 6. Livre II.
——— *Quod magis ad nos Pertinet, & nefcire malum eft, agitamus : Vtrumne*

Divitiis homines, an fint virtute beati : Quidve ad amicitias, ufus, rectumve trahat nos. Et quæ fit natura boni, fummumque quid ejus.

EPISTRE

EPISTRE VII.
A M. RACINE.

Le sujet de cette Epistre est l'utilité qu'on peut retirer de la jalousie de ses ennemis, & en particulier des bonnes & des mauvaises critiques. Elle fut composée à l'occasion de la Tragédie de Phédre & Hippolyte, que M. Racine fit représenter pour la premiere fois, le 1. Janvier 1677.

QUE tu sçais bien, RACINE, à l'aide d'un Acteur,
Esmouvoir, estonner, ravir un Spectateur !
Jamais Iphigenie, en Aulide immolée,
N'a cousté tant de pleurs à la Grece assemblée,
5 Que dans l'heureux spectacle à nos yeux estalé,
En a fait sous son nom verser la Chanmeslé.
Ne croy pas toutefois, par tes sçavans Ouvrages,
Entraisnant tous les cœurs, gagner tous les suffrages.
Si-tost que d'Apollon un Genie inspiré,
10 Trouve loin du vulgaire un chemin ignoré,
En cent lieux contre lui les cabales s'amassent.
Ses Rivaux obscurcis autour de lui croassent.

REMARQUES.

Vers 1. *Que tu sçais bien, Racine.*] Jean Racine, né à la Ferté-Milon sur la fin de 1639. élevé à Port-Royal ; commença à 21. an à donner des Piéces de Théatre qui feront à jamais l'honneur de son Siécle. A ces rares talens, il joignit dans les dernieres années de sa vie une pieté solide & sincere, qui le fit renoncer aux Muses profanes pour se consacrer à des objets plus dignes de lui; il fut reçu à l'Académie Françoise en 1673. & mourut le 22. Avril 1699.

Vers 6. *En a fait sous son nom verser la Chanmeslé.*] Célebre Actrice. M. Racine qui récitoit admirablement bien, avoit pris soin de la former. Elle mourut au mois de Juillet 1698. à Auteuil, près de Paris.

Tome I.   ✱   D d

EPISTRE VII.

Et son trop de lumiere importunant les yeux,
De ses propres Amis lui fait des Envieux.
15 La Mort seule icy-bas, en terminant sa vie,
Peut calmer sur son nom l'Injustice & l'Envie;
Faire au poids du bon sens peser tous ses Escrits,
Et donner à ses Vers leur legitime prix.
Avant qu'un peu de terre, obtenu par priere,
20 Pour jamais sous la tombe eust enfermé Moliere,
Mille de ces beaux traits, aujourd'huy si vantez,
Furent des sots Esprits à nos yeux rebutez.
L'Ignorance & l'Erreur à ses naissantes Pieces,
En habits de Marquis, en robes de Comtesses,
25 Venoient pour diffamer son chef-d'œuvre nouveau,
Et secoüoient la teste à l'endroit le plus beau.
Le Commandeur vouloit la Scene plus exacte.
Le Vicomte indigné sortoit au second Acte.
L'un deffenseur zelé des Bigots mis en jeu,
30 Pour prix de ses bons mots, le condamnoit au feu.

REMARQUES.

Vers 19. *Avant qu'un peu de terre obtenu par priere*, &c.] Moliere étant mort, M. de Harlay, Archevêque, ne voulut pas permettre qu'on l'inhumât. La femme de Moliere alla sur le champ à Versailles pour se plaindre de l'injure que l'on faisoit à la mémoire de son mari. Le Roi la renvoya en lui disant, que cette affaire dépendoit du ministére de M. l'Archevêque. Cependant S. M. fit dire à ce Prélat, qu'il fît en sorte d'éviter l'éclat & le scandale. M. l'Archevêque révoqua sa défense, à condition que l'enterrement seroit fait sans pompe & sans bruit. Il fut fait par deux Prêtres qui accompagnerent le Corps, sans chanter ; & on l'enterra dans le Cimetiére qui est derriére la Chapelle de S. Joseph, dans la ruë Montmartre. Tous ses amis y assistérent, ayant chacun un flambeau à la main. La Moliere s'écrioit par tout : *Quoi, l'on refusera la sepulture à un homme qui mérite des Autels !*

Vers 23. ——— *A ses naissantes Pieces.*] *L'Ecole des Femmes*, qui est une des premieres Comédies de Moliere, fut fort suivie, & encore plus critiquée.

EPISTRE VII. 211

L'autre, fougueux Marquis, lui declarant la guerre,
Vouloit vanger la Cour immolée au Parterre.
Mais si-tost que d'un trait de ses fatales mains
La Parque l'eut rayé du nombre des Humains,
35 On reconnut le prix de sa Muse éclipsée.
L'aimable Comedie, avec lui terrassée,
En vain d'un coup si rude espera revenir,
Et sur ses brodequins ne put plus se tenir.
Tel fut chez nous le sort du Theatre Comique.
40 Toy donc, qui t'eslevant sur la Scene Tragique,
Suis les pas de Sophocle, & seul de tant d'Esprits,
De Corneille vieilli sçais consoler Paris;
Cesse de t'estonner, si l'Envie animée,
Attachant à ton nom sa roüille envenimée,
45 La calomnie en main, quelquefois te poursuit.
En cela, comme en tout, le Ciel qui nous conduit,
RACINE, fait briller sa profonde sagesse.
Le Merite en repos s'endort dans la paresse:

REMARQUES.

Vers 27. *Le Commandeur vouloit la Scéne plus exacte.*] Le Commandeur de Souvré n'approuvoit pas la Comédie de l'Ecole des Femmes.

Vers 28. *Le Vicomte indigné sortoit au second Acte.*] Le Comte du Broussin pour faire sa cour au Commandeur, sortit un jour au second Acte de la Comédie, disant tout haut qu'il ne sçavoit pas comment on avoit la patience d'écouter une Piéce où l'on violoit ainsi les régles.

Vers 29. ——— *Des Bigots mis en jeu.*] Dans la Comédie du Tartuffe.

Vers 31. *L'autre, fougueux Marquis.*] Les *Marquis* ridicules de la Cour, ausquels ont succédé les *Petits-Maîtres*, étoient extrêmement irrités contre Moliere, parce qu'il les jouoit dans ses Comédies.

Vers 45. *La calomnie en main, quelquefois te poursuit.*] Madame Des-Houlieres avoit fait un Sonnet Satirique contre la Phédre de M. Racine. Ce Sonnet fut rempli sur les mêmes rimes contre M. le Duc de Nevers, qui en accusa faussement l'Auteur de la Tragedie.

D d ij

EPISTRE VII.

Mais par les Envieux un Genie excité
50 Au comble de son Art est mille fois monté.
Plus on veut l'affoiblir, plus il croist & s'eslance.
Au Cid persecuté Cinna doit sa naissance;
Et peut-estre ta plume aux Censeurs de Pyrrhus
Doit les plus nobles traits dont tu peignis Burrhus.
55 Moi-mesme, dont la gloire icy moins respanduë
Des pasles Envieux ne blesse point la veuë;
Mais qu'une humeur trop libre, un esprit peu soufmis
De bonne heure a pourveu d'utiles Ennemis:
Je dois plus à leur haine, il faut que je l'avouë,
60 Qu'au foible & vain talent dont la France me louë.
Leur venin, qui sur moi brusle de s'espancher,
Tous les jours en marchant m'empesche de broncher.
Je songe, à chaque trait que ma plume hazarde,
Que d'un œil dangereux leur troupe me regarde.
65 Je sçais sur leurs avis corriger mes erreurs,
Et je mets à profit leurs malignes fureurs.
Si-tost que sur un vice ils pensent me confondre,
C'est en me guerissant que je sçais leur respondre:

REMARQUES.

Vers 53. *Et peut-estre ta plume aux Censeurs de Pyrrhus Doit les plus nobles traits dont tu peignis Burrhus.*] Ces deux vers désignent l'*Andromaque*, & *Britannicus*, Tragédies de Racine. Sur l'Andromaque qui parut en 1668. on jugea que l'Auteur pourroit égaler Corneille. On blâma cependant le caractére de Pyrrhus, comme trop violent, trop emporté, trop farouche. Messieurs d'Olonne & de Crequi surtout fronderent hautement la piece. Racine pour se venger fit l'Epigramme suivante, qu'il s'adresse à lui-même:

*Le vrai-semblable est choqué dans ta Piece,
Si l'on en croit & d'Olonne & Crequi.
Crequi dit que Pyrrhus aime trop sa Maîtresse;
D'Olonne, qu'Andromaque aime trop son mari.*

M. Racine composa ensuite *Britannicus*;

EPISTRE VII.

Et plus en criminel ils penſent m'ériger,
70 Plus croiſſant en vertu je ſonge à me vanger.
Imite mon exemple ; & lors qu'une Cabale,
Un flot de vains Auteurs follement te ravale,
Profite de leur haine & de leur mauvais ſens :
Ris du bruit paſſager de leurs cris impuiſſans.
75 Que peut contre tes Vers une ignorance vaine ?
Le Parnaſſe François, ennobli par ta veine,
Contre tous ces complots ſçaura te maintenir,
Et ſouſlever pour toy l'équitable Avenir.
Et qui voyant un jour la douleur vertueuſe
80 De Phédre malgré ſoi perfide, inceſtueuſe,
D'un ſi noble travail juſtement eſtonné,
Ne benira d'abord le ſiecle fortuné,
Qui rendu plus fameux par tes illuſtres veilles,
Vit naiſtre ſous ta main ces pompeuſes merveilles ?
85 Cependant laiſſe ici gronder quelques Cenſeurs,
Qu'aigriſſent de tes Vers les charmantes douceurs.
Et qu'importe à nos Vers que Perrin les admire ?
Que l'Autheur du Jonas s'empreſſe pour les lire ?

REMARQUES.

où il s'attacha à donner, dans le perſonnage de Burrhus, le caractére d'un parfaitement honnête homme. Au reſte M. Deſpréaux trouvoit Britannicus trop petit devant Néron, & ne pouvoit ſouffrir que Junie voyant ſon Amant mort ſe fît tout d'un coup Veſtale. Ce dénoüement lui paroiſſoit pueril.

Vers 87. *Et qu'importe à nos vers que Perrin les admire ?*] Pierre Perrin, mauvais Poëte. V. Satire VII. vers 44.

Ibid. *Et qu'importe à nos vers*, &c.] Horace, Sat. 10. Livre I.

Men' moveat cimex Pantilius ? aut crucier, quòd
Vellicet abſentem Demetrius ? aut quòd ineptus
Fannius Hermogenis lædat conviva Tigelli ?

Vers 88. *Que l'Auteur du Jonas*, &c.]

EPISTRE VII.

Qu'ils charment de Senlis le Poëte idiot,
90 Ou le sec Traducteur du François d'Amyot:
Pourveû qu'avec éclat leurs rimes débitées,
Soient du Peuple, des Grands, des Provinces goustées;
Pourveû qu'ils puissent plaire au plus puissant des Rois;
Qu'à Chantilli Condé les souffre quelquefois:
95 Qu'Enguien en soit touché, que Colbert & Vivone,
Que la Rochefoucault, Marsillac & Pompone,
Et mille autres qu'icy je ne puis faire entrer,
A leurs traits delicats se laissent penetrer.
Et pleust au Ciel encor, pour couronner l'Ouvrage,
100 Que Montauzier voulust leur donner son suffrage!
C'est à de tels Lecteurs que j'offre mes Escrits.
Mais pour un tas grossier de frivoles Esprits,

REMARQUES.

V. la Remarque sur le vers 91. de la Satire IX.

Vers 89. ——— *De Senlis le Poëte idiot.*] Liniere avoit la phisionomie d'un idiot. Il ne réüssissoit qu'à faire des chansons impies; c'est pourquoi notre Auteur lui reprocha un jour, qu'il n'avoit de l'esprit que contre Dieu. On l'appelloit l'*Athée de Senlis.*

Vers 90. *Ou le sec Traducteur du François d'Amyot.*] L'Abbé Tallemant l'aîné entreprit en 1665. de faire une nouvelle traduction des Vies de Plutarque. On a prétendu qu'il n'avoit fait que mettre celle d'Amyot dans un autre langage.

Vers 96. *Que la Rochefoucault, Marsillac, & Pompone.*]M. le Duc de la Rochefoucault, aussi célébre par la beauté de son esprit, que par la noblesse de son origine. C'est l'Auteur du Livre des Maximes morales.

Marsillac : Le Prince de Marsillac, fils de M. le Duc de la Rochefoucault.

Pompone : Simon Arnaud, Marquis de *Pompone*, Ministre d'Etat.

Vers 100. *Que Montauzier voulust leur donner son suffrage.*] Le souhait obligeant & flateur qui est exprimé dans ce vers, produisit sur le cœur de M. le Duc de Montauzier tout l'effet que l'Auteur s'en étoit promis. Ce Duc joignit à l'estime qu'il avoit déja pour M. Despréaux, une véritable amitié qui a duré toute sa vie.

Vers 101. *C'est à de tels Lecteurs que j'offre mes escrits.*] Horace, au même endroit.
Complures alios, doctos ego quos & amicos
Prudens prætereo, quibus hæc, sunt qualia-
  cumque,
Arridere velim, doliturus, si placeant spe
Deteriùs nostra.

EPISTRE VII.

Admirateurs zelez de toute œuvre infipide,
Que non loin de la Place où Brioché préfide,
105 Sans chercher dans les Vers ni cadence ni fon,
Il s'en aille admirer le fçavoir de Pradon.

REMARQUES.

Vers 104. *Que non loin de la Place où Brioché préfide.*] *Brioché*, fameux Joueur de Marionettes, logé près des Comédiens.

EPISTRE VIII.
AU ROY.

L'Auteur appelloit ordinairement cette Epiſtre ſon Remerciment. En effet, il y marque plus particulierement que dans le reſte de ſes Ouvrages ſa reconnoiſſance des bienfaits du Prince. Elle fut compoſée en 1675. mais elle ne parut que l'année ſuivante.

GRAND ROY, ceſſe de vaincre, ou je ceſſe d'eſcrire.
Tu ſçais bien que mon ſtile eſt né pour la Satire :
Mais mon Eſprit, contraint de la deſavoüer,
Sous Ton Regne eſtonnant ne veut plus que loüer.
5 Tantoſt dans les ardeurs de ce zele incommode,
Je ſonge à meſurer les ſyllabes d'une Ode :
Tantoſt d'une Eneïde Autheur ambitieux,
Je m'en forme desja le plan audacieux.
Ainſi touſjours flatté d'une douce manie,
10 Je ſens de jour en jour déperir mon genie ;
Et mes Vers en ce ſtile ennuïeux, ſans appas,
Deshonorent ma plume, & ne T'honorent pas.
 Encor ſi Ta valeur, à tout vaincre obſtinée,
Nous laiſſoit, pour le moins, reſpirer une année,
15 Peut-eſtre mon Eſprit, prompt à reſſuſciter,
Du temps qu'il a perdu ſçauroit ſe r'acquiter.
 Sur ces nombreux defauts, merveilleux à deſcrire,
Le Siecle m'offre encor plus d'un bon mot à dire.
Mais à peine Dinan & Limbourg ſont forcez,
20 Qu'il faut chanter Bouchain & Condé terraſſez.

Ton

EPISTRE VIII.

Ton courage affamé de peril & de gloire,
Court d'exploits en exploits, de victoire en victoire.
Souvent ce qu'un seul jour Te voit executer,
Nous laisse pour un an d'actions à conter.
25　Que si quelquefois las de forcer des murailles,
Le soin de Tes Sujets Te rappelle à Versailles,
Tu viens m'embarrasser de mille autres Vertus.
Te voyant de plus prés, je t'admire encor plus.
Dans les nobles douceurs d'un sejour plein de charmes,
30　Tu n'es pas moins Heros qu'au milieu des alarmes.
De Ton Throsne agrandi portant seul tout le faix,
Tu cultives les Arts : Tu respands les bienfaits ;
Tu fçais recompenser jusqu'aux Muses critiques.
Ah! croy-moy, c'en est trop. Nous autres Satiriques,
35　Propres à relever les sottises du temps,
Nous sommes un peu nez pour estre mescontens.
Nostre Muse, souvent paresseuse & sterile
A besoin, pour marcher, de colere & de bile.
Nostre stile languit dans un remerciment :
40　Mais, GRAND ROY, nous sçavons nous plaindre elegamment.
　　　O ! que si je vivois sous les regnes sinistres
De ces Roys nez valets de leurs propres Ministres,
Et qui jamais en main ne prenant le timon,
Aux exploits de leur temps ne prestoient que leur nom ;

REMARQUES.

Vers 42. *De ces Roys nez valets de leurs propres Ministres.*] Les derniers Rois de la premiere Race laissoient toute l'administration aux Maires du Palais.

Tome I.

45 Que, sans les fatiguer d'une loüange vaine,
Aisément les bons mots couleroient de ma veine!
Mais tousjours sous Ton Regne il faut se récrier.
Tousjours, les yeux au Ciel, il faut remercier.
Sans cesse à T'admirer ma Critique forcée
50 N'a plus, en écrivant, de maligne pensée;
Et mes chagrins sans fiel, & presque évanouïs,
Font grace à tout le siecle en faveur de LOUIS.
En tous lieux cependant la Pharsale approuvée,
Sans crainte de mes Vers, va la teste levée.
55 La Licence par tout regne dans les Escrits.
Desja le mauvais Sens reprenant ses esprits,
Songe à nous redonner des Poëmes Epiques,
S'empare des Discours, mesmes Academiques.
Perrin a de ses Vers obtenu le pardon;
60 Et la Scene Françoise est en proie à Pradon.
Et moi, sur ce sujet, loin d'exercer ma plume,
J'amasse de Tes Faits le penible volume;
Et ma Muse occupée à cet unique emploi,
Ne regarde, n'entend, ne connoist plus que Toi.
65   Tu le sçais bien pourtant, cette ardeur empressée
N'est point en moi l'effet d'une ame interessée.
Avant que Tes bienfaits courussent me chercher,
Mon zele impatient ne se pouvoit cacher.

REMARQUES.

Vers 53. ——— *La Pharsale approuvée.*] La Pharsale de Brebœuf. | Vers 91. ——— *Qui peignit Tullius.*] Sénateur Romain. César l'exclut du Sénat;

EPISTRE VIII.

Je n'admirois que Toi. Le plaisir de le dire
70 Vint m'apprendre à loüer au sein de la Satire.
Et depuis que tes dons sont venus m'accabler,
Loin de sentir mes Vers avec eux redoubler,
Quelquefois, le dirai-je, un remords legitime,
Au fort de mon ardeur, vient refroidir ma rime.
75 Il me semble, GRAND ROY, dans mes nouveaux Escrits,
Que mon encens payé n'est plus du mesme prix.
J'ai peur que l'Univers, qui sçait ma recompense,
N'impute mes transports à ma reconnoissance;
Et que par Tes presens mon Vers decredité
80 N'ait moins de poids pour Toi dans la Posterité.
  Toutefois je sçai vaincre un remords qui Te blesse.
Si tout ce qui reçoit des fruits de Ta largesse,
A peindre Tes exploits ne doit point s'engager,
Qui d'un si juste soin se pourra donc charger ?
85 Ah ! plustost de nos sons redoublons l'harmonie.
Le Zele à mon Esprit tiendra lieu de Genie.
Horace tant de fois dans mes Vers imité,
De vapeurs en son temps, comme moi, tourmenté,
Pour amortir le feu de sa rate indocile,
90 Dans l'encre quelquefois sçeût esgayer sa bile.
Mais de la mesme main qui peignit Tullius,
Qui d'affronts immortels couvrit Tigellius,

REMARQUES.

mais il y rentra après la mort de cet Empereur. V. Horace, Livre I. Satire 6.

Vers 92. ——— *Couvrit Tigellius.*] Fameux Musicien, le plus estimé de son temps,

E e ij

EPISTRE VIII.

Il sçeût fléchir Glycere, il sçeût vanter Auguste,
Et marquer sur la Lyre une cadence juste.
95 Suivons les pas fameux d'un si noble Escrivain.
A ces mots quelquefois prenant la Lyre en main,
Au recit que pour Toy je suis prest d'entreprendre,
Je croi voir les Rochers accourir pour m'entendre;
Et desja mon Vers coule à pas précipitez;
100 Quand j'entens le Lecteur qui me crie, Arrestez.
Horace eut cent talens : mais la Nature avare
Ne vous a rien donné qu'un peu d'humeur bizarre.
Vous passez en audace & Perse & Juvenal :
Mais sur le ton flatteur Pinchesne est vostre égal.
105 A ce discours, GRAND ROY, que pourrois-je respondre?
Je me sens sur ce point trop facile à confondre,
Et sans trop relever des reproches si vrais,
Je m'arreste à l'instant, j'admire, & je me tais.

REMARQUES.

fort cheri d'Auguste. V. Satire 3. Livre I. d'Horace.

Vers 93. *Il sçut flechir Glycere*, &c.] Sa Maîtresse. Ode 19. du Livre I.

Vers 104. *Mais sur le ton flatteur Pinchesne est vostre égal.*] Etienne Martin, Sieur de Pinchêne, Neveu de Voiture.

EPISTRE IX.
A M. LE MARQUIS DE SEIGNELAY.

Cette Epistre contient l'Eloge du Vrai. *L'Auteur y fait voir que* Rien n'est beau que le Vrai, *& que* le Vrai seul est aimable. *Il a fait briller ici tout son génie, & sçû réunir tout le sublime de la Morale avec toute la douceur de la Poësie. Elle a été composée en* 1675.

DANGEREUX Ennemi de tout mauvais Flatteur,
Seignelay, c'est en vain qu'un ridicule Auteur,
Prest à porter ton nom de l'Ebre jusqu'au Gange,
Croit te prendre aux filets d'une sotte loüange.
5 Aussi-tost ton Esprit, prompt à se revolter,
S'eschape, & rompt le piege où l'on veut l'arrester.
Il n'en est pas ainsi de ces Esprits frivoles,
Que tout Flatteur endort au son de ses paroles;
Qui dans un vain Sonnet placez au rang des Dieux,
10 Se plaisent à fouler l'Olympe radieux;
Et fiers du haut estage où La Serre les loge,
Avalent sans desgoust le plus grossier éloge.
Tu ne te repais point d'encens à si bas prix.
Non que tu sois pourtant de ces rudes Esprits

REMARQUES.

Vers 2. *Seignelay*, &c.] Jean-Baptiste Colbert, Marquis de Seignelay, Secretaire d'Etat; fils aîné de M. Colbert.

Vers 3. ———— *De l'Ebre jusqu'au Gange.*] Expression commune & usitée parmi les Poëtes médiocres. *L'Ebre*, Riviere d'Espagne. *Le Gange*, Riviere des Indes.

Vers 11. *Et fiers du haut estage où la Serre les loge.*] *La Serre*, fade Panégyriste, qui se flattoit d'être fort capable de composer des Eloges, suivant l'usage où l'on étoit en ce temps-là de faire des Portraits en vers ou en prose.

EPISTRE IX.

15 Qui regimbent tousjours, quelque main qui les flate,
    Tu souffres la loüange adroite & delicate,
    Dont la trop forte odeur n'esbranle point les sens.
    Mais un Auteur, Novice à respandre l'encens,
    Souvent à son Heros, dans un bizarre Ouvrage,
20 Donne de l'Encensoir au travers du visage :
    Va loüer Monterey d'Oudenarde forcé,
    Ou vante aux Electeurs Turenne repoussé.
    Tout éloge imposteur blesse une Ame sincere.
    Si pour faire sa cour à ton illustre Pere,
25 Seignelay, quelque Auteur d'un faux zele emporté,
    Au lieu de peindre en lui la noble activité,
    La solide vertu, la vaste intelligence,
    Le zele pour son Roi, l'ardeur, la vigilance,
    La constante equité, l'amour pour les beaux Arts ;
30 Luy donnoit les vertus d'Alexandre ou de Mars ;
    Et, pouvant justement l'esgaler à Mecene,
    Le comparoit au fils de Pelée ou d'Alcmene,
    Ses yeux d'un tel discours foiblement esblouïs,
    Bien-tost dans ce Tableau reconnoistroient LOUIS ;

REMARQUES.

Vers 15. *Qui regimbent tousjours, quelque main qui les flate.*] Horace, Satire 1. Livre II.
Cui male si palpêre, recalcitrat undique tutus.

Vers 20. *Donne de l'encensoir au travers du visage.*] Ce vers est devenu Proverbe.

Vers 21. *Va loüer Monterey d'Oudenarde forcé.*] Après la Bataille de Seneff gagnée par le Prince de Condé, les Alliés voulurent effacer la honte de leur défaite par la prise de quelqu'une de nos Villes. Le Comte de Monterey, Gouverneur des Païs-Bas pour l'Espagne, & Général de l'Armée Espagnole, assiégea Oudenarde. Mais le Prince de Condé l'obligea de lever le Siège avec précipitation, le 12. Septembre 1674.

Vers 22. *Ou vante aux Electeurs Turenne repoussé.*] Ce vers aussi-bien que le précédent est une contre-vérité. Celui-ci

EPISTRE IX.

35 Et, glaçant d'un regard la Muſe & le Poëte,
    Impoſeroient ſilence à ſa verve indiſcrete.
    Un cœur noble eſt content de ce qu'il trouve en lui,
    Et ne s'applaudit point des qualitez d'autrui.
    Que me ſert en effet, qu'un Admirateur fade
40 Vante mon embonpoint, ſi je me ſens malade:
    Si dans cet inſtant meſme un feu ſeditieux
    Fait boüillonner mon ſang, & petiller mes yeux?
    Rien n'eſt beau que le Vrai. Le Vrai ſeul eſt aimable.
    Il doit regner par tout, & meſme dans la Fable:
45 De toute fiction l'adroite fauſſeté
    Ne tend qu'à faire aux yeux briller la Verité.
      Sçais-tu, pourquoi mes Vers ſont leûs dans les Provinces;
    Sont recherchez du Peuple, & reçeûs chez les Princes?
    Ce n'eſt pas que leurs ſons, agreables, nombreux,
50 Soient tousjours à l'oreille eſgalement heureux:
    Qu'en plus d'un lieu le ſens n'y geſne la meſure,
    Et qu'un mot quelquefois n'y brave la céſure.
    Mais c'eſt qu'en eux le Vrai, du Menſonge vainqueur,
    Par tout ſe montre aux yeux, & va ſaiſir le cœur:

REMARQUES.

déſigne la bataille de Turkein en Alſace, gagnée par M. de Turenne contre les Allemans, le 5. Janvier 1675.

  Vers 24. *Si, pour faire ſa cour à ton illuſtre Pere.*] Ce vers, & les dix ſuivans ſont imités d'Horace, Épître 16. Livre I.

Si quis bella tibi terrâ pugnata marique
Dicat, & his verbis vacuas permulceat
  aures...

—— *Auguſti laudes agnoſcere poſſis,*

Cùm pateris ſapiens emendatuſque vocari.
  Vers 39. *Que me ſert en effet, &c.*] Horace, dans la même Épître 16.

Neu, ſi te populus ſanum, rectéque va-
  lentem
Dictitet, occultam febrem ſub tempus eden-
  di
Diſſimules, donec manibus tremor incidat
  unctis.

  Vers 51. *Qu'en plus d'un lieu le ſens n'y*

EPISTRE IX.

55 Que le Bien & le Mal y font prifez au jufte;
Que jamais un Faquin n'y tint un rang augufte;
Et que mon cœur tousjours conduifant mon efprit,
Ne dit rien aux Lecteurs, qu'à foi-mefme il n'ait dit.
Ma penfée au grand jour par tout s'offre & s'expofe;
60 Et mon Vers, bien ou mal, dit tousjours quelque chofe.
C'eſt par là quelquefois que ma Rime furprend.
C'eſt-là ce que n'ont point Jonas, ni Childebrand,
Ni tous ces vains amas de frivoles fornettes,
Montre, Miroir d'Amours, Amitiez, Amourettes,
65 Dont le titre fouvent eſt l'unique fouſtien,
Et qui parlant beaucoup, ne difent jamais rien.
  Mais peut-eſtre enyvré des vapeurs de ma Mufe,
Moi-mefme en ma faveur, Seignelay, je m'abufe.
Ceffons de nous flatter. Il n'eſt Efprit fi droit
70 Qui ne foit impoſteur, & faux par quelque endroit.
Sans ceffe on prend le mafque, & quittant la Nature,
On craint de fe montrer fous fa propre figure.
Par là le plus fincére affez fouvent déplaiſt.
Rarement un Efprit ofe eſtre ce qu'il eſt.

REMARQUES.

gefne la mefure.] Par le fens qui gêne la mefure, le Poëte a voulu exprimer certaines tranfpofitions forcées dont les meilleurs Ecrivains ne fçauroient fe défendre, mais dont ils tâchent de fauver la dureté par la foupleffe de leur art. Le vers, dans ces fituations, femble grimacer, ou faire certaines contorfions. M. Defpréaux donnoit comme un modéle parfait de la mefure gênée par le fens, ce vers de Chapelain, où il eſt queſtion de Cynégire.

*Les dents, tout lui manquant, dans ces
pierres il plante,* &c.

Vers 62. *C'eſt-là ce que n'ont point Jonas, ni Childebrand.*] Poëmes héroïques. V. le vers 91. de la Satire IX. & le vers 242. du troifiéme Chant de l'Art Poëtique.

Vois-

EPISTRE IX.

75 Vois-tu cet Importun, que tout le monde évite;
Cet Homme à tousjours fuir, qui jamais ne vous quitte?
Il n'eſt pas ſans eſprit : mais né triſte & peſant,
Il veut eſtre folaſtre, évaporé, plaiſant :
Il s'eſt fait de ſa joie une loi neceſſaire,
80 Et ne déplaiſt enfin que pour vouloir trop plaire.
La Simplicité plaiſt ſans eſtude & ſans art.
Tout charme en un Enfant, dont la langue ſans fard,
A peine du filet encor débaraſſée,
Sçait d'un air innocent bégayer ſa penſée.
85 Le faux eſt tousjours fade, ennuyeux, languiſſant :
Mais la Nature eſt vraie, & d'abord on la ſent.
C'eſt Elle ſeule en tout qu'on admire, & qu'on aime.
Un Eſprit né chagrin plaiſt par ſon chagrin meſme.
Chacun pris dans ſon air eſt agreable en ſoi.
90 Ce n'eſt que l'air d'autrui qui peut déplaire en moi.
    Ce Marquis eſtoit né doux, commode, agreable.
On vantoit en tous lieux ſon ignorance aimable.
Mais depuis quelques mois devenu grand Docteur,
Il a pris un faux air, une ſotte hauteur.

REMARQUES.

Vers 64. *Montre.*] *La Montre*, petit Ouvrage mêlé de vers & de Proſe, par Bonecorſe, de Marſeille, qui a exercé la Charge de Conſul de la Nation Françoiſe au Grand-Caire. C'eſt l'Auteur du *Lutrigot*, Poëme ſatirique, où, en voulant ridiculiſer *le Lutrin*, il s'eſt lui-même rendu ridicule.

Ibid. ―――― *Miroir d'Amours.*] Ouvrage de Perrault, intitulé : *Le Miroir*, à *Dorante*.

Amitiez, Amours, Amourettes : Les Oeuvres de *René Le Pais* ſont intitulées ainſi.

Vers 84. *Sçait d'un air innocent begaïer ſa penſée.*] Perſe, Satire I.

―――― *Tenero ſupplantat verba palato.*

Tome I.   *   F f

95 Il ne veut plus parler que de rime & de Profe.
Des Autheurs defcriez il prend en main la caufe.
Il rit du mauvais gouft de tant d'Hommes divers,
Et va voir l'Opera feulement pour les Vers.
Voulant fe redreffer, foi-mefme on s'eftropie,
100 Et d'un original on fait une copie.
L'Ignorance vaut mieux qu'un fçavoir affecté.
Rien n'eft beau, je reviens, que par la Verité.
C'eft par elle qu'on plaift, & qu'on peut long-temps plaire.
L'efprit laffe aifément, fi le cœur n'eft fincere.
105 Envain, par fa grimace un Bouffon odieux
A table nous fait rire, & divertit nos yeux.
Ses bons mots ont befoin de farine & de plaftre.
Prenez-le tefte à tefte, oftez-lui fon Theâtre,
Ce n'eft plus qu'un cœur bas, un Coquin tenebreux.
110 Son vifage effuyé n'a plus rien que d'affreux.
J'aime un Efprit aifé, qui fe montre, qui s'ouvre,
Et qui plaift d'autant plus, que plus il fe defcouvre.
Mais la feule Vertu peut fouffrir la clarté.
Le Vice tousjours fombre aime l'obfcurité.
115 Pour paroiftre au grand jour, il faut qu'il fe déguife.
C'eft luy qui de nos mœurs a banni la franchife.
Jadis l'Homme vivoit au travail occupé ;
Et ne trompant jamais, n'eftoit jamais trompé.

REMARQUES.

Vers 105. *Envain par fa grimace un Bouffon odieux*, &c.] L'Auteur a voulu peindre ici un des plus célébres Muficiens que la France ait eûs. C'étoit là fon caractère. Nulle reffource dans l'efprit pour la converfation, hors les obfcénités, & les

EPISTRE IX.

    On ne connoiſſoit point la Ruſe & l'Impoſture.
120 Le Normand meſme alors ignoroit le parjure.
    Aucun Rheteur encore, arrangeant le diſcours,
    N'avoit d'un art menteur enſeigné les deſtours.
    Mais ſi-toſt qu'aux Humains, faciles à ſeduire,
    L'Abondance eut donné le loiſir de ſe nuire,
125 La Molleſſe amena la fauſſe Vanité.
    Chacun chercha, pour plaire, un viſage emprunté.
    Pour eſblouïr les yeux, la Fortune arrogante
    Affecta d'eſtaler une pompe inſolente.
    L'Or eſclata par tout ſur les riches habits.
130 On polit l'Emeraude, on tailla le Rubis;
    Et la Laine & la Soie en cent façons nouvelles
    Apprirent à quitter leurs couleurs naturelles.
    La trop courte Beauté monta ſur des patins.
    La Coquette tendit ſes lacs tous les matins;
135 Et mettant la céruſe & le plaſtre en uſage,
    Compoſa de ſa main les fleurs de ſon viſage.
    L'ardeur de s'enrichir chaſſa la bonne foy.
    Le Courtiſan n'eut plus de ſentimens à ſoy.
    Tout ne fut plus que fard, qu'erreur, que tromperie.
140 On vid par tout regner la baſſe Flatterie.
    Le Parnaſſe ſur tout fecond en Impoſteurs,
    Diffama le papier par ſes propos menteurs.

REMARQUES.

matiéres d'intérêt. Moliere au contraire regardoit ce même Muſicien comme un excellent Pantomime, & lui diſoit ſou- vent : *L*** fais nous rire.*

Vers 131. *Et la laine & la ſoie*, &c.]

De là vint cet amas d'Ouvrages mercenaires,
Stances, Odes, Sonnets, Epiſtres liminaires,
145 Où tousjours le Heros paſſe pour ſans pareil,
Et, fuſt-il louche & borgne, eſt reputé Soleil.

Ne crois pas toutefois, ſur ce diſcours bizarre,
Que d'un frivole encens malignement avare,
J'en veüille ſans raiſon fruſtrer tout l'Univers.
150 La loüange agreable eſt l'ame des beaux Vers.
Mais je tiens, comme toi, qu'il faut qu'elle ſoit vraie,
Et que ſon tour adroit n'ait rien qui nous effraie.
Alors, comme j'ai dit, tu la ſçais eſcouter,
Et ſans crainte à tes yeux on pourroit t'exalter.
155 Mais ſans t'aller chercher des vertus dans les nuës,
Il faudroit peindre en toy des veritez connuës :
Decrire ton Eſprit ami de la Raiſon,
Ton ardeur pour ton Roi puiſée en ta Maiſon ;
A ſervir ſes deſſeins ta vigilance heureuſe ;
160 Ta probité ſincere, utile, officieuſe.
Tel, qui hait à ſe voir peint en de faux portraits,
Sans chagrin voit tracer ſes veritables traits.
Condé meſme, Condé, ce Heros formidable,
Et non moins qu'aux Flamans aux Flatteurs redoutable,

REMARQUES.

Imitation de Virgile, Eclogue IV.
Nec varios diſcet mentiri lana colores.
Vers 146. *Et fuſt-il louche & borgne eſt reputé Soleil.*] M. de Servien, Sur-Intendant des Finances, n'avoit qu'un œil ; & on ne laiſſoit pas de le traiter de *Soleil* dans les Epîtres dédicatoires, & les autres éloges qu'on lui adreſſoit.

Vers 167. *Et dans Seneff en feu,* &c.] La Bataille de Seneff gagnée par le Prince de Condé, le 11. Août 1674. contre les Allemans, les Eſpagnols, & les Hollan-

EPISTRE IX.

165 Ne s'offenseroit pas, si quelque adroit Pinceau
Traçoit de ses Exploits le fidelle Tableau :
Et dans Seneff en feu contemplant sa peinture,
Ne desavoûroit pas Malherbe ni Voiture.
Mais, malheur au Poëte insipide, odieux,
170 Qui viendroit le glacer d'un éloge ennuyeux.
Il auroit beau crier : *Premier Prince du Monde,*
Courage sans pareil, Lumiere sans seconde;
Ses Vers jettez d'abord, sans tourner le feuillet,
Iroient dans l'antichambre amuser Pacolet.

REMARQUES.

dois, au nombre de plus de soixante mille hommes commandés par le Prince d'Orange.

Vers 171. ——— *Premier Prince du monde*, &c.] Commencement du Poëme de Charlemagne, par Louis le Laboureur, Trésorier de France, & Bailli du Duché de Montmorenci.
Premier Prince du Sang du plus grand Roy du monde,
Courage sans pareil, lumiere sans seconde.
Vers dernier. ——— *Amuser Pacolet.*] Valet de pied du Grand Prince de Condé.

PREFACE.

JE ne sçay si les trois nouvelles Epistres que je donne ici au Public, auront beaucoup d'Approbateurs : mais je sçay bien que mes Censeurs y trouveront abondamment de quoy exercer leur critique. Car tout y est extresmement hazardé. Dans le premier de ces trois Ouvrages, sous pretexte de faire le procés à mes derniers Vers, je fais moy-mesme mon éloge, & n'oublie rien de ce qui peut estre dit à mon avantage. Dans le second je m'entretiens avec mon Jardinier de choses trés-basses, & trés-petites; & dans le troisiéme je decide hautement du plus grand & du plus important point de la Religion, je veux dire de l'Amour de Dieu. J'ouvre donc un beau champ à ces Censeurs, pour attaquer en moy, & le Poëte orgueilleux, & le Villageois grossier, & le Theologien temeraire. Quelque fortes pourtant que soient leurs attaques, je doute qu'elles ébranlent la ferme resolution que j'ai prise il y a long-temps, de ne rien respondre, au moins sur le ton serieux, à tout ce qu'ils escriront contre moy.

A quoy bon en effet perdre inutilement du papier ? Si mes Epistres sont mauvaises, tout ce que je diray ne les fera pas trouver bonnes : & si elles sont bonnes, tout ce qu'ils feront ne les fera pas trouver mauvaises. Le Public n'est pas un Juge qu'on puisse corriger, ni qui se regle par les passions d'autruy. Tout ce bruit, tous ces Escrits qui se font ordinairement contre des Ouvrages où l'on court, ne servent qu'à y faire encore plus courir, & à en mieux marquer le merite. Il est de l'essence d'un bon Livre d'avoir des Censeurs ; & la plus grande disgrace qui puisse arriver à un Escrit qu'on met au jour,

PREFACE.

ce n'eſt pas que beaucoup de gens en diſent du mal, c'eſt que perſonne n'en diſe rien.

 Je me garderay donc bien de trouver mauvais qu'on attaque mes trois Epiſtres. Ce qu'il y a de certain, c'eſt que je les ay fort travaillées, & principalement celle de l'Amour de Dieu, que j'ay retouchée plus d'une fois, & où j'avoüe que j'ay employé tout le peu que je puis avoir d'eſprit & de lumieres. J'avois deſſein d'abord de la donner toute ſeule, les deux autres me paroiſſant trop frivoles, pour eſtre preſentées au grand jour de l'impreſſion avec un Ouvrage ſi ſerieux. Mais des Amis trés-ſenſez m'ont fait comprendre que ces deux Epiſtres, quoique dans le ſtile enjoüé, eſtoient pourtant des Epiſtres morales, où il n'eſtoit rien enſeigné que de vertueux : qu'ainſi eſtant liées avec l'autre, bien loin de lui nuire, elles pourroient meſme faire une diverſité agreable ; & que d'ailleurs beaucoup d'honneſtes gens ſouhaitant de les avoir toutes trois enſemble, je ne pouvois pas avec bienſeance me diſpenſer de leur donner une ſi legere ſatisfaction. Je me ſuis rendu à ce ſentiment, & on les trouvera raſſemblées ici dans un meſme cahier. Cependant, comme il y a des Gens de pieté, qui peut-eſtre ne ſe ſoucieront gueres de lire les entretiens, que je puis avoir avec mon Jardinier & avec mes Vers, il eſt bon de les avertir qu'il y a ordre de leur diſtribuer à part la derniere, ſçavoir celle qui traite de l'Amour de Dieu ; & que non ſeulement je ne trouveray pas eſtrange qu'ils ne liſent que celle-là ; mais que je me ſens quelquefois moy-meſme en des diſpoſitions d'eſprit, où je voudrois de bon cœur n'avoir de ma vie compoſé que ce ſeul Ouvrage, qui vraiſemblablement ſera la derniere Piece de Poëſie qu'on aura de moy : mon genie pour les Vers commençant à s'eſpuiſer, & mes Emplois

PREFACE.

hiſtoriques ne me laiſſant gueres le temps de m'appliquer à chercher & à ramaſſer des rimes.

Voilà ce que j'avois à dire aux Lecteurs. Avant neanmoins que de finir cette Preface, il ne ſera pas hors de propos, ce me ſemble, de r'aſſeurer des perſonnes timides, qui n'ayant pas une fort grande idée de ma capacité en matiere de Theologie, douteront peut-eſtre que tout ce que j'avance en mon Epiſtre ſoit fort infaillible; & apprehendront qu'en voulant les conduire, je ne les eſgare. Afin donc qu'elles marchent ſeûrement, je leur diray, vanité à part, que j'ay leû pluſieurs fois cette Epiſtre à un fort grand nombre de Docteurs de Sorbonne, de Peres de l'Oratoire & de Jeſuites trés-celebres, qui tous y ont applaudi, & en ont trouvé la doctrine trés-ſaine & tréspure. Que beaucoup de Prelats illuſtres, à qui je l'ay recitée, en ont jugé comme eux. Que Monſeigneur l'Eveſque de Meaux (1), *c'eſt-à-dire, une des plus grandes Lumieres, qui ayent éclairé l'Egliſe dans les derniers Siecles, a eû long-temps mon Ouvrage entre les mains; & qu'aprés l'avoir leû & releû pluſieurs fois, il m'a non ſeulement donné ſon approbation, mais a trouvé bon que je publiaſſe à tout le monde qu'il me la donnoit. Enfin, que pour mettre le comble à ma gloire, ce ſaint Archeveſque* (2), *dans le Dioceſe duquel j'ay le bonheur de me trouver, ce grand Prelat, dis-je, auſſi éminent en doctrine & en vertus, qu'en Dignité & en naiſſance, que le plus grand Roy de l'Univers, par un choix viſiblement inſpiré du Ciel, a donné à la Ville Capitale de ſon Royaume, pour aſſeûrer*

REMARQUES.

(1) *M. l'Eveſque de Meaux.*] Jacques-Benigne Boſſuet.

(2) *Ce ſaint Archeveſque.*] Louis-Antoine de Noailles, Archevêque de Paris, enſuite Cardinal.

l'Innocence,

PREFACE.

l'Innocence, & pour deſtruire l'Erreur, Monſeigneur l'Archeveſque de Paris, en un mot, a bien daigné auſſi examiner ſoigneuſement mon Epiſtre, & a eû meſme la bonté de me donner ſur plus d'un endroit des conſeils que j'ay ſuivis ; & m'a enfin accordé auſſi ſon approbation, avec des éloges, dont je ſuis également ravi & confus (1).

(2) *Au reſte, comme il y a des Gens qui ont publié, que mon Epiſtre n'eſtoit qu'une vaine declamation, qui n'attaquoit rien de réel, ni qu'aucun Homme euſt jamais avancé, je veux bien, pour l'intereſt de la Verité, mettre ici la Propoſition que j'y combats, dans la Langue, & dans les termes qu'on la ſouſtient en plus d'une Eſcole. La voici* : Attritio ex gehennæ metu ſufficit etiam ſine ulla Dei dilectione, & ſine ullo ad Deum offenſum reſpectu ; quia talis honeſta & ſupernaturalis eſt. *C'eſt cette Propoſition que j'attaque, & que je ſouſtiens fauſſe, abominable, & plus contraire à la vraye Religion, que le Lutheraniſme ni le Calviniſme. Cependant je ne croy pas qu'on puiſſe nier qu'on ne l'ait encore ſouſte-*

REMARQUES.

(3) *Dont je ſuis également ravi & confus.*] Dans la premiére édition de cette Préface, qui parut en 1695. l'Auteur la finiſſoit par ce petit Article, qu'il ſupprima dans l'édition ſuivante.

« Je croïois n'avoir plus rien à dire au
» Lecteur. Mais dans le temps meſme
» que cette Preface eſtoit ſous la preſſe,
» on m'a apporté une miſerable Epiſtre en
» Vers que quelque Impertinent a fait im-
» primer, & qu'on veut faire paſſer pour
» mon Ouvrage ſur l'Amour de Dieu. Je

» ſuis donc obligé d'ajouſter cet article,
» afin d'avertir le Public, que je n'ay fait
» d'Epiſtre ſur l'Amour de Dieu, que cel-
» le qu'on trouvera ici : l'autre eſtant une
» piece fauſſe, & incomplete, compoſée
» de quelques vers qu'on m'a derobez, &
» de pluſieurs qu'on m'a ridiculement preſ-
» tez, auſſi-bien que les notes téméraires
» qui y ſont.

(4) *Au reſte, &c.*] L'Auteur ajouta cet article dans l'édition de 1701.

Tome I.   *   Gg

PREFACE.

nuë depuis peu, & qu'on ne l'ait mesme inserée dans quelques Catechismes en des mots fort approchans des termes Latins, que je viens de rapporter.

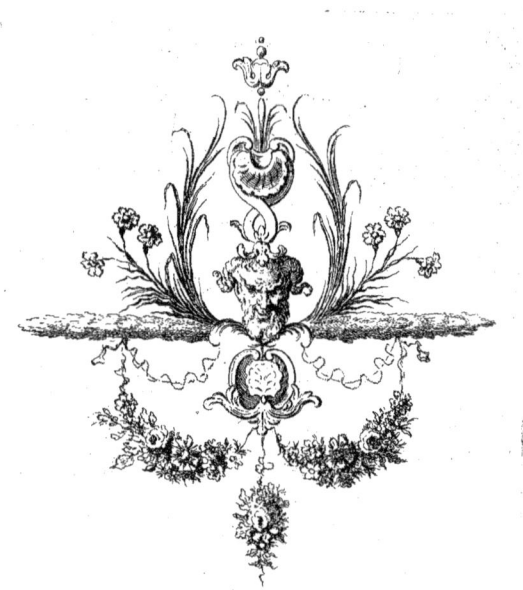

EPISTRE X.
A MES VERS.

L'Auteur avoit une grande prédilection pour cette Piéce ; il l'appelloit ordinairement ses Inclinations. C'étoit du moins après la Satire sur l'Homme, & la Satire à son Esprit, celui de ses Ouvrages qu'il estimoit davantage. Je n'ai point fait, disoit-il, de si belles ni de si justes rimes. D'un bout à l'autre je trouve le secret de me louer à outrance, mais pourtant avec bienseance. C'est un Satirique qui fait pitié, & qui interesse tout le monde pour ses Ouvrages, & pour sa personne. Cette Epître fut composée en 1695. L'idée en est prise d'Horace, Epistre 20. Livre I.

J'AY beau vous arrester, ma remonstrance est vaine;
Allez, partez, mes Vers, dernier fruit de ma veine;
C'est trop languir chez moi dans un obscur sejour.
La prison vous déplaist, vous cherchez le grand jour;
5 Et desja chez Barbin, ambitieux Libelles,
Vous bruslez d'estaller vos feüilles criminelles.
Vains & foibles Enfans dans ma vieillesse nez,
Vous croyez sur les pas de vos heureux Aisnez,
Voir bien-tost vos bons mots, passant du Peuple aux Princes,
10 Charmer également la Ville & les Provinces;
Et par le prompt effet d'un sel réjoüissant,
Devenir quelquefois Proverbes en naissant.

REMARQUES.

Vers 1. *J'ai beau vous arrester*, &c.] Horace commence ainsi l'Epître qu'on vient de citer.
Vertumnum, Janumque, Liber, spectare videris :
Scilicet ut prostes Sosiorum pumice mundus.
Odisti claves, & grata sigilla pudico.
Paucis ostendi gemis & communia laudas.

Vers 5. *Et desja chez Barbin*, &c.] Libraire de Paris.
Vers 12. *Devenir quelquefois proverbes en naissant.*] Il y a des expressions heureuses, qui renfermant un grand sens en peu de paroles, sont ordinairement adoptées par le Public. Tels sont la plûpart des vers de notre Auteur.
J'appelle un Chat un Chat, & Rolet un fripon. Satire I.

Mais perdez cette erreur, dont l'appas vous amorce.
Le temps n'est plus, mes Vers, où ma Muse en sa force,
15 Du Parnasse François formant les Nourrissons,
De si riches couleurs habilloit ses leçons.
Quand mon Esprit poussé d'un courroux legitime,
Vint devant la Raison plaider contre la Rime;
A tout le Genre Humain sçeut faire le procés,
20 Et s'attaqua soi-mesme avec tant de succés.
Alors il n'estoit point de Lecteur si sauvage,
Qui ne se déridast en lisant mon Ouvrage;
Et qui, pour s'esgayer, souvent dans ses Discours,
D'un mot pris en mes Vers n'empruntast le secours.
25 Mais aujourd'huy, qu'enfin la Vieillesse venuë,
Sous mes faux cheveux blonds desja toute chenuë,
A jetté sur ma teste, avec ses doigts pesans,
Onze lustres complets, surchargez de trois ans,
Cessez de presumer dans vos folles pensées,
30 Mes Vers, de voir en foule à vos rimes glacées
Courir, l'argent en main, les Lecteurs empressez.
Nos beaux jours sont finis, nos honneurs sont passez.

REMARQUES.

La Raison, dit Virgile, & la Rime Quinaut. Satire II.

Des sottises d'autruy nous vivons au Palais. Epître II.

Un Fat quelquefois ouvre un avis important. Art Poëtique.

Un Sot trouve tousjours un plus Sot qui l'admire.

Vers 16. *De si riches couleurs habilloit ses leçons.*] Art poëtique.
Vers 18. *Vint devant la Raison plaider contre la Rime.*] Satire II.
Vers 19. *A tout le Genre Humain sçeut faire le procez.*] Satire VIII.

EPISTRE X.   237

Dans peu vous allez voir vos froides resveries
Du Public exciter les justes moqueries;
35 Et leur Auteur, jadis à Regnier preferé,
A Pinchesne, à Liniere, à Perrin comparé.
Vous aurez beau crier: *O Vieillesse ennemie!*
N'a-t-il donc tant vescu que pour cette infamie?
Vous n'entendrez par tout qu'injurieux brocards
40 Et sur vous & sur lui fondre de toutes parts.
 Que veut-il, dira-t-on? Quelle fougue indiscrete
Ramene sur les rangs encor ce vain Athlete?
Quels pitoyables Vers! Quel stile languissant!
Malheureux, laisse en paix ton cheval vieillissant,
45 De peur que tout à coup efflanqué, sans haleine,
Il ne laisse, en tombant, son Maistre sur l'arene.
Ainsi s'expliqueront nos Censeurs sourcilleux:
Et bien-tost vous verrez mille Auteurs pointilleux
Piece à piece espluchant vos sons & vos paroles,
50 Interdire chez vous l'entrée aux hyperboles;
Traiter tout noble mot de terme hazardeux,
Et dans tous vos Discours, comme monstres hideux,

REMARQUES.

Vers 20. *Et s'attaqua soy-mesme*, &c.] Satire IX.

Vers 25. *Mais aujourd'huy qu'enfin la vieillesse venuë.*] L'Auteur expose dans une Lettre à M. de Maucroix son jugement sur ce vers & les trois suivans. V. Tome II.

Vers 28. *Onze lustres complets surchargez de trois ans.*] Cinquante-huit ans.

Vers 37. ⸺ *O vieillesse ennemie!* &c.] Vers du Cid. Acte I. Scéne 4.

Vers 44. *Malheureux, laisse en paix*, &c.] C'est la traduction de ces deux vers d'Horace, Epître 1. Livre I.

Solve senescentem maturè sanus equum,
ne
Peccet ad extremum ridendus, & ilia
ducat.

Hüer la Metaphore, & la Metonymie;
(Grands mots que Pradon croit des termes de Chymie:)
55 Vous fouſtenir qu'un Lit ne peut eſtre effronté;
Que nommer la Luxure eſt une impureté.
En vain contre ce flot d'averſion publique
Vous tiendrez quelque temps ferme ſur la Boutique;
Vous irez à la fin, honteuſement exclus,
60 Trouver au Magazin Pyrame, & Regulus,
Ou couvrir chez Thierry, d'une feüille encor neuve,
Les Meditations de Buzée & d'Hayneuve;
Puis, en triſtes lambeaux ſemez dans les Marchez,
Souffrir tous les affronts au Jonas reprochez.
65 Mais quoi, de ces diſcours bravant la vaine attaque,
Desja comme les Vers de Cinna, d'Andromaque,
Vous croyez à grands pas chez la Poſterité
Courir, marquez au coin de l'immortalité.
Hé bien, contentez donc l'orgueil qui vous enyvre.
70 Montrez-vous, j'y conſens : mais, du moins, dans mon Livre
Commencez par vous joindre à mes premiers Eſcrits.
C'eſt là qu'à la faveur de vos Freres cheris,

REMARQUES.

Vers 56. *Que nommer la Luxure eſt une impureté.*] M. Perrault dans ſon *Apologie des Femmes*, avoit fait un crime à l'Auteur d'avoir employé les expreſſions de *Héros à voix luxurieuſe*, & de *Morale lubrique*, en parlant des Perſonnages introduits dans les Operas, & de leur morale. M. Arnauld le juſtifia dans une Lettre inſerée ici à la fin du Volume II.

Vers 60. ⸺ *Pyrame & Régulus.*] Tragédies de Pradon.

Vers 62. *Les Meditations de Buzée & d'Hayneuve.*] L'Auteur étant un jour dans la Boutique de Thierry ſon Libraire, s'apperçut que les Tragédies de Pradon ſervoient d'enveloppe aux Méditations du P. *Julien Hayneuve*, Jéſuite. Le P. *Buzée*, autre Jéſuite, a fait auſſi des Méditations.

Vers 64. ⸺⸺ *Tous les affronts au Jonas reprochez.*] *Jonas*, Poëme héroïque, non

EPISTRE X.

Peut-eſtre enfin ſoufferts, comme Enfans de ma plume,
Vous pourrez vous ſauver, eſpars dans le volume.
75 Que ſi meſmes un jour le Lecteur gracieux,
Amorcé par mon nom, ſur vous tourne les yeux ;
Pour m'en recompenſer, mes Vers, avec uſure,
De voſtre Auteur alors faites-luy la peinture :
Et, ſur tout, prenez ſoin d'effacer bien les traits
80 Dont tant de Peintres faux ont fleſtri mes portraits.
Dépoſez hardiment : qu'au fond cet Homme horrible,
Ce Cenſeur qu'ils ont peint ſi noir & ſi terrible,
Fut un Eſprit doux, ſimple, ami de l'Equité,
Qui cherchant dans ſes Vers la ſeule Verité,
85 Fit, ſans eſtre malin, ſes plus grandes malices,
Et qu'enfin ſa candeur ſeule a fait tous ſes vices.
Dites, que harcelé par les plus vils Rimeurs,
Jamais, bleſſant leurs Vers, il n'effleura leurs mœurs :
Libre dans ſes diſcours, mais pourtant tousjours ſage ;
90 Aſſez foible de corps, aſſez doux de viſage,
Ni petit, ni trop grand, très-peu voluptueux,
Ami de la Vertu pluſtoſt que vertueux.

REMARQUES.

vendu. V. le vers 91. de la Satire IX.

Vers 66. ——— *De Cinna, d'Andromaque.*] *Cinna*, Tragédie de Corneille : *Andromaque*, Tragédie de Racine.

Vers 81. *Depoſez hardiment, &c.*] L'Auteur a fait mettre ces vers au bas de ſon Portrait, en les diſpoſant ainſi :

Tu peux voir dans ces traits, qu'au fond cet Homme horrible,

Ce Cenſeur qu'on a creû ſi noir & ſi terrible,
Fut un eſprit doux, ſimple, amy de l'Equité,
Qui cherchant dans ſes vers la ſeule Verité,
Fit, ſans eſtre malin, ſes plus grandes malices :
    Et ſa candeur fit tous ſes vices.

EPISTRE X.

Que si quelqu'un, mes Vers, alors vous importune,
Pour sçavoir mes parens, ma vie & ma fortune,
95 Contez-lui, qu'allié d'assez hauts Magistrats,
Fils d'un Pere Greffier, né d'ayeux Avocats;
Dés le berceau perdant une fort jeune Mere,
Reduit, seize ans aprés, à pleurer mon vieux Pere;
J'allai d'un pas hardi, par moi-mesme guidé,
100 Et de mon seul Genie en marchant secondé,
Studieux amateur & de Perse & d'Horace,
Assez prés de Regnier m'asseoir sur le Parnasse.
Que par un coup du Sort au grand jour amené,
Et des bords du Permesse à la Cour entraisné,
105 Je sçeûs, prenant l'essor par des routes nouvelles,
Eslever assez haut mes Poëtiques aisles;
Que ce Roy, dont le nom fait trembler tant de Roys,
Voulut bien que ma main crayonnast ses exploits:

REMARQUES.

Vers 95. ―― *Allié d'assez hauts Magistrats.*] MM. de Bragelogne; Amelot Président à la Cour des Aydes; Gilbert Président aux Enquêtes, Gendre de M. Dongois; De Lionne, Grand Audiencier de France; & plusieurs autres familles illustres dans la Robe.

Vers 96. ―― *Né d'Aieux Avocats.*] Il tire son origine de *Jean Boileau*, Notaire & Secretaire du Roi, qui obtint des Lettres de Noblesse pour lui & pour sa postérité, au mois de Septembre 1371. *Jean Boileau* fut un des quatre nommés pour exercer sa Charge près du Parlement; & *Henri Boileau* son Petit-fils, fut reçû en 1408. Avocat du Roi en la même Cour. Quelques-uns de leurs Descendans ont été Avocats célébres.

Vers 97. *Dès le berceau perdant une fort jeune Mere.*] Il n'avoit qu'onze mois quand *Anne Denielle* sa Mere mourut âgée de 23. ans en 1637.

Vers 98. *Reduit seize ans aprés à pleurer mon vieux Père.*] Il mourut en 1657. âgé de 73. ans.

Vers 108. ―― *Craionnast ses Exploits.*] Il fut nommé pour écrire l'Histoire du Roi avec M. Racine en 1677.

Vers 109. *Que plus d'un Grand,* &c.] Madame la Duchesse d'Orléans, premiere Femme de Monsieur. Le Grand Prince de Condé, & M. le Prince son Fils. M. le Prince de Conti. M. le Premier Président de Lamoignon; M. le Maréchal de Vivonne;

Que

EPISTRE X.

Que plus d'un Grand m'aima jusques à la tendresse;
110 Que ma veuë à Colbert inspiroit l'allegresse:
Qu'aujourd'huy mesme encor de deux sens affoibli,
Retiré de la Cour, & non mis en oubli;
Plus d'un Heros espris des fruits de mon estude,
Vient quelquefois chez moy gouster la solitude.
115   Mais des heureux regards de mon Astre estonnant
Marquez bien cet effet encor plus surprenant,
Qui dans mon souvenir aura tousjours sa place:
Que de tant d'Escrivains de l'Escole d'Ignace,
Estant, comme je suis, ami si declaré,
120 Ce Docteur toutefois si craint, si reveré,
Qui contre Eux de sa plume espuisa l'energie,
Arnauld, le grand Arnauld fit mon apologie.
Sur mon tombeau futur, mes Vers, pour l'énoncer,
Courez en lettres d'or de ce pas vous placer.
125 Allez jusqu'où l'Aurore en naissant voit l'Hydaspe,
Chercher, pour l'y graver, le plus precieux Jaspe.

REMARQUES.

& Mesdames de Montespan, & de Thiange, ses Sœurs: enfin toute la Cour, excepté M. le Duc de Montauzier: *Præter atrocem animum Catonis.* Encore lui accorda-t-il dans la suite son amitié.

Vers 111. —— *De deux sens affoibli.*] De la vûë, & de l'ouïe.

Vers 112. *Retiré de la Cour, & non mis en oubli.*] Il s'en étoit retiré en 1690. pour jouir du repos & de la liberté. *Et non mis en oubli,* lorsqu'il y retourna pour apprendre au Roi la mort de M. Racine. Le Roi le reçut avec bonté; & quand il voulut se retirer, en lui faisant voir sa montre qu'il tenoit par hazard à la main, il lui dit: *Souvenez-vous que j'ai toujours à vous donner une heure par semaine, quand vous voudrez venir.*

Vers 113. *Plus d'un Heros,* &c.] M. le Duc, & M. le Prince de Conti, qui l'honoroient souvent de leurs visites à Auteüil; M. de Pontchartrain, M. Daguesseau, M. le Marquis de Termes, M. de Cavois, & beaucoup d'autres.

Vers 125. —— *En naissant voit l'Hydaspe.*] Fleuve des Indes.

Tome I.   ✱   H h

Sur tout, à mes rivaux fçachez bien l'eſtaler.
　　Mais je vous retiens trop. C'eſt aſſez vous parler.
　Desja, plein du beau feu qui pour vous le tranſporte,
130 Barbin impatient chez moy frappe à la porte.
　　Il vient pour vous chercher. C'eſt luy: j'entens ſa voix.
　Adieu, mes Vers, adieu pour la derniere fois.

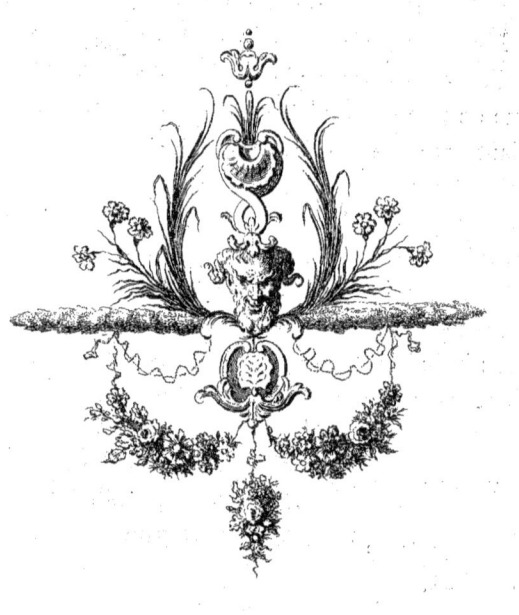

EPISTRE XI.
A MON JARDINIER.

L'Auteur s'entretient ici avec son Jardinier, &, par des discours proportionnés aux connoissances d'un Villageois, il lui explique les difficultés de la Poësie, & la peine qu'il y a sur-tout à exprimer noblement & avec élégance, les choses qui sont seches ou communes. De là il prend occasion de lui prouver que sans le travail il n'y a point de félicité pour l'Homme. Cette Epitre fut composée en 1695. Si on la compare avec la quatorziéme du Livre I. d'Horace, on verra que les deux Poëtes ont suivi des routes differentes.

Laborieux Valet du plus commode Maistre,
Qui, pour te rendre heureux ici-bas, pouvoit naistre;
Antoine, Gouverneur de mon Jardin d'Auteüil,
Qui diriges chez moy l'If & le Chevre-feüil,
5 Et sur mes Espaliers, industrieux Genie,
Sçais si bien exercer l'Art de la Quintinie;
O! que de mon Esprit triste & mal ordonné,
Ainsi que de ce champ par toy si bien orné,

REMARQUES.

Vers 3. *Antoine, Gouverneur de mon Jardin d'Auteüil.*] Antoine Riquié, né à Paris. M. Despréaux l'avoit trouvé dans cette Maison lorsqu'il l'acheta en 1685. & l'a toujours gardé à son service. Voici ce qui donna occasion à l'Epître qu'il lui adresse. Un jour qu'en travaillant à l'Ode sur la prise de Namur, il se promenoit dans son Jardin, & se livroit à son enthousiasme, il s'apperçut qu'Antoine l'écoutoit, & l'observoit au travers des feüillages. Antoine surpris, ne sçavoit à quoi attribuer les transports de son Maître, & peu s'en fallut qu'il ne le soupçonnât d'avoir perdu l'esprit. D'un autre côté les diverses postures du Jardinier divertirent beaucoup le Maître. Ainsi se donnerent-ils quelque-temps la Comédie, sans s'en appercevoir.

Vers 6. ——— *L'Art de la Quintinie.*] Jean de la Quintinie, Directeur des Jardins fruitiers & potagers du Roi. Il a réduit en Art la culture des Arbres fruitiers.

Vers 7. *O! que de mon esprit*, &c.] Horace, Epître 14. Livre I.

Certemus, spinas animône ego fortius, an tu
Evellas agro, & melior sit Horatius, an res.

Hh ij

EPISTRE XI.

    Ne puis-je faire oster les ronces, les espines,
10 Et des defauts sans nombre arracher les racines!
    Mais parle: Raisonnons. Quand du matin au soir,
Chez moy poussant la besche, ou portant l'arrosoir,
Tu fais d'un sable aride une terre fertile,
Et rends tout mon Jardin à tes loix si docile;
15 Que dis-tu, de m'y voir resveur, capricieux,
Tantost baissant le front, tantost levant les yeux,
De paroles dans l'air par eslans envolées,
Effrayer les Oyseaux perchez dans mes allées?
Ne soupçonnes-tu point, qu'agité du Demon,
20 Ainsi que ce Cousin des quatre Fils-Aymon,
Dont tu lis quelquefois la merveilleuse histoire,
Je rumine, en marchant, quelque endroit du Grimoire?
Mais non: Tu te souviens qu'au Village on t'a dit,
Que ton Maistre est nommé, pour coucher par escrit,
25 Les faits d'un Roy plus grand en sagesse, en vaillance,
Que Charlemagne aidé des douze Pairs de France.
Tu crois qu'il y travaille, & qu'au long de ce mur
Peut-estre en ce moment il prend Mons & Namur.
    Que penserois-tu donc, si l'on t'alloit apprendre,
30 Que ce grand Chroniqueur des gestes d'Alexandre,

REMARQUES.

Vers 20. *Ainsi que ce Cousin des quatre Fils-Aymon.*] Maugis, surnommé l'Enchanteur, vaillant & preux Chevalier, lequel au monde n'avoit son pareil en l'Art de Négromancie. L'Histoire que nous avons des quatre Fils-Aymon, est fort ancienne. Ces Romans font les délices du Peuple, parce qu'ils sont pleins d'avantures merveilleu-

EPISTRE XI.

Aujourd'huy meditant un projet tout nouveau,
S'agite, se demene, & s'use le cerveau,
Pour te faire à toi-mesme en rimes insensées
Un bizarre portrait de ses folles pensées ?
35 Mon Maistre, dirois-tu, passe pour un Docteur,
Et parle quelquefois mieux qu'un Predicateur.
Sous ces arbres pourtant, de si vaines sornettes
Il n'iroit point troubler la paix de ces Fauvettes,
S'il luy falloit tousjours, comme moy, s'exercer,
40 Labourer, couper, tondre, applanir, palisser ;
Et dans l'eau de ces puits sans relasche tirée,
De ce sable estancher la soif desmesurée.

    Antoine, de nous deux tu crois donc, je le voi,
Que le plus occupé dans ce Jardin, c'est toi.
45 O ! que tu changerois d'avis & de langage !
Si deux jours seulement libre du jardinage,
Tout à coup devenu Poëte & bel Esprit,
Tu t'allois engager à polir un Escrit,
Qui dist, sans s'avilir, les plus petites choses,
50 Fist, des plus secs Chardons, des Oeillets & des Roses ;
Et sçeûst mesme au discours de la Rusticité
Donner de l'elegance & de la dignité ;

REMARQUES.

ses, & de prodiges inouis.
Vers 26. *Que Charlemagne aidé des douze Pairs de France.*] Allusion à un Ouvrage intitulé : *La Conquête de Charlemagne,* grand Roi de France & des Espagnes ; avec les faits & les gestes des douze Pairs de France, &c. V. les Recherches de Pasquier, Livre II. chap. 9. & 10.

EPISTRE XI.

Un Ouvrage, en un mot, qui juſte en tous ſes termes,
Sçeûſt plaire à Dagueſſeau, fçeûſt ſatisfaire Termes;
55 Sçeûſt, dis-je, contenter, en paroiſſant au jour,
Ce qu'ont d'Eſprits plus fins & la Ville & la Cour.
Bien-toſt de ce travail revenu ſec & paſle,
Et le teint plus jauni que de vingt ans de haſle:
Tu dirois, reprenant ta pelle & ton rateau;
60 J'aime mieux mettre encor cent arpens au niveau,
Que d'aller follement, égaré dans les nuës,
Me laſſer à chercher des viſions cornuës;
Et pour lier des mots ſi mal s'entr'accordans,
Prendre dans ce jardin la Lune avec les dents.
65   Approche donc, & vien; qu'un Pareſſeux t'apprenne,
Antoine, ce que c'eſt que fatigue & que peine.
L'Homme ici-bas touſjours inquiet & geſné,
Eſt, dans le repos meſme, au travail condamné.
La fatigue l'y ſuit. C'eſt en vain qu'aux Poëtes
70 Les neuf trompeuſes Sœurs, dans leurs douces retraites,
Promettent du repos ſous leurs ombrages frais:
Dans ces tranquilles Bois pour Eux plantez exprés,
La Cadence auſſi-toſt, la Rime, la Céſure,
La riche Expreſſion, la nombreuſe Meſure,
75 Sorcieres, dont l'amour ſçait d'abord les charmer,
De fatigues ſans fin viennent les conſumer.

REMARQUES.

Vers 54. *Sçeuſt plaire à Dagueſſeau*, &c.] Henri-François Dagueſſeau, alors Avocat Général au Parlement de Paris, enſuite Procureur Général, aujourd'hui Chancellier de France.
Ibid. —— *Sçeuſt ſatisfaire Termes.*]

EPISTRE XI.

Sans ceſſe pourſuivant ces fugitives Fées,
On voit ſous les Lauriers haleter les Orphées.
Leur Eſprit toutefois ſe plaiſt dans ſon tourment,
80 Et ſe fait de ſa peine un noble amuſement.
Mais je ne trouve point de fatigue ſi rude,
Que l'ennuyeux loiſir d'un Mortel ſans eſtude,
Qui jamais ne ſortant de ſa ſtupidité,
Souſtient, dans les langueurs de ſon oiſiveté,
85 D'une laſche Indolence eſclave volontaire,
Le penible fardeau de n'avoir rien à faire.
Vainement offuſqué de ſes penſers eſpais,
Loin du trouble & du bruit il croit trouver la paix.
Dans le calme odieux de ſa ſombre pareſſe,
90 Tous les honteux Plaiſirs, Enfans de la Molleſſe,
Uſurpant ſur ſon Ame un abſolu pouvoir,
De monſtrueux deſirs le viennent eſmouvoir,
Irritent de ſes ſens la fureur endormie,
Et le font le joüet de leur triſte infamie.
95 Puis ſur leurs pas ſoudain arrivent les Remords ;
Et bien-toſt avec Eux tous les Fleaux du corps,
La Pierre, la Colique, & les Gouttes cruelles.
Guenaud, Rainſſant, Brayer, preſqu'auſſi triſtes qu'Elles,
Chez l'indigne Mortel courent tous s'aſſembler,
100 De travaux douloureux le viennent accabler ;

REMARQUES.

Roger de Pardaillan de Gondrin, Marquis de Termes, mort en 1704.

Vers 98. *Guenaud, Rainſſant, Brayer*, &c.] Trois fameux Médecins de Paris.

Sur le duvet d'un Lit, theâtre de ses gesnes,
Luy font scier des Rocs, luy font fendre des Chesnes,
Et le mettent au point d'envier ton employ.
Reconnois donc, Antoine, & conclus avec moy,
105 Que la Pauvreté masle, active & vigilante,
Est, parmi les travaux, moins lasse & plus contente,
Que la Richesse oisive au sein des Voluptez.
    Je te vais sur cela prouver deux veritez.
L'une, que le travail aux Hommes necessaire,
110 Fait leur felicité, plustost que leur misere;
Et l'autre, qu'il n'est point de Coupable en repos.
C'est ce qu'il faut icy montrer en peu de mots.
Sui-moi donc. Mais je voi, sur ce debut de prosne,
Que ta bouche desja s'ouvre large d'une aune;
115 Et que les yeux fermez tu baisses le menton.
Ma foi, le plus seûr est de finir ce sermon.
Aussi-bien j'apperçoi ces Melons qui t'attendent,
Et ces Fleurs qui là-bas entre elles se demandent;
S'il est feste au Village; & pour quel Saint nouveau
120 On les laisse aujourd'huy si long-temps manquer d'eau.

EPISTRE XII.
SUR L'AMOUR DE DIEU.
A M. L'ABBÉ RENAUDOT.

Le sujet de cette Epître est l'AMOUR DE DIEU. Le Poëte, en traitant sa matière avec la noblesse qui lui convient, a montré, comme il se l'étoit proposé, que la Poësie que l'on regarde quelquefois comme un amusement frivole, peut traiter cependant les sujets les plus relevés.

DOcte Abbé, tu dis vrai, l'Homme au crime attaché,
En vain, sans aimer Dieu, croit sortir du peché.
Toutefois n'en desplaise aux transports frenetiques
Du fougueux Moine auteur des troubles Germaniques,
5 Des tourmens de l'Enfer la salutaire Peur
N'est pas tousjours l'effet d'une noire vapeur,
Qui de remords sans fruit agitant le Coupable,
Aux yeux de Dieu le rende encor plus haïssable.
Cette utile frayeur, propre à nous penetrer,
10 Vient souvent de la Grace en nous preste d'entrer,
Qui veut dans nostre cœur se rendre la plus forte,
Et, pour se faire ouvrir, desja frapé à la porte.

REMARQUES.

Vers 1. *Docte Abbé.*] Eusebe Renaudot, Prieur de Frossay en Bretagne, & de S. Christophe de Châteaufort, l'un des Quarante de l'Académie Françoise, & Membre de celle des Inscriptions & Belles Lettres. On sait qu'entr'autres Ouvrages il a publié deux volumes sur la *Perpetuité de la Foi*, pour servir d'addition à l'Ouvrage de M. Arnauld. Il a été regardé comme un des premiers hommes de son siécle par la connoissance profonde qu'il avoit des Langues Etrangeres, & sur-tout des Langues Orientales. Il mourut au mois de Septembre 1720.

Vers 4. *Du fougueux Moine*, &c.] Luther.

Tome I.

Si le Pecheur, pouſſé de ce ſaint mouvement,
Reconnoiſſant ſon crime, aſpire au Sacrement,
15 Souvent Dieu tout à coup d'un vray zele l'enflamme.
Le Saint Eſprit revient habiter dans ſon ame,
Y convertit enfin les tenebres en jour,
Et la crainte ſervile en filial amour.
C'eſt ainſi que ſouvent la Sageſſe ſupreſme,
20 Pour chaſſer le Demon, ſe ſert du Demon meſme.
Mais lorſqu'en ſa malice un Pecheur obſtiné,
Des horreurs de l'Enfer vainement eſtonné,
Loin d'aimer, humble Fils, ſon veritable Pere,
Craint & regarde Dieu comme un Tyran ſevere;
25 Au bien qu'il nous promet ne trouve aucun appas,
Et ſouhaite en ſon cœur, que ce Dieu ne ſoit pas.
En vain la Peur ſur lui remportant la victoire;
Aux pieds d'un Preſtre il court deſcharger ſa memoire.
Vil Eſclave touſjours ſous le joug du peché,
30 Au Demon qu'il redoute il demeure attaché.
L'amour eſſentiel à noſtre penitence
Doit eſtre l'heureux fruit de noſtre repentance.
Non, quoi que l'Ignorance enſeigne ſur ce poinct,
Dieu ne fait jamais grace à qui ne l'aime point.
35 A le chercher la Peur nous diſpoſe & nous aide:
Mais il ne vient jamais, que l'amour ne ſuccede.
Ceſſez de m'oppoſer vos diſcours impoſteurs,
Confeſſeurs inſenſez, ignorans Seducteurs,

Qui pleins des vains propos, que l'Erreur vous debite,
40 Vous figurez qu'en vous, un pouvoir sans limite
Justifie à coup seûr tout Pecheur alarmé ;
Et que sans aimer Dieu l'on peut en estre aimé.
 Quoy donc, cher RENAUDOT, un Chrestien effroïable,
Qui jamais, servant Dieu, n'eut d'objet que le Diable ;
45 Pourra, marchant tousjours dans des sentiers maudits,
Par des formalitez gagner le Paradis ;
Et parmy les Esleûs dans la Gloire eternelle,
Pour quelques Sacremens reçeûs sans aucun zele,
Dieu fera voir aux yeux des Saints espouvantez
50 Son Ennemy mortel assis à ses costez ?
Peut-on se figurer de si folles chimeres ?
On voit pourtant, on voit des Docteurs, mesme austeres,
Qui les semant par tout, s'en vont pieusement
De toute pieté saper le fondement ;
55 Qui, le cœur infecté d'erreurs si criminelles,
Se disent hautement les purs, les vrais Fidelles ;
Traitant d'abord d'Impie, & d'Heretique affreux,
Quiconque ose pour Dieu se declarer contre Eux.
De leur audace en vain les vrais Chrestiens gemissent :
60 Prests à la repousser les plus hardis mollissent ;
Et voyant contre Dieu le Diable accredité,
N'osent qu'en begayant prescher la verité.
Mollirons-nous aussi ? Non, sans peur, sur ta trace,
Docte Abbé, de ce pas j'iray leur dire en face:

EPISTRE XII.

65 Ouvrez les yeux enfin, aveugles dangereux.
    Oüi, je vous le fouſtiens ; il feroit moins affreux,
    De ne point reconnoiſtre un Dieu maiſtre du Monde,
    Et qui regle à ſon gré le Ciel, la Terre & l'Onde;
    Qu'en avoüant qu'il eſt, & qu'il ſçeût tout former,
70 D'oſer dire qu'on peut luy plaire ſans l'aimer.
    Un ſi bas, ſi honteux, ſi faux Chriſtianiſme
    Ne vaut pas des Platons l'eſclairé Paganiſme ;
    Et cherir les vrays biens, ſans en ſçavoir l'Auteur,
    Vaut mieux, que ſans l'aimer, connoiſtre un Createur.
75 Expliquons-nous pourtant. Par cette ardeur ſi ſainte,
    Que je veux qu'en un cœur amene enfin la crainte,
    Je n'entens pas icy ce doux ſaiſiſſement,
    Ces tranſports pleins de joye & de raviſſement,
    Qui font des Bienheureux la juſte recompenſe ;
80 Et qu'un cœur rarement gouſte icy par avance.
    Dans nous l'amour de Dieu fecond en ſaints deſirs,
    N'y produit pas touſjours de ſenſibles plaiſirs.
    Souvent le cœur qui l'a, ne le ſçait pas lui-meſme.
    Tel craint de n'aimer pas, qui ſincerement aime :
85 Et tel croit au contraire eſtre bruſlant d'ardeur,
    Qui n'eut jamais pour Dieu que glace & que froideur.
    C'eſt ainſi quelquefois qu'un indolent Myſtique,
    Au milieu des pechez tranquille Fanatique,

REMARQUES.

Vers 87. —— *Un indolent Myſtique.*] Les Quiétiſtes, dont les erreurs ont été condamnées par les Papes Innocent XI. & Innocent XII.

EPISTRE XII.

Du plus parfait amour pense avoir l'heureux don ;
90 Et croit posseder Dieu dans les bras du Demon.
 Voulez-vous donc sçavoir, si la Foy dans vostre ame
Allume les ardeurs d'une sincere flamme ?
Consultez-vous vous-mesme. A ses regles soufmis,
Pardonnez-vous sans peine à tous vos Ennemis ?
95 Combattez-vous vos sens? Domptez-vous vos foiblesses?
Dieu dans le Pauvre est-il l'objet de vos largesses ?
Enfin dans tous ses points pratiquez-vous sa Loy ?
Oüi, dites-vous. Allez, vous l'aimez, croyez-moy.
Qui fait exactement ce que ma Loy commande ,
100 *A pour moy,* dit ce Dieu, *l'amour que je demande.*
Faites-le donc ; & seûr, qu'il nous veut sauver tous,
Ne vous allarmez point pour quelques vains desgouts,
Qu'en sa ferveur souvent la plus sainte ame esprouve :
Marchez, courez à luy. Qui le cherche, le trouve.
105 Et plus de votre cœur il paroist s'escarter,
Plus par vos actions songez à l'arrester.
Mais ne soustenez point cet horrible blasphesme,
Qu'un Sacrement reçeû, qu'un Prestre, que Dieu mesme,
Quoi que vos faux Docteurs osent vous avancer,
110 De l'amour qu'on lui doit puissent vous dispenser.
 Mais s'il faut, qu'avant tout, dans une ame Chrestienne,
Diront ces grands Docteurs, l'amour de Dieu survienne;
Puisque ce seul amour suffit pour nous sauver,
De quoy le Sacrement viendra-t-il nous laver?

115 Sa vertu n'eſt donc plus qu'une vertu frivole?
 O le bel argument digne de leur Ecole!
 Quoy, dans l'amour divin, en nos cœurs allumé,
 Le vœu du Sacrement n'eſt-il pas renfermé?
 Un Payen converti, qui croit un Dieu ſupreſme,
120 Peut-il eſtre Chreſtien qu'il n'aſpire au Bapteſme;
 Ni le Chreſtien en pleurs eſtre vrayment touché,
 Qu'il ne veüille à l'Egliſe avoüer ſon peché?
 Du funeſte eſclavage, où le Demon nous traiſne,
 C'eſt le Sacrement ſeul qui peut rompre la chaiſne.
125 Auſſi l'Amour d'abord y court avidement:
 Mais luy-meſme il en eſt l'ame, & le fondement.
 Lors qu'un Pecheur eſmeû d'une humble repentance,
 Par les degrez preſcrits court à la Penitence,
 S'il n'y peut parvenir, Dieu ſçait les ſuppoſer.
130 Le ſeul Amour manquant ne peut point s'excuſer.
 C'eſt par luy que dans nous la Grace fructifie.
 C'eſt luy qui nous ranime, & qui nous vivifie.
 Pour nous rejoindre à Dieu, luy ſeul eſt le lien;
 Et ſans luy, Foy, Vertus, Sacremens, tout n'eſt rien.
135 A ces Diſcours preſſans que ſçauroit-on reſpondre?
 Mais, approchez; Je veux encor mieux vous confondre,
 Docteurs. Dites-moy donc? Quand nous ſommes abſous,
 Le Saint Eſprit eſt-il, ou n'eſt-il pas en Nous?
 S'il eſt en Nous; peut-il, n'eſtant qu'amour luy-meſme,
140 Ne Nous eſchauffer point de ſon amour ſupreſme?

Et s'il n'est pas en Nous, Sathan tousjours vainqueur
Ne demeure-t-il pas maistre de nostre cœur?
Avoüez donc qu'il faut qu'en Nous l'amour renaisse;
Et n'allez point, pour fuir la Raison qui vous presse,
145 Donner le nom d'amour au trouble inanimé,
Qu'au cœur d'un Criminel la Peur seule a formé.
L'ardeur qui justifie, & que Dieu nous envoye,
Quoyqu'icy bas souvent inquiete & sans joye,
Est pourtant cette ardeur, ce mesme feu d'amour,
150 Dont brusle un Bienheureux en l'eternel sejour.
Dans le fatal instant qui borne nostre vie,
Il faut que de ce feu nostre ame soit remplie;
Et Dieu sourd à nos cris, s'il ne l'y trouve pas,
Ne l'y rallume plus aprés nostre trepas.
155 Rendez-vous donc enfin à ces clairs syllogismes;
Et ne pretendez plus par vos confus sophismes,
Pouvoir encore aux yeux du Fidelle esclairé
Cacher l'amour de Dieu dans l'Escole esgaré.
Apprenez que la Gloire, où le Ciel nous appelle,
160 Un jour des vrays Enfans doit couronner le zele,
Et non les froids remords d'un Esclave craintif,
Où crut voir Abely quelque amour negatif.

REMARQUES.

Vers 162. *Où crut voir Abely quelque amour négatif.*] Louis Abely, Parisien, Docteur en Théologie, Auteur du Livre intitulé : *Medulla Theologica*; mort en 1681. à S. Lazare, où il s'étoit retiré, après avoir quitté l'Evêché de Rodez.

EPISTRE XII.

Mais quoy ? J'entens desja plus d'un fier Scholaftique,
Qui me voyant icy fur ce ton dogmatique,
165 En vers audacieux traiter ces poincts facrez,
Curieux, me demande, où j'ay pris mes degrez :
Et fi, pour m'efclairer fur ces fombres matieres,
Deux cens Auteurs extraits m'ont prefté leurs lumieres.
Non. Mais pour decider, que l'Homme, qu'un Chreftien
170 Eft obligé d'aimer l'unique Auteur du bien,
Le Dieu qui le nourrit, le Dieu qui le fit naiftre,
Qui nous vint par fa mort donner un fecond eftre,
Faut-il avoir reçeu le bonnet Doctoral ;
Avoir extrait Gamache, Ifambert, & du Val ?
175 Dieu dans fon Livre faint, fans chercher d'autre Ouvrage,
Ne l'a-t-il pas efcrit luy-mefme à chaque page ?
De vains Docteurs encore, ô prodige honteux !
Oferont nous en faire un Problefme douteux !
Viendront traiter d'erreur, digne de l'anathefme,
180 L'indifpenfable Loy d'aimer Dieu pour luy-mefme ;
Et par un Dogme faux dans nos jours enfanté,
Des devoirs du Chreftien rayer la Charité !
Si j'allois confulter chez Eux le moins fevere,
Et luy difois : Un fils doit-il aimer fon Pere ?

REMARQUES.

Vers 174. ——— *Gamache, Ifambert, & du Val.*] Philippe Gamache, Nicolas Ifambert, & André du Val, trois célébres Docteurs de Sorbonne, & Profeffeurs en Théologie, dont les Ouvrages font imprimés. Ils vivoient dans le XVII. Siécle.

Ah !

EPISTRE XII.

185 Ah! peut-on en douter, diroit-il brufquement?
Et quand je leur demande en ce mefme moment:
L'Homme ouvrage d'un Dieu feul bon, & feul aimable,
Doit-il aimer ce Dieu fon Pere veritable?
Leur plus rigide Autheur n'ofe le decider,
190 Et craint en l'affirmant de fe trop hazarder.
  Je ne m'en puis deffendre ; il faut que je t'efcrive
La Figure bizarre, & pourtant affez vive,
Que je fçeûs l'autre jour employer dans fon lieu,
Et qui deconcerta ces Ennemis de Dieu.
195 Au fujet d'un Efcrit, qu'on nous venoit de lire,
Un d'entre-Eux m'infulta, fur ce que j'ofay dire,
Qu'il faut, pour eftre abfous d'un crime confeffé,
Avoir pour Dieu du moins un amour commencé.
Ce Dogme, me dit-il, eft un pur Calvinifme.
200 O Ciel! me voilà donc dans l'erreur, dans le fchifme,
Et partant reprouvé. Mais, pourfuivis-je alors,
Quand Dieu viendra juger les Vivans & les Morts,
Et des humbles Agneaux, objet de fa tendreffe,
Separera des Boucs la troupe pechereffe,
205 A tous il nous dira, fevere, ou gracieux,
Ce qui nous fit impurs ou juftes à fes yeux.
Selon Vous donc, à Moy reprouvé, bouc infame,
Va brufler, dira-t-il, en l'eternelle flamme,
Malheureux, qui fouftins, que l'Homme deût m'aimer ;
210 Et qui fur ce fujet, trop prompt à declamer,

Tome I.   *   K k

Pretendis, qu'il falloit, pour flechir ma Juſtice,
Que le Pecheur, touché de l'horreur de ſon vice,
De quelque ardeur pour moy ſentiſt les mouvemens,
Et gardaſt le premier de mes Commandemens.
215 Dieu, ſi je vous en croy, me tiendra ce langage.
Mais à Vous, tendre Agneau, ſon plus cher heritage,
Orthodoxe Ennemy d'un Dogme ſi blaſmé,
Venez, Vous dira-t-il, Venez mon Bien-aimé :
Vous, qui dans les detours de vos raiſons ſubtiles
220 Embarraſſant les mots d'un des plus ſaints Conciles,
Avez delivré l'Homme, ô l'utile Docteur !
De l'importun fardeau d'aimer ſon Createur.
Entrez au Ciel, Venez, comblé de mes loüanges,
Du beſoin d'aimer Dieu deſabuſer les Anges.
225 A de tels mots, ſi Dieu pouvoit les prononcer,
Pour moy je reſpondrois, je croy, ſans l'offenſer :
O! que, pour vous mon cœur moins dur, & moins farouche,
Seigneur, n'a-t-il, helas ! parlé comme ma bouche !
Ce ſeroit ma reſponſe à ce Dieu fulminant.
230 Mais Vous, de ſes douceurs objet fort ſurprenant,
Je ne ſçais pas comment, ferme en voſtre Doctrine,
Des ironiques mots de ſa bouche divine
Vous pourriez ſans rougeur, & ſans confuſion,
Souſtenir l'amertume, & la deriſion.

REMARQUES.

Vers 220. ——— *D'un des plus ſaints Conciles.*] Le Concile de Trente.

EPISTRE XII.

235 L'audace du Docteur, par ce discours frapée,
Demeura sans replique à ma Prosopopée.
Il sortit tout à coup, & murmurant tout bas
Quelques termes d'aigreur que je n'entendis pas,
S'en alla chez Binsfeld, ou chez Basile Ponce,
240 Sur l'heure à mes raisons chercher une response.

REMARQUES.

Vers 239. *S'en alla chez Binsfeld, ou chez Basile Ponce.*] Deux Défenseurs de la fausse Attrition. *Pierre Binsfeld* étoit Suffragant de Tréves, & Docteur en Théologie. *Basile Ponce*, étoit de l'Ordre de Saint Augustin.

AVERTISSEMENT
SUR L'ART POETIQUE.

MOnsieur Despréaux a infiniment contribué par ses premieres productions à bannir les pointes & l'affectation qui regnoient avant luy; & c'est à luy principalement que la France est redevable de cette justesse & de cette solidité qui éclatent dans les Ouvrages de nos bons Ecrivains. Mais c'étoit peu pour lui d'avoir corrigé les Poëtes par sa critique, s'il ne les avoit encore instruits par ses préceptes. Dans cette vuë il pensa à composer un Art Poëtique.

Le célébre M. Patru, à qui il avoit communiqué son dessein, ne crut pas qu'il fût possible de l'executer avec succés. Il convenoit, qu'à l'exemple d'Horace, on pouvoit bien expliquer les régles générales de la Poësie ; mais pour les régles particulieres, ce détail ne lui paroissoit pas propre à être mis en Vers François.

Mais les difficultez, loin d'effrayer notre Poëte, ne servirent qu'à l'animer. Il commença dès lors à travailler à son Art Poëtique, & quelque temps aprés il en recita le commencement à son Ami, qui voyant un debut si noble, changea bien de sentiment.

L'Art Poëtique, si on considere la difficulté de l'entre-

AVERTISSEMENT.

prise & la beauté des Vers, passera tousjours pour le chef-d'œuvre de l'Auteur.

Il parut pour la premiere fois en 1672. & M. le Chancellier Seguier estant mort cette mesme année, ce fut le Roy qui scella le Privilege.

L'ART POËTIQUE.

CHANT PREMIER.

Dans ce premier Chant, l'Auteur donne des régles générales ; mais ces régles n'appartiennent point si proprement à la Poësie, qu'elles ne puissent aussi être pratiquées utilement dans les autres genres d'écrire. Une courte digression renferme l'histoire de la Poësie Françoise, depuis Villon jusqu'à Malherbe.

'EST en vain qu'au Parnasse un temeraire Autheur
Pense de l'Art des Vers atteindre la hauteur.
S'il ne sent point du Ciel l'influence secrette,
Si son Astre en naissant ne l'a formé Poëte,

REMARQUES.

Vers 1. *C'est en vain qu'au Parnasse*, &c.] On ne peut être Poëte sans génie. M. Despréaux plein de cette maxime, en fait le fondement de toutes ses régles.
Vers 6. *Pour lui Phebus est sourd*, &c.] Hor. de Arte poët. v. 385.
Tu nihil invitâ dices, faciesve Minervâ.
Vers 12. *Et consultez long-temps votre esprit & vos forces.*] Horace, Art Poëtique, v. 38.

Sumite materiam vestris, qui scribitis, æ-
quam
Viribus; & versate diu quid ferre recu-
sent,
Quid valeant humeri.

Vers 21. *Ainsi, Tel autrefois.*] Saint Amant, Auteur du *Moïse sauvé.* Il s'étoit formé, selon M. Despréaux, du mauvais

CHANT PREMIER.

5 Dans son genie estroit il est tousjours captif.
Pour luy Phebus est sourd, & Pegase est retif.
 O vous donc, qui bruslant d'une ardeur perilleuse,
Courez du bel Esprit la carriere espineuse,
N'allez pas sur des Vers sans fruit vous consumer,
10 Ni prendre pour Genie un amour de rimer.
Craignez d'un vain plaisir les trompeuses amorces,
Et consultez long-temps vostre esprit & vos forces.
 La Nature fertile en Esprits excellens,
Sçait entre les Autheurs partager les talens.
15 L'un peut tracer en vers une amoureuse flamme :
L'autre, d'un trait plaisant aiguiser l'Epigramme.
Malherbe d'un Heros peut vanter les Exploits ;
Racan chanter Philis, les Bergers, & les Bois.
Mais souvent un Esprit qui se flatte, & qui s'aime.
20 Méconnoist son Genie, & s'ignore soy-mesme.
Ainsi Tel autrefois, qu'on vit avec Faret
Charbonner de ses vers les murs d'un cabaret,
S'en va mal à propos, d'une voix insolente,
Chanter du peuple Hebreu la fuite triomphante ;

REMARQUES.

de Regnier, ainsi que Benserade du mauvais de Voiture.

 Ibid. —— *Qu'on vit avec Faret.*] Nicolas Faret, de l'Académie Françoise, ami particulier de Saint Amant, qui l'a célébré dans ses vers comme un illustre débauché, quoiqu'il fût assez réglé dans ses mœurs. Mais la commodité de son nom qui rimoit à *Cabaret*, étoit en partie cause de ce bruit que Saint Amant lui avoit donné. Ce sont les termes de M. Pélisson, Hist. de l'Acad. Françoise.

 Vers 22. *Charbonner de ses vers les murs d'un Cabaret.*] Martial, XII. Epigr. 62.
  Nigri fornicis ebrium Poëtam,
  Qui carbone rudi, putrique creta
  Scribit carmina.

25 Et pourſuivant Moïſe au travers des deſerts,
Court avec Pharaon ſe noyer dans les mers.
  Quelque ſujet qu'on traite, ou plaiſant, ou ſublime,
Que tousjours le bon ſens s'accorde avec la rime.
L'un l'autre vainement ils ſemblent ſe haïr;
30 La Rime eſt une eſclave, & ne doit qu'obeïr.
Lors qu'à la bien chercher d'abord on s'évertuë;
L'eſprit à la trouver aiſément s'habituë.
Au joug de la Raiſon ſans peine elle fléchit;
Et loin de la geſner, la ſert & l'enrichit.
35 Mais lors qu'on la neglige, elle devient rebelle;
Et pour la ratraper, le ſens court aprés elle.
Aimez donc la Raiſon. Que tousjours vos Eſcrits
Empruntent d'elle ſeule & leur luſtre & leur prix.
  La pluſpart, emportez d'une fougue inſenſée,
40 Tousjours loin du droit ſens vont chercher leur penſée.
Ils croiroient s'abaiſſer dans leurs Vers monſtrueux,
S'ils penſoient ce qu'un autre a pû penſer comme eux.
Evitons ces excés. Laiſſons à l'Italie
De tous ces faux brillans l'éclatante folie.
45 Tout doit tendre au Bon ſens: mais pour y parvenir,
Le chemin eſt gliſſant & penible à tenir.

REMARQUES.

Vers 51. *S'il rencontre un Palais*, &c.] Scudéri, Livre 3. de ſon *Alaric*, employe ſeize grandes pages de trente vers chacune, à la deſcription d'un Palais: commençant par la façade, & finiſſant par le jardin.

Vers 56. *Ce ne ſont que Feſtons, ce ne ſont qu'Aſtragales.*] Ce Vers, à côté duquel on a mis dans toutes les éditions *Vers de Scudéri*, ſe lit ainſi dans l'*Alaric*:

Ce ne ſont que Feſtons, ce ne ſont que Couronnes.

L'Auteur a changé ce dernier mot, pour faire mieux ſentir l'abondance ſtérile dont il parle: car l'*Aſtragale* eſt une petite mou-

Pour

CHANT PREMIER.

Pour peu qu'on s'en écarte, aussi-tost on se noye.
La Raison, pour marcher, n'a souvent qu'une voye.
Un Autheur, quelquefois trop plein de son objet,
50 Jamais sans l'épuiser n'abandonne un sujet.
S'il rencontre un Palais, il m'en dépeint la face.
Il me promene aprés de terrasse en terrasse.
Icy s'offre un perron; là regne un corridor.
Là ce balcon s'enferme en un balustre d'or.
55 Il compte des plafonds les ronds & les ovales.
Ce ne sont que Festons, ce ne sont qu'Astragales.
Je saute vingt feüillets pour en trouver la fin;
Et je me sauve à peine au travers du jardin.
Fuyez de ces Autheurs l'abondance sterile;
60 Et ne vous chargez point d'un détail inutile.
Tout ce qu'on dit de trop est fade & rebutant:
L'esprit rassasié le rejette à l'instant.
Qui ne sçait se borner, ne sçeût jamais écrire.
Souvent la peur d'un mal nous conduit dans un pire.
65 Un Vers estoit trop foible, & vous le rendez dur.
J'évite d'estre long, & je deviens obscur.

REMARQUES.

lure ronde qui entoure le haut du fust d'une colonne. Il appelloit ordinairement les Romans de Scudéri, une Boutique de verbiage.

Vers 61. *Tout ce qu'on dit de trop est fade & rebutant.*] Regle admirable pour tous les genres, & qu'il ne faut pas rapporter au seul genre didactique. Horace, Art Poët.

Omne supervacuum pleno de pectore manat.

Vers 64. *Souvent la peur d'un mal nous conduit dans un pire.*] Horace, Art Poëtique, vers 31.

In vitium ducit culpæ fuga, si caret arte.

Vers 66. *J'évite d'estre long & je deviens obscur.*] Horace, Art poëtique, vers 25.

—————— *Brevis esse laboro,*
Obscurus fio: sectantem lævia nervi
Deficiunt animique: professus grandia turget.

L'un n'eſt point trop fardé ; mais ſa Muſe eſt trop nuë.
L'autre a peur de ramper, il ſe perd dans la nuë.
    Voulez-vous du public meriter les amours ?
70 Sans ceſſe en eſcrivant variez vos diſcours.
Un ſtile trop égal & tousjours uniforme,
En vain brille à nos yeux ; il faut qu'il nous endorme.
On lit peu ces Auteurs nez pour nous ennuyer,
Qui tousjours ſur un ton ſemblent pſalmodier.
75   Heureux, qui dans ſes Vers ſçait d'une voix legere,
Paſſer du grave au doux, du plaiſant au ſevere !
Son livre aimé du Ciel & cheri des Lecteurs,
Eſt ſouvent chez Barbin entouré d'acheteurs.
    Quoi que vous écriviez, évitez la baſſeſſe.
80 Le ſtile le moins noble a pourtant ſa nobleſſe.
Au mépris du Bon ſens, le Burleſque effronté
Trompa les yeux d'abord, plût par ſa nouveauté.
On ne vit plus en Vers que pointes triviales.
Le Parnaſſe parla le langage des Hales.

REMARQUES.

Serpit humi tutus nimium, timiduſque procellæ.

Vers 75. *Heureux qui dans ſes vers,* &c.] Horace, Art poëtique, vers 342.
Omne tulit punctum, qui miſcuit utile dulci,
Lectorem delectando pariterque monendo.

Vers 81. *Au meſpris du bon ſens, le Burleſque,* &c.] Le ſtile Burleſque fut extrémement en vogue depuis le commencement du dernier ſiécle, juſques vers l'an 1660.

Vers 85. *La licence à rimer alors n'eut plus de frein.*] Elle alla ſi loin, que l'on s'aviſa de mettre la Paſſion de JESUS-CHRIST en vers Burleſques.

Vers 86. *Apollon traveſti,* &c.] Alluſion au *Virgile traveſti* de Scarron.

Ibid. ——— *Devint un Tabarin.*] Bouffon très-groſſier, valet de Mondor. Ce Mondor étoit un Charlatan, ou Vendeur de baume, qui établiſſoit ſon théatre dans la Place Dauphine, vers le commencement du dix-ſeptiéme Siécle. Il rouloit auſſi dans les autres Villes du Royaume, avec *Tabarin,* le Bouffon de ſa Troupe. Les plaiſanteries de *Tabarin* ont été imprimées pluſieurs fois à Paris & à Lyon, avec Privilége, ſous le titre de *Recueil des Queſ-*

CHANT PREMIER.

85 La licence à rimer, alors n'eut plus de frein.
Apollon travesti devint un Tabarin.
Cette contagion infecta les Provinces,
Du Clerc & du Bourgeois passa jusques aux Princes.
Le plus mauvais Plaisant eut ses approbateurs,
90 Et jusqu'à Dassouci, tout trouva des Lecteurs.
Mais de ce stile enfin la Cour desabusée,
Dedaigna de ces Vers l'extravagance aisée;
Distingua le naïf, du plat & du bouffon;
Et laissa la Province admirer le Typhon.
95 Que ce stile jamais ne souille vostre Ouvrage.
Imitons de Marot l'élegant badinage;
Et laissons le Burlesque aux Plaisans du Pont-neuf.
Mais n'allez point aussi sur les pas de Brebeuf,
Mesme en une Pharsale, entasser sur les rives,
100 *De morts & de mourans cent montagnes plaintives.*

REMARQUES.

tions & Fantaisies Tabariniques. Elles ne roulent que sur des matiéres d'une grossiéreté insupportable, & qui ne peuvent plaire qu'à la canaille.

Vers 90. *Et, jusqu'à Dassouci, tout trouva des Lecteurs.*] Charles Coypeau-Dassouci, a mis en vers Burlesques le *Ravissement de Proserpine*, de Claudien; & une partie des Métamorphoses d'Ovide, sous le titre d'*Ovide en belle humeur.* Dassouci étoit fils d'un Avocat au Parlement; il nâquit à Paris en 1604. & mourut âgé d'environ 75. ans, après avoir eu des avantures très-bizarres, qu'il a publiées lui-même, & dont le stile est presque bouffon.

Vers 94. ―― *Admirer le Typhon.*] *Typhon*, ou la *Gigantomachie*, Poëme burlesque de Scarron, dans lequel il décrit la guerre des Géans contre les Dieux. Il parut en 1644. M. Despréaux convenoit que les premiers Vers de ce Poëme sont d'une plaisanterie assez fine.

Vers 96. *Imitons de Marot l'élegant badinage.*] L'Auteur entend cette maniere naïve de dire les choses, qui fait le caractére de Marot, & non pas l'affectation de son langage.

Vers 97. ―― *Aux Plaisans du Pont-Neuf.*] Les Vendeurs de Mithridate, & les joueurs de Marionnettes se placent depuis long-temps sur le Pont-neuf.

Vers 100. *De morts & de mourans cent montagnes plaintives.*] Vers de Brebœuf, dans la Pharsale, Livre VII.

L l ij

Prenez mieux voſtre ton. Soyez ſimple avec art,
Sublime ſans orgueil, agreable ſans fard.
   N'offrez rien au Lecteur que ce qui peut luy plaire.
Ayez pour la cadence une oreille ſevere.
105 Que tousjours dans vos vers, le ſens coupant les mots,
Suſpende l'hemiſtiche ; en marque le repos.
   Gardez qu'une voyelle, à courir trop haſtée,
Ne ſoit d'une voyelle en ſon chemin heurtée.
   Il eſt un heureux choix de mots harmonieux.
110 Fuyez des mauvais ſons le concours odieux.
Le Vers le mieux rempli, la plus noble penſée
Ne peut plaire à l'eſprit, quand l'oreille eſt bleſſée.
   Durant les premiers ans du Parnaſſe François,
Le caprice tout ſeul faiſoit toutes les loix.
115 La Rime, au bout des mots aſſemblez ſans meſure,
Tenoit lieu d'ornemens, de nombre & de céſure.
Villon ſçeût le premier, dans ces ſiecles groſſiers,
Débroüiller l'Art confus de nos vieux Romanciers.
Marot bien-toſt aprés fit fleurir les Ballades,
120 Tourna des Triolets, rima des Maſcarades ;

REMARQUES.

Vers 106. *Suſpende l'hémiſtiche*, &c.] L'Auteur donne ici l'exemple avec le précepte : en parlant de la Céſure, il l'a extrêmement marquée.

Vers 107. *Gardez qu'une voïelle*, &c.] Le concours vicieux de voïelles, appellé *Hiatus*.

Vers 117. *Villon fçut le premier*, &c.] François Corbeuil, ſurnommé *Villon*, Poëte du quinziéme Siécle. D'autres Ecrivains ont fait le même honneur à Octavien de S. Gelais.

Vers 118. *Débroüiller l'art confus de nos vieux Romanciers.*] Les Ouvrages de nos vieux Poëtes François, ſont confus, & ſans ordre, témoin le Roman de la Roze ; le plus eſtimé de tous.

Vers 124. *Reglant tout, broüilla tout.*] Ronſard conſeilloit d'employer indifféremment *tous les Dialectes* : Préface ſur la Fran-

CHANT PREMIER.

A des refrains reglez aſſervit les Rondeaux,
Et montra pour rimer des chemins tout nouveaux.
Ronſard qui le ſuivit, par une autre methode,
Reglant tout, broüilla tout, fit un Art à ſa mode :
125 Et toutefois long-temps eut un heureux deſtin.
Mais ſa Muſe, en François parlant Grec & Latin,
Vid dans l'âge ſuivant, par un retour groteſque,
Tomber de ſes grands mots le faſte pedanteſque.
Ce Poëte orgueilleux trébuché de ſi haut,
130 Rendit plus retenus Deſportes & Bertault.
Enfin Malherbe vint ; & le premier en France,
Fit ſentir dans les Vers une juſte cadence :
D'un mot mis en ſa place enſeigna le pouvoir,
Et reduiſit la Muſe aux regles du devoir.
135 Par ce ſage Eſcrivain, la Langue reparée
N'offrit plus rien de rude à l'oreille épurée.
Les Stances avec grace apprirent à tomber ;
Et le Vers ſur le Vers n'oſa plus enjamber.
Tout reconnut ſes loix, & ce Guide fidele
140 Aux Autheurs de ce temps ſert encor de modele.

REMARQUES.

ciade. *Et ne ſe faut ſoucier*, dit-il ailleurs, *ſi les vocables ſont Gaſcons, Poitevins, Normands, Manceaux, Lyonnois, ou d'autres païs.* Abregé de l'Art poëtique.

Vers 126. ——— *En François parlant Grec & Latin.*] Ronſard a tellement chargé ſes Poëſies d'alluſions, & de mots tirés du Grec & du Latin, qu'il les a renduës ridicules & preſque inintelligibles. M. Deſpréaux citoit en exemple ce vers de Ron-ſard, qui dit à ſa Maîtreſſe :

Eſtes-vous pas ma ſeule Entélechie ?

Sonnet 68. Livre I.

Vers 130. ——— *Deſportes & Bertault.*] Philippe Deſportes, Abbé de Tiron, & Jean Bertault, Evêque de Séez, Poëtes aſſez eſtimés, vivoient ſous les régnes d'Henri III. & d'Henri IV.

Marchez donc fur fes pas, aimez fa pureté,
Et de fon tour heureux imitez la clarté.
Si le fens de vos Vers tarde à fe faire entendre,
Mon efprit auffi-toft commence à fe détendre;
145 Et de vos vains difcours prompt à fe détacher,
Ne fuit point un Autheur, qu'il faut tousjours chercher.
  Il eft certains Efprits, dont les fombres penfées
Sont d'un nuage épais tousjours embarraffées.
Le jour de la Raifon ne le fçauroit percer.
150 Avant donc que d'efcrire, apprenez à penfer.
Selon que noftre Idée eft plus ou moins obfcure,
L'Expreffion la fuit ou moins nette ou plus pure.
Ce que l'on conçoit bien, s'énonce clairement,
Et les mots pour le dire arrivent aifément.
155 Sur tout, qu'en vos Efcrits la Langue reverée,
Dans vos plus grands excés vous foit tousjours facrée.
En vain vous me frapez d'un fon melodieux.
Si le terme eft impropre, ou le tour vicieux,
Mon efprit n'admet point un pompeux Barbarifme,
160 Ni d'un Vers empoullé l'orgueilleux Solecifme.

REMARQUES.

Vers 146. *Ne fuit point un Auteur qu'il faut tousjours chercher.*] L'Auteur plaçoit dans la claffe des Centuries de Noftradamus, tout ce qui lui paroiffoit écrit d'une maniere fubtile, obfcure, impénétrable. La premiere de toutes les loix eft la clarté.

Vers 153. *Ce que l'on conçoit bien,* &c.] Horace, Art poëtique.

Vers 40. —— *Cui lecta potenter erit res, Nec facundia deferet hunc, nec lucidus ordo.*

Et vers 311. *Verbaque provifam rem non invita fequentur.*

Vers 163. *Travaillez à loifir,* &c.] Horace, Art poëtique, vers 388.

—— *Nonumque prematur in annum,* &c.

Vers 171. *Haftez-vous lentement,* &c.] Ce mot renferme un grand fens. Il étoit familier à l'Empereur Augufte, à l'Empereur

CHANT PREMIER.

Sans la Langue en un mot, l'Autheur le plus divin
Eſt tousjours, quoi qu'il faſſe, un méchant Eſcrivain.
Travaillez à loiſir, quelque ordre qui vous preſſe,
Et ne vous piquez point d'une folle viteſſe.
165 Un ſtile ſi rapide, & qui court en rimant,
Marque moins trop d'eſprit, que peu de jugement.
J'aime mieux un ruiſſeau, qui ſur la molle arene,
Dans un pré plein de fleurs lentement ſe promene,
Qu'un torrent débordé, qui d'un cours orageux
170 Roule, plein de gravier, ſur un terrain fangeux.
Haſtez-vous lentement, & ſans perdre courage,
Vingt fois ſur le métier remettez votre ouvrage.
Poliſſez-le ſans ceſſe, & le repoliſſez.
Ajoûtez quelquefois, & ſouvent effacez.
175 C'eſt peu qu'en un Ouvrage, où les fautes fourmillent,
Des traits d'eſprit ſemez de temps en temps petillent.
Il faut que chaque choſe y ſoit miſe en ſon lieu;
Que le début, la fin, répondent au milieu;
Que d'un art délicat les pieces aſſorties
180 N'y forment qu'un ſeul tout de diverſes parties:

REMARQUES.

Titus, & à pluſieurs grands Hommes. *Feſtina lentè.*

Vers 172. *Vingt fois ſur le meſtier remettez voſtre ouvrage.*] Horace, Art poëtique, vers 292.

——— *Carmen reprehendite, quod non Multa dies, & multa litura coërcuit, atque Præſectum decies non caſtigavit ad unguem.*

Vers 174. *Ajouſtez quelquefois, & ſou-* *vent effacez.*] Horace, Lib. I. Sat. 10. v. 72.

Sæpe ſtilum vertas, iterum quæ digna legi ſint Scripturus.

Vers 178. *Que le debut, la fin, reſpondent au milieu.*] Horace, Art poëtique, vers 152.

Primo ne medium, medio ne diſcrepet imum.

Vers 180. *N'y forment qu'un ſeul tout.*]

272 L'ART POETIQUE.

Que jamais du sujet, le discours s'écartant,
N'aille chercher trop loin quelque mot éclatant.
 Craignez-vous pour vos Vers la censure publique?
Soyez-vous à vous-mesme un severe Critique.
185 L'Ignorance tousjours est preste à s'admirer.
 Faites-vous des Amis prompts à vous censurer.
Qu'ils soient de vos écrits les Confidens sinceres,
Et de tous vos defauts les zelez adversaires.
Dépoüillez devant eux l'arrogance d'Autheur :
190 Mais sçachez de l'Ami discerner le Flatteur.
Tel vous semble applaudir, qui vous raille & vous joüe.
Aimez qu'on vous conseille, & non pas qu'on vous loüe.
 Un Flatteur aussi-tost cherche à se récrier.
Chaque Vers qu'il entend le fait extasier.
195 Tout est charmant, divin; aucun mot ne le blesse.
Il trépigne de joye, il pleure de tendresse :
Il vous comble par tout d'éloges fastueux.
La Verité n'a point cet air impetueux.
 Un sage Ami, tousjours rigoureux, inflexible,
200 Sur vos fautes jamais ne vous laisse paisible.

REMARQUES.

Horace, au même endroit, vers 23.

Denique, sit quodvis simplex duntaxat,
& unum.

Vers 185. *L'Ignorance tousjours est preste à s'admirer.*] Horace, Livre II. Epist. 2. v. 106.

Ridentur mala qui componunt carmina :
verùm

Gaudent scribentes, & se venerantur, &
ultro
Si taceas laudant, quidquid scripsere
beati.

Vers 190. *Mais sçachez de l'Amy discerner le Flatteur.*] Le même, dans son Art poëtique, vers 424.

—— *Mirabor, si sciet inter*
Noscere mendacem, verumque beatus amicum.

CHANT PREMIER.

Il ne pardonne point les endroits negligez.
Il renvoye en leur lieu les Vers mal arrangez.
Il reprime des mots l'ambitieuſe Emphaſe.
Icy le Sens le choque; & plus loin c'eſt la Phraſe.
205 Voſtre conſtruction ſemble un peu s'obſcurcir:
Ce terme eſt équivoque, il le faut éclaircir.
C'eſt ainſi que vous parle un Ami veritable.
Mais ſouvent ſur ſes Vers un Autheur intraitable
A les protéger tous ſe croit intereſſé,
210 Et d'abord prend en main le droit de l'offenſé.
De ce Vers, direz-vous, l'expreſſion eſt baſſe.
Ah! Monſieur, pour ce Vers je vous demande grace,
Reſpondra-t-il d'abord. Ce mot me ſemble froid;
Je le retrancherois. C'eſt le plus bel endroit.
215 Ce tour ne me plaiſt pas. Tout le monde l'admire.
Ainſi touſjours conſtant à ne ſe point dédire;
Qu'un mot dans ſon Ouvrage ait paru vous bleſſer;
C'eſt un titre chez luy pour ne point l'effacer.
Cependant, à l'entendre, il cherit la Critique.
220 Vous avez ſur ſes Vers un pouvoir deſpotique.

REMARQUES.

Vers 193. *Un Flatteur auſſi-toſt*, &c.] Horace, au même endroit.
—— *Clamabit enim : Pulchrè, benè, rectè :*
Palleſcet ſuper his, etiam ſtillabit amicis
Ex oculis rorem : ſaliet, tundet pede terram.
Vers 199. *Un ſage Ami*, &c.] Le même, au même endroit, vers 445.
Vir bonus & prudens verſus reprehendet inertes :

Culpabit duros : incomptis allinet atrum
Tranſverſo calamo ſignum : ambitioſa recidet
Ornamenta : parum claris lucem dare coget.
Vers 219. *Cependant, à l'entendre, il cherit la critique.*] Perſe, Satire I. vers 55.

Et verum, inquis, amo : verum mihi dicite de me.

Tome I.   ✶   M m

Mais tout ce beau difcours, dont il vient vous flatter,
N'eſt rien qu'un piege adroit pour vous les reciter.
Auſſi-toſt il vous quitte, & content de ſa Muſe,
S'en va chercher ailleurs quelque Fat qu'il abuſe.
225 Car ſouvent il en trouve. Ainſi qu'en ſots Autheurs,
Noſtre ſiecle eſt fertile en ſots Admirateurs.
Et ſans ceux que fournit la Ville & la Province,
Il en eſt chez le Duc, il en eſt chez le Prince.
L'Ouvrage le plus plat, a chez les Courtiſans,
230 De tout temps rencontré de zelez Partiſans;
Et, pour finir enfin par un trait de Satire,
Un Sot trouve tousjours un plus Sot qui l'admire.

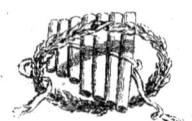

CHANT II.

Ici, & dans le troisiéme Chant, l'Auteur entre dans le détail, & donne le caractére & les régles particuliéres de chaque Poëme. Le second Chant est employé à décrire l'Idylle ou l'Eglogue, l'Elégie, l'Ode, le Sonnet, l'Epigramme, le Rondeau, la Ballade, le Madrigal, la Satire, & le Vaudeville. L'Auteur a sçû varier son stile avec tant d'art & tant d'habileté, qu'en parcourant les différentes espéces de Poësies, il use précisément du stile qui convient à chacune.

TElle qu'une Bergere, au plus beau jour de Feste,
De superbes Rubis ne charge point sa teste,
Et sans mesler à l'or l'éclat des Diamans,
Cueille en un champ voisin ses plus beaux ornemens:
5 Telle, aimable en son air, mais humble dans son stile,
Doit esclater sans pompe une élegante Idylle.
Son tour simple & naïf n'a rien de fastueux,
Et n'aime point l'orgueil d'un Vers presomptueux.
Il faut que sa douceur flatte, chatoüille, éveille;
10 Et jamais de grands mots n'espouvante l'oreille.
Mais souvent dans ce stile un Rimeur aux abois,
Jette là, de dépit, la Fluste & le Hautbois;
Et follement pompeux, dans sa verve indiscrette,
Au milieu d'une Eglogue entonne la Trompette.

REMARQUES.

Vers 11. *Mais souvent dans ce stile un Rimeur aux abois.*] L'Auteur pensoit que notre Langue étoit peu propre au genre Pastoral. « Heureux, disoit-il, nos meilleurs » Ecrivains, lorsqu'ils ont attrapé quelque » chose de son air, comme Segrais dans » ces Vers:
Ce Berger accablé de son mortel ennui
Ne se plaisoit qu'aux lieux aussi tristes que
lui. Eglog. I.

15 De peur de l'escouter, Pan fuit dans les Roseaux;
Et les Nymphes, d'effroi, se cachent sous les Eaux.
Au contraire, cet Autre abject en son langage,
Fait parler ses Bergers comme on parle au Village.
Ses Vers plats & grossiers, despoüillez d'agrément,
20 Tousjours baisent la terre, & rampent tristement.
On diroit que Ronsard, sur ses *Pipeaux rustiques*,
Vient encor fredonner ses Idylles Gothiques;
Et changer sans respect de l'oreille & du son,
Lycidas en Pierrot, & Phyllis en Toinon.
25   Entre ces deux excés la route est difficile.
Suivez, pour la trouver, Theocrite & Virgile.
Que leurs tendres Escrits, par les Graces dictez,
Ne quittent point vos mains, jour & nuit feüilletez.
Seuls, dans leurs doctes Vers ils pourront vous apprendre,
30 Par quel art sans bassesse un Autheur peut descendre;
Chanter Flore, les Champs, Pomone, les Vergers;
Au combat de la flûste animer deux Bergers;
Des plaisirs de l'Amour vanter la douce amorce;
Changer Narcisse en fleur, couvrir Daphné d'écorce;

REMARQUES.

Vers 24. *Lycidas en Pierrot, & Phyllis en Toinon.*] Ronsard dans ses Eglogues appelle Henri II. *Henriot*; Charles IX. *Carlin*; Catherine de Médicis, *Catin*, &c.

Vers 36. *Rend dignes d'un Consul la campagne & les bois.*] Virgile, Eglogue IV.
Si canimus silvas, silvæ sint Consule digna.

Vers 39. *La plaintive Elegie*, &c.] C'est ainsi qu'Horace la décrit dans son Art poëtique, la restreignant de même aux plaintes en general, & aux chants de triomphe des Amants.

Versibus impariter junctis, querimonia primùm,
Post etiam inclusa est, voti sententia compos.

CHANT SECOND. 277

35 Et par quel art encor l'Eglogue quelquefois
Rend dignes d'un Conful la campagne & les bois.
Telle eſt de ce Poëme & la force & la grace.
  D'un ton un peu plus haut, mais pourtant fans audace,
La plaintive Elegie, en longs habits de deüil,
40 Sçait les cheveux épars gemir ſur un cercüeil.
Elle peint des Amans la joye, & la trifteſſe ;
Flatte, menace, irrite, appaife une Maiſtreſſe.
Mais pour bien exprimer ces caprices heureux,
C'eſt peu d'eſtre Poëte, il faut eſtre amoureux.
45   Je hais ces vains Autheurs, dont la Muſe forcée,
M'entretient de ſes feux, tousjours froide & glacée ;
Qui s'affligent par art, & fous de ſens raſſis,
S'érigent, pour rimer, en Amoureux tranſis.
Leurs tranſports les plus doux ne font que phrâſes vaines.
50 Ils ne ſçavent jamais, que ſe charger de chaiſnes ;
Que benir leur martyre, adorer leur priſon,
Et faire quereller les Sens & la Raiſon.
Ce n'eſtoit pas jadis ſur ce ton ridicule,
Qu'Amour dictoit les Vers que ſouſpiroit Tibulle ;
55 Ou que du tendre Ovide animant les doux ſons,
Il donnoit de ſon Art les charmantes leçons.

REMARQUES.

Vers 50. *Ils ne ſçavent jamais que ſe charger de chaiſnes*, &c.] Le Poëte a particuliérement en vûe Voiture, qui dans le Sonnet d'*Uranie*, a dit :
  Je bénis mon martyre, & content de mourir, &c.

Vers 54. *Qu'Amour dictoit les vers que ſoupiroit Tibulle*, &c.] C'eſt une expreſſion de Tibulle même, rendue à la lettre. Elegie, Livre IV.
  Quòd ſi forte alios jam nunc ſuſpirat amores.

Il faut que le cœur seul parle dans l'Elegie.

L'Ode avec plus d'éclat, & non moins d'énergie,
Elevant jusqu'au Ciel son vol ambitieux,
60 Entretient dans ses Vers commerce avec les Dieux.
Aux Athletes dans Pise elle ouvre la barriere,
Chante un Vainqueur poudreux au bout de la carriere;
Mene Achille sanglant aux bords du Simoïs;
Ou fait fléchir l'Escaut sous le joug de Louïs.
65 Tantost, comme une abeille ardente à son ouvrage,
Elle s'en va de fleurs dépoüiller le rivage:
Elle peint les festins, les danses, & les Ris;
Vante un baiser cueilli sur les lévres d'Iris,
Qui mollement resiste, & par un doux caprice,
70 *Quelquefois le refuse, afin qu'on le ravisse.*
Son stile impetueux souvent marche au hazard.
Chez elle un beau desordre est un effet de l'Art.

Loin ces Rimeurs craintifs, dont l'esprit phlegmatique,
Garde dans ses fureurs un ordre didactique:
75 Qui chantant d'un Heros les progrés éclatans,
Maigres Historiens, suivront l'ordre des Temps.

REMARQUES.

Vers 61. *Aux Athlétes dans Pise*, &c.] Pise, Ville de la Gréce, dans l'Elide, où l'on célébroit les Jeux Olympique.

Vers 69. *Qui mollement resiste*, &c.] C'est la traduction de ces vers d'Horace, Ode 12. du Livre II.

*Dum fragrantia detorquet ad oscula
Cervicem, aut facili sævitia negat,
Quæ poscente magis gaudeat eripi.*

Vers 78. *Pour prendre Dole, il faut que Lille soit renduë.*] Lille & Courtray furent pris en 1667. & Dole en 1668.

Vers 79. ——— *Ainsi que Mezeray.*] Un de nos plus célébres Historiens, mort en 1683. il étoit de l'Académie Françoise.

Vers 83. *Voulant pousser à bout tous les Rimeurs François, Inventa du Sonnet,* &c.] C'est-à-dire, que les Poëtes François ont inventé le Sonnet, ou du moins l'ont assujetti à de certaines régles. Bien

CHANT SECOND.

Ils n'osent un moment perdre un sujet de veuë.
Pour prendre Dole, il faut que Lille soit renduë;
Et que leur Vers exact, ainsi que Mezeray,
80 Ait fait déja tomber les remparts de Courtray.
Apollon de son feu leur fut tousjours avare.

On dit à ce propos, qu'un jour ce Dieu bizarre,
Voulant pousser à bout tous les Rimeurs François,
Inventa du Sonnet les rigoureuses loix;
85 Voulut, qu'en deux Quatrains, de mesure pareille,
La Rime avec deux sons frapast huit fois l'oreille;
Et qu'ensuite six Vers artistement rangez,
Fussent en deux Tercets par le sens partagez.
Sur tout de ce Poëme il bannit la licence:
90 Lui-mesme en mesura le nombre & la cadence:
Defendit qu'un Vers foible y pust jamais entrer,
Ni qu'un mot desja mis osast s'y remonstrer.
Du reste il l'enrichit d'une beauté suprême.
Un Sonnet sans defauts vaut seul un long Poëme.
95 Mais en vain mille Autheurs y pensent arriver;
Et cet heureux Phénix est encore à trouver.

REMARQUES.

des gens croyent néanmoins que l'invention du Sonnet nous est venue des Italiens, & sur-tout de Pétrarque ; parce que les premiers Sonnets qui ayent paru en notre Langue, ne furent faits que sous le Régne de François I. Mais il est certain que Pétrarque, & les autres Italiens, en avoient emprunté l'usage & le nom des Poëtes Provençaux, connus sous les noms de Trouvertes, Chanterres, Jongleurs, &c. qui alloient dans les différentes Cours, chanter leurs Fabliaux, Lais, Virelais, Ballades, & *Sonnets :* comme le Président Fauchet l'a remarqué dans son Origine de la Poësie Françoise, Livre I. chap. 8. Pétrarque qui est regardé comme le Pere du *Sonnet*, a composé presque toutes ses Poësies à Vaucluse près d'Avignon, dans un temps auquel les Poëtes François ou Provençaux étoient en grande réputation, à

A peine dans Gombaut, Maynard, & Malleville,
En peut-on admirer deux ou trois entre mille.
Le reste, aussi peu lû, que ceux de Pelletier,
100 N'a fait de chez Sercy qu'un saut chez l'Epicier.
Pour enfermer son sens dans la borne prescrite,
La mesure est tousjours trop longue ou trop petite.

L'Epigramme plus libre, en son tour plus borné,
N'est souvent qu'un bon mot de deux rimes orné.
105 Jadis de nos Autheurs les Pointes ignorées,
Furent de l'Italie en nos Vers attirées.
Le Vulgaire ébloüi de leur faux agrément,
A ce nouvel appas courut avidement.
La faveur du Public, excitant leur audace,
110 Leur nombre impetueux inonda le Parnasse.
Le Madrigal d'abord en fut envelopé.
Le Sonnet orgueilleux lui-mesme en fut frapé.
La Tragedie en fit ses plus cheres delices.
L'Elegie en orna ses douloureux caprices.
Un Heros sur la Sçene eut soin de s'en parer;
115 Et sans pointe un Amant n'osa plus souspirer.
On vid tous les Bergers, dans leurs plaintes nouvelles,
Fideles à la Pointe, encor plus qu'à leurs Belles.

REMARQUES.

cause de certaines Assemblées galantes, qu'on appelloit les Cours de Parlement d'Amour, & qui se tenoient dans quelques Villes de Provence. V. *La Fresnaye Vauquelin, dans son Art poëtique, Livre I.* Le *Traité du Sonnet, par Colletet.* Les *Notes de Ménage sur Malherbe.*

Vers 97. *A peine dans Gombaut, Maynard, & Malleville.*] Tous trois de l'Académie Françoise.

CHANT SECOND.

Chaque mot eut tousjours deux visages divers.
120 La Prose la reçeut, aussi-bien que les Vers.
L'Advocat au Palais en herissa son stile,
Et le Docteur en chaire en sema l'Evangile.
 La Raison outragée enfin ouvrit les yeux ;
La chassa pour jamais des discours serieux,
125 Et dans tous ces Escrits, la déclarant infame,
Par grace, lui laissa l'entrée en l'Epigramme :
Pourveu que sa finesse, éclatant à propos,
Roulast sur la pensée, & non pas sur les mots.
Ainsi de toutes parts les desordres cesserent.
130 Toutefois à la Cour les Turlupins resterent ;
Insipides Plaisans, Bouffons infortunez,
D'un jeu de mots grossiers partisans surannez.
Ce n'est pas quelquefois qu'une Muse un peu fine,
Sur un mot en passant ne jouë & ne badine,
135 Et d'un sens détourné n'abuse avec succés.
Mais fuyez sur ce point un ridicule excés ;
Et n'allez pas tousjours d'une pointe frivole
Aiguiser par la queuë une Epigramme folle.
 Tout Poëme est brillant de sa propre beauté.
140 Le Rondeau, né Gaulois, a la naïveté.

REMARQUES.

Vers 100. *N'a fait de chez Sercy,* &c.] Charles de Sercy, Libraire du Palais.

Vers 122. *Et le Docteur en Chaire en sema l'Evangile.*] Alors nos Ecrivains épuisoient leur esprit en pointes frivoles, en ornemens superflus, en faux brillans. Tel fut principalement le caractére du petit Pere André Boulanger, Augustin.

Vers 130. *Toutefois à la Cour les Turlupins resterent.*] *Turlupin*, étoit le Plaisant de la Farce dans la Troupe des Comédiens de l'Hôtel de Bourgogne ; il diver-

Tome I.

La Ballade aſſervie à ſes vieilles maximes,
Souvent doit tout ſon luſtre au caprice des rimes.
 Le Madrigal plus ſimple, & plus noble en ſon tour,
Reſpire la douceur, la tendreſſe & l'amour.
145 L'ardeur de ſe monſtrer, & non pas de médire,
Arma la Verité du Vers de la Satire.
Lucile le premier oſa la faire voir :
Aux vices des Romains preſenta le miroir :
Vengea l'humble Vertu de la Richeſſe altiere,
150 Et l'honneſte Homme à pied, du Faquin en litiere.
Horace à cette aigreur meſla ſon enjoûment.
On ne fut plus ni fat ni ſot impunément :
Et, malheur à tout nom, qui propre à la cenſure,
Pût entrer dans un Vers ſans rompre la meſure.
155 Perſe en ſes Vers obſcurs, mais ſerrez & preſſans,
Affecta d'enfermer moins de mots que de ſens.

REMARQUES.

tiſſoit le Peuple par de méchantes pointes. Ces pointes furent nommées *Turlupinades*, & ceux qui l'imitérent, on les appella *Turlupins*. On a vû regner en France & même à la Cour le goût des *Turlupinades*. Moliere le fronda vivement. Le Marquis de *la Critique de l'Ecole des Femmes*, eſt un de ces Turlupins.

Vers 147. *Lucile le premier*, &c.] Caïus Lucilius, Chevalier Romain, fut l'inventeur de cette Satire, dont la fin eſt de reprendre les vices : les Grecs ont bien compoſé des Ouvrages ſatiriques, ou mordans ; mais ils ne leur ont donné ni le caractére ni le tour de la Satire Latine. *Satira tota noſtra eſt*, dit Quintilien. Horace, Satire 1. Livre II.

————— *Eſt Lucilius auſus*
Primus in hunc operis componere carmi-
 na morem, &c.

Enſe velut ſtricto, quoties Lucilius ardens
Infremuit, rubet auditor, cui frigida mens
 eſt
Criminibus ; tacita ſudant præcordia cul-
 pa. Juvénal, Satire I.

Vers 151. *Horace à cette aigreur meſla ſon enjoûment.*] Perſe, Satire I. vers 116.

Omne vafer vitium ridenti Flaccus amico
Tangit, & admiſſus circum præcordia lu-
 dit,
Callidus excuſſo populum ſuſpendere naſo.

CHANT SECOND.

Juvenal, élevé dans les cris de l'Escole,
Poussa jusqu'à l'excés sa mordante hyperbole.
Ses ouvrages, tout pleins d'affreuses veritez,
160 Estincelent pourtant de sublimes beautez :
Soit que sur un Escrit arrivé de Caprée,
Il brise de Sejan la statuë adorée :
Soit qu'il fasse au Conseil courir les Senateurs ;
D'un Tyran soupçonneux pasles adulateurs :
165 Ou que, poussant à bout la luxure Latine,
Aux Portefaix de Rome il vende Messaline.
Ses Escrits pleins de feu par tout brillent aux yeux.
De ces Maistres sçavans, disciple ingenieux,
Regnier seul parmi nous formé sur leurs modelles,
170 Dans son vieux stile encore a des graces nouvelles.
Heureux ! si ses Discours, craints du chaste Lecteur,
Ne se sentoient des lieux où fréquentoit l'Autheur ;

REMARQUES.

Vers 162. *Il brise de Sejan la Statuë adorée.*] Juvénal, Satire X. vers 60. & suivans.

Vers 163. *Soit qu'il fasse au Conseil courir les Senateurs.*] Satire IV. vers 73. jusqu'à la fin.

Vers 164. *D'un Tiran soupçonneux pasles adulateurs.*] Là même, vers 74.

Vers 166. ——— *Il vende Messaline.*] Satire VI. depuis le vers 115. jusqu'au 132.

Vers 171. *Heureux ! si ses discours, craints du chaste Lecteur,*
Ne se sentoient des lieux où fréquentoit l'Auteur.]

L'Auteur a en vûë plusieurs endroits des Satires de Regnier, & particuliérement la Satire XI. où ce Poëte décrit un Lieu de débauche. M. Despréaux avoit dit :

Heureux ! si, moins hardi, dans ses vers
pleins de sel,
Il n'avoit point traîné les Muses au B**

Mais M. Arnauld qu'il avoit accoûtumé de consulter, lui fit sentir qu'il tomboit dans le même défaut que Regnier, & lui fournit sur le champ les deux vers qui sont ici.

L'ART POETIQUE.

Et fi du fon hardi de fes rimes Cyniques,
Il n'allarmoit fouvent les oreilles pudiques.
175 Le Latin, dans les mots, brave l'Honnefteté.
Mais le Lecteur François veut eftre refpecté.
Du moindre fens impur la liberté l'outrage,
Si la pudeur des mots n'en adoucit l'image.
Je veux dans la Satire un efprit de candeur ;
180 Et fuis un effronté qui prefche la pudeur.
    D'un trait de ce Poëme, en bons mots fi fertile,
Le François né malin forma le Vaudeville ;
Agreable Indifcret, qui conduit par le chant,
Paffe de bouche en bouche, & s'accroift en marchant.
185 La liberté Françoife en fes Vers fe déploye.
Cet Enfant de Plaifir veut naiftre dans la joye.
Toutefois n'allez pas, goguenard dangereux,
Faire Dieu le fujet d'un badinage affreux.
A la fin tous ces jeux, que l'Atheïfme éleve,
190 Conduifent triftement le Plaifant à la Greve.
Il faut mefme, en chanfons, du bon fens & de l'art.
Mais pourtant on a veû le vin & le hazard
Infpirer quelquefois une Mufe groffiere,
Et fournir, fans genie, un couplet à Liniere.

REMARQUES.

Vers 190. *Conduifent triftement le Plaifant à la Gréve.*] On avoit furpris il y avoit quelques années un jeune Homme fort bien fait, nommé *Petie*, faifant imprimer des Chanfons impies de fa façon. On lui fit fon procès, & il fut condamné à être pendu & brûlé.

Vers 194. *Et fournir fans genie un Couplet à Liniere.*] On a parlé de Liniére, fur le vers 89. de l'Epître VII. où il eft traité d'*Idiot*; il exerça fon talent contre M. Defpréaux, qui lui répondit par ce couplet.

CHANT SECOND.

195 Mais pour un vain bonheur qui vous a fait rimer,
Gardez qu'un fot orgueil ne vous vienne enfumer.
Souvent l'Autheur altier de quelque chanfonnette,
Au mefme inftant prend droit de fe croire Poëte.
Il ne dormira plus qu'il n'ait fait un fonnet.
200 Il met tous les matins fix Impromptus au net.
Encore eft-ce un miracle, en fes vagues furies,
Si bien-toft imprimant fes fottes refveries,
Il ne fe fait graver au devant du Recüeil,
Couronné de lauriers par la main de Nanteüil.

REMARQUES.

Linière apporte de Senlis
Tous les mois trois couplets impies :
A quiconque en veut dans Paris
Il en prefente des copies ;
Mais fes couplets tout pleins d'ennui,
Seront bruflez mefme avant lui.

Vers 204. ——— *Par la main de Nanteüil.*] Fameux Graveur de Portraits, mort à Paris en 1678.

CHANT III.

Les régles de la Tragédie, de la Comédie, & de l'Epopée, font la matière de ce Chant, le plus beau de tous, & par la grandeur du fujet même, & par la maniere dont il eft traité.

Il n'eft point de Serpent, ni de Monftre odieux,
Qui par l'Art imité ne puiffe plaire aux yeux.
D'un pinceau délicat, l'artifice agreable,
Du plus affreux objet, fait un objet aimable.
5 Ainfi pour nous charmer, la Tragedie en pleurs,
D'Oedipe tout fanglant fit parler les douleurs;
D'Orefte parricide exprima les alarmes;
Et pour nous divertir, nous arracha des larmes.
  Vous donc, qui d'un beau feu pour le Theatre efpris,
10 Venez en Vers pompeux y difputer le prix,
Voulez-vous fur la Sçêne eftaler des ouvrages,
Où tout Paris en foule apporte fes fuffrages;
Et qui tousjours plus beaux, plus ils font regardez,
Soient au bout de vingt ans encor redemandez?
15 Que dans tous vos difcours, la Paffion émuë,
Aille chercher le cœur, l'échauffe, & le remuë.

REMARQUES.

Vers 1. *Il n'eft point de Serpent*, &c.] Cette comparaifon eft empruntée d'Ariftote, *Chap. 4. de la Poëtique; & chap. 2. du Livre I. de fa Rhétorique.* V. Sur l'Imitation en Poëfie & en Peinture, les *Reflexions de M. l'Abbé du Bos*, Ouvrage également ingénieux & folide.

Vers 6. *D'Oedipe tout fanglant*, &c.] Tragédie de Sophocle.

Vers 7. *D'Orefte parricide*, &c.] Tragédie d'Euripide.

CHANT TROISIE'ME.

Si d'un beau mouvement l'agréable fureur,
Souvent ne nous remplit d'une douce *Terreur;*
Ou n'excite en noftre ame une *Pitié* charmante,
20 En vain vous eftalez une Sçêne favante.
Vos froids raifonnemens ne feront qu'attiedir
Un Spectateur, tousjours pareffeux d'applaudir,
Et qui des vains efforts de voftre Rhetorique,
Juftement fatigué, s'endort, ou vous critique.
25 Le fecret eft d'abord de plaire & de toucher.
Inventez des refforts qui puiffent m'attacher.
Que dés les premiers Vers l'Action préparée,
Sans peine, du Sujet applaniffe l'entrée.
Je me ris d'un Acteur, qui lent à s'exprimer,
30 De ce qu'il veut, d'abord ne fçait pas m'informer;
Et qui, débroüillant mal une penible intrigue,
D'un divertiffement me fait une fatigue.
J'aimerois mieux encor qu'il declinaft fon nom,
Et dift, je fuis Orefte, ou bien Agamemnon:
35 Que d'aller par un tas de confufes merveilles,
Sans rien dire à l'efprit, étourdir les oreilles.
Le fujet n'eft jamais affez toft expliqué.
Que le Lieu de la fçene y foit fixe & marqué.

REMARQUES.

Vers 14. *Soient au bout de vingt ans encor redemandez.*] Horace, Art poëtique, vers 190.

Fabula quæ pofci vult, & fpectata reponi.
Vers 16. *Aille chercher le cœur, l'efchauf-*fe, *& le remuë.*] Horace, Livre II. Epître 1. vers 211.

— *Meum qui pectus inaniter angit,*
Irritat, mulcet, falfis terroribus implet.

Un Rimeur, fans peril, delà les Pirenées,
40 Sur la fcene en un jour renferme des années.
Là fouvent le Heros d'un fpectacle groffier,
Enfant au premier acte, eft Barbon au dernier.
Mais nous, que la Raifon à fes regles engage,
Nous voulons qu'avec art l'Action fe ménage:
45 Qu'en un Lieu, qu'en un Jour, un feul fait accompli
Tienne jufqu'à la fin le Theatre rempli.
 Jamais au Spectateur n'offrez rien d'incroyable.
Le vrai peut quelquefois n'eftre pas vraifemblable.
Une merveille abfurde eft pour moy fans appas.
50 L'efprit n'eft point émû de ce qu'il ne croit pas.
Ce qu'on ne doit point voir, qu'un recit nous l'expofe.
Les yeux en le voyant faifiroient mieux la chofe:
Mais il eft des objets, que l'Art judicieux
Doit offrir à l'oreille, & reculer des yeux.
55 Que le trouble, tousjours croiffant de fcene en fcene,
A fon comble arrivé, fe débroüille fans peine.

REMARQUES.

Vers 39. *Un Rimeur .... de là les Pyrenées.*] Lope de Véga, Poëte Efpagnol, qui a compofé un très-grand nombre de Comédies; mais il a montré plus de fécondité que d'exactitude. Dans une de fes Piéces, *Valentin* & *Orfon*, naiffent au premier Acte, & font décrépits au dernier.

Vers 45. *Qu'en un Lieu, qu'en un Jour, un feul Fait accompli.*] Ce vers comprend à la fois les trois Unités, du Lieu, du Temps, & de l'Action, & le complement de l'Action.

Vers 47. *Jamais au Spectateur n'offrez rien d'incroïable.*] Horace, vers 338. de l'Art poëtique.
Ficta voluptatis causâ, fint proxima veris:
Nec quodcumque volet, pofcat fibi fabula credi.

Vers 51. *Ce qu'on ne doit point voir,* &c.] Horace, au même endroit, vers 180.
Segniùs irritant animos demiffa per aurem,
Quàm quæ funt oculis fubjecta fidelibus,
& quæ
Ipfe fibi tradit Spectator, &c.

L'efprit

CHANT TROISIE'ME.

L'esprit ne se sent point plus vivement frapé,
Que lorsqu'en un sujet d'intrigue envelopé,
D'un secret tout à coup la verité connuë,
60 Change tout, donne à tout une face imprévuë.

La Tragedie, informe & grossiere en naissant,
N'estoit qu'un simple Chœur, où chacun en dansant,
Et du Dieu des raisins entonnant les loüanges,
S'efforçoit d'attirer de fertiles vendanges.
65 Là le vin & la joye éveillant les esprits,
Du plus habile Chantre un Bouc estoit le prix.
Thespis fut le premier, qui barboüillé de lie,
Promena par les Bourgs cette heureuse folie ;
Et d'Acteurs mal ornez chargeant un tombereau,
70 Amusa les Passans d'un spectacle nouveau.
Eschyle dans le Chœur jetta les personnages ;
D'un masque plus honneste habilla les visages ;
Sur les ais d'un theatre en public exhaussé,
Fit paroistre l'Acteur d'un brodequin chaussé.

REMARQUES.

Vers 61. *La Tragedie informe*, &c.] Consultez l'Art poëtique d'Aristote, & l'Art poëtique d'Horace.

Vers 66. *Du plus habile Chantre un Bouc estoit le prix.*] Horace, Art poëtique, vers 220.

Carmine qui tragico vilem certavit ob hircum.

C'est de là que vient le mot *Tragedie*, chant du Bouc, ou dont un *Bouc* étoit le prix.

Vers 67. *Thespis fut le premier*, &c.] Horace, vers 275.

Ignotum tragicæ genus invenisse Camænæ
Dicitur, & plaustris vexisse poëmata Thespis, &c.

Vers 68. *Promena par les Bourgs*, &c.] De l'Attique.

Vers 71. *Eschyle dans le Chœur*, &c.] Horace, au même endroit.

Post hunc personæ pallæque repertor honestæ
Æschylus, & modicis instravit pulpita tignis,
Et docuit magnumque loqui, nitique cothurno.

Tome I. * O o

75 Sophocle enfin donnant l'essor à son genie,
    Accrut encor la pompe, augmenta l'harmonie,
    Interessa le Chœur dans toute l'Action,
    Des Vers trop raboteux polit l'expression;
    Luy donna chez les Grecs cette hauteur divine,
80 Où jamais n'atteignit la foiblesse Latine.
      Chez nos devots Ayeux, le Theatre abhorré
    Fut long-temps dans la France un plaisir ignoré.
    De Pelerins, dit-on, une Troupe grossiere
    En public à Paris y monta la premiere;
85 Et sottement zelée en sa simplicité,
    Joüa les Saints, la Vierge & Dieu par pieté.
    Le Sçavoir, à la fin dissipant l'Ignorance,
    Fit voir de ce projet la devote imprudence.
    On chassa ces Docteurs preschans sans mission.
90 On vit renaistre Hector, Andromaque, Ilion.
    Seulement, les Acteurs laissant le masque antique,
    Le violon tint lieu de Chœur & de Musique.
      Bien-tost l'Amour, fertile en tendres sentimens,
    S'empara du Theatre, ainsi que des Romans.

REMARQUES.

Vers 86. *Joüa les Saints, la Vierge, & Dieu par pieté.*] Avant que la Comédie fût introduite en France, on repréſentoit les Hiſtoires de l'Ancien & du Nouveau Teſtament, les Martyres des Saints, & autres ſujets de pieté. Nous avons encore pluſieurs de ces Piéces imprimées avec Privilége. On les défendit dans la ſuite comme ſcandaleuſes.

Vers 90. *On vit renaiſtre Hector*, &c.] Ce ne fut que ſous le regne de Louis XIII. que la Tragédie commença à prendre une bonne forme en France. V. l'Hiſtoire de l'Académie Françoiſe.

Vers 91. ⸺ *Les Acteurs laiſſant le maſque antique.*] Ce maſque repréſentoit le perſonnage que l'on introduiſoit ſur la Scéne.

Vers 92. *Le Violon tint lieu de Chœur & de Muſique.*] Eſther, & Athalie, Tra-

CHANT TROISIÈME. 291

95 De cette Passion la sensible peinture
Est pour aller au cœur la route la plus seure.
Peignez donc, j'y consens, les Heros amoureux.
Mais ne m'en formez pas des Bergers doucereux.
Qu'Achille aime autrement que Thyrsis & Philene.
100 N'allez pas d'un Cyrus nous faire un Artamene :
Et que l'Amour, souvent de remords combattu,
Paroisse une foiblesse, & non une vertu.
  Des Heros de Roman fuyez les petitesses :
Toutefois aux grands cœurs donnez quelques foiblesses.
105 Achille déplairoit moins boüillant & moins prompt.
J'aime à lui voir verser des pleurs pour un affront.
A ces petits defauts marquez dans sa peinture,
L'esprit avec plaisir reconnoist la Nature.
Qu'il soit sur ce modele en vos Escrits tracé.
110 Qu'Agamemnon soit fier, superbe, interessé.
Que pour ses Dieux Enée ait un respect austere.
Conservez à chacun son propre caractere.
Des Siecles, des Païs, étudiez les mœurs.
Les climats font souvent les diverses humeurs.

REMARQUES.

gédies de M. Racine, font connoître combien on a perdu en supprimant les Chœurs & la Musique.

Vers 100. *N'allez pas d'un Cyrus nous faire un Artaméne.*] Artaméne, ou le grand Cyrus, Roman de Mademoiselle de Scudéri. *Artaméne* est un nom supposé que le Roman donne à Cyrus dans les voyages qu'on lui fait entreprendre. Le caractére de ce Prince n'est pas mieux conservé dans l'Ouvrage que son nom. *V.* ci-après le *Dialogue contre les Héros de Roman.*

Vers 105. *Achille déplairoit moins boüillant & moins prompt.*] Horace, Art poët. vers 120.

——————— *Si forte reponis Achillem;*
Impiger, iracundus, inexorabilis, acer,
Jura neget sibi nata, nihil non arroget armis.

292 L'ART POETIQUE.

115 Gardez donc de donner, ainſi que dans Clelie,
L'air, ni l'eſprit François à l'antique Italie ;
Et ſous des noms Romains faiſant noſtre portrait,
Peindre Caton galant, & Brutus dameret.
Dans un Roman frivole aiſément tout s'excuſe.
120 C'eſt aſſez qu'en courant la fiction amuſe.
Trop de rigueur alors feroit hors de ſaiſon :
Mais la Sçene demande une exacte raiſon.
L'étroite bienſeance y veut eſtre gardée.
D'un nouveau Perſonnage inventez-vous l'idée ?
125 Qu'en tout avec foi-meſme il ſe montre d'accord,
Et qu'il ſoit juſqu'au bout tel qu'on la vû d'abord.
Souvent, ſans y penſer, un Eſcrivain qui s'aime,
Forme tous ſes Heros ſemblables à ſoi-meſme.
Tout a l'humeur Gaſconne, en un Auteur Gaſcon.
130 Calprenede & Juba parlent du meſme ton.
La Nature eſt en nous plus diverſe & plus ſage.
Chaque Paſſion parle un different langage.

REMARQUES.

Vers 115. ——— *Ainſi que dans Clélie.*] Autre Roman de Mademoiſelle de Scudéri.

Vers 118. *Peindre Caton galant.*] *Caton*, ſurnommé *le Cenſeur.* Il ne faut que lire le diſcours qu'il fit pour maintenir la Loi Oppia, contre la parure dés Dames ; pour voir qu'il n'étoit rien moins que galant. *Tite-Live, Livre XXXIV. chap.* 2.

Ibid. ——— *Et Brutus dameret.*] C'eſt Junius Brutus, qui chaſſa les Tarquins de Rome. Tous les Hiſtoriens le dépeignent comme un homme qui avoit *les mœurs auſtéres de nature, & non adoucies par la rai-* ſon, ſuivant le langage d'Amiot. Juſques-là qu'il fit mourir ſes propres enfans.

Vers 124. *D'un nouveau Perſonnage*, &c.] Horace, Art poëtique, vers 125.
Si quid inexpertum ſcenæ comnittis, &
audes
Perſonam formare novam, ſervetur ad
imum
Qualis ab incepto proceſſerit, & ſibi conſtet.

Vers 130. *Calprenede & Juba parlent du meſme ton.*] *Juba,* Héros du Roman de Cléopatre, compoſé par la Calprenéde, Gentilhomme du Périgord.

CHANT TROISIEME.

La Colere est superbe, & veut des mots altiers.
L'Abattement s'explique en des termes moins fiers.
135 Que devant Troye en flamme Hecube desolée
Ne vienne pas pousser une plainte empoulée,
Ni sans raison decrire, en quels affreux païs,
Par sept bouches l'Euxin reçoit le Tanaïs.
Tous ces pompeux amas d'expressions frivoles
140 Sont d'un Declamateur, amoureux des paroles.
Il faut dans la douleur que vous vous abbaissiez.
Pour me tirer des pleurs, il faut que vous pleuriez.
Ces grands mots, dont alors l'Acteur emplit sa bouche,
Ne partent point d'un cœur que sa misere touche.
145 Le Theatre, fertile en Censeurs pointilleux,
Chez nous pour se produire est un champ perilleux.
Un Autheur n'y fait pas de faciles conquestes.
Il trouve à le sifler des bouches tousjours prestes.
Chacun le peut traiter de Fat & d'Ignorant.
150 C'est un droit qu'à la porte on achete en entrant.

REMARQUES.

Vers 131. *La nature est en nous plus diverse*, &c.] Horace, au même endroit, vers 105.
——————— *Tristia mœstum*
Vultum verba decent : iratum plena minarum ;
Ludentem lasciva : severum seria dictu.
Vers 138. *Par sept bouches l'Euxin reçoit le Tanaïs.*] Sénéque le Tragique, Troade ; Scéne I. vers 9. *Septena Tanain ora pandentem bibit.*
Vers 140. *Sont d'un Declamateur*, &c.] L'Auteur a en vûe Sénéque le Tragique, & quelques endroits des Tragédies de P. Corneille.
Vers 141. *Il faut dans la douleur que vous vous abaissiez.*] Horace, vers 95. de l'Art poëtique.
Et Tragicus plerumque dolet sermone pedestri, &c.
Vers 142. *Pour me tirer des pleurs, il faut que vous pleuriez.*] Le même, vers 102.
——————— *Si vis me flere, dolendum est Primum ipsi tibi.*
Vers 148. *Il trouve à le sifler*, &c.] Horace, vers 105.
Aut dormitabo, aut ridebo.

Il faut qu'en cent façons, pour plaire, il fe replie :
Que tantoſt il s'eſleve, & tantoſt s'humilie :
Qu'en nobles ſentimens il ſoit par tout fecond :
Qu'il ſoit aiſé, ſolide, agreable, profond :
155 Que de traits ſurprenans ſans ceſſe il nous reveille :
Qu'il coure dans ſes Vers de merveille en merveille :
Et que tout ce qu'il dit, facile à retenir,
De ſon Ouvrage en nous laiſſe un long ſouvenir.
Ainſi la Tragedie agit, marche, & s'explique.
160 D'un air plus grand encor la Poëſie Epique,
Dans le vaſte recit d'une longue action,
Se ſouſtient par la Fable, & vit de fiction.
Là pour nous enchanter tout eſt mis en uſage.
Tout prend un corps, une ame, un eſprit, un viſage.
165 Chaque Vertu devient une Divinité.
Minerve eſt la Prudence, & Venus la Beauté.
Ce n'eſt plus la vapeur qui produit le Tonnerre ;
C'eſt Jupiter armé pour effrayer la Terre.
Un Orage terrible aux yeux des Matelots,
170 C'eſt Neptune en courroux, qui gourmande les flots.
Echo n'eſt plus un ſon qui dans l'air retentiſſe :
C'eſt une Nymphe en pleurs, qui ſe plaint de Narciſſe.
Ainſi dans cet amas de nobles fictions,
Le Poëte s'égaye en mille inventions,
175 Orne, eſleve, embellit, agrandit toutes choſes,
Et trouve ſous ſa main des Fleurs touſjours écloſes.

CHANT TROISIEME.

Qu'Enée & ses vaisseaux, par le vent écartez,
Soient aux bords Africains d'un orage emportez ;
Ce n'est qu'une aventure ordinaire & commune ;
180 Qu'un coup peu surprenant des traits de la Fortune.
Mais que Junon, constante en son aversion,
Poursuive sur les flots les restes d'Ilion :
Qu'Eole, en sa faveur les chassant d'Italie,
Ouvre aux Vents mutinez les prisons d'Eolie ;
185 Que Neptune en courroux s'eslevant sur la mer,
D'un mot calme les flots, mette la paix dans l'air,
Delivre les vaisseaux, des Syrtes les arrache ;
C'est-là ce qui surprend, frappe, saisit, attache.
Sans tous ces ornemens le Vers tombe en langueur.
190 La Poësie est morte, ou rampe sans vigueur :
Le Poëte n'est plus qu'un Orateur timide ;
Qu'un froid Historien d'une Fable insipide.
C'est donc bien vainement, que nos Autheurs deceus,
Bannissant de leurs Vers ces ornemens receus,
195 Pensent faire agir Dieu, ses Saints & ses Prophetes,
Comme ces Dieux esclos du cerveau des Poëtes :
Mettent à chaque pas le Lecteur en Enfer :
N'offrent rien qu'Astaroth, Belzebuth, Lucifer.
De la foy d'un Chrestien les mysteres terribles
200 D'ornemens égayez ne sont point susceptibles.

REMARQUES.

Vers 193. *C'est donc bien vainement que nos Auteurs deçus*, &c.] Ce qui suit regarde Desmaretz de Saint Sorlin ; qui dans son Poëme de Clovis, fait produire tout le merveilleux par l'intervention des Démons, des Anges, & de Dieu même.

L'Evangile à l'Efprit n'offre de tous coftez,
Que penitence à faire, & tourmens meritez:
Et de vos fictions le meflange coupable,
Mefme à fes veritez donne l'air de la Fable.
  Et quel objet enfin à prefenter aux yeux,
205 Que le Diable toujours heurlant contre les Cieux,
Qui de voftre Heros veut rabbaiffer la gloire,
Et fouvent avec Dieu balance la victoire?
  Le Taffe, dira-t-on, l'a fait avec fuccés.
Je ne veux point icy luy faire fon procés:
210 Mais, quoy que noftre Siecle à fa gloire publie,
Il n'euft point de fon Livre illuftré l'Italie,
Si fon fage Heros, toujours en oraifon,
N'euft fait que mettre enfin Sathan à la raifon;
Et fi Renaud, Argant, Tancrede, & fa Maiftreffe
215 N'euffent de fon fujet égayé la trifteffe.
  Ce n'eft pas que j'approuve, en un fujet Chreftien,
Un Autheur follement Idolaftre & Payen.
Mais dans une profane & riante peinture,
De n'ofer de la Fable employer la figure;
220 De chaffer les Tritons de l'empire des eaux,
D'ofter à Pan fa flufte, aux Parques leurs cifeaux;

REMARQUES.

Vers 209. *Le Taffe....l'a fait avec fuccés.*] Dans fon Poëme de la Jérufalem délivrée.

Vers 218. *Un Auteur follement*, &c.] L'Ariofte.

Vers 219. *Mais dans une profane & riante peinture.*] Telle que la defcription du paffage du Rhin, dans l'Epître IV.

Vers 242. *Qui de tant de Heros va choifir Childebrand.*] C'eft le Héros d'un Poëme héroïque, intitulé *Les Sarrafins chaffés de France*, compofé par Sainte Garde, Con-

D'empefcher

CHANT TROISIE'ME.

D'empefcher que Caron dans la fatale barque,
Ainfi que le Berger, ne paffe le Monarque;
225 C'eft d'un fcrupule vain s'alarmer fottement,
Et vouloir aux Lecteurs plaire fans agrément.
Bien-toft ils defendront de peindre la Prudence:
De donner à Themis ni bandeau, ni balance:
De figurer aux yeux la Guerre au front d'airain:
230 Ou le Temps qui s'enfuit une horloge à la main:
Et par tout des difcours, comme une idolatrie,
Dans leur faux zele, iront chaffer l'Allegorie.
Laiffons-les s'applaudir de leur pieufe erreur.
Mais pour nous, banniffons une vaine terreur;
235 Et fabuleux Chreftiens, n'allons point dans nos fonges,
Du Dieu de verité, faire un Dieu de menfonges.
La Fable offre à l'Efprit mille agremens divers.
Là tous les noms heureux femblent nez pour les Vers,
Ulyffe, Agamemnon, Orefte, Idomenée,
240 Helene, Menelas, Pâris, Hector, Enée.
O le plaifant projet d'un Poëte ignorant,
Qui de tant de Heros va choifir Childebrand !
D'un feul nom quelquefois le fon dur, ou bizarre,
Rend un Poëme entier, ou burlefque ou barbare.

REMARQUES.

feiller & Aumônier du Roi. Ce Poëme devoit avoir 16. Livres. L'Auteur publia les quatre premiers en 1667. à fon retour d'Efpagne, où il avoit fuivi l'Ambaffadeur de France. Au refte, le nom de *Childebrand*, nom peu heureux pour la Poëfie héroï- que, eft connu dans notre Hiftoire. De Serres, du Pleix, Mezeray, difent qu'il fut envoyé par Charles Martel fon Frere, au-devant des Sarrafins qui ravageoient la Guyenne.

L'ART POETIQUE.

245 Voulez-vous long-temps plaire, & jamais ne lasser?
Faites choix d'un Heros propre à m'interesser,
En valeur éclatant, en vertus magnifique.
Qu'en luy, jusqu'aux defauts, tout se monstre heroïque:
Que ses faits surprenans soient dignes d'estre oüis.
250 Qu'il soit tel que Cesar, Alexandre, ou Loüis;
Non, tel que Polynice, & son perfide frere.
On s'ennuye aux exploits d'un Conquerant vulgaire.
N'offrez point un Sujet d'incidens trop chargé.
Le seul courroux d'Achille, avec art ménagé,
255 Remplit abondamment une Iliade entiere.
Souvent trop d'abondance appauvrit la matiere.
Soyez vif & pressé dans vos Narrations.
Soyez riche & pompeux dans vos Descriptions.
C'est là qu'il faut des Vers étaler l'élegance.
260 N'y presentez jamais de basse circonstance.
N'imitez pas ce Fou, qui décrivant les mers,
Et peignant, au milieu de leurs Flots entr'ouverts,
L'Hebreu sauvé du joug de ses injustes Maistres,
Met, pour le voir passer, les poissons aux fenestres:

REMARQUES.

Vers 251. *Non tel que Polynice, & son perfide Frere.*] L'inimitié de Polynice & d'Eteocle son Frere, causa la guerre de Thébes.

Vers 261. *N'imitez pas ce fou,* &c.] Saint-Amant décrivant le passage de la Mer rouge, dans la cinquième Partie de son *Moïse sauvé* met, pour ainsi dire, les Poissons aux fenêtres, pour voir passer le Peuple Hébreu.

Et là près des remparts que l'œil peut transpercer,
Les poissons ébahis le regardent passer.

Vers 265. *Peint le petit Enfant,* &c.] S. Amant au même endroit:
Là l'enfant éveillé, courant sous la licence
Que permet à son âge une libre innocence,
Va, revient, tourne, saute, & par maint cri joyeux.

CHANT TROISIEME.

265 Peint le petit Enfant qui *va, faute, revient,*
Et joyeux à sa Mere offre un caillou qu'il tient.
Sur de trop vains objets, c'est arrester la veuë.
Donnez à vostre ouvrage une juste estenduë.
   Que le debut soit simple & n'ait rien d'affecté.
270 N'allez pas dés l'abord, sur Pégaze monté,
Crier à vos Lecteurs, d'une voix de tonnerre,
Je chante le Vainqueur des Vainqueurs de la Terre.
Que produira l'Autheur aprés tous ces grands cris ?
La Montagne en travail enfante une souris.
275 O! que j'aime bien mieux cet Autheur plein d'adresse,
Qui sans faire d'abord de si haute promesse,
Me dit d'un ton aisé, doux, simple, harmonieux,
Je chante les combats, & cet homme pieux,
Qui des bords Phrygiens conduit dans l'Ausonie,
280 *Le premier aborda les champs de Lavinie.*
Sa Muse en arrivant ne met pas tout en feu :
Et pour donner beaucoup, ne nous promet que peu.
Bien-tost vous la verrez, prodiguant les miracles,
Du destin des Latins prononcer les oracles ;

REMARQUES.

Témoignant le plaisir que reçoivent ses yeux,
D'un étrange caillou qu'à ses pieds il rencontre,
Fait au premier venu la prétieuse montre;
Ramasse une coquille, & d'aise transporté,
La présente à la mere avec naïveté.
Vers 269. *Que le debut soit simple, &c.*] Ce précepte est tiré d'Horace, Art poëtique, vers 136.

Nec sic incipies, ut scriptor cyclicus olim:
Fortunam Priami cantabo, & nobile
bellum, &c.

Vers 272. *Je chante le Vainqueur, &c.*] Premier vers du Poëme d'Alaric, par M. de Scuderi. Que la faute est belle, s'écrie Sainte-Garde dans sa Défense des beaux Esprits, qui ne déplaît point à Stace, qui ne déplaît point à Lucain, qui ne déplaît point

De Styx & d'Acheron peindre les noirs torrens;
Et déja les Céfars dans l'Elyfée errans.
    De Figures fans nombre égayez voftre ouvrage.
Que tout y faffe aux yeux une riante image.
On peut eftre à la fois & pompeux & plaifant;
Et je hais un fublime ennuyeux & pefant.
J'aime mieux Ariofte, & fes fables comiques,
Que ces Autheurs tousjours froids & mélancoliques,
Qui dans leur fombre humeur fe croiroient faire affront,
Si les Graces jamais leur déridoient le front.
    On diroit que pour plaire, inftruit par la Nature,
Homere ait à Venus dérobé fa ceinture.
Son livre eft d'agrémens un fertile threfor.
Tout ce qu'il a touché fe convertit en or.
Tout reçoit dans fes mains une nouvelle grace.
Par tout il divertit, & jamais il ne laffe.
Une heureufe chaleur anime fes difcours.
Il ne s'égare point en de trop longs détours.
Sans garder dans fes Vers un ordre methodique,
Son fujet de foy-mefme & s'arrange & s'explique:
Tout, fans faire d'apprefts, s'y prépare aifément.
Chaque Vers, chaque mot court à l'Evenement.

REMARQUES.

à Silius Italicus; qui ne déplaît point à Claudien!
    Vers 291. *J'aime mieux Ariofte*, &c.] Poëte Italien, Auteur du Poëme de Roland le Furieux, qui eft rempli de fictions ingénieufes, mais éloignées de toute vrai-femblance.
    Vers 296. *Homére ait à Vénus dérobé fa ceinture.*] Homére, Livre XIV. de l'Iliade, feint que Junon, pour empêcher Jupiter de favorifer les Troyens, fe pare extraordinairement, & prie Vénus de lui

CHANT TROISIE'ME.

Aimez donc fes Efcrits, mais d'un amour fincere.
C'eſt avoir profité que de fçavoir s'y plaire.
 Un Poëme excellent, où tout marche, & fe fuit,
310 N'eſt pas de ces travaux qu'un caprice produit.
Il veut du temps, des foins ; & ce penible ouvrage
Jamais d'un Efcolier ne fut l'apprentiffage.
Mais fouvent parmi nous un Poëte fans art,
Qu'un beau feu quelquefois échauffa par hazard,
315 Enflant d'un vain orgueil fon efprit chimerique,
Fierement prend en main la Trompette heroïque.
Sa Mufe déreglée, en fes Vers vagabonds,
Ne s'éleve jamais que par fauts & par bonds ;
Et fon feu, dépourveu de fens & de lecture,
320 S'efteint à chaque pas, faute de nourriture.
Mais envain le Public, prompt à le méprifer,
De fon merite faux le veut defabufer.
Luy-mefme applaudiffant à fon maigre genie,
Se donne par fes mains l'encens qu'on luy dénie.
325 Virgile, au prix de luy, n'a point d'invention.
Homere n'entend point la noble fiction.
Si contre cet arreſt le Siecle fe rebelle,
A la Pofterité d'abord il en appelle.

REMARQUES.

prêter fon Cefte, c'eſt-à-dire, cette merveilleuſe Ceinture, où, fuivant la Traduction de Madame Dacier, *fe trouvoient tous les charmes les plus féducteurs, les attraits, l'amour, les defirs, les amufemens, les entretiens fecrets, les innocentes tromperies, & le charmant badinage, qui infenfiblement furprend l'efprit & le cœur des plus fenfés.*

Vers 306. ―――― *Court à l'evenement.*]
Horace, Art poëtique.
Semper ad eventum feſtinat.

L'ART POETIQUE.

Mais attendant qu'ici le bon sens de retour,
330 Ramene triomphans ses ouvrages au jour,
Leurs tas au magasin, cachez à la lumiere,
Combattent tristement les vers & la poussiere.
Laissons-les donc entre eux s'escrimer en repos;
Et sans nous égarer suivons nostre propos.
335   Des succés fortunez du Spectacle Tragique,
Dans Athenes naquit la Comedie antique.
Là, le Grec né mocqueur, par mille jeux plaisans,
Distilla le venin de ses traits médisans.
Aux accés insolens d'une bouffonne joye,
340 La Sagesse, l'Esprit, l'Honneur furent en proye.
On vit, par le Public un Poëte avoüé
S'enrichir aux dépens du merite joüé;
Et Socrate par luy, dans *un Chœur de Nuées*,
D'un vil amas de peuple attirer les huées.
345 Enfin de la licence on arresta le cours.
Le Magistrat, des loix emprunta le secours,
Et rendant par Edit les Poëtes plus sages,
Defendit de marquer les noms & les visages.
Le Theatre perdit son antique fureur.
350 La Comedie apprit à rire sans aigreur;

REMARQUES.

Vers 335. *Des succés fortunez du spectacle tragique*, &c.] Art poëtique d'Horace, vers 281.

Successit vetus his Comœdia, non sinè multa

Laude; sed in vitium libertas excidit, & vim
Dignam lege regi.

Vers 343. *Et Socrate par lui dans un Chœur de Nuées.*] Les Nuées, Comédie d'Aristophane: *Act. I. Sc.* 2. & 3.

CHANT TROISIÉME.

Sans fiel & sans venin sçeut instruire & reprendre ;
Et plût innocemment dans les Vers de Ménandre.
Chacun peint avec art dans ce nouveau miroir,
S'y vit avec plaisir, ou crût ne s'y point voir.
355 L'Avare des premiers rit du tableau fidele
D'un Avare, souvent tracé sur son modele ;
Et mille fois un Fat finement exprimé,
Méconnut le portrait sur luy-mesme formé.
    Que la Nature donc soit vostre estude unique,
360 Autheurs, qui pretendez aux honneurs du Comique.
Quiconque voit bien l'Homme ; & d'un esprit profond,
De tant de cœurs cachez a penetré le fond :
Qui sçait bien ce que c'est qu'un Prodigue, un Avare,
Un honneste Homme, un Fat, un Jaloux, un Bizarre,
365 Sur une sçene heureuse il peut les estaler,
Et les faire à nos yeux vivre, agir, & parler.
Presentez-en par tout les images naïves.
Que chacun y soit peint des couleurs les plus vives.
La Nature, feconde en bizarres portraits,
370 Dans chaque ame est marquée à de differens traits.
Un geste la découvre, un rien la fait paroistre :
Mais tout esprit n'a pas des yeux pour la connoistre.

REMARQUES.

Vers 352. *Et plut innocemment dans les Vers de Menandre.*] La Comédie Grecque a eu trois âges, ou trois états différens. Dans l'ancienne Comédie, les aventures & les noms étoient véritables. Socrate s'entendit nommer & se vit jouer sur le Théatre d'Athénes. Dans la Comédie moyenne, les aventures furent aussi véritables ; mais les noms furent supposés. Enfin, la Comédie nouvelle, réduite aux régles de la bienséance, ne marqua plus *les noms*, *ni les visages*.

Le Temps qui change tout, change aussi nos humeurs.
Chaque Age a ses plaisirs, son esprit, & ses mœurs.
375 Un jeune Homme, tousjours boüillant dans ses caprices,
Est promt à recevoir l'impression des vices ;
Est vain dans ses discours, volage en ses desirs,
Retif à la censure, & fou dans les plaisirs.
   L'Age viril plus meur, inspire un air plus sage,
380 Se pousse auprés des Grands, s'intrigue, se ménage;
Contre les coups du Sort songe à se maintenir ;
Et loin dans le present regarde l'avenir.
   La Vieillesse chagrine incessamment amasse;
Garde, non pas pour soy, les thresors qu'elle entasse,
385 Marche en tous ses desseins d'un pas lent & glacé :
Tousjours plaint le present, & vante le passé ;
Inhabile aux plaisirs, dont la Jeunesse abuse,
Blasme en eux les douceurs, que l'âge luy refuse.
   Ne faites point parler vos Acteurs au hazard,
390 Un vieillard en jeune homme, un jeune homme en vieillard.

REMARQUES.

Vers 375. *Un jeune homme,* &c.] L'Auteur, après Horace, décrit les mœurs & les caractéres des trois âges de l'Homme: l'Adolescence, l'Age viril, & la Vieillesse. Horace a fait aussi la peinture de l'Enfance ; M. Despréaux l'a omise à dessein, parce qu'il arrive rarement que l'on fasse parler un Enfant sur la Scéne. Horace décrit ainsi les mœurs de la Jeunesse ; Poët. vers 161.
Imberbis Juvenis, tandem custode remoto,
Gaudet equis, canibusque & aprici gramine campi, &c.

Vers 379. *L'Age viril plus meur,* &c.] Horace, au même endroit :
Conversis studiis, ætas, animusque virilis
Quærit opes, & amicitias, inservit honori, &c.
Vers 383. *La Vieillesse chagrine,* &c.] Suite du même endroit d'Horace.
Multa senem circumveniunt incommoda;
vel quòd
Quærit, & inventis miser abstinet, ac timet uti, &c.
Vers 390. *Un Vieillard en Jeune Homme,* &c.] Horace, au même endroit.

Estudiez

CHANT TROISIE'ME.

Eſtudiez la Cour, & connoiſſez la Ville.
L'une & l'autre eſt touſjours en modeles fertile.
C'eſt par là que Moliere, illuſtrant ſes Eſcrits,
Peut-eſtre de ſon Art euſt remporté le prix ;
395 Si moins ami du peuple, en ſes doctes peintures,
Il n'euſt point fait ſouvent grimacer ſes figures ;
Quitté, pour le bouffon, l'agréable & le fin,
Et ſans honte à Terence allié Tabarin.
Dans ce ſac ridicule où Scapin s'envelope,
400 Je ne reconnois plus l'Autheur du Miſanthrope.

Le Comique, ennemi des ſoupirs & des pleurs,
N'admet point en ſes Vers de tragiques douleurs :
Mais ſon employ n'eſt pas d'aller dans une place,
De mots ſales & bas charmer la populace.
405 Il faut que ſes Acteurs badinent noblement :
Que ſon nœud bien formé ſe dénouë aiſément :
Que l'Action, marchant où la Raiſon la guide,
Ne ſe perde jamais dans une Sçene vuide ;

REMARQUES.

────────── *Ne forte ſeniles*
Mandentur juveni partes, puerove viri-
les, &c.

Vers 394. *Peut-eſtre de ſon art euſt rem-*
porté le prix.] De tous les Auteurs modernes, Moliére étoit celui que M. Deſpréaux
eſtimoit & admiroit le plus.

Vers 395. *Si moins Ami du peuple*, &c.]
C'eſt-à-dire, *du Parterre*.

Vers 398. ────── *A Terence allié Taba-*

rin.] *Tabarin*, V. la note ſur le vers 86.
du premier Chant.

Vers 399. *Dans ce ſac ridicule où Scapin*
s'envelope.] Les Fourberies de Scapin, Comédie de Moliére. Ce n'eſt pas Scapin qui
s'envelope dans un ſac : c'eſt le vieux Gé-
ronte à qui Scapin perſuade de s'y enveloper. Au ſurplus, les *Fourberies de Scapin*,
ſont une Farce, & le *Miſanthrope*, une
Comédie. Dans la *Farce*, Moliere s'eſt
prêté au mauvais goût de ſon Siécle ; dans
la *Comédie*, il a ſuivi ſon propre goût.

Tome I.

Que son stile humble & doux se releve à propos;
410 Que ses discours par tout fertiles en bons mots,
Soient pleins de passions finement maniées;
Et les sçenes tousjours l'une à l'autre liées.
Aux dépens du bon sens gardez de plaisanter.
Jamais de la Nature il ne faut s'escarter.
415 Contemplez de quel air un Pere dans Terence
Vient d'un fils amoureux gourmander l'imprudence :
De quel air cet Amant escoute ses leçons,
Et court chez sa Maistresse oublier ces chansons.
Ce n'est pas un portrait, une image semblable;
420 C'est un Amant, un Fils, un Pere veritable.
  J'aime sur le Theatre un agreable Autheur,
Qui, sans se diffamer aux yeux du Spectateur,
Plaist par la Raison seule, & jamais ne la choque.
Mais pour un faux Plaisant, à grossiere équivoque,
425 Qui, pour me divertir, n'a que la saleté;
Qu'il s'en aille, s'il veut, sur deux treteaux monté,
Amusant le Pont-neuf de ses sornettes fades,
Aux Laquais assemblez joüer ses Mascarades.

REMARQUES.

Vers 415. *Un Pere dans Terence.*] En plusieurs endroits de ses Comédies : particuliérement dans l'*Héautontimorumenos*, Acte I. Scéne 1. & Acte V. Scéne 4.

Vers 418. *Et court chez sa Maistresse oublier ces chansons.*] C'est ainsi que Clitiphon appelle les leçons que Chrêmès son pere vient de lui faire.

Vers 424. *Mais pour un faux Plaisant,*

à grossière équivoque.] Mont-Fleuri le jeune, Auteur de *la Femme Juge & Partie*, & de quelques autres Comédies semblables.

Vers 426. *Sur deux treteaux monté.*] A la maniere des Charlatans, qui joüoient leurs Farces à découvert, & en plein air, au milieu du Pont neuf.

CHANT IV.

L'Auteur revient ici aux Préceptes généraux. Il donne aux Poëtes d'utiles instructions sur la connoissance & l'usage des divers talens, sur le choix qu'ils doivent faire d'un Censeur éclairé, sur leurs mœurs, sur leur conduite particuliére. Il décrit ensuite l'origine de la Poësie, son progrès, sa perfection & sa décadence.

DANS Florence jadis vivoit un Medecin,
Sçavant hableur, dit-on, & celebre assassin.
Luy seul y fit long-temps la publique misere.
Là le Fils orphelin luy redemande un Pere.
5 Icy le Frere pleure un Frere empoisonné.
L'un meurt vuide de sang, l'autre plein de sené.
Le rhume à son aspect se change en pleuresie;
Et par luy la migraine est bien-tost phrenesie.
Il quitte enfin la Ville, en tous lieux detesté.
10 De tous ses Amis morts un seul Ami resté,
Le mene en sa maison de superbe structure.
C'estoit un riche Abbé, fou de l'Architecture.
Le Medecin d'abord semble né dans cet Art.
Desja de bastimens parle comme Mansard.
15 D'un salon, qu'on esleve, il condamne la face.
Au vestibule obscur il marque une autre place:

REMARQUES.

Vers 1. *Dans Florence jadis vivoit un Medecin.*] Cette Métamorphose d'un Médecin en Architecte, désigne Claude Perrault, Médecin de la Faculté de Paris.

Vers 14. —— *De bastimens parle comme Mansard.*] François Mansard, célébre Architecte, Sur-Intendant des Bâtimens du Roi, mort en 1666.

Approuve l'escalier tourné d'autre façon.
Son Ami le conçoit, & mande son Maçon.
Le Maçon vient, escoute, approuve, & se corrige.
20 Enfin, pour abreger un si plaisant prodige,
Nostre Assassin renonce à son Art inhumain,
Et desormais la regle & l'equierre à la main,
Laissant de Galien la sçience suspecte,
De mechant Medecin devient bon Architecte.
25 Son exemple est pour nous un precepte excellent.
Soyez plustost Maçon, si c'est vostre talent,
Ouvrier estimé dans un Art necessaire,
Qu'Escrivain du commun, & Poëte vulgaire.
Il est dans tout autre Art des degrez differens.
30 On peut avec honneur remplir les seconds rangs.
Mais dans l'Art dangereux de rimer & d'escrire,
Il n'est point de degrez du mediocre au pire.
Qui dit froid Escrivain, dit detestable Autheur.
Boyer est à Pinchesne égal pour le Lecteur.
35 On ne lit gueres plus Rampale & Mesnardiere,
Que Magnon, du Souhait, Corbin & la Morliere.

REMARQUES.

Vers 34. *Boyer est à Pinchesne égal pour le Lecteur.*] Claude *Boyer*, de l'Académie Françoise, Auteur médiocre.

Vers 35. *On ne lit gueres plus Rampale & Mesnardiere.*] *Rampale*, Poëte qui vivoit sous le regne de Louis XIII.

Jules de la Ménardiere, autre Poëte médiocre, de l'Académie Françoise.

Vers 36. *Que Magnon, du Souhait, Corbin & la Morliere.*] Poëtes, dont les noms sont oubliés.

Vers 39. *J'aime mieux Bergerac*, &c.] Cyrano Bergerac, Auteur du Voyage de la Lune, & de quelques Ouvrages où l'imagination éclate plus que le jugement.

CHANT QUATRIÉME. 309

Un Fou du moins fait rire, & peut nous égayer :
Mais un froid Escrivain ne sçait rien qu'ennuyer.
J'aime mieux Bergerac & sa burlesque audace,
40 Que ces Vers où Motin se morfond & nous glace.
 Ne vous enyvrez point des eloges flateurs,
Qu'un amas quelquefois de vains Admirateurs
Vous donne en ces Reduits, prompts à crier, Merveille !
Tel Escrit recité se soutinst à l'oreille,
45 Qui dans l'impression, au grand jour se montrant,
Ne soutient pas des yeux le regard penetrant.
On sçait de cent Autheurs l'aventure tragique :
Et Gombaut tant loüé garde encor la boutique.
 Escoutez tout le monde, assidu consultant.
50 Un Fat quelquefois ouvre un avis important.
Quelques Vers toutefois qu'Apollon vous inspire,
En tous lieux aussi-tost ne courez pas les lire.
Gardez-vous d'imiter ce Rimeur furieux,
Qui de ses vains Escrits lecteur harmonieux,
55 Aborde en recitant quiconque le saluë ;
Et poursuit de ses Vers les passans dans la ruë.

REMARQUES.

Vers 40. *Que ces Vers où Motin se morfond & nous glace.*] Pierre Motin, né à Bourges, a laissé quelques Poësies imprimées dans des Recueils, avec celles de Malherbe, de Racan, & autres Poëtes de son temps.

Vers 48. *Et Gombaut tant loué*, &c.] Jean Ogier de Gombaut, de l'Académie Françoise. Il a fait principalement des Epigrammes que personne ne lit.

Vers 53. —— *Ce Rimeur furieux.*] Charles du Perier, d'Aix en Provence.

Vers 55. *Aborde en recitant*, &c.] Horace, Poët. vers 474.
Indoctum, doctumque fugat Recitator acerbus, &c.

Il n'eſt Temple ſi ſaint, des Anges reſpecté,
Qui ſoit contre ſa Muſe un lieu de ſeureté.
  Je vous l'ay desja dit, aimez qu'on vous cenſure,
60 Et ſouple à la Raiſon, corrigez ſans murmure.
Mais ne vous rendez pas dés qu'un Sot vous reprend.
  Souvent dans ſon orgueil un ſubtil Ignorant,
Par d'injuſtes degouts combat toute une Piece;
Blaſme des plus beaux Vers la noble hardieſſe.
65 On a beau refuter ſes vains raiſonnemens:
Son eſprit ſe complaiſt dans ſes faux jugemens;
Et ſa foible raiſon, de clarté depourvûë,
Penſe que rien n'eſchape à ſa debile veuë.
Ses conſeils ſont à craindre; & ſi vous les croyez,
70 Penſant fuir un eſcüeil, ſouvent vous vous noyez.
  Faites choix d'un Cenſeur ſolide & ſalutaire,
Que la Raiſon conduiſe, & le Sçavoir eſclaire;
Et dont le crayon ſeur, d'abord aille chercher
L'endroit, que l'on ſent foible, & qu'on ſe veut cacher.
75 Luy ſeul eſclaircira vos doutes ridicules:
De voſtre eſprit tremblant levera les ſcrupules.

REMARQUES.

Vers 59. *Je vous l'ay desja dit*, &c.] Dans le premier Chant, vers 192. *Aimez qu'on vous conſeille, & non pas qu'on vous louë.*

Vers 71. *Faites choix d'un Cenſeur ſolide & ſalutaire*, &c.] Caractére de M. Patru, le plus habile Critique de ſon ſiécle. Il étoit en ſi grande réputation de ſévérité, que quand M. Racine faiſoit à M. Deſ-préaux quelque obſervation un peu trop

ſubtile ſur des endroits de ſes Ouvrages; M. Deſpréaux, au lieu de lui dire, *Ne fis Patruus mihi*, *N'ayez point pour moi la ſé-vérité d'un Oncle*; lui diſoit: *Ne fis Patru mihi* : *N'ayez point pour moi la ſévérité de Patru.*

Vers 84. *Qui jamais de Lucain n'a diſ-tingué Virgile.*] » Les bons juges de Poëſie » ſont plus rares que les bons Poëtes. *Mal-* » *herbe* donnoit la préference à *Stace* ſur

CHANT QUATRIEME.

C'est luy qui vous dira, par quel transport heureux,
Quelquefois dans sa course un Esprit vigoureux
Trop resserré par l'Art, sort des regles prescrites,
80 Et de l'Art mesme apprend à franchir leurs limites.
Mais ce parfait Censeur se trouve rarement.
Tel excelle à rimer qui juge sottement.
Tel s'est fait par ses Vers distinguer dans la Ville,
Qui jamais de Lucain n'a distingué Virgile.
85 Autheurs, prestez l'oreille à mes instructions.
Voulez-vous faire aimer vos riches fictions ?
Qu'en sçavantes leçons vostre Muse fertile
Par tout joigne au plaisant le solide & l'utile.
Un Lecteur sage fuit un vain amusement,
90 Et veut mettre à profit son divertissement.
Que vostre Ame & vos Mœurs, peintes dans vos ouvrages,
N'offrent jamais de vous que de nobles images.
Je ne puis estimer ces dangereux Autheurs,
Qui de l'honneur, en Vers, infames deserteurs,

REMARQUES.

» tous les Poëtes Latins. Et j'ai ouï de mes
» oreilles avec étonnement P. *Corneille*
» la donner à *Lucain* sur *Virgile*. J'ajoute-
» rois encore *Brebeuf* que j'ai vû dans les
» mêmes sentimens, s'il ne me paroissoit
» plus digne du nom d'excellent Versifi-
» cateur, que de grand Poëte. » *Hueriana*,
p. 177. & 178. *Huetii Comment. Lib. I.*

Vers 88. *Par tout joigne au plaisant le solide & l'utile.*] Art Poëtique d'Horace, vers 343.

Omne tulit punctum, qui miscuit utile dulci.

Vers 91. *Que vostre ame & vos mœurs peintes dans vos ouvrages.*] Dans toutes les éditions, l'Auteur avoit mis, *Peints dans tous vos ouvrages*; quoique ce mot, *peints*, qui est un Participe masculin, se rapportât à *Ame* & à *mœurs*, deux mots féminins. M. Gibert, Professeur de Rhétorique, est le premier qui ait fait appercevoir cette faute à l'Auteur. Il s'étonna qu'elle eût échapé pendant si long-temps à la critique de ses amis, & de ses ennemis.

95 Trahissant la Vertu sur un papier coupable,
Aux yeux de leurs Lecteurs rendent le Vice aimable.
Je ne suis pas pourtant de ces tristes Esprits,
Qui bannissant l'Amour de tous chastes Escrits,
D'un si riche ornement veulent priver la Sçene :
100 Traitent d'empoisonneurs & Rodrigue & Chimene.
L'Amour le moins honneste, exprimé chastement,
N'excite point en nous de honteux mouvement.
Didon a beau gemir, & m'estaler ses charmes ;
Je condamne sa faute, en partageant ses larmes.
105 Un Autheur vertueux dans ses Vers innocens,
Ne corrompt point le cœur, en chatoüillant les Sens :
Son feu n'allume point de criminelle flamme.
Aimez donc la Vertu, nourrissez-en vostre Ame.
En vain l'Esprit est plein d'une noble vigueur ;
110 Le Vers se sent tousjours des bassesses du Cœur.
Fuyez sur tout, fuyez ces basses jalousies,
Des vulgaires Esprits malignes phrenesies.
Un sublime Escrivain n'en peut estre infecté.
C'est un vice qui fuit la Mediocrité.
115 Du merite esclatant cette sombre Rivale
Contre luy chez les Grands incessamment cabale,

REMARQUES.

Vers 97. ——— *De ces tristes Esprits.*] M. Nicole, dans un petit Traité *sur la Comédie*, employoit quelques exemples tirés des Tragédies de P. Corneille, pour prouver que, bien que ce grand Poëte eût tâché de purger le Théatre des vices qu'on lui a le plus reprochés, ses piéces ne laissoient pas d'être contraires à l'Evangile ; & qu'elles corrompent l'esprit & le cœur par les sentimens payens & profanes qu'elles inspirent. C'est à quoi fait allusion le vers 100.

Traitent d'Empoisonneurs & Rodrigue & Chiméne.

Et

CHANT QUATRIE'ME.

Et fur les pieds en vain tafchant de fe hauffer,
Pour s'égaler à luy, cherche à le rabbaiffer.
Ne defcendons jamais dans ces lafches intrigues.
120 N'allons point à l'Honneur par de honteufes brigues.
Que les Vers ne foient pas voftre eternel employ.
Cultivez vos Amis, foyez Homme de foy.
C'eft peu d'eftre agreable & charmant dans un Livre;
Il faut fçavoir encore & converfer & vivre.
125 Travaillez pour la Gloire, & qu'un fordide gain
Ne foit jamais l'objet d'un illuftre Efcrivain.
Je fçay qu'un noble Efprit peut, fans honte & fans crime,
Tirer de fon travail un tribut legitime :
Mais je ne puis fouffrir ces Autheurs renommez,
130 Qui degouftez de gloire, & d'argent affamez,
Mettent leur Apollon aux gages d'un Libraire;
Et font d'un Art divin, un meftier mercenaire.
Avant que la Raifon, s'expliquant par la voix,
Euft inftruit les Humains, euft enfeigné des Loix :
135 Tous les Hommes fuivoient la groffiere Nature;
Difperfez dans les bois couroient à la pafture.
La Force tenoit lieu de droit & d'équité :
Le meurtre s'exerçoit avec impunité.

REMARQUES.

où le Poëte défigne la Tragi-comédie du Cid, condamnée dans l'écrit de M. Nicole.

Vers 122. *Cultivez vos Amis, foyez homme de foy.*] Tel fut M. Defpréaux. Il étoit fondé à donner le précepte ; il avoit donné l'exemple. Si la Poëfie en général eft moins eftimée aujourd'hui, c'eft que le mépris pour le Poëte s'étend jufqu'à l'Art même qu'il cultive. Peu fçavent juger un ouvrage par l'ouvrage feul. D'ailleurs, s'il n'y a de vrai Orateur, que l'homme de bien, ne pourroit-on pas, proportions gardées, dire le même du Poëte. ?

Tome I.

Mais du Discours enfin l'harmonieuse adresse
140 De ces sauvages mœurs adoucit la rudesse;
Rassembla les Humains dans les forests espars,
Enferma les Citez de murs & de remparts;
De l'aspect du supplice effraya l'insolence,
Et sous l'appui des Loix mit la foible Innocence.
145 Cet ordre fut, dit-on, le fruit des premiers Vers.
De là sont nez ces bruits reçeus dans l'Univers,
Qu'aux accens, dont Orphée emplit les monts de Thrace,
Les Tigres amollis dépoüilloient leur audace:
Qu'aux accords d'Amphion les pierres se moûvoient,
150 Et sur les murs Thebains en ordre s'eslevoient.
L'Harmonie, en naissant, produisit ces miracles.
Depuis, le Ciel en Vers fit parler les Oracles;
Du sein d'un Prestre, emeu d'une divine horreur,
Apollon par des Vers exhala sa fureur.
155 Bien-tost, ressuscitant les Heros des vieux âges,
Homere aux grands exploits anima les courages.
Hesiode à son tour, par d'utiles leçons,
Des champs trop paresseux vint haster les moissons.
En mille Escrits fameux la Sagesse tracée,
160 Fut, à l'aide des Vers, aux Mortels annoncée;
Et par tout des esprits ses preceptes vainqueurs,
Introduits par l'oreille, entrerent dans les cœurs.

REMARQUES.

Vers 147. *Qu'aux accens, dont Orphée,* &c.] Poëtique d'Horace, vers 391.

Silvestres homines sacer, interpresque Deorum.

CHANT QUATRIE'ME.

Pour tant d'heureux bienfaits, les Muses reverées
Furent d'un juste encens dans la Grece honorées;
165 Et leur Art, attirant le culte des Mortels,
A sa gloire en cent lieux vit dresser des Autels.
Mais enfin l'Indigence amenant la Bassesse,
Le Parnasse oublia sa premiere noblesse.
Un vil amour du gain, infectant les esprits,
170 De mensonges grossiers soüilla tous les Escrits;
Et par tout enfantant mille ouvrages frivoles,
Trafiqua du discours, & vendit les paroles.
 Ne vous fletrissez point par un vice si bas.
Si l'or seul a pour vous d'invincibles appas,
175 Fuyez ces lieux charmans qu'arrose le Permesse.
Ce n'est point sur ses bords qu'habite la Richesse.
Aux plus sçavans Autheurs, comme aux plus grands Guerriers,
Apollon ne promet qu'un nom & des lauriers.
 Mais, quoy? dans la disette une Muse affamée,
180 Ne peut pas, dira-t-on, subsister de fumée.
Un Autheur, qui pressé d'un besoin importun,
Le soir entend crier ses entrailles à jeun,
Gouste peu d'Helicon les douces promenades.
Horace a bû son saoul, quand il voit les Ménades;

REMARQUES.

Cædibus & victu fœdo deterruit Orpheus,
Dictus ob hoc lenire tigres rabidosque leo-
 nes.
Vers 184. *Horace a beu son saoul*, &c.]
Juvénal, Satire VII. vers 59.
 —— Neque enim cantare sub antro
Pierio, Thyrsumve potest contingere mœs-
 ta
Paupertas atque æris inops, quo nocte die-
 que
Corpus eget: satur est, cùm dicit Horatius:
 Heu ohe.

185 Et libre du fouci qui trouble Colletet,
N'attend pas, pour difner, le fuccés d'un Sonnet.
Il eft vray : mais enfin cette affreufe difgrace
Rarement parmi nous afflige le Parnaffe.
Et que craindre en ce fiecle, où tousjours les beaux Arts
190 D'un Aftre favorable efprouvent les regards :
Où d'un Prince efclairé la fage prévoyance
Fait par tout au Merite ignorer l'indigence?
Mufes, dictez fa Gloire à tous vos Nourriffons.
Son nom vaut mieux pour eux que toutes vos leçons.
195 Que Corneille, pour lui rallumant fon audace,
Soit encor le Corneille & du Cid & d'Horace.
Que Racine, enfantant des miracles nouveaux,
De fes Heros fur luy forme tous les tableaux.
Que de fon nom, chanté par la bouche des Belles,
200 Benferade en tous lieux amufe les ruelles.

REMARQUES.

Vers 200. *Benferade... amufe les ruelles.*] Benferade s'étoit acquis à la Cour une réputation brillante par fes vers galans, & fur-tout par les vers qu'il faifoit pour les perfonnes de la Cour, qui danfoient dans les Ballets du Roi : dans ces vers il confondoit, d'une maniére fort ingénieufe, le caractére des Perfonnes, avec celui des Perfonnages qu'elles repréfentoient. Mais il fembloit borné à ce talent. Les Métamorphofes d'Ovide qu'il mit en Rondeaux, furent l'écueil de fa réputation. Elles ne parurent qu'après l'Art poëtique. M. Defpréaux n'auroit plus ofé citer Benferade comme un Poëte galant, *chanté par la bouche des Belles.*

Vers 201. *Que Segrais dans l'Eglogue.*] Segrais de l'Académie Françoife, mort à Caën fa Patrie en 1701. s'eft diftingué fur tout par des Eglogues, & par un Poëme Paftoral fous le titre d'Athis; dans lefquels il a parfaitement exprimé cette douce & ingénieufe fimplicité qui fait le principal caractére de l'Eglogue.

Vers 208. *Soy-mefme fe noyant pour fortir du naufrage.*] Après le paffage du Rhin, le Roi s'étoit rendu maître de prefque toute la Hollande ; & la Capitale même fe difpofoit à lui envoyer fes clés. Les Hollandois, pour fauver le refte de leur païs,

CHANT QUATRIEME.

Que Segrais dans l'Eglogue en charme les forêts.
Que pour lui l'Epigramme aiguife tous fes traits.
Mais quel heureux Autheur, dans une autre Eneïde,
Aux bords du Rhin tremblant conduira cet Alcide?
205 Quelle fçavante Lyre au bruit de fes Exploits,
Fera marcher encor les rochers & les bois:
Chantera le Batave efperdu dans l'orage,
Soy-mefme fe noyant pour fortir du naufrage:
Dira les bataillons fous Maftricht enterrez,
210 Dans ces affreux affauts du Soleil efclairez?

Mais tandis que je parle, une Gloire nouvelle
Vers ce Vainqueur rapide aux Alpes vous appelle.
Desja Dôle & Salins fous le Joug ont ployé.
Bezançon fume encor fur fon Roc foudroyé.
215 Où font ces grands Guerriers, dont les fatales ligues
Devoient à ce torrent oppofer tant de digues?

REMARQUES.

n'eurent d'autre reffource que de le fubmerger entiérement, en lâchant leurs éclufes.

Vers 209. *Dira les Bataillons fous Maftricht enterrez*, &c.] Maftricht étoit une des Places les plus confidérables qui reftoient aux Hollandois, après les pertes qu'ils avoient faites en 1672. Le Roi en fit le fiége en perfonne; & après plufieurs affauts donnés en plein jour, & dans lefquels on avoit emporté tous les déhors l'épée à la main, cette forte Place fe rendit le 29. Juin 1673. après treize jours de tranchée ouverte.

Vers 213. *Desja Dole & Salins ... Bezançon fume encor.*] Ce font les trois principales Villes de la Franche-Comté, dont le Roi fe rendit maître en 1674. *Bezançon* fut affiégé & pris au mois de Mai: *Dole & Salins* fe rendirent le mois fuivant. Le Roi avoit déja conquis cette Province en 1668. Nous avons de cette premiere conquefte, une belle Relation, par M. Pelliffon.

Vers 215. *Où font ces grands Guerriers, dont les fatales ligues.*] La Ligue étoit compofée de l'Empereur, des Rois d'Efpagne & de Danemarck, de la Hollande & de toute l'Allemagne, excepté les Ducs de Baviere & d'Hanover.

Eſt-ce encore, en fuyant, qu'ils penſent l'arreſter,
Fiers du honteux honneur d'avoir ſçeu l'eſviter?
Que de remparts détruits! que de Villes forcées!
220 Que de moiſſons de gloire en courant amaſſées!
 Autheurs, pour les chanter, redoublez vos tranſports.
Le ſujet ne veut pas de vulgaires efforts.
 Pour moy, qui juſqu'ici nourri dans la Satire,
N'oſe encor manier la Trompette & la Lyre:
225 Vous me verrez pourtant, dans ce champ glorieux,
Vous animer du moins de la voix & des yeux:
Vous offrir ces leçons, que ma Muſe au Parnaſſe,
Rapporta, jeune encor du commerce d'Horace;
Seconder voſtre ardeur, eſchauffer vos Eſprits,
230 Et vous monſtrer de loin la couronne & le prix.
Mais auſſi pardonnez, ſi plein de ce beau zele,
De tous vos pas fameux obſervateur fidelle,
Quelquefois du bon or je ſepare le faux;
Et des Autheurs groſſiers j'attaque les defauts:
235 Cenſeur un peu fâcheux, mais ſouvent neceſſaire;
Plus enclin à blaſmer, que ſçavant à bien faire.

REMARQUES.

Vers 218. *Fiers du honteux honneur davoir ſçeu l'éviter.*] Montécuculli, Général de l'Armée d'Allemagne pour les Alliés, évita le combat, & s'applaudit de la retraite avantageuſe qu'il avoit faite.

——————— *Quos opimus,*
Fallere & effugere, eſt triumphus;

dit Annibal, dans Horace, parlant des Romains. Livre IV. Ode 4. vers 51.

LE
LUTRIN,
POËME
HEROÏ-COMIQUE,
DIVISÉ EN SIX CHANTS.

AVIS

AVIS AU LECTEUR (1).

IL seroit inutile maintenant de nier que le Poëme suivant a esté composé à l'occasion d'un differend assez leger, qui s'émût dans une des plus celebres Eglises de Paris, entre le Tresorier & le Chantre. Mais c'est tout ce qu'il y a de vray. Le reste, depuis le commencement jusqu'à la fin, est une pure fiction: & tous les Personnages y sont non seulement inventez, mais j'ay eu soin mesme de les faire d'un caractere directement opposé au caractere de ceux qui desservent cette Eglise, dont la pluspart, & principalement les Chanoines, sont tous gens non seulement d'une fort grande probité, mais de beaucoup d'esprit, & entre lesquels il y en a tel à qui je demanderois aussi volontiers son sentiment sur mes Ouvrages, qu'à beaucoup de Messieurs de l'Academie. Il ne faut donc pas s'étonner si personne n'a esté offensé de l'impression de ce Poëme, puis qu'il n'y a en effet personne qui y soit veritablement attaqué. Un Prodigue ne s'avise gueres de s'offenser de voir rire d'un Avare, ni un Devot de voir tourner en ridicule un Libertin. Je ne diray point comment je fus engagé à travailler à cette bagatelle sur une espece de défi (2)

REMARQUES.

(1) L'Auteur publia en 1674. les quatre premiers Chants du Lutrin, avec une Preface, dans laquelle il expliquoit assez au long, mais avec quelques déguisemens, à quelle occasion il avoit composé ce Poëme. Dans l'édition de 1683. il suprima cette Préface, & en donna une autre, dont celle que l'on voit ici, faisoit partie.

(2) *Sur une espece de défi.*] Le démêlé du Trésorier & du Chantre parut si plaisant à M. le Premier Président de Lamoignon, qu'il proposa un jour à M. Despréaux d'en faire le sujet d'un Poëme, que l'on pourroit intituler, *la Conquête du Lutrin*, ou *le Lutrin enlevé*; à l'exemple du Tassoni, qui avoit fait son Poëme de *la Secchia rapita*, sur un sujet presque semblable. M. Despréaux répondit, qu'il ne falloit jamais défier un Fou, & qu'il l'étoit assez, non seulement pour entreprendre ce Poëme,

Tome I. * S s

qui me fut fait en riant par feu Monsieur le Premier Président de Lamoignon, qui est celuy que j'y peins sous le nom d'Ariste. Ce détail, à mon avis, n'est pas fort necessaire. Mais je croirois me faire un trop grand tort, si je laissois échapper cette occasion d'apprendre à ceux qui l'ignorent, que ce grand Personnage, durant sa vie, m'a honoré de son amitié. Je commençay à le connoistre dans le temps que mes Satires faisoient le plus de bruit ; & l'accés obligeant, qu'il me donna dans son illustre Maison, fit avantageusement mon apologie contre ceux qui vouloient m'accuser alors de libertinage & de mauvaises mœurs. C'estoit un homme d'un sçavoir estonnant, & passionné admirateur de tous les bons Livres de l'Antiquité ; & c'est ce qui luy fit plus aisément souffrir mes Ouvrages, où il crût entrevoir quelque goust des Anciens. Comme sa pieté estoit sincere, elle estoit aussi fort gaye, & n'avoit rien d'embarrassant. Il ne s'effraya point du nom de Satires que portoient ces Ouvrages, où il ne vit en effet que des Vers & des Autheurs attaquez. Il me loüa mesme plusieurs fois d'avoir purgé, pour ainsi dire, ce genre de Poësie de la saleté, qui luy avoit esté jusqu'alors comme affectée. J'eus donc le bonheur de ne luy estre pas desagreable. Il m'appella à tous ses plaisirs & à tous ses divertissemens ; c'est-à-dire, à ses lectures & à ses promenades. Il me favorisa mesme quelquefois de sa plus estroite confidence, & me fit voir à fond son ame entiere. Et que n'y vis-je point ! Quel thresor surprenant de probité & de justice ! quel fonds inespuisable de pieté & de zelle ! Bien que sa vertu jettast un fort grand éclat au dehors, c'estoit toute autre chose au dedans ; & on

REMARQUES.

mais encore pour le dédier à M. le Premier Président lui-même. En effet, ayant pris cette plaisanterie pour une espéce de défi, il forma dès le même jour, l'idée & le plan de son Poëme, dont il fit les premiers vers. Le plaisir que cet essai fit à M. le Premier Président, encouragea l'Auteur à continuer.

AVIS AU LECTEUR. 323

voyoit bien qu'il avoit ſoin d'en temperer les rayons, pour ne pas bleſſer les yeux d'un ſiecle auſſi corrompu que le noſtre. Je fus sincérement eſpris de tant de qualitez admirables ; & s'il eut beaucoup de bonne volonté pour moy, j'eus auſſi pour luy une trés-forte attache. Les ſoins que je luy rendis, ne furent meſlez d'aucune raiſon d'intereſt mercenaire ; & je ſongeay bien plus à profiter de ſa converſation que de ſon credit. Il mourut dans le temps que cette amitié eſtoit en ſon plus haut point, & le ſouvenir de ſa perte m'afflige encore tous les jours. Pourquoy faut-il que des Hommes ſi dignes de vivre ſoient ſi-toſt enlevez du monde, tandis que des miſerables & des gens de rien arrivent à une extréme vieilleſſe ? Je ne m'eſtendray pas davantage ſur un ſujet ſi triſte : car je ſens bien que ſi je continuois à en parler, je ne pourrois m'empeſcher de moüiller peut-eſtre de mes larmes la Préface d'un Ouvrage de pure plaiſanterie.

ARGUMENT.

LE Threforier remplit la premiere Dignité du Chapitre, dont il s'agit, & officie avec toutes les marques de l'Epifcopat. Le Chantre remplit la feconde Dignité. Il y avoit autrefois dans le Chœur, vis-à-vis la place du Chantre, un énorme Pupitre ou Lutrin, qui le couvroit prefque tout entier. Il le fit ôter. Le Tréforier voulut le remettre. De-là, une difpute réelle, difpute qui fait le fujet du Poëme. Le *Lutrin* parut pour la premiere fois en 1674.

LE LUTRIN.
POËME HEROÏ-COMIQUE.

CHANT PREMIER.

E chante les combats, & ce Prelat terrible,
Qui par ses longs travaux, & sa force invincible,
Dans une illustre Eglise exerçant son grand
    cœur,
Fit placer à la fin un Lutrin dans le Chœur.
5 C'est en vain que le Chantre abusant d'un faux titre,
Deux fois l'en fit oster par les mains du Chapitre.

REMARQUES.

Vers 1. *Je chante les Combats, & ce Prélat terrible.*] Claude Auvry, ancien Evêque de Coûtance, étoit alors Thrésorier de la Sainte Chapelle. Il avoit été Camérier du Cardinal Mazarin : il quitta l'Evêché de Coûtance, dont il étoit redevable à ce Cardinal, pour la Thrésorerie de la Sainte Chapelle.

Vers 4. *Fit placer à la fin un Lutrin dans le Chœur.*] Le Lutrin, ou Pupitre, qui fait le sujet de ce Poëme, fut placé vis-à-vis la place du Chantre, le 31. Juillet 1667.

Vers 5. *C'est en vain que le Chantre,&c.*]

Ce Prelat fur le banc de fon Rival altier,
Deux fois, le reportant, l'en couvrit tout entier.
 Mufe, redy-moy donc, quelle ardeur de vengeance,
10 De ces Hommes facrez rompit l'intelligence,
Et troubla fi long-temps deux celebres Rivaux.
Tant de fiel entre-t-il dans l'ame des Devots?
 Et toy, fameux Heros, dont la fage entremife
De ce fchifme naiffant débarraffa l'Eglife;
15 Vien d'un regard heureux animer mon projet,
Et garde-toy de rire en ce grave fujet.
 Parmy les doux plaifirs d'une paix fraternelle,
Paris voyoit fleurir fon antique Chapelle.
Ses Chanoines vermeils, & brillans de fanté,
20 S'engraiffoient d'une longue & fainte oifiveté.
Sans fortir de leurs lits plus doux que leurs hermines,
Ces pieux faineans faifoient chanter Matines;
Veilloient à bien difner, & laiffoient en leur lieu
A des Chantres gagez le foin de loüer Dieu.
25 Quand la Difcorde encor toute noire de crimes,
Sortant des Cordeliers pour aller aux Minimes,

REMARQUES.

Jacques Barrin, homme d'un vrai mérite, fils de M. de la Galiffoniére, Maître des Requêtes.

Vers 9. *Mufe, redi-moy donc,* &c.] Virgile, Enéide I.

Mufa mihi caufas memora, quo numine lafo, &c.

Vers 12. *Tant de fiel entre-t-il,* &c.] Virgile au même endroit:

—— *Tanta-ne animis cœleftibus iræ ?*

Vers 13. *Et toy, fameux Heros,* &c.]

CHANT PREMIER.

Avec cet air hideux qui fait fremir la Paix,
S'arresta prés d'un Arbre au pied de son Palais.
Là, d'un œil attentif, contemplant son Empire,
30 A l'aspect du Tumulte, Elle-mesme s'admire.
Elle y voit par le coche & d'Evreux & du Mans,
Accourir à grands flots ses fideles Normans.
Elle y voit aborder le Marquis, la Comtesse,
Le Bourgeois, le Manant, le Clergé, la Noblesse;
35 Et par tout des Plaideurs les Escadrons espars,
Faire autour de Themis flotter ses estendars.
Mais une Eglise seule à ses yeux immobile,
Garde au sein du Tumulte une assiette tranquille.
Elle seule la brave; elle seule aux procés,
40 De ses paisibles murs veut defendre l'accés.
La Discorde, à l'aspect d'un Calme qui l'offense,
Fait siffler ses serpens, s'excite à la vengeance.
Sa bouche se remplit d'un poison odieux,
Et de longs traits de feu luy sortent par les yeux.
45 Quoy, dit-Elle, d'un ton qui fit trembler les vitres,
J'auray pû jusqu'icy broüiller tous les Chapitres;

REMARQUES.

M. le Premier Président de Lamoignon.

Vers 26. *Sortant des Cordeliers pour aller aux Minimes.*] Il y eut de grandes brouilleries dans ces deux Couvents, au sujet de l'élection des Supérieurs. Pour aller de l'un à l'autre de ces Couvents, on passe près du Palais, où est la Sainte Chapelle :

& c'est la route que l'Auteur fait tenir à la Discorde.

Vers 28. *S'arresta près d'un arbre*, &c.] C'est le Mai, que la Communauté des Clercs du Palais, nommée *la Bazoche*, fait planter tous les ans dans la vieille Cour du Palais, près de la Sainte Chapelle.

Divifer Cordeliers, Carmes & Celeſtins?
J'auray fait fouſtenir un Siege aux Auguſtins?
Et cette Egliſe feule, à mes ordres rebelle,
50 Nourrira dans fon fein une paix éternelle?
Suis-je donc la Diſcorde? & parmi les Mortels,
Qui voudra deformais encenfer mes Autels?

  A ces mots, d'un bonnet couvrant fa teſte énorme,
Elle prend d'un vieux Chantre & la taille & la forme,
55 Elle peint de bourgeons fon viſage guerrier,
Et s'en va de ce pas trouver le Threſorier.

  Dans le reduit obſcur d'une alcove enfoncée,
S'eſleve un lit de plume à grands frais amaſſée.
Quatre rideaux pompeux, par un double contour,
60 En defendent l'entrée à la clarté du jour.
Là, parmi les douceurs d'un tranquille filence,
Regne fur le duvet une heureufe indolence.

REMARQUES.

Vers 47. *Diviſer Cordeliers, Carmes & Céleſtins.*] Dans ces Couvens, il y avoit eu des brouilleries, qui donnerent lieu à un Arrêt que le Parlement rendit au mois d'Avril 1667. fur le Réquiſitoire de M. l'Avocat Général Talon, & qui fe trouve dans les Journaux du Palais, & des Audiences.

Vers 48. *J'aurai fait fouſtenir un ſiege aux Auguſtins.*] En 1658. le P. Céleſtin Villiers, Prieur de la Maifon des Grands Auguſtins, fit nommer pour faire leurs Licences en Sorbonne, neuf Religieux Bacheliers pour les trois Licences fuivantes, au lieu de trois Bacheliers feulement pour la premiere Licence, n'y ayant que trois places fondées, & qui fe rempliſſent de deux en deux ans. Ceux qui fe virent exclus par cette élection prématurée fe pourvûrent au Parlement, qui ordonna que l'on feroit une autre nomination. Les Religieux ayant refufé d'obéïr, on manda tous les Archers, qui, après avoir inveſti le Couvent, eſſayerent envain d'enfoncer les portes. Les uns montérent fur les toits des maifons voifines pour entrer dans le Couvent, tandis que les autres travailloient à faire une ouverture dans la muraille du jardin, du côté de la rue Chriſtine. Les Auguſtins fe mirent en défenſe, fonnerent le tocfin, & commencérent à tirer d'en bas fur les Aſſiégeans. Ceux-ci couverts par les cheminées, tirerent à leur tour. Il y eut deux Religieux tués, & autant de bleſſés.

C'eſt

CHANT PREMIER.

C'eſt là que le Prélat muni d'un desjeûner,
Dormant d'un leger ſomme, attendoit le diſner.
65 La Jeuneſſe en ſa fleur brille ſur ſon viſage:
Son menton ſur ſon ſein deſcend à double eſtage:
Et ſon corps ramaſſé dans ſa courte groſſeur,
Fait gemir les couſſins ſous ſa molle eſpaiſſeur.
   La Déeſſe en entrant, qui voit la nappe miſe,
70 Admire un ſi bel ordre & reconnoiſt l'Egliſe;
Et marchant à grands pas vers le lieu du repos,
Au Prélat ſommeillant, Elle adreſſe ces mots.
   Tu dors? Prélat, tu dors? & là-haut à ta place,
Le Chantre aux yeux du Chœur eſtale ſon audace,
75 Chante les *Oremus*, fait des Proceſſions,
Et reſpand à grands flots les benedictions.
Tu dors? attens-tu donc, que ſans bulle & ſans titre
Il te raviſſe encor le Rochet & la Mitre?

REMARQUES.

Cependant, la bréche étant faite, les Religieux eurent la témerité d'y porter le Saint Sacrement : cette reſſource leur étant inutile, ils demanderent à capituler ; on donna des ôtages de part & d'autre. Le principal article de la capitulation fut que les Aſſiégés auroient la vie ſauve, moyennant quoi ils abandonnerent la bréche, & livrerent leurs Portes. Les Commiſſaires du Parlement étant entrés, firent arrêter onze de ces Religieux, qui furent conduits dans les Priſons de la Conciergerie. Vingt-ſept jours après, le Cardinal Mazarin qui n'aimoit pas le Parlement, les mit en liberté ; on les fit monter dans les Carroſſes du Roi, & ils furent menés comme en triomphe dans leur Couvent, au milieu des Gardes Françoiſes rangées en haie depuis la Conciergerie juſqu'aux Auguſtins. Leurs Confreres allerent les recevoir en proceſſion, ayant des palmes à la main. Ils ſonnerent toutes leurs cloches, & chanterent le *Te Deum* en action de graces.

Vers 65. *La jeuneſſe en ſa fleur*, &c.] L'Auteur ajoûta ces quatre vers pour faire une contre-verité : car le Thréſorier étoit maigre, vieux, & de grande taille.

Vers 73. ——— *Et là haut à ta place.*] La Sainte-Chapelle haute, où les Chanoines font l'Office, eſt beaucoup plus élevée que la Maiſon du Threſorier, qui eſt dans la Cour du Palais.

Vers 76. *Et repand à grands flots les Be-*

Sors de ce lit oyseux, qui te tient attaché,
80 Et renonce au repos, ou bien à l'Evesché.
 Elle dit : & du vent de sa bouche profane,
Luy souffle avec ces mots l'ardeur de la chicane.
Le Prélat se réveille, & plein d'émotion
Luy donne toutefois la benediction.
85 Tel qu'on voit un Taureau, qu'une Guespe en furie,
 A piqué dans les flancs, aux dépens de sa vie :
 Le superbe Animal, agité de tourmens,
 Exhale sa douleur en longs mugissemens.
Tel le fougueux Prélat, que ce songe espouvante,
90 Querelle en se levant & Laquais & Servante :
Et d'un juste courroux rallumant sa vigueur,
Mesme avant le disner, parle d'aller au Chœur.
Le prudent Gilotin, son aumônier fidelle,
En vain par ses conseils sagement le rappelle :
95 Luy monstre le peril. Que midi va sonner :
Qu'il va faire, s'il sort, refroidir le disner.
 Quelle fureur, dit-il, quel aveugle caprice,
Quand le disner est prest, vous appelle à l'Office ?

REMARQUES.

nedictions.] C'étoit le principal motif de la jalousie du Thrésorier contre le Chantre.
 Vers 80. *Et renonce au repos ou bien à l'Evesché.*] M. Auvry avoit été Evêque de Coûtance. D'ailleurs comme Thrésorier de laSainte-Chapelle, il avoit le droit d'officier pontificalement aux grandes Fêtes de l'année, suivant un privilége accordé par Benoit XIII.

 Vers 86. *A piqué dans les flancs, aux depens de sa vie.*] Virgile parlant des Abeilles, Livre IV. des Georg.

———————— *Lasaque venenum
Morsibus inspirant, & spicula cæca relinquunt,
Affixæ venis, vitamque in vulnere ponunt.*

CHANT PREMIER.

De voſtre dignité souſtenez mieux l'eſclat.
100 Eſt-ce pour travailler que vous eſtes Prélat?
A quoy bon ce dégouſt, & ce zele inutile?
Eſt-il donc pour jeuſner, Quatre-temps, ou Vigile?
Reprenez vos eſprits, & souvenez-vous bien,
Qu'un diſner réchauffé ne valut jamais rien.
105 Ainſi dit Gilotin, & ce Miniſtre ſage
Sur table, au meſme inſtant, fait ſervir le potage.
Le Prélat voit la ſoupe, & plein d'un ſaint reſpect
Demeure quelque temps muet à cet aſpect.
Il cede, il diſne enfin: mais tousjours plus farouche,
110 Les morceaux trop haſtez ſe preſſent dans ſa bouche.
Gilotin en gemit, & ſortant de fureur,
Chez tous ſes Partiſans va ſemer la terreur.
On voit courir chez luy leurs troupes eſperduës:
Comme l'on voit marcher les bataillons de Gruës;
115 Quand le Pygmée altier, redoublant ſes efforts,
De l'Hebre ou du Strymon vient d'occuper les bords.
A l'aſpect imprévû de leur foule agreable,
Le Prélat radouci veut ſe lever de table.

REMARQUES.

Vers 93. *Le prudent Gilotin*, &c.] Son véritable nom étoit *Guéronet*. Le Tréſorier lui donna enſuite la Cure de la Sainte-Chapelle.

Vers 112. *Chez tous ſes Partiſans*, &c.] Les Chantres ſubalternes étoient dans le parti du Thréſorier contre le Chantre & les autres Chanoines; parce que ceux-ci leur refuſoient certains droits.

Vers 115. *Quand le Pygmée altier*, &c.] Peuple fabuleux, aux environs de l'Hebre & du Strymon, fleuves de Thrace. Les Pygmées n'avoient qu'une coudée de hauteur; ils étoient en guerre continuelle avec les Gruës, qui chaſſerent ces petits hommes de la ville de Géranie. Pline, Livre IV. chap. 11.

Tt ij

La couleur luy renaift, fa voix change de ton.
120 Il fait par Gilotin rapporter un jambon.
Luy-mefme le premier, pour honnorer la troupe,
D'un vin pur & vermeil il fait remplir fa coupe:
Il l'avale d'un trait : & chacun l'imitant,
La cruche au large ventre eft vuide en un inftant.
125 Si-toft que du Nectar la troupe eft abreuvée,
On deffert : & foudain la nappe eftant levée,
Le Prélat, d'une voix conforme à fon malheur,
Leur confie en ces mots fa trop jufte douleur.
Illuftres compagnons de mes longues fatigues,
130 Qui m'avez fouftenu par vos pieufes ligues,
Et par qui, maiftre enfin d'un Chapitre infenfé,
Seul à *Magnificat* je me vois encenfé.
Souffrirez-vous tousjours qu'un Orgueilleux m'outrage:
Que le Chantre à vos yeux détruife voftre ouvrage;
135 Ufurpe tous mes droits, & s'égalant à moy,
Donne à voftre Lutrin & le ton & la loy ?
Ce matin mefme encor, ce n'eft point un menfonge,
Une Divinité me l'a fait voir en fonge,
L'infolent s'emparant du fruit de mes travaux,
140 A prononcé pour moy le *Benedicat vos.*

REMARQUES.

Vers 147. *Quand Sidrac*, &c.] C'eft le nom d'un vieux Chapelain-Clerc, ou d'un Chantre Muficien, dont le caractère eft formé fur celui de Neftor, fi renommé par la fageffe de fes confeils.

Vers 149. *Ce Vieillard dans le Chœur a desja veû quatre âges.*] A vû renouveller le Chapitre quatre fois.

CHANT PREMIER.

Oüy, pour mieux m'efgorger, il prend mes propres armes.
Le Prelat à ces mots verfe un torrent de larmes.
Il veut, mais vainement, pourfuivre fon difcours.
Ses fanglots redoublez en arreftent le cours.
145 Le zelé Gilotin, qui prend part à fa gloire,
Pour luy rendre la voix fait rapporter à boire.
Quand Sidrac, à qui l'âge allonge le chemin,
Arrive dans la chambre, un bafton à la main.
Ce Vieillard dans le Chœur a déja vû quatre âges :
150 Il fçait de tous les temps les differens ufages :
Et fon rare fçavoir, de fimple Marguillier,
L'efleva par degrez au rang de Chevecier.
A l'afpect du Prelat qui tombe en défaillance,
Il devine fon mal, il fe ride, il s'avance,
155 Et d'un ton paternel reprimant fes douleurs :
Laiffe au Chantre, dit-il, la trifteffe & les pleurs,
Prelat, & pour fauver tes droits & ton empire,
Efcoute feulement ce que le Ciel m'infpire.
Vers cet endroit du Chœur, où le Chantre orgueilleux
160 Monftre, affis à ta gauche, un front fi fourcilleux,
Sur ce rang d'ais ferrez, qui forment fa clofture,
Fut jadis un Lutrin d'inégale ftructure,

REMARQUES.

Vers 151. ——— *De fimple Marguillier.*] C'eft celui qui a foin des Reliques, & qui revêt les Chanoines de leurs Chapes.
Vers 152. ——— *Au rang de Chevecier.*] C'eft celui qui a foin des Chapes, & de la cire ; & qui diftribue aux Chanoines les bougies à Matines.

Dont les flancs eſlargis, de leur vaſte contour
Ombrageoient pleinement tous les lieux d'alentour.
165 Derriere ce Lutrin, ainſi qu'au fond d'un antre,
A peine ſur ſon banc on diſcernoit le Chantre :
Tandis qu'à l'autre banc, le Prelat radieux,
Découvert au grand jour attiroit tous les yeux.
Mais un Demon, fatal à cette ample machine,
170 Soit qu'une main la nuit euſt haſté ſa ruine,
Soit qu'ainſi de tout temps l'ordonnaſt le Deſtin,
Fit tomber à nos yeux le Pûpitre un matin.
J'eus beau prendre le Ciel & le Chantre à partie :
Il fallut l'emporter dans noſtre Sacriſtie,
175 Où depuis trente hyvers ſans gloire enſeveli,
Il languit tout poudreux dans un honteux oubli.
Enten-moy donc, Prelat. Dés que l'ombre tranquille
Viendra d'un creſpe noir envelopper la Ville ;
Il faut que trois de nous ſans tumulte, & ſans bruit,
180 Partent à la faveur de la naiſſante nuit ;
Et du Lutrin rompu réüniſſant la maſſe,
Aillent d'un zele adroit le remettre en ſa place.
Si le Chantre demain oſe le renverſer,
Alors de cent Arreſts tu le peux terraſſer.
185 Pour ſouſtenir tes droits, que le Ciel authoriſe,
Abiſme tout pluſtoſt ; c'eſt l'eſprit de l'Egliſe.

REMARQUES.

Vers 189. *Ces Vertus dans Aleth,* &c.] Eloge de M. Pavillon alors Evêque d'A- leth.
Vers 211. ———— *L'Enfant tire ; & Bron-*

CHANT PREMIER.

C'est par là qu'un Prelat signale sa vigueur.
Ne borne pas ta gloire à prier dans un Chœur.
Ces vertus dans Aleth peuvent estre en usage:
190 Mais dans Paris, plaidons: c'est là nostre partage.
Tes benedictions dans le trouble croissant,
Tu pourras les répandre & par vingt & par cent,
Et pour braver le Chantre en son orgueil extresme,
Les respandre à ses yeux, & le benir luy-mesme.
195   Ce discours aussi-tost frape tous les esprits;
Et le Prelat charmé l'approuve par des cris.
Il veut que sur le champ, dans la troupe on choisisse
Les trois que Dieu destine à ce pieux office.
Mais chacun prétend part à cet illustre employ.
200 Le sort, dit le Prelat, vous servira de Loy.
Que l'on tire au billet ceux que l'on doit élire.
Il dit, on obeït, on se presse d'escrire.
Aussi-tost trente noms, sur le papier tracez,
Sont au fonds d'un bonnet par billets entassez.
205 Pour tirer ces billets avec moins d'artifice,
Guillaume, Enfant de chœur, preste sa main novice.
Son front nouveau tondu, symbole de candeur,
Rougit, en approchant, d'une honneste pudeur.
Cependant le Prelat, l'œil au Ciel, la main nuë,
210 Benit trois fois les noms, & trois fois les remuë.

REMARQUES.

tin.] Son vrai nom étoit *Frontin*. Il étoit Prêtre du Diocése de Chartres, & Sous- | Marguillier de la Sainte-Chapelle.

LE LUTRIN.

Il tourne le bonnet. L'Enfant tire : & Brontin
Eſt le premier des noms qu'apporte le Deſtin.
Le Prelat en conçoit un favorable augure,
Et ce nom dans la troupe excite un doux murmure.
215 On ſe taiſt ; & bien-toſt on voit paroiſtre au jour
Le nom, le fameux nom du Perruquier l'Amour.
Ce nouvel Adonis, à la blonde criniere,
Eſt l'unique ſouci d'Anne ſa Perruquiere.
Ils s'adorent l'un l'autre : & ce couple charmant
220 S'unit long-temps, dit-on, avant le Sacrement.
Mais depuis trois moiſſons, à leur ſaint aſſemblage
L'Official a joint le nom de mariage.
Ce Perruquier ſuperbe eſt l'effroy du quartier,
Et ſon courage eſt peint ſur ſon viſage altier.
225 Un des noms reſte encore, & le Prelat par grace
Une derniere fois les broüille & les reſſaſſe.
Chacun croit que ſon nom eſt le dernier des trois.
Mais que ne dis-tu point, ô puiſſant Porte-croix,
Boirude Sacriſtain, cher appuy de ton Maiſtre,
230 Lors qu'aux yeux du Prelat tu vis ton nom paroiſtre ?
On dit que ton front jaune, & ton teint ſans couleur,
Perdit en ce moment ſon antique paſleur ;
Et que ton corps gouteux, plein d'une ardeur guerriere,
Pour ſauter au plancher, fit deux pas en arriere.

REMARQUES.

Vers 229. *Boirude Sacriſtain,* &c.] François *Sirude,* Sous-Marguillier ou Sacriſtain de la Sainte-Chapelle.

Chacun

235 Chacun benit tout haut l'Arbitre des Humains,
Qui remet leur bon droit en de si bonnes mains.
Aussi-tost on se leve ; & l'Assemblée en foule,
Avec un bruit confus, par les portes s'escoule.
　Le Prelat resté seul calme un peu son depit,
240 Et jusques au souper se couche & s'assoupit.

CHANT II.

CEPENDANT cet Oiseau qui prône les merveilles,
Ce Monstre composé de bouches & d'oreilles,
Qui sans cesse volant de climats en climats;
Dit par tout ce qu'il sçait, & ce qu'il ne sçait pas.
5 La Renommée enfin, cette prompte Courriere,
Va d'un mortel effroy glacer la Perruquiere;
Luy dit que son Epoux, d'un faux zele conduit,
Pour placer un Lutrin doit veiller cette nuit.
A ce triste recit tremblante, desolée,
10 Elle accourt l'œil en feu, la teste échevelée,
Et trop seure d'un mal qu'on pense luy celer:
Oses-tu bien encor, Traistre, dissimuler,
Dit-elle? & ni la foy que ta main m'a donnée,
Ni nos embrassemens qu'a suivy l'Hymenée,
15 Ni ton Espouse enfin toute preste à perir,
Ne sçauroient donc t'oster cette ardeur de courir?
Perfide, si du moins, à ton devoir fidele,
Tu veillois pour orner quelque teste nouvelle;
L'espoir d'un juste gain, consolant ma langueur,
20 Pourroit de ton absence adoucir la longueur.

REMARQUES.

Vers 1. *Cependant cet Oiseau*, &c.] Cette description de la Renommée est imitée de Virgile, Enéide, Livre IV. vers 174.

Fama, malum quo non aliud velocius ullum,
Mobilitate viget, &c.

CHANT SECOND.

Mais quel zele indifcret, quelle aveugle entreprife
Arme aujourd'huy ton bras en faveur d'une Eglife?
Où vas-tu, cher Epoux? Eſt-ce que tu me fuis?
As-tu donc oublié tant de fi douces nuits?
25 Quoy? d'un œil fans pitié vois-tu couler mes larmes?
Au nom de nos baifers jadis fi pleins de charmes,
Si mon cœur, de tout temps facile à tes defirs,
N'a jamais d'un moment differé tes plaifirs;
Si pour te prodiguer mes plus tendres careffes,
30 Je n'ay point exigé ni fermens ni promeffes;
Si toy feul à mon lit enfin eus tousjours part,
Differe au moins d'un jour ce funefte depart.

En achevant ces mots, cette Amante enflammée
Sur un placet voifin tombe demy-pafmée.
35 Son Efpoux s'en efmeut, & fon cœur efperdu
Entre deux paffions demeure fufpendu;
Mais enfin rappellant fon audace premiere,
Ma femme, luy dit-il, d'une voix douce & fiere,
Je ne veux point nier les folides bienfaits,
40 Dont ton amour prodigue a comblé mes fouhaits:
Et le Rhin, de fes flots ira groffir la Loire,
Avant que tes faveurs fortent de ma memoire.
Mais ne prefume pas, qu'en te donnant ma foy,
L'Hymen m'ait pour jamais affervi fous ta loy.

REMARQUES.

Vers 12. *Ofes-tu bien encor, Traiſtre, diſſimuler,* &c.] Enéide, Livre IV. vers 305.

Diſſimulare etiam ſperaſti, Perfide, tantum
Poſſe nefas? &c.

45 Si le Ciel en mes mains euſt mis ma deſtinée,
Nous aurions fuy tous deux le joug de l'Hymenée :
Et ſans nous oppoſer ces devoirs pretendus,
Nous gouſterions encor des plaiſirs defendus.
Ceſſe donc à mes yeux d'eſtaler un vain titre.
50 Ne m'oſte pas l'honneur d'eſlever un Pupitre :
Et toy-meſme, donnant un frein à tes deſirs,
Raffermi ma vertu qu'eſbranlent tes foûpirs.
Que te diray-je enfin ? c'eſt le Ciel qui m'appelle.
Une Egliſe, un Prelat m'engage en ſa querelle.
55 Il faut partir : j'y cours. Diſſipe tes douleurs,
Et ne me trouble plus par ces indignes pleurs.
    Il la quitte à ces mots. Son Amante effarée
Demeure le teint paſle, & la veuë eſgarée :
La force l'abandonne, & ſa bouche trois fois
60 Voulant le rappeller ne trouve plus de voix.
Elle fuit, & de pleurs inondant ſon viſage,
Seule pour s'enfermer vole au cinquiéme eſtage.
Mais d'un bouge prochain, accourant à ce bruit,
Sa ſervante Alizon la ratrape, & la ſuit.
65   Les ombres cependant, ſur la Ville eſpanduës,
Du faiſte des maiſons deſcendent dans les ruës :
Le ſouper hors du Chœur chaſſe les Chapelains,
Et de Chantres beuvans les cabarets ſont pleins,

REMARQUES.

Vers 66. *Du faiſte des maiſons deſcendent*, &c.] Virgile, Eclog. I. vers 83. *Majoreſque cadunt altis de montibus umbræ.*

CHANT SECOND.

Le redouté Brontin, que son devoir esveille,
70 Sort à l'instant chargé d'une triple bouteille,
D'un vin dont Gilotin, qui sçavoit tout prévoir,
Au sortir du Conseil eut soin de le pourvoir.
L'odeur d'un jus si doux luy rend le faix moins rude.
Il est bien-tost suivi du Sacristain Boirude,
75 Et tous deux, de ce pas s'en vont avec chaleur
Du trop lent Perruquier réveiller la valeur.
Partons, luy dit Brontin. Desja le Jour plus sombre,
Dans les eaux s'esteignant, va faire place à l'ombre.
D'où vient ce noir chagrin, que je lis dans tes yeux ?
80 Quoy ? le Pardon sonnant te retrouve en ces lieux ?
Où donc est ce grand cœur, dont tantost l'allegresse
Sembloit du jour trop long accuser la paresse ?
Marche, & suy-nous du moins où l'honneur nous attend.
Le Perruquier honteux rougit en l'escoutant.
85 Aussi-tost de longs clous il prend une poignée :
Sur son espaule il charge une lourde coignée :
Et derriere son dos, qui tremble sous le poids,
Il attache une sçie en forme de carquois.
Il sort au mesme instant, il se met à leur teste.
90 A suivre ce grand Chef l'un & l'autre s'appreste.
Leur cœur semble allumé d'un zele tout nouveau.
Brontin tient un maillet, & Boirude un marteau.

REMARQUES.

Vers 80. *Quoy ? le Pardon sonnant*, &c.] Ce sont les trois coups de cloche par lesquels on avertit le Peuple de réciter l'*Angelus*.

La Lune, qui du Ciel voit leur demarche altiere,
Retire en leur faveur sa paisible lumiere.
95 La Discorde en soûrit, & les suivant des yeux,
De joye, en les voyant, pousse un cri dans les Cieux.
L'air, qui gemit du cri de l'horrible Deesse,
Va jusques dans Cisteaux réveiller la Mollesse.
C'est-là qu'en un dortoir elle fait son sejour.
100 Les Plaisirs nonchalans folastrent à l'entour.
L'un paistrit dans un coin l'embonpoint des Chanoines;
L'autre broye en riant le vermillon des Moines:
La Volupté la sert avec des yeux devots,
Et tousjours le Sommeil luy verse des pavots.
105 Ce soir plus que jamais, en vain il les redouble.
La Mollesse à ce bruit se réveille, se trouble.
Quand la Nuit, qui desja va tout enveloper,
D'un funeste recit vient encor la fraper:
Luy conte du Prelat l'entreprise nouvelle.
110 Aux pieds des murs sacrez d'une Sainte Chapelle
Elle a veû trois Guerriers ennemis de la paix,
Marcher à la faveur de ses voiles espais.
La Discorde en ces lieux menace de s'accroistre.
Demain avec l'Aurore un Lutrin va paroistre,

REMARQUES.

Vers 98. *Va jusques dans Cisteaux reveiller la Mollesse.*] Fameuse Abbaye de l'Ordre de S. Bernard située en Bourgogne.
Vers 120. *Laisse tomber ces mots*, &c.] Virgile, Enéide VI. v. 686.

Effusæque genis lachryma, & vox excidit ore.
Vers 124. *Où les Roys s'honoroient du nom de Faineans.*] Sous les derniers Rois de la première Race, l'Autorité Royale étoit exercée par un Maire du Palais. Ma-

CHANT SECOND.

115 Qui doit y soûlever un peuple de mutins.
Ainsi le Ciel l'escrit au Livre des Destins.
A ce triste Discours, qu'un long soûpir acheve,
La Mollesse, en pleurant, sur un bras se releve,
Ouvre un œil languissant, & d'une foible voix,
120 Laisse tomber ces mots, qu'elle interrompt vingt fois.
O Nuit, que m'as-tu dit? Quel Demon sur la Terre
Souffle dans tous les cœurs la fatigue & la guerre?
Helas! qu'est devenu ce temps, cet heureux temps,
Où les Rois s'honoroient du nom de Faineans,
125 S'endormoient sur le Throsne, & me servant sans honte,
Laissoient leur Sceptre aux mains ou d'un Maire ou d'un Comte?
Aucun soin n'approchoit de leur paisible Cour.
On reposoit la nuit, on dormoit tout le jour.
Seulement au Printemps, quand Flore dans les plaines
130 Faisoit taire des Vents les bruyantes haleines,
Quatre bœufs attelez, d'un pas tranquille & lent,
Promenoient dans Paris le Monarque indolent.
Ce doux siecle n'est plus. Le Ciel impitoyable
A placé sur leur Throsne un Prince infatigable.
135 Il brave mes douceurs, il est sourd à ma voix;
Tous les jours il m'esveille au bruit de ses Exploits.

REMARQUES.

dame de Thiange lût au Prince ce récit de la Mollesse. Il en fut frapé; il voulut voir l'Auteur qu'il ne connoissoit encore que par ses Satires, & ordonna qu'on le fît venir à la Cour.

Vers 126. ——— *Ou d'un Maire ou d'un Comte.*] Le Comte du Palais étoit le second Officier de la Couronne, qui rendoit la Justice dans le Palais du Roi. *Du Cange*, *Diss.* 14. *sur Joinville.*

Vers 138. ——— *L'hyver n'a point de glace.*] Premiére conquête de la Franche-

Rien ne peut arrester sa vigilante audace.
L'Esté n'a point de feux, l'Hyver n'a point de glace.
J'entens en son seul nom tous mes Sujets fremir.
140 En vain deux fois la paix a voulu l'endormir;
Loin de moy son courage entraisné par la gloire,
Ne se plaist qu'à courir de victoire en victoire.
Je me fatiguerois, à te tracer le cours
Des outrages cruels qu'il me fait tous les jours.
145 Je croyois, loin des lieux d'où ce Prince m'exile,
Que l'Eglise du moins m'assuroit un azile.
Mais en vain j'esperois y regner sans effroy:
Moines, Abbez, Prieurs, tout s'arme contre moy.
Par mon exil honteux la Trape est anoblie.
150 J'ay veû dans saint Denis la réforme establie.
Le Carme, le Feüillant s'endurcit aux travaux:
Et la Regle desja se remet dans Clairvaux.
Cisteaux dormoit encore, & la Sainte Chapelle
Conservoit du vieux temps l'oisiveté fidelle.
155 Et voicy qu'un Lutrin prest à tout renverser,
D'un sejour si cheri vient encor me chasser.

REMARQUES.

Comté, au commencement de Fevrier 1668.
Vers 149. *Par mon exil honteux, la Trape,* &c.] Abbaye située dans le Perche. En 1663. l'Abbé Armand-Jean Bouthillier de Rancé, y rétablit la premiére & véritable pratique de la Régle de S. Benoît.
Vers 150. *J'ai veû dans Saint Denis la reforme establie.*] Le Cardinal de la Rochefoucault, Commissaire Général pour la réforme des Ordres Religieux en France, établit en 1663. la réforme dans l'Abbaye de S. Denis.
Vers 152. *Et la regle desja se remet dans Clairvaux.*] Abbaye fondée par S. Bernard, dans la Province de Champagne.

CHANT SECOND. 345

O Toi, de mon repos compagne aimable & sombre,
A de si noirs forfaits presteras-tu ton ombre ?
Ah ! Nuit, si tant de fois, dans les bras de l'Amour,
160 Je t'admis aux plaisirs que je cachois au jour.
Du moins ne permets pas… La Mollesse oppressée
Dans sa bouche à ce mot sent sa langue glacée,
Et lasse de parler, succombant sous l'effort,
Soûpire, estend les bras, ferme l'œil, & s'endort.

REMARQUES.

Vers 164. *Soupire, estend les bras,* &c.] Madame la Duchesse d'Orléans, Henriette-Anne d'Angleterre, apperçût un jour M. Despréaux dans la Chapelle de Versailles, où assise sur son carreau, elle attendoit que le Roi vînt à la Messe. Elle fit signe à l'Auteur d'approcher, & lui dit à l'oreille :
Soûpire, étend les bras, ferme l'œil, & s'endort.
Ce vers qui est d'une grande beauté l'avoit vivement frappée.

Tome I.   *   X x

CHANT III.

Ais la Nuit auſſi-toſt, de ſes aiſles affreuſes,
Couvre des Bourguignons les campagnes vineuſes,
Revole vers Paris, & haſtant ſon retour,
Desja de Montlheri voit la fameuſe Tour.
5 Ses murs dont le ſommet ſe dérobe à la veuë,
Sur la cime d'un roc s'allongent dans la nuë,
Et preſentant de loin leur objet ennuieux,
Du Paſſant qui le fuit, ſemblent ſuivre les yeux.
Mille oyſeaux effrayans, mille corbeaux funebres
10 De ces murs deſertez habitent les tenebres.
Là depuis trente hyvers un Hibou retiré
Trouvoit contre le jour un refuge aſſuré.
Des deſaſtres fameux ce Meſſager fidelle
Sçait touſjours des malheurs la premiere nouvelle;
15 Et tout preſt d'en ſemer le preſage odieux,
Il attendoit la Nuit dans ces ſauvages lieux.
Aux cris, qu'à ſon abord, vers le Ciel il envoye,
Il rend tous ſes Voiſins attriſtez de ſa joye.
La plaintive Progné de douleur en fremit:
20 Et dans les bois prochains Philomele en gemit.

REMARQUES.

Vers 4. *Desja de Montlhéri voit la fa-*
meuſe Tour.] Tour très-haute, à cinq lieuës
de Paris, ſur le chemin d'Orléans.

Vers 30. *Tient un Verre de vin qui rit*
dans la fougere.] On appelle *Verres de Fou-*
gére, ceux dans la compoſition deſquels il

CHANT TROISIE'ME.

Suy-moy, luy dit la Nuit. L'Oyseau plein d'allegresse
Reconnoist à ce ton la voix de sa Maistresse.
Il la suit : & tous deux, d'un cours precipité,
De Paris à l'instant abordent la Cité.
25 Là s'eslançant d'un vol, que le vent favorise,
Ils montent au sommet de la fatale Eglise.
La Nuit baisse la veuë, & du haut du clocher
Observe les Guerriers, les regarde marcher.
Elle voit le Barbier, qui d'une main legere,
30 Tient un verre de vin, qui rit dans la fougere;
Et chacun tour à tour s'inondant de ce jus,
Celebrer, en beuvant, Gilotin & Bacchus.
Ils triomphent, dit-elle, & leur ame abusée
Se promet dans mon ombre une victoire aisée.
35 Mais allons, il est temps qu'ils connoissent la Nuit.
A ces mots regardant le Hibou qui la suit,
Elle perce les murs de la voute sacrée;
Jusqu'en la Sacristie elle s'ouvre une entrée,
Et dans le ventre creux du Pupitre fatal
40 Va placer de ce pas le sinistre Animal.
Mais les trois Champions pleins de vin & d'audace,
Du Palais cependant passent la grande place :

REMARQUES.

entre du sel tiré de la cendre de Fougére. On se sert ordinairement de cette cendre, parce que la Fougére est une plante fort commune, & que ses cendres contiennent beaucoup de sel alkali. Ce sel mêlé avec du sable qu'on fait fondre par un feu violent, fournit la matiére du verre.

Et suivant de Bacchus les auspices sacrez,
De l'auguste Chapelle ils montent les degrez.
45 Ils atteignoient desja le superbe Portique,
Où Ribou le Libraire, au fond de sa boutique,
Sous vingt fidelles clefs, garde & tient en depost,
L'amas tousjours entier des Escrits de Haynaut.
Quand Boirude, qui voit que le peril approche,
50 Les arreste, & tirant un fusil de sa poche,
Des veines d'un caillou, qu'il frappe au mesme instant,
Il fait jaillir un feu qui petille en sortant :
Et bien-tost au brazier d'une mesche enflammée,
Monstre, à l'aide du souffre, une cire allumée.
55 Cet Astre tremblotant, dont le jour les conduit,
Est pour eux un Soleil au milieu de la nuit.
Le Temple à sa faveur est ouvert par Boirude.
Ils passent de la Nef la vaste solitude,
Et dans la Sacristie entrant, non sans terreur,
60 En percent jusqu'au fond la tenebreuse horreur.
C'est-là que du Lutrin gît la machine énorme.
La troupe quelque temps en admire la forme.
Mais le Barbier, qui tient les momens precieux :
Ce spectacle n'est pas pour amuser nos yeux,

REMARQUES.

Vers 51. *Des veines d'un caillou*, &c.] Virgile, Georg. I. v. 135.
Et silicis venis abstrusum excuderet ignem.
Ac primùm silicis scintillam excudit Achates. Enéide, Lib. I. v. 178.

Vers 58. *Ils passent de la Nef la vaste solitude.*] M. Despréaux vantoit ce vers comme une image merveilleuse d'une Eglise, qui durant la nuit paroît une vraie solitude.

CHANT TROISIEME.

65 Dit-il, le temps eſt cher, portons-le dans le Temple.
C'eſt-là qu'il faut demain qu'un Prélat le contemple.
Et d'un bras, à ces mots, qui peut tout eſbranler,
Luy-meſme ſe courbant, s'appreſte à le rouler.
Mais à peine il y touche, ô prodige incroyable !
70 Que du Pupitre ſort une voix effroyable.
Brontin en eſt émeu, le Sacriſtain paſlit,
Le Perruquier commence à regretter ſon lit.
Dans ſon hardi projet toutefois il s'obſtine :
Lorſque des flancs poudreux de la vaſte machine
75 L'Oyſeau ſort en courroux, & d'un cri menaçant
Acheve d'eſtonner le Barbier fremiſſant.
De ſes aiſles dans l'air ſecoüant la pouſſiere,
Dans la main de Boirude il eſteint la lumiere ;
Les Guerriers à ce coup demeurent confondus :
80 Ils regagnent la Nef de frayeur eſperdus.
Sous leurs corps tremblotans leurs genoux s'affoibliſſent;
D'une ſubite horreur leurs cheveux ſe heriſſent ;
Et bien-toſt, au travers des ombres de la nuit,
Le timide Eſcadron ſe diſſipe & s'enfuit.
85 Ainſi lorſqu'en un coin, qui leur tient lieu d'azile,
D'Eſcoliers libertins une troupe indocile,

REMARQUES.

Vers 65. — *Portons-le dans le Temple.*]
Ce *le* eſt tout-à-fait équivoque ; il ſe rapporte à *Lutrin*, qui eſt quatre vers plus haut.

Vers 70. *Que du Pupitre ſort une voix effroyable.*] Virgile, Enéide III. v. 78.

——— *Gemitus lachrymabilis imo*
Auditur tumulo, & vox reddita fertur
ad aures.

Vers 76. *Acheve d'eſtonner le Barbier fremiſſant.*] Le *Barbier* eſt ici le même perſonnage que le *Perruquier*, vers 72.

Loin des yeux d'un Prefet au travail affidu,
Va tenir quelquefois un Brelan defendu :
Si du veillant Argus la figure effrayante,
90 Dans l'ardeur du plaifir à leurs yeux fe prefente,
Le jeu ceffe à l'inftant, l'azile eft deferté,
Et tout fuit à grands pas le Tyran redouté.
  La Difcorde qui voit leur honteufe difgrace,
Dans les airs cependant tonne, efclate, menace,
95 Et malgré la frayeur dont leurs cœurs font glacez,
S'apprefte à réünir fes Soldats difperfez.
Auffi-toft de Sidrac elle emprunte l'image :
Elle ride fon front, allonge fon vifage,
Sur un bafton noüeux laiffe courber fon corps,
100 Dont la Chicane femble animer les refforts ;
Prend un cierge en fa main, & d'une voix caffée,
Vient ainfi gourmander la Troupe terraffée.
  Lafches, où fuyez-vous ? Quelle peur vous abbat ?
Aux cris d'un vil Oyfeau vous cedez fans combat.
105 Où font ces beaux difcours jadis fi pleins d'audace ?
Craignez-vous d'un Hibou l'impuiffante grimace ?
Que feriez-vous, helas ! fi quelque exploit nouveau
Chaque jour, comme moy, vous traifnoit au Barreau ?
S'il falloit fans amis, briguant une audience,
110 D'un Magiftrat glacé fouftenir la prefence :

REMARQUES.

Vers 103. *Lafches, où fuyez-vous ?* &c.] Dans l'Iliade, Livre VII. vers 121. Aucun des Grecs n'ofant fe préfenter pour combattre Hector, qui les défioit en combat fingulier : Neftor leur fait des reproches à peu près femblables.

CHANT TROISIEME.

Ou d'un nouveau procés hardi Solliciteur,
Aborder fans argent un Clerc de Rapporteur?
Croyez-moy, mes Enfans : je vous parle à bon titre.
J'ay moy feul autrefois plaidé tout un Chapitre :
115 Et le Barreau n'a point de monftres fi hagards,
Dont mon œil n'ayt cent fois fouftenu les regards.
Tous les jours fans trembler j'affiegeois leurs paffages.
L'Eglife eftoit alors fertile en grands courages.
Le moindre d'entre nous, fans argent, fans appui,
120 Euft plaidé le Prelat, & le Chantre avec luy.
Le Monde, de qui l'âge avance les ruines,
Ne peut plus enfanter de ces ames divines.
Mais que vos cœurs du moins, imitant leurs vertus,
De l'afpect d'un Hibou ne foient pas abbatus.
125 Songez, quel deshonneur va foüiller voftre gloire ;
Quand le Chantre demain entendra fa victoire.
Vous verrez tous les jours, le Chanoine infolent,
Au feul mot de Hibou, vous foûrire en parlant.
Voftre ame, à ce penfer, de colere murmure :
130 Allez donc de ce pas en prévenir l'injure.
Meritez les lauriers qui vous font refervez,
Et reffouvenez-vous quel Prelat vous fervez.
Mais desja la fureur dans vos yeux eftincelle.
Marchez, courez, volez où l'honneur vous appelle.
135 Que le Prelat, furpris d'un changement fi prompt
Apprenne la vengeance auffi-toft que l'affront.

En achevant ces mots, la Déeſſe guerriere
De ſon pied trace en l'air un ſillon de lumiere;
Rend aux trois Champions leur intrepidité,
140 Et les laiſſe tous pleins de ſa divinité.
C'eſt ainſi, grand Condé, qu'en ce combat celebre,
Où ton bras fit trembler le Rhin, l'Eſcaut, & l'Ebre,
Lors qu'aux plaines de Lens nos bataillons pouſſez
Furent preſque à tes yeux ouverts & renverſez:
145 Ta valeur, arreſtant les Troupes fugitives,
Rallia d'un regard leurs cohortes craintives:
Reſpandit dans leurs rangs ton eſprit belliqueux,
Et força la Victoire à te ſuivre avec eux.
La colere à l'inſtant ſuccedant à la crainte,
150 Ils rallument le feu de leur bougie eſteinte.
Ils rentrent. L'Oyſeau ſort. L'Eſcadron raffermi
Rit du honteux depart d'un ſi foible Ennemi.
Auſſi-toſt dans le Chœur la Machine emportée,
Eſt ſur le banc du Chantre à grand bruit remontée.
155 Ses ais demi-pourris, que l'âge a relaſchez,
Sont à coups de maillet unis & rapprochez.
Sous les coups redoublez tous les bancs retentiſſent,
Les murs en ſont eſmûs, les voutes en mugiſſent,
Et l'Orgue meſme en pouſſe un long gemiſſement.
160 Que fais-tu Chantre, helas! dans ce triſte moment?

REMARQUES.

Vers 141. *C'eſt ainſi, grand Condé, qu'en ce combat celebre.*] La Bataille de Lens, ga- | gnée par M. le Prince, contre les Eſpagnols & les Allemands, le 10. Août 1648.

CHANT TROISIE'ME.

Tu dors d'un profond fomme, & ton cœur fans alarmes
Ne fçait pas qu'on baftit l'inftrument de tes larmes.
O! que fi quelque bruit, par un heureux reveil,
T'annonçoit du Lutrin le funefte appareil,
165 Avant que de fouffrir qu'on en pofaft la maffe,
Tu viendrois en Apoftre expirer dans ta place;
Et Martyr glorieux d'un point d'honneur nouveau,
Offrir ton corps aux clous & ta tefte au marteau.
  Mais desja fur ton banc la machine enclavée
170 Eft durant ton fommeil à ta honte eflevée.
  Le Sacriftain acheve en deux coups de rabot:
Et le Pupitre enfin tourne fur fon pivot.

Tome I.   Y y

CHANT IV.

Es cloches dans les airs de leurs voix argentines,
Appelloient à grand bruit les Chantres à Matines :
Quand leur Chef agité d'un sommeil effrayant,
Encor tout en sueur se réveille en criant.
5 Aux eslans redoublez de sa voix douloureuse,
Tous ses valets tremblans quittent la plume oyseuse.
Le vigilant Girot court à luy le premier.
C'est d'un Maistre si saint le plus digne Officier.
La porte dans le Chœur à sa garde est commise :
10 Valet souple au logis, fier Huissier à l'Eglise.
Quel chagrin, luy dit-il, trouble vostre sommeil ?
Quoy ? voulez-vous au Chœur prévenir le Soleil ?
Ah ! dormez, & laissez à des Chantres vulgaires,
Le soin d'aller si-tost meriter leurs salaires.
15 Ami, luy dit le Chantre encor pasle d'horreur,
N'insulte point, de grace, à ma juste terreur.
Mesle pluftost icy tes soupirs à mes plaintes,
Et tremble en escoutant le sujet de mes craintes.
Pour la seconde fois un sommeil gracieux
20 Avoit sous ses pavots appesanti mes yeux :

REMARQUES.

Vers 3. *Quand leur Chef*, &c.] Le Chantre.
Vers 7. *Le vigilant Girot*, &c.] Brunot. Il étoit fâché que l'Auteur ne l'eût pas designé par son véritable nom.

Vers 10, *Valet souple au logis, fier Huissier à l'Eglise.*] Le même Brunot, Valet-de-Chambre du Chantre, & Huissier de la Sainte-Chapelle. Cet Huissier est un Be-

CHANT QUATRIEME.

Quand l'esprit enyvré d'une douce fumée,
J'ay crû remplir au Chœur ma place accoûtumée.
Là, triomphant aux yeux des Chantres impuissans,
Je benissois le peuple, & j'avalois l'encens:
25 Lorsque du fond caché de nostre Sacristie,
Une espaisse nuée à longs flots est sortie,
Qui s'ouvrant à mes yeux, dans son bluastre esclat,
M'a fait voir un Serpent conduit par le Prelat.
Du corps de ce Dragon plein de souffre & de nitre,
30 Une teste sortoit en forme de Pupitre,
Dont le triangle affreux, tout herissé de crins,
Surpassoit en grosseur nos plus espais Lutrins.
Animé par son guide, en sifflant il s'avance:
Contre moy sur mon banc je le voy qui s'eslance.
35 J'ay crié, mais en vain; & fuyant sa fureur,
Je me suis réveillé plein de trouble & d'horreur.
    Le Chantre, s'arrestant à cet endroit funeste,
A ses yeux effrayez laisse dire le reste.
Girot en vain l'asseure, & riant de sa peur,
40 Nomme sa vision, l'effet d'une vapeur.
Le desolé Vieillard qui hait la raillerie,
Luy defend de parler, sort du lit en furie.
On apporte à l'instant ses somptueux habits,
Où sur l'oüate molle esclate le tabis.

REMARQUES.

deau, ou Porte-verge, dont la principale fonction est de garder la porte du Chœur.

Vers 24. *Je benissois le Peuple, & j'ava-* *lois l'encens.*] V. la Remarque sur le vers 48. de ce même Chant.

Vers 44. *Où sur l'oüate molle*, &c.] Nos

45 D'une longue foutane il endoffe la moire,
Prend fes gants violets, les marques de fa gloire,
Et faifit en pleurant ce rochet, qu'autrefois
Le Prelat trop jaloux luy rogna de trois doigts.
Auffi-toſt d'un bonnet ornant fa teſte griſe,
50 Desja l'aumuffe en main il marche vers l'Egliſe;
Et haſtant de fes ans l'importune langueur,
Court, vole, & le premier arrive dans le Chœur.
O toy, qui fur ces bords qu'une eau dormante moüille,
Vis combattre autrefois le Rat & la Grenoüille:
55 Qui par les traits hardis d'un bizarre pinceau
Mis l'Italie en feu pour la perte d'un Seau:
Muſe, preſte à ma bouche une voix plus ſauvage,
Pour chanter le deſpit, la colere, la rage,
Que le Chantre ſentit allumer dans ſon ſang,
60 A l'aſpect du Pupitre eſlevé fur ſon banc.
D'abord paſle & muet, de colere immobile,
A force de douleur, il demeura tranquille:
Mais fa voix, s'eſchapant au travers des ſanglots,
Dans fa bouche à la fin fit paſſage à ces mots.
65 La voilà donc, Girot, cette hydre eſpouvantable,
Que m'a fait voir un ſonge, helas! trop veritable.

REMARQUES.

Anciens diſoient *Oüe*, pour *Oie*, & *Oüette*, pour *Oiſon*. De là vient le mot d'*Oüate*, qu'on prononce *Oüette* en Province.

Vers 46. *Prend fes gants violets*, &c.] En l'abſence du Tréſorier, le Chantre étoit en poſſeſſion de faire l'Office avec les or- nemens Pontificaux, de ſe faire encenſer, & de donner la bénédiction au Peuple. Le Thréſorier ne put ſouffrir que l'on partageât ainſi ſes honneurs. Il obtint un Arrêt du Parlement qui le maintint dans la prérogative d'être encenſé tout ſeul, & qui con-

CHANT QUATRIE'ME.

Je le vois ce Dragon tout prest à m'esgorger,
Ce Pupitre fatal qui me doit ombrager.
Prelat, que t'ai-je fait ? quelle rage envieuse
70 Rend pour me tourmenter ton ame ingenieuse ?
Quoy ? mesme dans ton lit, Cruel, entre deux draps,
Ta profane fureur ne se repose pas ?
O Ciel ! quoy ? sur mon banc une honteuse masse
Desormais me va faire un cachot de ma place ?
75 Inconnu dans l'Eglise, ignoré dans ce lieu,
Je ne pourrai donc plus estre vû que de Dieu ?
Ah ! plustost qu'un moment cet affront m'obscurcisse,
Renonçons à l'Autel, abandonnons l'Office ;
Et sans lasser le Ciel par des chants superflus,
80 Ne voyons plus un Chœur où l'on ne nous voit plus.
Sortons. Mais cependant mon Ennemi tranquille
Joüira sur son banc de ma rage inutile ;
Et verra dans le Chœur le Pupitre exhaussé
Tourner sur le pivot, où sa main l'a placé.
85 Non, s'il n'est abbatu, je ne sçaurois plus vivre.
A moy, Girot, je veux que mon bras m'en délivre.
Perissons, s'il le faut : mais de ses ais brisez
Entraisnons, en mourant, les restes divisez.

REMARQUES.

damna le Chantre à porter un Rochet plus court que le sien ; mais qui ne lui défendit point de donner les bénédictions en son absence. C'estoit le sujet de la jalousie du Thrésorier.

Vers 54. *Vis combattre autrefois le Rat & la Grenouille.*] Homére, suivant l'opinion commune, a fait le Poëme de la guerre des Rats & des Grenouilles.

Vers 56. *Mis l'Italie en feu pour la perte d'un Seau.*] La *Secchia rapita*, Poëme Italien du Tassoni.

A ces mots, d'une main par la rage affermie,
90 Il faisissoit desja la Machine ennemie,
Lors qu'en ce sacré lieu, par un heureux hazard,
Entrent Jean le Choriste, & le Sonneur Girard,
Deux Manceaux renommez, en qui l'experience
Pour les procés est jointe à la vaste science.
95 L'un & l'autre aussi-tost prend part à son affront.
Toutefois condamnant un mouvement trop prompt,
Du Lutrin, disent-ils, abbattons la Machine :
Mais ne nous chargeons pas tous seuls de sa ruine ;
Et que tantost, aux yeux du Chapitre assemblé,
100 Il soit sous trente mains en plein jour accablé.
  Ces mots des mains du Chantre arrachent le Pupitre.
J'y consens, leur dit-il, assemblons le Chapitre.
Allez donc de ce pas, par de saints hurlemens,
Vous-mesmes appeller les Chanoines dormans.
105 Partez. Mais ce discours les surprend & les glace.
Nous ? qu'en ce vain projet, pleins d'une folle audace,

REMARQUES.

Vers 92. *Entrent Jean le Choriste, & le Sonneur Girard.*] *Jean le Choriste :* Personnage supposé. *Girard*, Sonneur de la Sainte-Chapelle, mort long-temps avant la composition de ce Poëme. Il se noya dans la Seine, ayant gagé qu'il la passeroit neuf fois à la nage. Il eut un jour la témérité de monter sur les rebords du toit de la Sainte-Chapelle, une bouteille à la main ; & là en présence d'une infinité de gens qui le regardoient d'en-bas avec frayeur, il vuida d'un trait cette bouteille, & s'en retourna. M. Despréaux, jeune alors, fut un des spectateurs.

Vers 105. *Partez. Mais ce discours*, &c.] Ce vers & les onze suivans n'étoient pas dans les éditions qui ont précedé celle de 1701. Il y avoit seize autres vers que voici :
  Partez. Mais à ce mot les Champions
    pasissent.
  De l'horreur du peril leurs courages fremissent.

CHANT QUATRIEME.

Nous allions, dit Girard, la nuit nous engager ?
De noſtre complaiſance oſez-vous l'exiger ?
Hé, Seigneur! Quand nos cris pourroient, du fond des ruës,
110 De leurs appartemens percer les avenuës,
Réveiller ces Valets autour d'eux eſtendus,
De leur ſacré repos miniſtres aſſidus,
Et penetrer des lits au bruit inacceſſibles ;
Penſez-vous, au moment que les ombres paiſibles
115 A ces lits enchanteurs ont ſçu les attacher,
Que la voix d'un Mortel les en puiſſe arracher ?
Deux Chantres feront-ils, dans l'ardeur de vous plaire,
Ce que depuis trente ans ſix cloches n'ont pû faire ?
Ah ! je vois bien où tend tout ce diſcours trompeur,
120 Reprend le chaud Vieillard, le Prelat vous fait peur.
Je vous ay vû cent fois ſous ſa main beniſſante
Courber ſervilement une eſpaule tremblante.
Hé bien, allez, ſous luy fléchiſſez les genoux.
Je ſçauray réveiller les Chanoines ſans vous.

REMARQUES.

Ah ! Seigneur, dit Girard, que nous demandez-vous ?
De grace moderez un aveugle courroux.
Nous pourrions reveiller des Chantres & des Moines ;
Mais meſme avant l'Aurore éveiller des Chanoines !
Qui jamais l'entreprit ? qui l'oſeroit tenter ?
Eſt-ce un projet, ô Ciel ! qu'on puiſſe executer ?

Hé ! Seigneur, quand nos cris pourroient du fond des ruës,
De leurs appartemens percer les avenuës :
Appeller ces Valets autour d'eux étendus,
De leur ſacré repos miniſtres aſſidus :
Et penetrer ces lits au bruit inacceſſibles :
Penſez-vous, au moment que ces Dormeurs paiſibles,
De la teſte une fois preſſent un oreiller,
Que la voix d'un mortel puiſſe les réveiller ?

LE LUTRIN.

125 Vien, Girot, ſeul ami qui me reſte fidele :
Prenons du ſaint Jeudy la bruyante Creſſelle.
Sui-moy. Qu'à ſon lever le Soleil aujourd'huy
Trouve tout le Chapitre eſveillé devant luy.
    Il dit. Du fond poudreux d'une armoire ſacrée
130 Par les mains de Girot la Creſſelle eſt tirée.
Ils ſortent à l'inſtant, & par d'heureux efforts
Du lugubre inſtrument font crier les reſſorts.
Pour augmenter l'effroy, la Diſcorde infernale
Monte dans le Palais, entre dans la grand'Salle,
135 Et du fond de cet antre, au travers de la nuit,
Fait ſortir le Demon du tumulte & du bruit.
Le quartier alarmé n'a plus d'yeux qui ſommeillent.
Desja de toutes parts les Chanoines s'éveillent.
L'un croit que le tonnerre eſt tombé ſur les toits,
140 Et que l'Egliſe bruſle une ſeconde fois.
L'autre encore agité de vapeurs plus funebres,
Penſe eſtre au Jeudy-Saint, croit que l'on dit Tenebres,
Et desja tout confus tenant midi ſonné,
En ſoy-meſme fremit de n'avoir point diſné.
145   Ainſi, lors que tout preſt à briſer cent murailles,
  LOUIS la foudre en main abandonnant Verſailles,

REMARQUES.

Vers 126. *Prenons du Saint Jeudy la bruyante Creſſelle.*] Inſtrument de bois, en forme de moulinet. On s'en ſert le Jeudi & le Vendredi Saint, au lieu des cloches, parce qu'on ne les ſonne point ces jours-là.

Vers 140. *Et que l'Egliſe bruſle une ſe-*

Au

CHANT QUATRIEME.

Au retour du Soleil & des Zephirs nouveaux,
Fait dans les champs de Mars desployer ses drapeaux :
Au seul bruit respandu de sa marche estonnante,
150 Le Danube s'esmeut, le Tage s'espouvante,
Bruxelle attend le coup qui la doit foudroyer,
Et le Batave encore est prest à se noyer.
Mais en vain dans leurs lits un juste effroy les presse :
Aucun ne laisse encor la plume enchanteresse.
155 Pour les en arracher Girot s'inquietant,
Va crier qu'au Chapitre un repas les attend.
Ce mot dans tous les cœurs répand la vigilance.
Tout s'esbranle, tout sort, tout marche en diligence.
Ils courent au Chapitre, & chacun se pressant
160 Flatte d'un doux espoir son appetit naissant.
Mais, ô d'un desjeuner vaine & frivole attente !
A peine ils sont assis, que d'une voix dolente,
Le Chantre desolé, lamentant son malheur,
Fait mourir l'appetit, & naistre la douleur.
165 Le seul Chanoine Evrard, d'abstinence incapable,
Ose encor proposer qu'on apporte la table.
Mais il a beau presser ; aucun ne luy respond.
Quand le premier rompant ce silence profond,

REMARQUES.

conde fois.] Le toit de la Sainte-Chapelle fut brûlé en 1630. V. le Maire, *Paris ancien & nouveau*, tome I.
Vers 165. *Le seul Chanoine Evrard*, &c.]

L'Abbé Danse. Ce Chanoine aimoit également la bonne chere & la propreté. Louis Roger Danse mort à Ivri, en 1699.

Tome I.

Alain touffe, & fe leve, Alain ce fçavant homme,
170 Qui de Bauny vingt fois a leû toute la Somme,
Qui poffede Abély, qui fçait tout Raconis,
Et mefme entend, dit-on, le Latin d'A-Kempis.
N'en doutez point, leur dit ce fçavant Canonifte,
Ce coup part, j'en fuis feur, d'une main Janfenifte.
175 Mes yeux en font témoins : j'ay veû moy-mefme hier
Entrer chez le Prelat le Chapelain Garnier.
Arnauld, cet Heretique ardent à nous deftruire,
Par ce Miniftre adroit tente de le feduire.
Sans doute il aura leû dans fon Saint Auguftin,
180 Qu'autrefois Saint Loüis érigea ce Lutrin.
Il va nous inonder des torrens de fa plume.
Il faut, pour luy refpondre, ouvrir plus d'un volume.
Confultons fur ce point quelque Autheur fignalé.
Voyons fi des Lutrins Bauny n'a point parlé.
185 Eftudions enfin, il en eft temps encore;
Et pour ce grand projet, tantoft dés que l'Aurore
Rallumera le jour dans l'onde enfeveli,
Que chacun prenne en main le moëleux Abély.

REMARQUES.

Vers 169. *Alain touffe & fe léve*, &c.] Son nom étoit Aubery, Chanoine fort oppofé aux fentimens des Janféniftes.

Vers 170. *Qui de Bauni vingt fois a leû toute la Somme.*] La Somme des péchés qui fe commettent en tous états, par le P. Bauny, Jefuite.

Vers 171. —— *Qui fçait tout Raconis.*] Charles-François Raconis, Profeffeur de Philofophie, Docteur de Sorbonne, Prédicateur & Aumônier de Louis XIII. puis Evêque de Lavaur.

Vers 172. —— *Le Latin d'A-Kempis.*] Auteur de l'Imitation de Jesus-Christ.

Vers 176. —— *Le Chapelain Garnier.*] Louis le Fournier, Chapelain perpetuel de la Sainte-Chapelle. Le Chanoine Aubery le regardoit comme Janféniste, parce que M.

CHANT QUATRIE'ME.

    Ce conseil impreveû de nouveau les estonne :
190 Sur tout le gras Evrard d'espouvante en frissonne.
    Moy ? dit-il, qu'à mon âge, Escolier tout nouveau,
J'aille pour un Lutrin me troubler le cerveau ?
O le plaisant conseil ! Non, non, songeons à vivre.
Va maigrir, si tu veux, & secher sur un Livre.
195 Pour moy, je lis la Bible autant que l'Alcoran.
Je sçay ce qu'un Fermier nous doit rendre par an :
Sur quelle vigne à Rheims nous avons hypotheque.
Vingt muids rangez chez moy font ma Bibliotheque.
En plaçant un Pupitre on croit nous rabbaisser.
200 Mon bras seul sans Latin sçaura le renverser.
Que m'importe qu'Arnauld me condamne ou m'approuve ?
J'abbats ce qui me nuit par tout où je le trouve.
C'est-là mon sentiment. A quoy bon tant d'apprests ?
Du reste desjeûnons, Messieurs, & beuvons frais.
205   Ce discours, que soutient l'embonpoint du visage,
Restablit l'appetit, réchauffe le courage :
Mais le Chantre sur tout en paroist rassûré.
    Oüi, dit-il, le Pupitre a desja trop duré.

REMARQUES.

Arnauld lui rendoit de fréquentes visites.

Vers 180. *Qu'autrefois Saint Loüis érigea ce Lutrin.*] Le Chanoine ignorant qui parle, fait ici un terrible anachronisme : entre S. Augustin, & S. Louis, Fondateur de la Sainte-Chapelle, il y a un intervalle d'environ 800. ans.

Vers 188. ——— *Le moëleux Abely.*] Fameux Auteur de la Moële Théologique :

Medulla Theologica. Avant la composition du *Lutrin*, le Livre de M. Abély étoit en réputation, & il n'y avoit point d'Ouvrage de cette espéce qui eût plus de cours ; il tomba, dès que le *Lutrin* parut.

Vers 197. *Sur quelle vigne à Rheims nous avons hypotheque.*] L'Abbaye de S. Nicaise de Rheims en Champagne, est unie au Chapitre de la Sainte Chapelle.

Z z ij

Allons fur fa ruine affûrer ma vengeance.
210 Donnons à ce grand œuvre une heure d'abftinence;
Et qu'au retour tantoft un ample desjeûner
Long-temps nous tienne à table, & s'uniffe au difner.
 Auffi-toft il fe leve, & la Troupe fidelle
Par ces mots attirans fent redoubler fon zelle.
215 Ils marchent droit au Chœur d'un pas audacieux;
Et bien-toft le Lutrin fe fait voir à leurs yeux.
A ce terrible objet aucun d'eux ne confulte.
Sur l'Ennemi commun ils fondent en tumulte.
Ils fappent le pivot, qui fe deffend en vain.
220 Chacun fur luy d'un coup veut honorer fa main.
Enfin fous tant d'efforts la Machine fuccombe,
Et fon corps entr'ouvert chancele, efclate, & tombe.
Tel fur les monts glacez des farouches Gelons
Tombe un chefne battu des voifins Aquilons;
225 Ou tel, abandonné de fes poutres ufées,
Fond enfin un vieux toit fous fes tuiles brifées.
 La Maffe eft emportée, & fes ais arrachez
Sont aux yeux des Mortels chez le Chantre cachez.

REMARQUES.

Vers 223. *Tel fur les monts glacez des farouches Gelons.*] Peuples de la Scythie, entre les Thraces & les Gétes, vers l'embouchure du Danube.

CHANT V. *

L'Aurore cependant, d'un juste effroy troublée,
Des Chanoines levez voit la troupe assemblée,
Et contemple long-temps, avec des yeux confus,
Ces visages fleuris qu'elle n'a jamais veûs.
5 Chez Sidrac aussi-tost Brontin d'un pied fidelle
Du Pupitre abbatu va porter la nouvelle.
Le Vieillard de ses soins benit l'heureux succés,
Et sur un bois destruit, bastit mille procés.
L'espoir d'un doux tumulte eschauffant son courage,
10 Il ne sent plus le poids ni les glaces de l'âge;
Et chez le Thresorier, de ce pas, à grand bruit,
Vient estaler au jour les crimes de la nuit.
Au recit imprévû de l'horrible insolence,
Le Prélat hors du lit impetueux s'eslance.
15 Vainement d'un breuvage, à deux mains apporté,
Gilotin avant tout le veut voir humecté.
Il veut partir à jeun, il se peigne, il s'appreste.
L'yvoire trop hasté deux fois rompt sur sa teste,
Et deux fois de sa main le bouys tombe en morceaux.
20 Tel Hercule filant rompoit tous les fuseaux.

REMARQUES.

* Les deux derniers Chants de ce Poëme n'ont été faits que long-temps après les quatre premiers ; l'Auteur les donna au Public en 1683.

Vers 15. *Vainement d'un breuvage, à deux mains apporté.*] Un bouillon.

LE LUTRIN.

Il fort demi-paré. Mais desja fur fa porte
Il voit des faints Guerriers une ardente cohorte,
Qui tous remplis pour luy d'une égale vigueur
Sont prefts, pour le fervir, à déferter le Chœur.
25 Mais le Vieillard condamne un projet inutile.
Nos deftins font, dit-il, efcrits chez la Sibylle :
Son Antre n'eft pas loin. Allons la confulter,
Et fubiffons la loy qu'Elle nous va dicter.
Il dit : à ce confeil où la raifon domine,
30 Sur fes pas au Barreau la Troupe s'achemine,
Et bien-toft dans le Temple entend, non fans fremir,
De l'Antre redouté les foûpiraux gemir.
    Entre ces vieux appuis, dont l'affreufe Grand'Salle
Souftient l'énorme poids de fa voute infernale,
35 Eft un Pilier fameux, des Plaideurs refpecté,
Et tousjours de Normans à midi frequenté.
Là fur des tas poudreux de facs & de pratique
Heurle tous les matins une Sibylle étique :
On l'appelle Chicane, & ce Monftre odieux
40 Jamais pour l'Equité n'eut d'oreilles ni d'yeux.
La Difette au teint blefme, & la trifte Famine,
Les Chagrins devorans, & l'infame Ruïne,
Enfans infortunez de fes raffinemens,
Troublent l'air d'alentour de longs gemiffemens.

REMARQUES.

Vers 35. *Eft un pilier fameux*, &c.] Le Pilier des Confultations, où les anciens Avocats s'affemblent.

Vers 57. *Ses griffes vainement par Puffort accourcies.*] Henri Puffort, Confeiller d'Etat, contribua infiniment à la redaction

CHANT CINQUIEME.

45 Sans cesse feüilletant les Loix & la Coustume,
Pour consumer autrui, le Monstre se consume,
Et devorant Maisons, Palais, Chasteaux entiers,
Rend pour des monceaux d'or de vains tas de papiers.
Sous le coupable effort de sa noire insolence
50 Themis a veu cent fois chanceler sa balance.
Incessamment il va de destour en destour.
Comme un Hibou, souvent il se derobe au jour.
Tantost les yeux en feu c'est un Lion superbe ;
Tantost, humble Serpent, il se glisse sous l'herbe.
55 En vain, pour le domter, le plus juste des Rois
Fit regler le cahos des tenebreuses Loix.
Ses griffes vainement par Pussort accourcies,
Se rallongent desja, tousjours d'encre noircies ;
Et ses rufes, perçant & digues & remparts,
60 Par cent bresches desja rentrent de toutes parts.
 Le Vieillard humblement l'aborde & le saluë ;
Et faisant, avant tout, briller l'or à sa veûë :
Reine des longs procés, dit-il, dont le sçavoir
Rend la force inutile, & les loix sans pouvoir ;
65 Toy pour qui dans le Mans le Laboureur moissonne,
Pour qui naissent à Caën tous les fruits de l'Automne:
Si dés mes premiers ans, heurtant tous les Mortels,
L'encre a tousjours pour moy coulé sur tes Autels,

REMARQUES.

des Ordonnances que le Roi fit publier en 1667. & en 1670. pour la réformation de la Justice.

Vers 65. *Toy pour qui dans le Mans,* &c.] Les Manceaux & les Normands sont accusés d'aimer les procès & la chicane.

Daigne encor me connoiftre en ma faifon derniere :
70 D'un Prelat, qui t'implore, exauce la priere.
Un Rival orgueilleux, de fa gloire offenfé,
A deftruit le Lutrin par nos mains redreffé.
Efpuife en fa faveur ta fcience fatale :
Du Digefte & du Code ouvre nous le Dédale,
75 Et monftre nous cet art, connu de tes Amis,
Qui dans fes propres loix embarraffe Themis.
 La Sibylle, à ces mots desja hors d'elle-mefme,
Fait lire fa fureur fur fon vifage blefme :
Et pleine du Demon qui la vient oppreffer,
80 Par ces mots eftonnans tafche à le repouffer :
Chantres, ne craignez plus une audace infenfée.
Je vois, je vois au Chœur la maffe replacée.
Mais il faut des combats. Tel eft l'arreft du Sort :
Et fur tout évitez un dangereux accord.
85 Là bornant fon difcours, encor toute efcumante,
Elle fouffle aux Guerriers l'efprit qui la tourmente ;
Et dans leurs cœurs, bruflans de la foif de plaider,
Verfe l'amour de nuire, & la peur de ceder.
Pour tracer à loifir une longue requefte,
90 A retourner chez foy leur brigade s'apprefte.

REMARQUES.

Vers 77. *La Sibylle à ces mots*, &c.] Virgile, Enéïde VI.
At Phœbi nondum patiens immanis in antro
Bacchatur Vates, magnum fi pectore poffit
Excuffiffe deum : tanto magis ille fatigat
Os rabidum, fera corda domans, fingitque premendo.

Vers 102. *Et prétend à fon tour confulter la Sibylle.*] Le Chantre ayant fait enlever le Pupitre, fe pourvut aux Requêtes du Palais, où il fit affigner le Tréforier, &

Sous

CHANT CINQUIE'ME.

Sous leurs pas diligens le chemin difparoiſt
Et le Pilier loin d'eux desja baiſſe & décroiſt.
  Loin du bruit cependant les Chanoines à table,
Immolent trente mets à leur faim indomtable.
95 Leur appetit fougueux, par l'objet excité,
Parcourt tous les recoins d'un monſtrueux paſté.
Par le ſel irritant la ſoif eſt allumée ;
Lorſque d'un pied leger la prompte Renommée
Semant par tout l'effroy, vient au Chantre eſperdu
100 Conter l'affreux détail de l'oracle rendu.
Il ſe leve, enflammé de muſcat & de bile,
Et prétend à ſon tour conſulter la Sibylle.
Evrard a beau gemir du repas deſerté.
Luy-meſme eſt au Barreau par le nombre emporté.
105 Par les deſtours eſtroits d'une barriere oblique,
Ils gagnent les degrez, & le Perron antique,
Où ſans ceſſe eſtalant bons & meſchans Eſcrits,
Barbin vend aux paſſans des Autheurs à tout prix.
Là le Chantre à grand bruit arrive & ſe fait place,
110 Dans le fatal inſtant que d'une egale audace
Le Prelat & ſa troupe, à pas tumultueux,
Deſcendoient du Palais l'eſcalier tortueux.

REMARQUES.

les deux Sous-Marguilliers Frontin & Sirude. Le Thréſorier de ſon côté, s'adreſſa à
l'Official de la Sainte-Chapelle, devant
qui le Chantre fut aſſigné à la requête du
Promoteur. Sur ce conflict de Juriſdiction,
l'inſtance fut évoquée aux Requêtes du Palais, par Sentence rendue à la Barre de la
Cour, le 5. Août 1667.
  Vers 105. *Par les détours eſtroits*, &c.]
La Maiſon du Chantre a ſon entrée au bas
de l'Eſcalier de la Chambre des Comptes,
vis-à-vis la porte de la Sainte-Chapelle baſ-

Tome I.   *   A a a

LE LUTRIN.

L'un & l'autre Rival, s'arreſtant au paſſage,
Se meſure des yeux, s'obſerve, s'enviſage.
115 Une égale fureur anime leurs eſprits.
Tels deux fougueux Taureaux, de jalouſie eſpris,
Auprés d'une Geniſſe au front large & ſuperbe,
Oubliant tous les jours le paſturage & l'herbe,
A l'aſpect l'un de l'autre embraſez, furieux,
120 Desja, le front baiſſé, ſe menacent des yeux.
Mais Evrard, en paſſant, coudoyé par Boirude,
Ne ſçait point contenir ſon aigre inquietude.
Il entre chez Barbin, & d'un bras irrité,
Saiſiſſant du Cyrus un volume eſcarté,
125 Il lance au Sacriſtain le tome eſpouventable.
Boirude fuit le coup : Le volume effroyable
Luy raſe le viſage, & droit dans l'eſtomac
Va frapper en ſifflant l'infortuné Sidrac.
Le Vieillard, accablé de l'horrible Artamene,
130 Tombe aux pieds du Prelat, ſans pouls & ſans haleine.
Sa Troupe le croit mort, & chacun empreſſé,
Se croit frappé du coup, dont il le voit bleſſé.

REMARQUES.

ſe : Ainſi pour aller de-là au Palais, il faut paſſer *par les détours étroits d'une barriére oblique*, qui eſt plantée le long des murs de la Sainte-Chapelle, & qui ſert à ménager un paſſage libre derriére les Carroſſes dont la Cour du Palais eſt ordinairement remplie. L'eſpace vuide qui eſt entre la barriére & le mur, conduit aux dégrés par où l'on monte à la Sainte-Chapelle.

Vers 116. *Tels deux fougueux Taureaux*, &c.] Virgile, Georg. III. v. 215.
Carpit enim vires paulatim, uritque videndo
Fœmina : nec nemorum patitur meminiſſe,
nec herbæ.

Vers 124. *Saiſiſſant du Cyrus*, &c.] Roman de Mademoiſelle de Scuderi, intitulé, *Artaméne, ou le grand Cyrus.*

Vers 142. *L'un tient l'Edit. d'Amour.*] Petit Poëme de l'Abbé Regnier Deſmarais,

CHANT CINQUIEME.

Auſſi-toſt contre Evrard vingt Champions s'eſlancent:
Pour ſouſtenir leur choc les Chanoines s'avancent.
135 La Diſcorde triomphe, & du combat fatal
Par un cri donne en l'air l'effroyable ſignal.
Chez le Libraire abſent tout entre, tout ſe meſle.
Les Livres ſur Evrard fondent comme la greſle,
Qui dans un grand jardin, à coups impetueux,
140 Abbat l'honneur naiſſant des rameaux fructueux.
Chacun s'arme au hazard, du livre qu'il rencontre.
L'un tient l'Edit d'amour, l'autre en ſaiſit la Monſtre,
L'un prend le ſeul Jonas qu'on ait veû relié,
L'autre un Taſſe François, en naiſſant oublié.
145 L'Eleve de Barbin, commis à la boutique,
Veut enfin s'oppoſer à leur fureur Gothique.
Les volumes, ſans choix à la teſte jettez,
Sur le perron poudreux volent de tous coſtez.
Là prés d'un Guarini, Terence tombe à terre.
150 Là, Xenophon dans l'air heurte contre un la Serre.
O que d'Eſcrits obſcurs, de Livres ignorez,
Furent en ce grand jour de la poudre tirez!

REMARQUES.

Secretaire de l'Académie Françoiſe.
Ibid. ——— *L'autre en ſaiſit la Montre.*] Ouvrage de Bonnecorſe.
Vers 143. *L'un prend le ſeul Jonas,* &c.] Jonas, ou Ninive pénitente, Poëme du Sieur de Coras.
Vers 144. *L'autre un Taſſe François.*] Michel le Clerc né à Alby, de l'Académie Françoiſe, a traduit en vers François les cinq premiers Chants de la Jeruſalem du Taſſe; il les publia en 1667.

Vers 146. ——— *A leur fureur Gothique.*] En ſe battant avec des Livres, ils ſembloient vouloir imiter les Goths, Peuples Barbares, qui avoient détruit les Sciences & les beaux Arts dans toute l'Europe.
Vers 149. *Là près d'un Guarini.*] Auteur du *Paſtor Fido*, Paſtorale Italienne, remplie d'affectation & de ſentimens peu naturels.
Vers 150. *Là Xénophon dans l'air heurte*

Vous en fuſtes tirez, Almerinde & Simandre :
Et toy, rebut du peuple, inconnu Caloandre.
155 Dans ton repos, dit-on, faiſi par Gaillerbois,
Tu vis le jour alors pour la premiere fois.
Chaque coup fur la chair laiſſe une meurtriſſure.
Desja plus d'un Guerrier ſe plaint d'une bleſſure.
D'un le Vayer eſpais Giraut eſt renverſé.
160 Marineau, d'un Brebeuf à l'eſpaule bleſſé,
En ſent par tout le bras une douleur amere,
Et maudit la Pharſale aux Provinces ſi chere.
D'un Pincheſne *in quarto* Dodillon eſtourdi
A long-temps le teint paſle, & le cœur affadi.
165 Au plus fort du combat le Chapelain Garagne,
Vers le ſommet du front atteint d'un Charlemagne,
(Des vers de ce Poëme effet prodigieux!)
Tout preſt à s'endormir, bâille & ferme les yeux.
A plus d'un Combattant la Clelie eſt fatale.
170 Girou dix fois par elle eſclate & ſe ſignale.

REMARQUES.

contre un la Serre.] La Serre, né à Toulouſe, Ecrivain très-médiocre, mais très-fécond. Il fut garde de la Bibliothéque de feu Monſieur, & eut le titre d'Hiſtoriographe.

Vers 153. ―― *Almerinde & Simandre.*] Petit Roman qu'on dit avoir été compoſé par le D. S.

Vers 154. ―― *Inconnu Caloandre.*] Le Caloandre fidéle, Roman traduit de l'Italien par Scuderi, & imprimé en 1668.

Vers 155. ―― *Saiſi par Gaillerbois.*] Pierre Tardieu, frere du Lieutenant Cri-

minel du même nom, Chanoine de la Sainte-Chapelle; il étoit mort dès l'année 1656. l'Auteur a employé ſon nom, parce qu'il étoit fort connu.

Vers 159. *D'un le Vayer épais Giraut eſt renverſé.*] Les Oeuvres de la Motte le Vayer ont été recueillies en deux Volumes *in-folio*. Giraut eſt un Perſonnage imaginaire.

Vers 160. *Marineau, d'un Brebeuf,* &c.] Marineau, eſt le vrai nom d'un Chantre qui étoit déja mort.

Vers 163. *D'un Pincheſne in-quarto.*] Etienne-Martin, de Pinchêne, Neveu de

CHANT CINQUIEME.

Mais tout cede aux efforts du Chanoine Fabri.
Ce Guerrier, dans l'Eglise aux querelles nourri,
Est robuste de corps, terrible de visage,
Et de l'eau dans son vin n'a jamais sçeu l'usage.
175 Il terrasse luy seul & Guibert & Grasset,
Et Gorillon la basse, & Grandin le fausset,
Et Gerbais l'agreable, & Guerin l'insipide.
Des Chantres desormais la brigade timide
S'escarte, & du Palais regagne les chemins.
180 Telle à l'aspect d'un Loup, terreur des champs voisins,
Fuit d'Agneaux effrayez une troupe beslante:
Ou tels devant Achille, aux campagnes du Xante,
Les Troyens se sauvoient à l'abri de leurs Tours.
Quand Brontin à Boirude adresse ce discours.
185 Illustre Porte-croix, par qui nostre banniere,
N'a jamais en marchant fait un pas en arriere,
Un Chanoine luy seul triomphant du Prelat,
Du Rochet à nos yeux ternira-t-il l'éclat?

REMARQUES.

Voiture. Le Caractére de ses Poësies est exprimé dans le vers suivant, par ces mots, *Le cœur affadi.*
Ibid. —— *Dodillon estourdi.*] Il avoit été un des Chantres de la Sainte-Chapelle; mais il étoit mort avant l'évenement du Lutrin.
Vers 165. —— *Le Chapelain Garagne.*] Personnage supposé.
Vers 166. —— *Atteint d'un Charlemagne.*] Poëme héroïque de M. le Laboureur.
Vers 169. *A plus d'un Combattant la Clelie*, &c.] Roman de Mademoiselle de Scuderi, en dix volumes. *Girou* est un nom inventé.

Vers 171. *Mais tout cede aux efforts du Chanoine Fabri.*] Il étoit Conseiller Clerc au Parlement, & se nommoit le Févre.
Vers 175. —— *Et Guibert & Grasset*, &c.] Tous ces noms de Chantres, dans ce vers & les deux suivans, sont des noms inventés.
Vers 185. *Illustre Porte-croix, par qui nostre banniére*, &c.] La Procession de Notre-Dame, & celle de la Sainte-Chapelle s'étoient rencontrées plus d'une fois au

Non, non : pour te couvrir de fa main redoutable,
190 Accepte de mon corps l'efpaiffeur favorable.
Vien, & fous ce rempart à ce Guerrier hautain,
Fais voler ce Quinaut, qui me refte à la main.
A ces mots il luy tend le doux & tendre ouvrage.
Le Sacriftain, boüillant de zele & de courage,
195 Le prend, fe cache, approche, & droit entre les yeux
Frappe du noble efcrit l'Athlete audacieux.
Mais c'eft pour l'efbranler une foible tempefte.
Le livre fans vigueur mollit contre fa tefte.
Le Chanoine les voit, de colere embrafé.
200 Attendez, leur dit-il, Couple lafche & rufé,
Et jugez fi ma main, aux grands exploits novice,
Lance à mes ennemis un livre qui molliffe.
A ces mots il faifit un vieil *Infortiat*,
Groffi des vifions d'Accurfe & d'Alciat,
205 Inutile ramas de Gothique efcriture,
Dont quatre ais mal unis formoient la couverture,
Entourée à demi d'un vieux parchemin noir,
Où pendoit à trois clous un refte de fermoir.
Sur l'ais, qui le fouftient auprés d'un Avicenne,
210 Deux des plus forts Mortels l'efbranleroient à peine.

REMARQUES.

Marché-neuf, le jour de la Fête-Dieu. La Proceffion de la Sainte-Chapelle étant foutenuë par les Huiffiers du Parlement qui accompagnoient M. le Premier Préfident, celle de Notre-Dame fut contrainte de ceder. Le Porte-banniére de la Sainte-Chapelle avoit toujours foûtenu vigoureufement fon honneur & celui de fon Eglife.

Vers 192. *Fais voler ce Quinaut*, &c.] Les Oeuvres de Quinaut, fi connu par fes Operas. On convient généralement qu'il eft unique en ce genre.

CHANT CINQUIE'ME.

Le Chanoine pourtant l'enleve fans effort,
Et fur le Couple paſſe, & desja demi-mort,
Fait tomber à deux mains l'effroyable tonnerre.
Les Guerriers de ce coup vont meſurer la terre,
215 Et du bois & des clous meurtris & deſchirez,
Long-temps, loin du Perron, roulent fur les degrez.
　　Au ſpectacle eſtonnant de leur chute impréveuë,
Le Prélat pouſſe un cri qui penetre la nuë.
Il maudit dans ſon cœur le Demon des combats,
220 Et de l'horreur du coup il recule ſix pas.
Mais bien-toſt, rappellant ſon antique proüeſſe,
Il tire du manteau ſa dextre vengereſſe;
Il part, & de ſes doigts ſaintement allongez
Benit tous les Paſſants, en deux files rangez.
225 Il ſçait que l'Ennemi, que ce coup va ſurprendre,
Déſormais ſur ſes pieds ne l'oſeroit attendre,
Et desja voit pour luy tout le peuple en courroux,
Crier aux Combattans, Profânes, à genoux.
Le Chantre, qui de loin voit approcher l'orage,
230 Dans ſon cœur eſperdu cherche en vain du courage:
Sa fierté l'abandonne, il tremble, il cede, il fuit.
Le long des ſacrez murs ſa brigade le ſuit.

REMARQUES.

Vers 203. ———— *Il ſaiſit un vieil Infortiat.*] Livre de Droit, d'une groſſeur énorme.

Vers 209. ———— *Auprès d'un Avicenne.*] Médecin Arabe.

Vers 224. *Benit tous les Paſſants*, &c.] Ce trait qu'a critiqué M. Baillet, eſt emprunté de *la Secchia rapita*, Poëme du Taſſoni, imprimé en Italie ſous les yeux des Inquiſiteurs.

Tout s'efcarte à l'inftant: mais aucun n'en refchappe.
Par tout le doigt vainqueur les fuit & les ratrappe.
235 Evrard feul, en un coin prudemment retiré,
Se croyoit à couvert de l'infulte facré:
Mais le Prélat vers luy fait une marche adroite:
Il l'obferve de l'œil, & tirant vers la droite,
Tout d'un coup tourne à gauche, & d'un bras fortuné,
240 Benit fubitement le Guerrier confterné.
Le Chanoine, furpris de la foudre mortelle,
Se dreffe, & leve en vain une tefte rebelle:
Sur fes genoux tremblans il tombe à cet afpect,
Et donne à la frayeur ce qu'il doit au refpect.
245 Dans le Temple auffi-toft le Prelat plein de gloire
Va goufter les doux fruits de fa fainte victoire:
Et de leur vain projet les Chanoines punis,
S'en retournent chez eux efperdus, & benis.

CHANT VI.

CHANT VI.

TANDIS que tout conspire à la guerre sacrée,
La Pieté sincere, aux Alpes retirée,
Du fond de son desert entend les tristes cris
De ses Sujets cachez dans les murs de Paris.
5 Elle quitte à l'instant sa retraite divine.
La Foy d'un pas certain devant elle chemine.
L'Esperance au front gay l'appuie & la conduit ;
Et la bourse à la main la Charité la suit.
Vers Paris elle vole, & d'une audace sainte,
10 Vient aux pieds de Thémis proferer cette plainte.
   Vierge, effroy des meschans, appui de mes Autels,
Qui la balance en main regles tous les Mortels,
Ne viendrai-je jamais en tes bras salutaires,
Que pousser des soufpirs & pleurer mes miseres ?
15 Ce n'est donc pas assez, qu'au mespris de tes loix,
L'Hypocrisie ayt pris & mon nom & ma voix ;
Que sous ce nom sacré par tout ses mains avares
Cherchent à me ravir crosses, mitres, tiares ?
Faudra-t-il voir encor cent Monstres furieux
20 Ravager mes Estats usurpez à tes yeux ?
Dans les temps orageux de mon naissant Empire,
Au sortir du Baptesme on couroit au martyre.

REMARQUES.

Vers 2. ——— *Aux Alpes retirée.*] La grande Chartreuse est dans les Alpes.

Tome I.   ✶   B b b

Chacun plein de mon nom ne respiroit que moy.
Le Fidelle, attentif aux regles de sa Loy,
25 Fuyant des vanitez la dangereuse amorce,
Aux honneurs appellé, n'y montoit que par force.
Ces Cœurs, que les Bourreaux ne faisoient point frémir,
A l'offre d'une mitre estoient prêts à gemir ;
Et sans peur des travaux, sur mes traces divines
30 Couroient chercher le Ciel au travers des espines.
Mais depuis que l'Eglise eut aux yeux des Mortels
De son sang en tous lieux cimenté ses Autels,
Le calme dangereux succedant aux orages,
Une lasche tiedeur s'empara des courages :
35 De leur zele bruslant l'ardeur se ralentit :
Sous le joug des pechez leur foy s'appesantit ;
Le Moine secoüa le cilice & la haire :
Le Chanoine indolent apprit à ne rien faire :
Le Prelat, par la brigue aux honneurs parvenu,
40 Ne sçeut plus qu'abuser d'un ample revenu ;
Et pour toutes vertus fit au dos d'un carrosse
A costé d'une mitre armorier sa crosse.
L'Ambition par tout chassa l'Humilité ;
Dans la crasse du froc logea la Vanité.
45 Alors de tous les cœurs l'union fut destruite.
Dans mes Cloistres sacrez la Discorde introduite,
Y bastit de mon bien ses plus seurs arsenaux ;
Traisna tous mes Sujets au pied des Tribunaux.

CHANT SIXIEME.

En vain à ses fureurs j'opposay mes prieres,
50 L'insolente à mes yeux marcha sous mes Bannieres.
Pour comble de misere, un tas de faux Docteurs
Vint flatter les pechez de discours imposteurs;
Infectant les Esprits d'execrables maximes,
Voulut faire à Dieu mesme approuver tous les crimes.
55 Une servile Peur tint lieu de Charité.
Le besoin d'aimer Dieu passa pour nouveauté;
Et chacun à mes pieds conservant sa malice,
N'apporta de vertu que l'aveu de son vice.
 Pour éviter l'affront de ces noirs attentats,
60 Je vins chercher le calme au sejour des frimats,
Sur ces monts entourez d'une éternelle glace,
Où jamais au Printemps les Hyvers n'ont fait place.
Mais jusques dans la nuit de mes sacrez Deserts
Le bruit de mes malheurs fait retentir les airs.
65 Aujourd'huy mesme encore, une voix trop fidelle
M'a d'un triste desastre apporté la nouvelle.
J'apprens que dans ce Temple, où le plus saint des Rois,
Consacra tout le fruit de ses pieux Exploits,
Et signala pour moy sa pompeuse largesse,
70 L'implacable Discorde, & l'infâme Mollesse,
Foulant aux pieds les loix, l'honneur & le devoir,
Usurpent en mon nom le souverain pouvoir.

REMARQUES.

Vers 67. *J'apprens que dans ce Temple, où le plus saint des Rois.*] Saint Louis, Fondateur de la Sainte-Chapelle. Elle fut consacrée en 1248.

Souffriras-tu, ma Sœur, une action si noire?
Quoy? ce Temple, à ta porte eslevé pour ma gloire,
75 Où jadis des Humains j'attirois tous les vœux,
Sera de leurs combats le theatre honteux?
Non, non, il faut enfin que ma vengeance esclate.
Assez & trop long-temps l'impunité les flatte.
Pren ton glaive, & fondant sur ces Audacieux,
80 Vien aux yeux des Mortels justifier les Cieux.
 Ainsi parle à sa Sœur cette Vierge enflammée.
La Grace est dans ses yeux d'un feu pur allumée.
Thémis sans differer luy promet son secours,
La flatte, la rassure, & luy tient ce discours.
85 Chere & divine Sœur, dont les mains secourables
Ont tant de fois seché les pleurs des Miserables,
Pourquoy toi-mesme, en proye à tes vives douleurs,
Cherches-tu sans raison à grossir tes malheurs?
En vain de tes Sujets l'ardeur est ralentie:
90 D'un ciment éternel ton Eglise est bastie;
Et jamais de l'Enfer les noirs frémissemens
N'en sçauroient esbranler les fermes fondemens.
Au milieu des combats, des troubles, des querelles,
Ton nom encor cheri vit au sein des Fidelles.
95 Croy-moy, dans ce Lieu mesme, où l'on veut t'opprimer
Le trouble, qui t'estonne, est facile à calmer:
Et pour y rappeller la Paix tant desirée,
Je vais t'ouvrir, ma Sœur, une route asseûrée.

CHANT SIXIÉME.

Prefte-moy donc l'oreille, & retien tes foufpirs.
100 Vers ce Temple fameux, fi cher à tes defirs,
Où le Ciel fut pour toy fi prodigue en miracles,
Non loin de ce Palais où je rends mes oracles,
Eft un vafte fejour des Mortels reveré,
Et de Clients foufmis a toute heure entouré.
105 Là fous le faix pompeux de ma pourpre honorable,
Veille au foin de ma gloire un Homme incomparable,
Arifte, dont le Ciel & Loüis ont fait choix
Pour regler ma balance, & difpenfer mes loix.
Par lui dans le Barreau fur mon Thrône affermie
110 Je vois heurler en vain la Chicane ennemie,
Par luy la Verité ne craint plus l'Impofteur,
Et l'Orphelin n'eft plus dévoré du Tuteur.
Mais pourquoy vainement t'en retracer l'image?
Tu le connois affez, Arifte eft ton ouvrage.
115 C'eft toy qui le formas dés fes plus jeunes ans:
Son merite fans tache eft un de tes préfens.
Tes divines leçons, avec le lait fuccées,
Allumérent l'ardeur de fes nobles penfées.
Auffi fon cœur pour Toy bruflant d'un fi beau feu,
120 N'en fit point dans le monde un lafche defaveu;
Et fon zele hardi, tousjours preft à paroiftre,
N'alla point fe cacher dans les ombres d'un Cloiftre.

REMARQUES.

Vers 106. —— *Un homme incomparable.*] M. de Lamoignon, Premier Préfident.

Va le trouver, ma Sœur : à ton augufte nom,
Tout s'ouvrira d'abord en fa fainte Maifon.
125 Ton vifage eft connu de fa noble famille.
Tout y garde tes loix, Enfans, Sœur, Femme, Fille.
Tes yeux d'un feul regard fçauront le pénetrer;
Et pour obtenir tout, tu n'as qu'à te monftrer.
    Là s'arrefte Thémis. La Pieté charmée
130 Sent renaiftre la joye en fon ame calmée.
Elle court chez Arifte, & s'offrant à fes yeux :
    Que me fert, lui dit-elle, Arifte, qu'en tous lieux
Tu fignales pour moy ton zele & ton courage,
Si la Difcorde impie à ta porte m'outrage ?
135 Deux puiffans Ennemis, par elle envenimez,
Dans ces murs, autrefois fi faints, fi renommez,
A mes facrez Autels font un profâne infulte,
Rempliffent tout d'effroy, de trouble & de tumulte.
De leur crime à leurs yeux va-t-en peindre l'horreur :
140 Sauve-moy, fauve-les de leur propre fureur.
    Elle fort à ces mots. Le Heros en priere
Demeure tout couvert de feux & de lumiere.
De la celefte Fille il reconnoift l'efclat,
Et mande au mefme inftant le Chantre & le Prelat.
145   Mufe, c'eft à ce coup, que mon Efprit timide
Dans fa courfe eflevée a befoin qu'on le guide,
Pour chanter par quels foins, par quels nobles travaux
Un Mortel fçeût fléchir ces fuperbes Rivaux.

CHANT SIXIEME.

    Mais pluftoft, Toy qui fis ce merveilleux ouvrage,
150 Arifte, c'eft à toy d'en inftruire noftre âge.
    Seul tu peux reveler, par quel art tout-puiffant
    Tu rendis tout-à-coup le Chantre obeïffant.
    Tu fçais par quel confeil raffemblant le Chapitre,
    Luy-mefme, de fa main, reporta le Pupitre;
155 Et comment le Prelat, de fes refpects content,
    Le fit du banc fatal enlever à l'inftant.
    Parle donc: c'eft à Toy d'efclaircir ces merveilles.
    Il me fuffit pour moy d'avoir fçeu par mes veilles,
    Jufqu'au fixiéme Chant pouffer ma fiction,
160 Et fait d'un vain Pupitre un fecond Ilion.
    Finiffons. Auffi-bien, quelque ardeur qui m'infpire,
    Quand je fonge au Heros qui me refte à defcrire,
    Qu'il faut parler de Toy, mon Efprit efperdu
    Demeure fans parole, interdit, confondu.
165   Arifte, c'eft ainfi qu'en ce Senat illuftre,
    Où Themis, par tes foins, reprend fon premier luftre,
    Quand la premiere fois un Athlete nouveau
    Vient combattre en champ clos aux jouftes du Barreau,

REMARQUES.

Vers 156. *Le fit du banc fatal enlever à l'inftant.*] M. le Premier Préfident fit comprendre au Tréforier, que ce Pupitre n'ayant été anciennement érigé vis-à-vis la place du Chantre, que pour la commodité de fes Prédéceffeurs, il n'étoit pas jufte que l'on obligeât M. Barrin à le fouffrir, s'il lui étoit incommode. Néanmoins, pour accorder quelque chofe à la fatisfaction du Tréforier, M. le Premier Préfident fit confentir le Chantre à remettre le Pupitre devant fon fiége, où il demeureroit un jour; & le Tréforier, à le faire enlever le lendemain: ce qui fut executé de part & d'autre.

384 LE LUTRIN. CHANT SIXIEME.

Souvent, fans y penfer, ton augufte prefence,
170 Troublant par trop d'efclat fa timide éloquence ;
Le nouveau Ciceron tremblant, décoloré,
Cherche en vain fon difcours fur fa langue efgaré :
En vain, pour gagner temps, dans fes tranfes affreufes,
Traifne d'un dernier mot les fyllabes honteufes ;
175 Il hefite, il begaye, & le trifte Orateur
Demeure enfin muet aux yeux du Spectateur.

REMARQUES.

Vers dernier. *Demeure enfin muet.*] Terence, Phorm. Act. II. Sc. 1.
────────── *Poftquam ad Judices*

*Ventum eft, non potuit cogitata proloqui:
Ita eum tum timidum ibi obftupefecit pudor.*

ODES

ODES,
EPIGRAMMES,
ET
AUTRES POËSIES.

DISCOURS
SUR L'ODE.

L'ODE *suivante a esté composée à l'occasion de ces estranges Dialogues* (1), *qui ont paru depuis quelque temps, où tous les plus grands Escrivains de l'Antiquité sont traitez d'esprits mediocres, de gens à estre mis en parallele avec les Chapelains & avec les Cotins; & où voulant faire honneur à nostre siecle, on l'a en quelque sorte diffamé, en faisant voir qu'il s'y trouve des Hommes capables d'escrire des choses si peu sensées. Pindare est des plus maltraitez. Comme les beautez de ce Poëte sont extresmement renfermées dans sa langue, l'Autheur de ces Dialogues, qui vrai-semblablement ne sçait point de Grec, & qui n'a leû Pindare que dans des traductions Latines assez defectueuses, a pris pour galimatias tout ce que la foiblesse de ses lumieres ne luy permettoit pas de comprendre. Il a sur tout traité de ridicules ces endroits merveilleux, où le Poëte, pour marquer un esprit entierement hors de soy, rompt quelquefois de dessein formé la suite de son discours; & afin de mieux entrer dans la raison, sort, s'il faut ainsi parler, de la raison mesme; évitant avec grand soin cet ordre methodique & ces exactes liaisons de sens, qui osteroient l'ame à la Poësie Lyrique. Le Censeur, dont*

REMARQUES.

(1) *De ces estranges Dialogues.*] Paralléles des Anciens & des Modernes, en forme de Dialogues; par M. Perrault de l'Académie Françoise. Il en avoit publié trois volumes lorsque M. Despréaux composa cette Ode, le quatriéme ne parut qu'en 1696.

je parle, n'a pas pris garde qu'en attaquant ces nobles hardieſſes de Pindare, il donnoit lieu de croire qu'il n'a jamais conçeu le ſublime des Pſeaumes de David, où, s'il eſt permis de parler de ces ſaints Cantiques à propos de choſes ſi profanes, il y a beaucoup de ces ſens rompus, qui ſervent meſme quelquefois à en faire ſentir la divinité. Ce Critique, ſelon toutes les apparences, n'eſt pas fort convaincu du precepte que j'ay avancé dans mon Art Poëtique, à propos de l'Ode.

Son ſtile impetueux ſouvent marche au hazard:
Chez elle un beau deſordre eſt un effet de l'Art.

Ce precepte effectivement, qui donne pour regle de ne point garder quelquefois de regles, eſt un myſtere de l'Art, qu'il n'eſt pas aiſé de faire entendre à un Homme ſans aucun gouſt, qui croit que la Clelie & nos Opera ſont les modelles du Genre ſublime; qui trouve Terence fade, Virgile froid, Homere de mauvais ſens; & qu'une eſpece de bizarrerie d'eſprit rend inſenſible à tout ce qui frappe ordinairement les Hommes. Mais ce n'eſt pas icy le lieu de luy montrer ſes erreurs. On le fera peut-eſtre plus à propos un de ces jours dans quelque autre Ouvrage (1).

Pour revenir à Pindare, il ne ſeroit pas difficile d'en faire ſentir les beautez à des gens, qui ſe ſeroient un peu familiariſé le Grec. Mais comme cette Langue eſt aujourd'huy aſſez ignorée de la pluſpart des Hommes, & qu'il n'eſt pas poſſible de leur faire voir Pindare dans Pindare meſme, j'ay crû que je ne pouvois mieux juſtifier

REMARQUES.

(1) C'eſt ce que l'Auteur a executé dans ſes *Reflexions critiques ſur Longin.*

SUR L'ODE.

ce grand Poëte, qu'en tafchant de faire une Ode en François à fa maniere, c'eft-à-dire, pleine de mouvemens & de tranfports, où l'efprit paruft pluftoft entraifné du Demon de la Poëfie, que guidé par la Raifon. C'eft le but que je me fuis propofé dans l'Ode qu'on va voir. J'ay pris pour fujet la prife de Namur, comme la plus grande action de guerre qui fe foit faite de nos jours, & comme la matiere la plus propre à efchauffer l'imagination d'un Poëte. J'y ay jetté, autant que j'ay pû, la magnificence des mots ; & à l'exemple des anciens Poëtes Dithyrambiques, j'y ay employé les figures les plus audacieufes, jufqu'à y faire un Aftre de la plume blanche, que le Roy porte ordinairement à fon chapeau : & qui eft en effet comme une efpece de Comete fatale à nos Ennemis, qui fe jugent perdus dés qu'ils l'apperçoivent. Voilà le deffein de cet Ouvrage. Je ne refpons pas d'y avoir réuffi ; & je ne fçay fi le Public accouftumé aux fages emportemens de Malherbe, s'accommodera de ces faillies & de ces excés Pindariques. Mais, fuppofé que j'y aye efchoüé, je m'en confoleray du moins par le commencement de cette fameufe Ode Latine d'Horace, Pindarum quifquis ftudet æmulari, &c. où Horace donne affez à entendre que s'il euft voulu luy-mefme s'eflever à la hauteur de Pindare, il fe feroit creû en grand hazard de tomber.

Au refte, comme parmi les Epigrammes, qui font imprimées à la fuitte de cette Ode, on trouvera encore une autre petite Ode de ma façon, que je n'avois point jufqu'icy inferée dans mes Efcrits ; je fuis bien aife, pour ne me point broüiller avec les Anglois d'aujourd'huy, de faire icy reffouvenir le Lecteur, que les Anglois que j'attaque dans ce petit Poëme, qui eft un Ouvrage de ma premiere jeuneffe, ce font les Anglois du temps de Cromwel.

390 DISCOURS SUR L'ODE.

J'ay joint aussi à ces Epigrammes un *Arrest burlesque donné au Parnasse*, que j'ay composé autrefois, afin de prevenir un Arrest trés-serieux, que l'Université songeoit à obtenir du Parlement, contre ceux qui enseigneroient dans les Escoles de Philosophie, d'autres principes que ceux d'Aristote. La plaisanterie y descend un peu bas, & est toute dans les termes de la Pratique. Mais il falloit qu'elle fust ainsi pour faire son effet, qui fut trés-heureux, & obligea, pour ainsi dire, l'Université à supprimer la Requeste qu'Elle alloit presenter.

Ridiculum acri
Fortiùs ac meliùs magnas plerunque secat res.

ODE
SUR LA PRISE
DE NAMUR.*

Quelle docte & sainte yvresse
Aujourd'huy me fait la loy?
Chastes Nymphes du Permesse,
N'est-ce pas vous que je voy?
5 Accourez, Troupe sçavante,
Des sons que ma Lyre enfante
Ces arbres sont réjoüis.
Marquez-en bien la cadence;
Et vous, Vents, faites silence:
10 Je vais parler de LOUIS.

Dans ses chansons immortelles,
Comme un aigle audacieux,
Pindare estendant ses aisles,
Fuit loin des vulgaires yeux.

REMARQUES.

* *Ode sur la prise de Namur.*] Le Roi assiégea Namur le 26. de Mai 1692. La Ville fut prise le 5. de Juin, & le Château se rendit le dernier jour du même mois.

ODE SUR LA PRISE

15 Mais, ô ma fidelle Lyre,
Si, dans l'ardeur qui m'infpire,
Tu peux fuivre mes tranfports;
Les chefnes des monts de Thrace
N'ont rien oüi que n'efface
20 La douceur de tes accords.

Eſt-ce Apollon, & Neptune,
Qui fur ces Rocs fourcilleux,
Ont, compagnons de fortune,
Bafti ces murs orgueilleux?
25 De leur enceinte fameufe
La Sambre, unie à la Meufe,
Defend le fatal abord:
Et par cent bouches horribles,
L'airain fur ces monts terribles
30 Vômit le fer & la mort.

Dix mille vaillans Alcides,

REMARQUES.

Vers 24. *Bafti ces murs orgueilleux.*] Apollon & Neptune s'étoient loués au Roi Laomedon, pour bâtir les murs de Troye.

Vers 28. *Et par cent bouches horribles.*] L'Auteur s'applaudiſſoit d'avoir exprimé en vers les effets de la poudre à Canon. Dans l'Epître au Roi *fur le paſſage du Rhin*, il avoit dit:

Du falpeſtre en fureur l'air s'échauffe & s'allume.

DE NAMUR.

Les bordant de toutes parts,
D'esclairs, au loin homicides,
Font petiller leurs remparts :
Et dans son sein infidelle
Par tout la terre y recele
Un feu prest à s'eslancer,
Qui soudain perçant son gouffre,
Ouvre un sepulchre de souffre
A quiconque ose avancer.

Namur, devant tes murailles,
Jadis la Grece eust vingt ans
Sans fruit veû les funerailles
De ses plus fiers Combattans.
Quelle effroyable Puissance
Aujourd'huy pourtant s'avance,
Preste à foudroyer tes monts !
Quel bruit, quel feu l'environne !
C'est Jupiter en personne,
Ou c'est le Vainqueur de Mons.

REMARQUES.

Et dans cette même Ode :
D'éclairs, au loin homicides,
Font petiller leurs remparts.
» Par-là, disoit-il, un Poëte peut compa-
» rer son Héros à Jupiter. La poudre à Ca-
» non étant une espéce de tonnerre : au

» lieu que nos anciens Poëtes, & Malher-
» be même, croient avoir heureusement
» rencontré, en faisant de tous leurs Guer-
» riers un Mars uniforme, & en les armant
» de traits & de fléches, comme s'ils avoient
» été Grecs ou Romains.

N'en doute point, c'eſt Luy-meſme.
Tout brille en Luy, tout eſt Roy.
Dans Bruxelles Naſſau bleſme
Commence à trembler pour toy.
55 En vain il voit le Batâve,
Deſormais docile eſclave,
Rangé ſous ſes eſtendars :
En vain au Lion Belgique
Il voit l'Aigle Germanique
60 Uni ſous les Leopards.

Plein de la frayeur nouvelle
Dont ſes ſens ſont agitez,
A ſon ſecours il appelle
Les Peuples les plus vantez.
65 Ceux-là viennent du rivage,
Où s'enorgueïllit le Tage
De l'or qui roule en ſes eaux ;
Ceux-ci des champs où la neige
Des marais de la Norvége
70 Neuf mois couvre les roſeaux.

REMARQUES.

Vers 50. *Ou c'eſt le Vainqueur de Mons.*] Le Roi avoit pris la Ville de Mons, l'an- née précédente 1691.

DE NAMUR.

Mais qui fait enfler la Sambre ?
Sous les Jumeaux effrayez,
Des froids torrens de Decembre
Les champs par tout sont noyez.
75 Cerés s'enfuit esplorée
De voir en proye à Borée
Ses guerets d'épics chargez ;
Et sous les urnes fangeuses
Des Hyades orageuses
80 Tous ses thresors submergez.

Déployez toutes vos rages,
Princes, Vents, Peuples, Frimats.
Ramassez tous vos nuages,
Rassemblez tous vos Soldats.
85 Malgré vous Namur en poudre
S'en va tomber sous la foudre
Qui domta Lille, Courtray,
Gand la superbe Espagnole,
Saint Omer, Bezançon, Dole,
90 Ypres, Mastricht, & Cambray.

REMARQUES.

Vers 53. *Dans Bruxelles Nassau blesme.*] Le Prince d'Orange, Guillaume de Nassau, Roi d'Angleterre, commandoit l'Armée des Alliés.

Mes presages s'accomplissent :
Il commence à chanceler.
Sous les coups qui retentissent
Ses murs s'en vont s'escrouler.
95 Mars en feu, qui les domine,
Souffle à grand bruit leur ruine ;
Et les bombes, dans les airs
Allant chercher le tonnerre,
Semblent, tombant sur la Terre,
100 Vouloir s'ouvrir les Enfers.

Accourez, Nassau, Baviere,
De ces murs l'unique espoir :
A couvert d'une riviere
Venez, vous pouvez tout voir.
105 Considerez ces approches :
Voyez grimper sur ces roches
Ces Athletes belliqueux ;
Et dans les eaux, dans la flamme,
LOUIS à tout donnant l'ame,
110 Marcher, courir avec eux.

Contemplez dans la tempeste

REMARQUES.

Vers 113. *La plume qui sur sa teste.*] Le Roi portoit toujours à l'Armée une plume blanche sur son chapeau.

Qui fort de ces Boulevarts,
La plume qui fur fa tefte
Attire tous les regards.
115 A cet Aftre redoutable,
Tousjours un fort favorable
S'attache dans les combats:
Et tousjours avec la Gloire
Mars amenant la Victoire,
120 Vole, & le fuit à grands pas.

Grands Deffenfeurs de l'Efpagne,
Montrez-vous, il en eft temps.
Courage, vers la Mehagne
Voilà vos drapeaux flottans.
125 Jamais fes ondes craintives
N'ont veû fur leurs foibles rives
Tant de guerriers s'amaffer.
Courez donc. Qui vous retarde?
Tout l'Univers vous regarde.
130 N'ofez-vous la traverfer?

Loin de fermer le paffage
A vos nombreux bataillons,
Luxembourg a du rivage
Reculé fes pavillons.

REMARQUES.

Vers 123. —— *Vers la Méhagne.*] Riviére près de Namur.

135 Quoy ! leur seul aspect vous glace ?
Où sont ces Chefs pleins d'audace
Jadis si promts à marcher,
Qui devoient de la Tamise,
Et de la Drâve soûmise,
140 Jusqu'à Paris nous chercher ?

Cependant l'effroy redouble
Sur les remparts de Namur.
Son Gouverneur, qui se trouble,
S'enfuit sous son dernier mur.
145 Desja jusques à ses portes
Je voy monter nos cohortes,
La flamme & le fer en main :
Et sur les monceaux de piques,
De corps morts, de rocs, de briques,
150 S'ouvrir un large chemin.

C'en est fait. Je viens d'entendre
Sur ces rochers esperdus
Battre un signal pour se rendre :
Le feu cesse. Ils sont rendus.
155 Dépoüillez vostre arrogance,
Fiers Ennemis de la France;

REMARQUES.

Vers 138. *Qui devoient de la Tamise, Et de la Drâve.*] La *Tamise*, Riviére qui passe | à Londres. La *Drâve*, Riviére qui passe à Belgrade en Hongrie, où le Duc de Bavié-

DE NAMUR.

Et desormais gracieux,
Allez à Liege, à Bruxelles,
Porter les humbles nouvelles
160   De Namur pris à vos yeux.

Pour moy, que Phebus anime
De ses transports les plus doux,
Rempli de ce Dieu sublime,
Je vais, plus hardi que vous,
165   Monstrer que sur le Parnasse,
Des bois frequentez d'Horace,
Ma Muse dans son declin,
Sçait encor les avenuës,
Et des sources inconnuës
170   A l'Autheur du Saint Paulin.

REMARQUES.

re, l'un des Chefs ennemis, s'étoit signalé contre les Turcs.
Vers 170. *A l'Auteur du Saint Paulin.*] Poëme héroïque de M. Perrault, imprimé en 1686.

ODE
Contre les Anglois. *

Quoy! ce Peuple aveugle en son crime,
Qui prenant son Roy pour victime,
Fit du Throsne un Theatre affreux,
Pense-t-il que le Ciel, complice
5   D'un si funeste sacrifice,
N'a pour luy ni foudre ni feux?

Desja sa Flotte à pleines voiles,
Malgré les vents & les estoiles,
Veut maistriser tout l'Univers;
10   Et croit que l'Europe estonnée,
A son audace forcenée
Va ceder l'Empire des Mers.

Arme-toy, France; prend la foudre.
C'est à toy de réduire en poudre
15   Ces sanglans Ennemis des Loix.
Suy la Victoire qui t'appelle,

REMARQUES.

* *Ode contre les Anglois.*] L'Auteur étoit encore dans sa vingtiéme année, lorsqu'il composa cette Ode, qu'il retoucha depuis. Il la fit en 1656. sur un bruit qui courut que Cromwel & les Anglois alloient faire la guerre à la France.

Vers 2. *Qui prenant son Roy pour victime.*] Charles I.

Vers 18. *Venger la querelle des Rois.*]

Et

ODE CONTRE LES ANGLOIS.

Et va sur ce Peuple rebelle
Venger la querelle des Rois.

Jadis on vit ces Parricides,
Aydez de nos Soldats perfides,
Chez nous au comble de l'orgueil,
Briser tes plus fortes murailles,
Et par le gain de vingt batailles
Mettre tous tes Peuples en deüil.

Mais bien-tost le Ciel en colere,
Par la main d'une humble Bergere
Renversant tous leurs Bataillons,
Borna leurs succés & nos peines :
Et leurs corps pourris dans nos plaines
N'ont fait qu'engraisser nos sillons.

REMARQUES.

Après la troisiéme Stance, il y avoit celle-ci que l'Auteur a retranchée.

O que la mer, dans les deux Mondes,
Va voir de morts parmi ses ondes.
Flotter à la merci du sort!
Desja Neptune plein de joye
Regarde en foule à cette proye
Courir les Baleines du Nort.

Vers 21. *Chez nous au comble de l'orgueil*, &c.] Ces quatre derniers vers étoient ainsi :

De sang inonder nos guerets ;
Faire des deserts de nos Villes ;
Et dans nos campagnes fertiles
Brusler jusqu'au jonc des marests.

Vers 21. *Mais bien-tost*, &c.] Premiére maniére.

Mais bien-tost, malgré leurs furies,
Dans ces campagnes refleuries,
Leur sang coulant à gros bouillons,
Paya l'usure de nos peines ;
Et leurs corps, &c.

Vers 26. *Par la main d'une humble Bergere.*] Jeanne d'Arc, ou la Pucelle d'Orleans.

STANCES
A Moliere sur la Comédie de l'Ecole des Femmes.

EN vain mille jaloux Esprits,
Moliere, osent avec mépris
Censurer ton plus bel Ouvrage,
Sa charmante naïveté
5 S'en va pour jamais d'âge en âge
Divertir la Postérité.

Que tu ris agréablement :
Que tu badines sçavamment !
Celui qui sçut vaincre Numance,
10 Qui mit Carthage sous sa loi,
Jadis sous le nom de Terence
Sçût-il mieux badiner que toi ?

Ta Muse avec utilité
Dit plaisamment la verité.
15 Chacun profite à ton Ecole :
Tout en est beau, tout en est bon ;
Et ta plus burlesque parole
Est souvent un docte sermon.

REMARQUES.

Vers 9. *Celui qui sçut vaincre Numance*, &c.] Scipion l'Africain.

STANCES.

Laisse gronder tes Envieux:
Ils ont beau crier en tous lieux,
Qu'en vain tu charmes le Vulgaire;
Que tes Vers n'ont rien de plaisant.
Si tu sçavois un peu moins plaire,
Tu ne leur déplairois pas tant.

SONNET
Sur la Mort d'une Parente. *

Parmi les doux transports d'une amitié fidelle,
　Je voyois prés d'Iris couler mes heureux jours.
Iris que j'aime encor, & que j'aimai tousjours,
Brusloit des mesmes feux dont je bruslois pour elle.

Quand par l'ordre du Ciel une fiévre cruelle
M'enleva cet objet de mes tendres amours;
Et de tous mes plaisirs interrompant le cours,
Me laissa de regrets une suite éternelle.

Ah! qu'un si rude coup étonna mes esprits!
Que je versai de pleurs! que je poussai de cris!
De combien de douleurs ma douleur fut suivie!

REMARQUES.

* L'Auteur étoit à peine sorti du Collége, lorsqu'il fit ce Sonnet sur la mort d'une Niéce, Sœur de M. Dongois, & qu'il aimoit de l'amitié la plus tendre & la plus innocente.

Iris, tu fus alors moins à plaindre que moi.
Et bien qu'un triſte ſort t'ait fait perdre la vie,
Hélas! en te perdant, j'ai perdu plus que toi.

AUTRE SONNET
Sur le meſme ſujet.

NOurri dés le berceau prés de la jeune Orante,
Et non moins par le cœur que par le ſang lié,
A ſes jeux innocens Enfant aſſocié,
Je gouſtois les douceurs d'une amitié charmante.

Quand un faux Eſculape, à cervelle ignorante,
A la fin d'un long mal vainement pallié,
Rompant de ſes beaux jours le fil trop délié,
Pour jamais me ravit mon aimable Parente.

O! qu'un ſi rude coup me fit verſer de pleurs!
Bientoſt, la plume en main, ſignalant mes douleurs,
Je demandai raiſon d'un acte ſi perfide.

Oüi, j'en fis dés quinze ans ma plainte à l'Univers;
Et l'ardeur de venger ce barbare homicide,
Fut le premier Démon qui m'inſpira des Vers.

EPIGRAMMES.

I.

A un Medecin.

OUi, j'ai dit dans mes Vers, qu'un celebre Affaffin,
Laiffant de Galien la fcience infertile,
D'ignorant Medecin devint Maçon habile :
Mais de parler de vous je n'eus jamais deffein ;
  Perrault, ma Mufe eft trop correcte.
Vous eftes, je l'avouë, ignorant Medecin,
  Mais non pas habile Architecte.

REMARQUES.

Cette Epigramme fut compofée en 1674. après la publication de l'Art poëtique, où l'Auteur avoit fait, au commencement du IVᵉ Chant ; la Métamorphofe d'un Médecin en Architecte.

EPIGRAMMES.

II.

A M. Racine.

Racine, plain ma destinée.
C'est demain la triste journée,
Où le Prophete Des-Marais,
Armé de cette mesme foudre
5   Qui mit le Port-Royal en poudre,
Va me percer de mille traits.
C'en est fait, mon heure est venuë.
Non que ma Muse, soustenuë
De tes judicieux avis,
10   N'ait assez de quoy le confondre:
Mais, cher Ami, pour luy respondre,
Helas! il faut lire Clovis.

REMARQUES.

En 1674. Des-Marêts de S. Sorlin entreprit une Critique générale des Oeuvres de M. Despréaux, & la fit imprimer en 1675. M. Despréaux qui en fut averti, prévint la critique par cette Epigramme.

Vers 3. *Où le Prophete Des-Marais.*] Son nom est ici écrit *Des-Marais*, afin que la rime soit plus visible. Il s'étoit érigé en homme inspiré, & en Prophéte. *V. le* *Dict. Hist. de Bayle.*

Vers 5. *Qui mit le Port-Royal en poudre.*] Des-Marêts avoit fait en 1665. une Réponse à l'Apologie pour les Religieuses de Port-Royal.

Vers 12. *Helas ! il faut lire Clovis.*] Poëme de Des-Marêts, ennuyeux à la mort.] Cette petite Note est de l'Auteur.

III.

Contre S. Sorlain.

Dans le Palais hier Bilain
Vouloit gager contre Ménage,
Qu'il étoit faux que Saint Sorlain
Contre Arnauld eust fait un Ouvrage.
Il en a fait, j'en sçai le temps,
Dit un des plus fameux Libraires.
Attendez... C'est depuis vingt ans.
On en tira cent Exemplaires.
C'est beaucoup, dis-je en m'approchant,
La piéce n'est pas si publique.
Il faut compter, dit le Marchand,
Tout est encor dans ma Boutique.

IV.

A Messieurs Pradon & Bonecorse.

Venez, Pradon, & Bonecorse,
Grands Escrivains de mesme force,
De vos Vers recevoir le prix:

REMARQUES.

Cette Epigramme est de l'an 1685. Pradon & Bonecorse avoient publié chacun un volume d'injures contre l'Auteur. Le premier avoit fait une mauvaise Critique de ses Oeuvres, sous ce titre: *Le Triomphe de Pradon*; & le second avoit composé le *Lutrigot*, mauvaise imitation du Lutrin, contre l'Auteur du Lutrin méme.

Venez prendre dans mes Escrits,
La place que vos noms demandent.
Liniere & Perrin vous attendent.

V.

Contre l'Abbé Cotin.

EN vain par mille & mille outrages
Mes Ennemis dans leurs Ouvrages,
Ont crû me rendre affreux aux yeux de l'Univers.
Cotin pour décrier mon stile,
A pris un chemin plus facile :
C'est de m'attribuer ses Vers.

V I.

Contre le mesme.

A Quoi bon tant d'efforts, de larmes & de cris,
Cotin, pour faire ôter ton nom de mes Ouvrages ?
Si tu veux du Public éviter les outrages,
Fais effacer ton nom de tes propres Ecrits.

REMARQUES.

Originairement cette Epigramme avoit été faite contre M. Quinault, parce qu'il avoit imploré l'autorité du Roi pour obtenir que son nom fût ôté des Satires de l'Auteur. Mais ce moyen n'ayant pas réussi, il rechercha l'amitié de l'Auteur, qui substitua le nom de *Cotin*, à celui de *Quinault*.

VII.

Contre un Athée.

Alidor assis dans sa chaise,
Médisant du Ciel à son aise,
Peut bien médire aussi de moi.
Je ris de ses discours frivoles :
On sçait fort bien que ses paroles
Ne sont pas articles de Foi.

REMARQUES.

L'Auteur avoit mis la conversion de M. de S. Pavin au rang des impossibilités morales, dans ces mots de la Satire I. vers 128. *Et Saint-Pavin bigot.* Saint-Pavin répondit par un Sonnet qu'il publia. M. Despréaux répliqua par cette Epigramme.

Dans le premier vers, on lisoit : *Saint-Pavin grimpé sur sa chaise.* C'est que Saint-Pavin étoit tellement gouteux, que ne pouvant marcher, il étoit toujours assis dans un fauteüil fort élevé.

VIII.

Vers en stile de Chapelain.

Maudit soit l'Auteur dur, dont l'aspre & rude verve,
Son cerveau tenaillant, rima malgré Minerve ;
Et, de son lourd marteau martelant le Bon-Sens,
A fait de méchans Vers douze fois douze cens.

IX.

Epitaphe.

CY gist justement regretté
Un sçavant Homme sans science.
Un Gentilhomme sans naissance,
Un trés-bon Homme sans bonté.

X.

A Climene.

Tout me fait peine,
Et depuis un jour
Je crois, Climéne,
Que j'ai de l'amour.
Cette nouvelle
Vous met en courroux.
Tout beau, Cruelle;
Ce n'est pas pour vous.

REMARQUES.

L'Auteur fit ces Vers dans sa premiére jeunesse, sur l'air d'une Sarabande que l'on chantoit alors.

EPIGRAMMES.

XI.
Imitation de Martial.

PAul ce grand Médecin, l'effroi de son quartier,
Qui causa plus de maux que la Peste & la Guerre,
Est Curé maintenant, & met les gens en terre.
Il n'a point changé de métier.

REMARQUES.

Martial, Liv. I. 48.
Nuper erat Medicus, nunc est Vespillo Diaulus;

Quod Vespillo facit, fecerat & Medicus.

XII.
Sur une Harangue d'un Magistrat, dans laquelle les Procureurs étoient fort maltraitez.

LOrsque dans ce Sénat, à qui tout rend hommage,
Vous haranguez en vieux langage,
Paul, j'aime à vous voir en fureur
Gronder maint & maint Procureur :
Car leurs chicanes sans pareilles
Méritent bien ce traitement.
Mais que vous ont fait nos oreilles,
Pour les traiter si durement ?

EPIGRAMMES.

✦✦✦✦✦✦✦✦✦✦✦✦✦✦✦✦✦✦✦✦✦✦✦✦✦✦✦✦✦✦✦✦✦✦

XIII.

Sur l'Agesilas de M. Corneille.

J'Ai veu l'Agésilas.
  Hélas !

✦✦✦✦✦✦✦✦✦✦✦✦✦✦✦✦✦✦✦✦✦✦✦✦✦✦✦✦✦✦✦✦✦✦

XIV.

Sur l'Attila du mesme Auteur.

APrés l'Agésilas,
  Hélas !
Mais aprés l'Attila,
  Hola.

REMARQUES.

V. la Défense du Grand Corneille, par le R. P. de Tournemine. Je l'ai déja citée dans une autre occasion. V. Satire IX. v. 178.

XV.

Sur la maniere de reciter du Poëte Santeul.

Quand j'aperçois fous ce Portique
   Ce Moine au regard fanatique,
Lifant fes Vers audacieux
Faits pour les habitans des Cieux,
Ouvrir une bouche effroyable,
S'agiter, fe tordre les mains;
Il me femble en lui voir le Diable,
Que Dieu force à loüer les Saints.

REMARQUES.

Jean-Baptifte Santeul, Chanoine Régulier de S. Victor, a été un des plus fameux Poëtes Latins du dix-feptiéme Siécle. Il a fait fur tout de très-belles Hymnes. Quand il eut fait celles de S. Louis, il les préfenta au Roi, & les récita, en s'agitant comme un poffedé, & faifant des contorfions & des grimaces, qui firent beaucoup rire les Courtifans. M. Defpréaux, qui étoit préfent, fit fur le champ cette Epigramme, & la remit au Duc de... qui la porta au Roi, comme fi ç'eût été un papier de conféquence. Le Roi la lut, & la rendit en foûriant à ce même Seigneur, qui eut la malice de la lire à d'autres Courtifans en préfence de Santeul même. Elle étoit ainfi :

A voir de quel air effroyable,
Roulant les yeux, tordant les mains,
Santeul nous lit ces Hymnes vains,
Diroit-on pas que c'eft le Diable
Que Dieu force à loüer les Saints?

XVI.

A la Fontaine de Bourbon, où l'Auteur étoit allé prendre les eaux, & où il trouva un Poëte mediocre qui lui montra des vers de sa façon.

Oui, vous pouvez chasser l'humeur apoplectique,
Rendre le mouvement au corps paralytique,
Et guerir tous les maux les plus inveterez.
Mais quand je lis ces Vers par votre onde inspirez,
  Il me paroist admirable Fontaine,
Que vous n'eustes jamais la vertu d'Hippocrene.

XVII.

L'Amateur d'Horloges.

SAns cesse autour de six Pendules,
De deux Montres, de trois Cadrans,
Lubin, depuis trente & quatre ans,
Occupe ses soins ridicules.
Mais à ce mestier, s'il vous plaist,
A-t-il acquis quelque Science ?
Sans doute ; & c'est l'Homme de France
Qui sçait le mieux l'heure qu'il est.

REMARQUES.

Lettre de l'Auteur, du 6. Mars 1707.
» Lubin est un de mes Parens, qui est mort il y a plus de vingt ans, & qui avoit la folie que j'attaque dans mon Epigramme. Il étoit Secretaire du Roi, & s'appelloit M. Targas. J'avois dit, lui vivant, le mot dont j'ai composé le sel de cette Epigramme, qui n'a été faite que depuis environ deux mois, chez moi à Auteüil où couchoit l'Abbé de Châteauneuf. Le soir en m'entretenant avec lui, je m'étois ressouvenu du mot dont il est question. Il l'avoit trouvé fort plaisant : & sur cela nous étions convenu l'un & l'autre, qu'avant tout, pour faire une bonne Epigramme, il falloit dire en conversation le mot qu'on y veut mettre à la fin, & voir s'il frapperoit. Celui-ci donc l'ayant frappé, je le lui rapportai le lendemain au matin, construit en Epigramme.

XVIII.

Sur ce qu'on avoit lû à l'Académie des Vers contre Homere & contre Virgile.

CLIO vint l'autre jour se plaindre au Dieu des Vers,
  Qu'en certain lieu de l'Univers,
On traitoit d'Auteurs froids, de Poëtes steriles,
  Les Homeres & les Virgiles.
Cela ne sçauroit estre ; on s'est moqué de vous,
  Reprit Apollon en courroux :
Où peut-on avoir dit une telle infamie ?
Est-ce chez les Hurons, chez les Topinamboux ?
C'est à Paris. C'est donc dans l'Hospital des Foux ?
  Non, c'est au Louvre, en pleine Académie.

REMARQUES.

En 1687. on lut à l'Académie, un Poëme de M. Perrault, intitulé *Le Siécle de Louis le Grand*. Dans ce Poëme, Homére, Virgile, & la plupart des meilleurs Ecrivains de l'Antiquité, étoient fort maltraités.

Vers 8. *Est-ce chez les Hurons, chez les Topinamboux ?*] Peuples sauvages de l'Amérique.

EPIGRAMMES. 417

XIX.
Sur le mefme fujet.

J'AY traité de Topinamboux
 Tous ces beaux Cenfeurs, je l'avouë,
Qui de l'Antiquité fi follement jaloux,
Aiment tout ce qu'on hait, blafment tout ce qu'on louë :
 Et l'Académie entre nous
 Souffrant chez foy de fi grands Foux,
 Me femble un peu Topinambouë.

XX.
Sur le mefme fujet.

NE blafmez pas Perrault de condamner Homere,
 Virgile, Ariftote, Platon.
 Il a pour lui Monfieur fon Frere,
G... N... Lavau, Caligula, Neron,
 Et le gros Charpentier, dit-on.

Tome I.   *   G g g

X X I.

A M. PERRAULT sur le mesme sujet.

POur quelque vain discours, sottement avancé
   Contre Homere, Platon, Ciceron ou Virgile,
Caligula par tout fut traité d'insensé,
Neron de furieux, Hadrien d'imbécille.
  Vous donc, qui dans la mesme erreur,
Avec plus d'ignorance, & non moins de fureur,
Attaquez ces Héros de la Gréce & de Rome;
   Perrault fussiez-vous Empereur,
   Comment voulez-vous qu'on vous nomme?

REMARQUES.

Vers 2. *Caligula par tout*, &c.] Suétone, Vie de Caligula, chap. 34. | Vers 4. — *Hadrien d'imbecille.*] Dion, Liv. 69.

X X I I.

Sur le mesme sujet.

D'Où vient que Ciceron, Platon, Virgile, Homere,
   Et tous ces grands Auteurs que l'Univers revere,
Traduits dans vos Ecrits nous paroissent si sots?
Perrault, c'est qu'en prestant à ces Esprits sublimes
Vos façons de parler, vos bassesses, vos rimes,
   Vous les faites tous des Perraults.

EPIGRAMMES.

XXIII.

Au mesme.

TON Oncle, dis-tu, l'Assassin
    M'a gueri d'une maladie.
La preuve qu'il ne fut jamais mon Medecin,
    C'est que je suis encore en vie.

XXIV.

Au mesme.

LE bruit court que Bacchus, Junon, Jupiter, Mars,
    Apollon le Dieu des beaux Arts,
Les Ris mesmes, les Jeux, les Graces & leur Mere,
    Et tous les Dieux enfans d'Homére,
    Resolus de venger leur Pere,
Jettent desja sur vous de dangereux regards.
Perrault, craignez enfin quelque triste avanture.
    Il est vrai, Visé vous assure
    Que vous avez pour vous Mercure;
Mais c'est le Mercure Galant.

REMARQUES.

Vers 3. 4. & 5.] Il y a trois Rimes féminines de suite dans ces trois Vers, aussi-bien que dans les 7. 8. & 9.

XXV.

*Parodie burlesque de la premiere Ode de Pindare,
à la louange de M. Perrault.*

Malgré son fatras obscur,
Souvent Brebœuf étincelle.
Un Vers noble, quoique dur,
Peut s'offrir dans la Pucelle.
5 Mais, ô ma Lyre fidelle,
Si du parfait Ennuyeux
Tu veux trouver le modelle,
Ne cherche point dans les Cieux
D'Astre au Soleil preferable,
10 Ni dans la foule innombrable
De tant d'Ecrivains divers,
Chez Coignard rongez des vers,
Un Poëte comparable
A l'Auteur inimitable
15 De Peau-d'Asne mis en Vers.

REMARQUES.

L'Auteur avoit résolu de parodier toute l'Ode ; mais il se réconcilia avec M. Perrault ; il n'y eut que ce couplet de fait.

Vers 2. *Souvent Brebœuf*, &c.] Poëte qui a traduit en Vers François la Pharsale de Lucain.

Vers 4. *Peut s'offrir dans la Pucelle.*] Poëme de Chapelain.

Vers 12. *Chez Coignard*, &c.] Libraire de M. Perrault.

Vers 15. *De Peau-d'Asne mis en Vers.*] En ce temps-là M. P.... avoit rimé le Conte de Peau-d'Asne.

XXVI.

Sur la reconciliation de l'Auteur & de M. Perrault.

Tout le trouble Poëtique
A Paris s'en va cesser.
Perrault l'anti-Pindarique,
Et Despréaux l'Homérique,
Consentent de s'embrasser.
Quelque aigreur qui les anime,
Quand, malgré l'emportement,
Comme eux l'un l'autre on s'estime,
L'accord se fait aisément.
Mon embarras est comment
On pourra finir la guerre
De Pradon & du Parterre.

XXVII.

Aux RR. PP. Jesuites, Auteurs du Journal de Trevoux.

Mes Reverends Peres en Dieu,
Et mes confreres en Satire,
Dans vos Ecrits en plus d'un lieu,
Je vois qu'à mes dépens vous affectez de rire.
Mais ne craignez-vous point que, pour rire de vous,
Relisant Juvenal, refeüilletant Horace,
Je ne ranime encor ma satirique audace?

Grands Aristarques de Trevoux,
N'allez point de nouveau faire courir aux armes
Un Athléte tout prest à prendre son congé ;
Qui par vos traits malins au combat rengagé,
Peut encore aux Rieurs faire verser des larmes.
  Apprenez un mot de Regnier
  Notre celebre Devancier :
  Corsaires attaquant Corsaires,
  Ne font pas, dit-il, *leurs affaires.*

XXVIII.

Aux mesmes.

NOn, pour montrer que Dieu veut estre aimé de nous
Je n'ay rien emprunté de Perse, ni d'Horace,
Et je n'ay point suivi Juvenal à la trace.
Car, bien qu'en leurs Ecrits, ces Auteurs, mieux que vous,

REMARQUES.

Les Journalistes de Trévoux, en rendant compte au mois de Septembre 1703. d'une Edition que les Hollandois avoient faite deux ans auparavant des Oeuvres de l'Auteur, avec les Imitations au bas des pages, avoient dit : *En parcourant ce volume, on trouve que les marges sont plus ou moins chargées, selon que certaines pièces ont été communément plus ou moins estimées.* Après quoi ils remarquoient, *qu'on n'en trouvoit point dans la dixiéme Satire contre les Femmes, ni dans l'Epître sur l'Amour de Dieu.* Voilà quelle fut l'occasion de cette Epigramme, qui, au reste, n'est qu'une replique à celle-ci que l'on attribue au P. du Rus.

 Les Journalistes de Trévoux,
 Illustre Héros du Parnasse,
 N'ont point crû vous mettre en courroux,
Ni ranimer en vous la satirique audace
Dont par le grand Arnauld vous vous
 croyez absous.
Ils vous blasment si peu d'avoir suivi la
 trace
 De ces grands Hommes, qu'avec grace
 Vous traduisez en plus d'un lieu ;
Que, pour l'amour de vous, ils voudroient
 bien qu'Horace
 Eust traité de l'Amour de Dieu.

Attaquent les erreurs dont nos ames font yvres,
    La neceffité d'aimer Dieu
Ne s'y trouve jamais prefchée en aucun lieu,
    Mes Peres, non plus qu'en vos Livres.

XXIX.

Sur le Livre des Flagellans.

Aux mefmes.

NOn, le Livre des Flagellans
N'a jamais condamné, lifez-le bien, mes Peres,
    Ces rigiditez falutaires,
Que, pour ravir le Ciel, faintement violens,
Exercent fur leurs corps tant de Chrétiens auftéres.
Il blafme feulement cet abus odieux,
    D'eftaler & d'offrir aux yeux
Ce que leur doit tousjours cacher la bienféance;
Et combat vivement la fauffe Pieté,
Qui, fous couleur d'éteindre en nous la volupté,
Par l'auftérité mefme & par la pénitence
Sçait allumer le feu de la lubricité.

REMARQUES.

M. l'Abbé Boileau, Docteur de Sorbonne, & Chanoine de la Sainte-Chapelle, Frere de l'Auteur, publia en 1700. le Livre intitulé, *Hiftoria Flagellantium* : & les Journaliftes de Trévoux en firent la critique dans leurs Mémoires du mois de Juin 1703.

XXX.

FABLE D'ESOPE.

Le Bucheron & la Mort.

LE dos chargé de bois, & le corps tout en eau,
Un pauvre Bucheron, dans l'extrême vieilleſſe,
Marchoit en haletant de peine & de détreſſe.
Enfin las de ſouffrir, jettant là ſon fardeau,
Pluſtoſt que de s'en voir accablé de nouveau,
Il ſouhaite la Mort, & cent fois il l'appelle.
La Mort vint à la fin. Que veux-tu, cria-t-elle ?
Qui, moy ? dit-il alors prompt à ſe corriger;
    Que tu m'aides à me charger.

XXXI.

Le Debiteur reconnoiſſant.

JE l'aſſiſtay dans l'indigence :
Il ne me rendit jamais rien.
Mais quoyqu'il me deûſt tout ſon bien,
Sans peine il ſouffroit ma preſence.
O la rare reconnoiſſance !

XXXII.

EPIGRAMMES.

XXXII.

Enigme.

DU repos des Humains implacable ennemie,
J'ay rendu mille Amans envieux de mon sort.
Je me repais de sang, & je trouve ma vie
Dans les bras de celui qui recherche ma mort.

REMARQUES.

Une Puce. L'Auteur fit cette Enigme à l'âge de dix-sept ans.

XXXIII.

Vers pour mettre au devant de Macarise, Roman allegorique de M. l'Abbé d'Aubignac, où l'on expliquoit toute la Morale des Stoïciens.

LAsches Partisans d'Epicure,
Qui bruslans d'une flamme impure,
Du Portique fameux fuyez l'austerité,
Souffrez qu'enfin la Raison vous esclaire.
Ce Roman, plein de verité,
Dans la Vertu la plus severe
Vous peut faire aujourd'hui trouver la Volupté.

REMARQUES.

Vers 3. *Du Portique fameux*, &c.] L'Ecole de Zénon.

XXXIV.

Sur un Portrait de Rocinante, Cheval de Don Quichotte.

TEL fut ce Roy des bons chevaux,
Rocinante, la fleur des Courſiers d'Iberie,
Qui trottant jour & nuit, & par monts, & par vaux.
Galoppa, dit l'Hiſtoire, une fois en ſa vie.

REMARQUES.

Vers 4. *Galoppa , dit l'Hiſtoire ,* &c.] Don Quichotte, Tome III. chap. 14.

XXXV.

Vers à mettre en Chant.

VOICI les lieux charmans où mon ame ravie
    Paſſoit, à contempler Silvie,
Ces tranquilles momens ſi doucement perdus.
Que je l'aimois alors! Que je la trouvois belle!

REMARQUES.

L'Auteur, dans ſa jeuneſſe, avoit aimé une Fille fort ſpirituelle, nommée Marie Poncher de Bretouville. Cette aimable & vertueuſe Fille ſe fit Religieuſe. Quelque-temps après, M. Deſpréaux ſe promenoit ſeul dans le Jardin Royal des Plantes; & ſe rappellant les doux momens qu'il avoit paſſés autrefois avec elle à la campagne, il fit ces Vers, qui furent mis en muſique par le fameux Lambert en 1671. & que le Roi prenoit plaiſir à ſe faire chanter.

Mon cœur, vous foufpirez au nom de l'Infidelle :
Avez-vous oublié que vous ne l'aimez plus ?

C'eſt ici que ſouvent errant dans les prairies,
  Ma main, des fleurs les plus cheries,
Lui faiſoit des preſens ſi tendrement reçus.
Que je l'aimois alors ! Que je la trouvois belle !
Mon cœur, vous foufpirez au nom de l'infidelle ?
Avez-vous oublié que vous ne l'aimez plus ?

XXXVI.

Chanſon à boire.

PHILOSOPHES refveurs, qui penſez tout ſçavoir,
 Ennemis de Bacchus, rentrez dans le devoir :
  Vos Eſprits s'en font trop accroire.
 Allez, vieux Fous, allez apprendre à boire.
  On eſt ſçavant quand on boit bien.
  Qui ne ſçait boire ne ſçait rien.

XXXVII.

Chanson faite à Basville.

Que Basville me semble aimable !
Quand des Magistrats le plus grand
Permet que Bacchus à sa table
Soit nostre premier Président.

Trois Muses, en habit de ville,
Y président à ses costez :
Et ses Arrests par Arbouville
Sont à plein verre executez.

Si Bourdaloüe un peu severe
Nous dit : Craignez la Volupté :
Escobar, luy dit-on, mon Pere,
Nous la permet pour la santé.

REMARQUES.

Lettre de M. Despréaux, du 15. Juillet 1702. « Cette Chanson a été effectivement faite à Bâville, dans le temps des nôces de M. de Bâville, aujourd'hui Intendant du Languedoc. Les trois Muses étoient Madame *de Chalucet*, mere de Madame de Bâville ; une Madame *Héliot*, qui avoit une Terre assez proche de Bâville ; & une Madame *de la Ville*, femme d'un fameux Traitant. Celle-ci ayant chanté à table une Chanson à boire, dont l'air étoit fort joli, mais les paroles très-méchantes ; tous les Conviés, & le P. Bourdaloüe entr'autres, qui étoit de la nôce, aussi-bien que le Pere Rapin, m'exhortérent à y faire de nouvelles paroles, & je leur rapportai le lendemain les quatre couplets que vous voyez. Ils réussirent fort, à la reserve des deux derniers qui firent un peu refrogner le Pere Bourdaloüe. Pour le Pere Rapin, il entendit raillerie, & obligea même le Pere Bourdaloüe à l'entendre aussi. Au lieu de *Trois Muses en habit de ville*, il y avoit, *Chalucet, Héliot, La Ville*. M. d'Arbouville qui vient après, étoit un Gentilhomme, Parent de M. le Premier Président : il bûvoit volontiers à plein verre.

EPIGRAMMES.

Contre ce Docteur authentique,
Si du jeûne il prend l'interest :
Bacchus le declare Héretique,
Et Janseniste, qui pis est.

XXXVIII.

Sur Homére.

Ἤειδον μὲν ἐγών : ἐχάρασσε ϑ' ὁ Θεῖος Ὅμηρος.

Cantabam quidem ego : scribebat autem Dius Homerus. Antholog.

Quand la derniere fois, dans le sacré Vallon,
La troupe des neuf Sœurs, par l'ordre d'Apollon,
 Lut l'Iliade & l'Odyssée,
Chacune à les loüer se montrant empressée :
Apprenez un secret qu'ignore l'Univers,
 Leur dit alors le Dieu des Vers :
Jadis avec Homére, aux rives du Permesse,
Dans ce bois de Lauriers, où seul il me suivoit,
Je les fis toutes deux, plein d'une douce yvresse.
 Je chantois ; Homére écrivoit.

XXXIX.

Vers pour mettre sous le buste du Roy.

C'Est ce Roy si fameux dans la paix, dans la guerre,
Qui fait seul à son gré le destin de la Terre.
Tout reconnoist ses loix, ou brigue son appui.
De ses nombreux combats le Rhin fremit encore;
Et l'Europe en cent lieux a veû fuir devant luy
Tous ces Heros si fiers, que l'on voit aujourd'hui
Faire fuir l'Othoman au delà du Bosphore.

REMARQUES.

M. de Louvois, ayant fait graver le Portrait du Roi, chargea M. Racine & M. Despréaux de faire des Vers pour être mis sous le Portrait. M. Racine eut plutôt fait les siens, & ils furent gravés. Ceux de M. Despréaux furent destinés à servir d'Inscription au buste du Roi, fait par le fameux Girardon, l'année que les Allemans prirent Belgrade, 1687.

XL.

Vers faits pour mettre au bas d'un Portrait de Monseigneur le Duc du Maine.

Quel est cet Apollon nouveau,
Qui presque au sortir du berceau
Vient regner sur nostre Parnasse?

REMARQUES.

M. le Duc du Maine, étant encore enfant, avoit écrit quelques Lettres fort spirituelles; on les fit imprimer. Au devant du Volume, le jeune Prince étoit représenté en Apollon, avec une couronne de laurier sur la tête. M. Racine composa l'Epître dédicatoire au Roi, & M. Despréaux fit les Vers du Portrait.

Qu'il est brillant! Qu'il a de grace!
Du plus grand des Heros je reconnois le fils.
Il est desja tout plein de l'esprit de son Pere ;
  Et le feu des yeux de sa Mere
  A passé jusqu'en ses Escrits.

XLI.

Vers pour mettre au bas du portrait de Mademoiselle de Lamoignon, Sœur du P. Président.

AUx sublimes vertus nourrie en sa Famille,
  Cette admirable & sainte Fille
En tous lieux signala son humble pieté ;
Jusqu'aux climats où naist & finit la clarté,
Fit ressentir l'effet de ses soins secourables ;
Et jour & nuit pour Dieu pleine d'activité,
Consuma son repos, ses biens & sa santé,
A soulager les maux de tous les Miserables.

XLII.

A Madame la Présidente de Lamoignon sur le Portrait du P. Bourdaloüe, qu'elle m'avoit envoyé.

DU plus grand Orateur, dont la Chaire se vante,
M'envoyer le portrait, illustre Présidente,
C'est me faire un present qui vaut mille presens.
J'ay connu Bourdaloüe; & dés mes jeunes ans,
Je fis de ses sermons mes plus cheres délices.
Mais, luy de son costé, lisant mes vains caprices,
Des Censeurs de Trevoux n'eut point pour moy les yeux.
Ma franchise sur tout gagna sa bienveillance.
Enfin, aprés Arnauld, ce fut l'Illustre en France,
Que j'admiray le plus, & qui m'aima le mieux.

XLIII.

Vers pour mettre au bas du Portrait de Tavernier le celebre Voyageur.

DE Paris à Delli, du Couchant à l'Aurore,
Ce fameux Voyageur courut plus d'une fois:

REMARQUES.

Jean-Baptiste Tavernier, Baron d'Aubonne, étoit Calviniste. Il mourut à Moscou, en 1689. âgé de 89. ans; il retournoit aux Indes pour la septiéme fois.

Vers 1. *De Paris à Delli.*] Capitale de l'Empire du Grand Mogol, dans les Indes Orientales.

Vers 3. *De l'Inde & de l'Hydaspe.*] Fleuves du même Païs.

Vers 9. *Il n'a rien rapporté de si rare que lui.*] *Rare :* ce mot a deux sens. Tavernier, quoiqu'homme de mérite, étoit grossier, & même un peu original.

EPIGRAMMES.

De l'Inde & de l'Hydaspe il frequenta les Rois :
Et sur les bords du Gange on le revere encore.
En tous lieux sa vertu fut son plus seur appui ;
Et bien qu'en nos climats de retour aujourd'hui,
  En foule à nos yeux il presente
Les plus rares thrésors que le Soleil enfante ;
Il n'a rien rapporté de si rare que lui.

XLIV.

Vers pour mettre au bas du Portrait de mon Pere.

CE Greffier doux & pacifique,
 De ses Enfans au sang critique,
N'eut point le talent redouté :
Mais fameux par sa probité,
Reste de l'or du Siécle antique,
Sa conduite dans le Palais
Par tout pour exemple citée,
Mieux que leur plume si vantée,
Fit la Satire des Rolets.

REMARQUES.

Gilles Boileau, Greffier de la Grand'-Chambre du Parlement, mourut en 1657. âgé de 73.ans; mais ces vers ne furent faits qu'en 1690.

Vers 9. *Fit la Satire des Rolets.*] Voyez le vers 52. de la Satire I.

Tome I.   *   Iii

XLV.

Epitaphe de la Mere de l'Autheur.

Espouſe d'un Mari doux, ſimple, officieux,
Par la meſme douceur je ſçeûs plaire à ſes yeux :
Nous ne ſçeûmes jamais ni railler, ni médire.
Paſſant, ne t'enquiers point, ſi de cette bonté
    Tous mes Enfans ont hérité :
Lis ſeulement ces Vers, & garde-toi d'écrire.

REMARQUES.

Anne de Nielle, ſeconde femme de M. Boileau le Greffier, mourut en 1637. âgée de 23. ans.

XLVI.

Sur un Frere aîné que j'avois, & avec qui j'étois broüillé.

De mon Frere, il eſt vrai, les Ecrits ſont vantez :
    Il a cent belles qualitez ;
Mais il n'a point pour moi d'affection ſincére.
    En lui je trouve un excellent Auteur,
Un Poëte agreable, un trés-bon Orateur :
    Mais je n'y trouve point de Frere.

REMARQUES.

Il étoit de l'Académie Françoiſe. Il mourut en 1669.

EPIGRAMMES.

XLVII.

Vers pour mettre sous le Portrait de M. de la Bruyere, au devant de son Livre, des Caractéres de ce siécle.

Tout Esprit orgueilleux, qui s'aime,
 Par mes leçons se voit gueri ;
Et dans mon Livre si cheri
Apprend à se haïr soi-mesme.

XLVIII.

Vers pour mettre au bas du Portrait de M. Hamon.

Tout brillant de sçavoir, d'esprit, & d'éloquence,
 Il courut au Désert chercher l'obscurité,
Aux Pauvres consacra ses biens & sa science ;
Et trente ans dans le jeûne, & dans l'austerité,
  Fit son unique volupté
  Des travaux de la Penitence.

REMARQUES.

Jean Hamon, Médecin de la Faculté de Paris, s'étoit retiré à Port-Royal des Champs ; il s'employoit au service des pauvres malades, qu'il visitoit à pied. Il est mort le 22. Février 1687. âgé d'environ 69. ans.

XLIX.

Vers pour mettre au bas du Portrait de M. Racine.

DU Théatre François l'honneur & la merveille,
Il sçut ressusciter Sophocle en ses Ecrits;
Et dans l'art d'enchanter les cœurs & les Esprits,
Surpasser Euripide, & balancer Corneille.

REMARQUES.

Vers dernier. *Surpasser Euripide, & balancer Corneille.*] L'Auteur avoit tourné ce vers de la sorte:
Balancer Euripide, & surpasser Corneille.
Mais il le changea, pour ne point irriter les Partisans de Corneille, qui lui donnoient hautement la préférence sur Racine. Voici encore une autre manière que je tiens de M. Racine fils, & qui est moins à l'avantage de Corneille:
*Du Théatre François l'honneur & la merveille,
J'ai sçû ressusciter Sophocle dans mes vers;
Et sans me perdre dans les airs,
Voler aussi haut que Corneille.*

L.

Vers pour mettre au bas de mon Portrait.

AU joug de la Raison asservissant la Rime;
Et, mesme en imitant, tousjours Original,
J'ay sçu dans mes Ecrits, docte, enjoüé, sublime,
Rassembler en moy Perse, Horace & Juvénal.

REMARQUES.

M. le Verrier fit graver ce Portrait par le célébre Drevet. Ces quatre vers sont de M. Despréaux lui-même. Au reste, le meilleur Portrait de ce Poëte, est celui que M. Coustard, Conseiller au Parlement, fit peindre en 1704. par Rigaud, & graver par Drevet. On lit au bas de l'estampe cette inscription:
NICOLAUS BOILEAU DESPREAUX, MORUM LENITATE, ET VERSUUM DICACITATE ÆQUE INSIGNIS.

L I.

Réponse aux Vers du Portrait.

OUI, le Verrier, c'est là mon fidelle Portrait;
    Et le Graveur, en chaque trait,
A sçu trés-finement tracer sur mon visage,
De tout faux Bel-Esprit l'Ennemi redouté.
Mais dans les Vers pompeux, qu'au bas de cet Ouvrage
Tu me fais prononcer avec tant de fierté,
    D'un ami de la Verité
    Qui peut reconnoistre l'image ?

L I I.

Pour un autre Portrait, peint par Santerre.

NE cherchez point comment s'appelle
    L'Ecrivain peint dans ce Tableau :
A l'air dont il regarde & montre la Pucelle,
    Qui ne reconnoistroit Boileau?

L I I I.

Vers pour mettre au bas d'une méchante graveûre qu'on a faite de moi.

DU celebre Boileau tu vois ici l'image.
    Quoy, c'est-là, diras-tu, ce Critique achevé ?
D'où vient ce noir chagrin qu'on lit sur son visage ?
    C'est de se voir si mal gravé.

LIV.

*Sur mon Buste de Marbre, fait par M. Girardon,
Premier Sculpteur du Roy.*

GRACE au Phidias de notre âge,
Me voilà seûr de vivre autant que l'Univers:
Et ne connust-on plus ni mon Nom ni mes Vers;
Dans ce Marbre fameux, taillé sur mon Visage,
De Girardon tousjours on vantera l'Ouvrage.

LV.

Parodie.

TOUT grand Yvrogne du Marais,
   Fait des Vers que l'on ne lit guere;
Il les croit pourtant fort bien faits,
Et quand il cherche à les mieux faire,
Il les fait encor plus mauvais.

REMARQUES.

Chapelle donnoit le ton aux beaux esprits. On prenoit son attache pour debiter des Vers prétendus Anacréontiques, où régnoient, disoit-on, les plus heureuses négligences & le plus beau naturel. Tels étoient ceux-ci, dont on vient de voir la parodie.

*Tout bon Paresseux du Marais,
Fait des Vers qui ne coûtent guere ;
On les croit pourtant fort bien faits,
Et s'il cherchoit à les mieux faire,
Il les feroit bien plus mauvais.*

AVERTISSEMENT AU LECTEUR.

MADAME de Montespan & Madame de Thianges sa Sœur, lasses des Opera de M. Quinault, proposerent au Roy d'en faire faire un par M. Racine, qui s'engagea assez legerement à leur donner cette satisfaction, ne songeant pas dans ce moment là à une chose, dont il estoit plusieurs fois convenu avec moy, qu'on ne peut jamais faire un bon Opera : parce que la Musique ne sçauroit narrer : que les passions n'y peuvent estre peintes dans toute l'estenduë qu'elles demandent : que d'ailleurs elle ne sçauroit souvent mettre en chant les expressions vraiment sublimes & courageuses. C'est ce que je luy representay, quand il me déclara son engagement ; & il m'avoüa que j'avois raison : mais il estoit trop avancé pour reculer. Il commença déslors en effet un Opera, dont le sujet estoit la chute de Phaëthon. Il en fit mesme quelques Vers qu'il recita au Roy, qui en parut content. Mais comme M. Racine n'entreprenoit cet Ouvrage qu'à regret, il me temoigna resolument qu'il ne l'acheveroit point que je n'y travaillasse avec luy, & me declara avant tout, qu'il falloit que j'en composasse le Prologue. J'eus beau lui representer mon peu de talent pour ces sortes d'Ouvrages, & que je n'avois jamais fait de Vers d'amourette. Il persista dans sa resolution, & me dit qu'il me le feroit ordonner par le Roy. Je songeay donc en moy-mesme à voir de quoy je serois capable, en cas que je fusse absolument obligé de travailler à un Ouvrage, si opposé à mon genie & à mon inclination. Ainsi, pour m'essayer, je traçay sans en rien dire à personne, non pas mesme à M. Racine, le canevas d'un

AVERTISSEMENT

Prologue ; & j'en compofay une premiere Scene. Le fujet de cette Scene eſtoit une diſpute de la Poëſie & de la Muſique, qui ſe querel-loient ſur l'excellence de leur Art, & eſtoient enfin toutes preſtes à ſe ſeparer, lorſque tout à coup la Déeſſe des Accords, je veux dire l'Harmonie, deſcendoit du Ciel avec tous ſes charmes & tous ſes agrémens, & les reconcilioit. Elle devoit dire enſuite la raiſon qui la faiſoit venir ſur la Terre, qui n'eſtoit autre que de divertir le Prince de l'Univers le plus digne d'eſtre ſervi, & à qui elle devoit le plus ; puiſque c'eſtoit luy qui la maintenoit dans la France, où elle regnoit en toutes choſes. Elle adjouſtoit enſuite, que pour empeſcher que quelque audacieux ne vinſt troubler, en s'élevant contre un ſi grand Prince, la gloire dont elle joüiſſoit avec luy ; elle vouloit que dés aujourd'huy meſme, ſans perdre de temps, on repreſentaſt ſur la Scene la Chute de l'ambitieux Phaëthon. Auſſi-toſt tous les Poëtes & tous les Muſiciens par ſon ordre, ſe retiroient, & s'alloient ha-biller. Voilà le ſujet de mon Prologue, auquel je travaillay trois ou quatre jours avec un aſſez grand degouſt, tandis que M. Racine de ſon coſté, avec non moins de degouſt, continuoit à diſpoſer le plan de ſon Opera, ſur lequel je luy prodiguois mes conſeils. Nous eſtions occupez à ce miſerable travail, dont je ne ſçay ſi nous nous ſerions bien tirez, lorſque tout à coup un heureux incident nous tira d'affaire. L'incident fut que M. Quinault s'eſtant preſenté au Roy les larmes aux yeux, & luy ayant remonſtré l'affront qu'il alloit recevoir, s'il ne travailloit plus au divertiſſement de Sa Majeſté : le Roy touché de compaſſion, declara franchement aux Dames dont j'ay parlé, qu'il ne pouvoit ſe reſoudre à luy donner ce deplaiſir. Sic nos ſer-vavit Apollo. Nous retournaſmes donc, M. Racine & moy, à noſtre

AU LECTEUR.

noſtre premier employ, & il ne fut plus mention de noſtre Opera, dont il ne reſta que quelques Vers de M. Racine, qu'on n'a point trouvez dans ſes papiers aprés ſa mort, & que vraiſemblablement il avoit ſupprimez par delicateſſe de conſcience, à cauſe qu'il y eſtoit parlé d'amour. Pour moy, comme il n'eſtoit point queſtion d'amourette dans la Scene que j'avois compoſée; non ſeulement je n'ay pas jugé à propos de la ſupprimer; mais je la donne icy au Public; perſuadé qu'elle fera plaiſir aux Lecteurs, qui ne ſeront peut-eſtre pas faſchez de voir de quelle maniere je m'y eſtois pris, pour adoucir l'amertume & la force de ma Poëſie Satirique, & pour me jetter dans le ſtile doucereux. C'eſt de quoy ils pourront juger par le fragment que je leur preſente icy; & que je leur preſente avec d'autant plus de confiance, qu'eſtant fort court, s'il ne les divertit, il ne leur laiſſera pas du moins le temps de s'ennuyer.

PROLOGUE.

LA POESIE, LA MUSIQUE.

LA POESIE.

Quoy ! par de vains accords & des sons impuissans
Vous croyez exprimer tout ce que je sçai dire ?

LA MUSIQUE.

Aux doux transports, qu'Apollon vous inspire,
Je crois pouvoir mesler la douceur de mes chants.

LA POESIE.

Oüi, vous pouvez aux bords d'une Fontaine
Avec moi soupirer une amoureuse peine,
Faire gemir Thyrsis, faire plaindre Clymene.
Mais, quand je fais parler les Heros & les Dieux,
Vos chants audacieux
Ne me sçauroient prester qu'une cadence vaine.
Quittez ce soin ambitieux.

LA MUSIQUE.

Je sçay l'Art d'embellir vos plus rares merveilles.

LA POESIE.

On ne veut plus alors entendre vostre voix.

LA MUSIQUE.

Pour entendre mes sons, les Rochers & les Bois
Ont jadis trouvé des Oreilles.

PROLOGUE.
LA POESIE.
Ah! c'en eft trop, ma Sœur, il faut nous féparer.
Je vais me retirer.
Nous allons voir fans moy ce que vous fçaurez faire.
LA MUSIQUE.
Je fçaurai divertir & plaire;
Et mes chants, moins forcez, n'en feront que plus doux.
LA POESIE.
Hé bien, ma Sœur, féparons-nous.
LA MUSIQUE.
Separons-nous.
LA POESIE.
Separons-nous.
CHŒUR DES POETES ET DES MUSICIENS.
Separons-nous, feparons-nous.
LA POESIE.
Mais quelle Puiffance inconnuë
Malgré moy m'arrefte en ces lieux?
LA MUSIQUE.
Quelle Divinité fort du fein de la nuë?
LA POESIE.
Quels chants melodieux
Font retentir icy leur douceur infinie?
LA MUSIQUE.
Ah! c'eft la divine Harmonie,
Qui defcend des Cieux!

PROLOGUE.
LA POESIE.
Qu'elle eftalle à nos yeux
De graces naturelles!
LA MUSIQUE.
Quel bonheur impreveu la fait icy revoir!
LA POESIE ET LA MUSIQUE.
Oublions nos querelles,
Il faut nous accorder pour la bien recevoir.
CHŒUR DES POETES ET DES MUSICIENS.
Oublions nos querelles,
Il faut nous accorder pour la bien recevoir.

Epitaphe de M. Arnauld, Docteur de Sorbonne.

AU pied de cet Autel de ſtructure groſſiere,
Giſt ſans pompe enfermé dans une vile biére,
Le plus ſçavant Mortel qui jamais ait écrit,
ARNAULD, qui ſur la Grace inſtruit par JESUS-CHRIST,
Combattant pour l'Egliſe, a dans l'Egliſe meſme,
Souffert plus d'un outrage & plus d'un anathême.
Plein du feu qu'en ſon cœur ſouffla l'Eſprit divin,
Il terraſſa Pélage, il foudroya Calvin,
De tous les faux Docteurs confondit la Morale.
Mais, pour prix de ſon zele, on l'a vû rebuté,
En cent lieux opprimé par leur noire Cabale,
Errant, pauvre, banni, proſcrit, perſécuté.
Et meſme par ſa mort leur fureur mal éteinte
N'auroit jamais laiſſé ſes cendres en repos,
Si Dieu lui-meſme ici, de ſon Oüaille ſainte,
A ces Loups devorans n'avoit caché les os.

POESIES LATINES.
EPIGRAMMA,

In novum Caufidicum, ruſtici Lictoris filium.

Dum puer iſte fero natus Lictore perorat,
   Et clamat medio, ſtante parente, foro:
Quæris, cur fileat circumfuſa undique Turba?
   Non ſtupet ob Natum, ſed timet illa Patrem.

ALTERUM,

In Marullum, Verſibus Phaleucis antea malè laudatum.

Noſtri quid placeant minus Phaleuci,
   Jamdudum tacitus, Marulle, quæro:
Quum nec ſint ſtolidi, nec inficeti,
Nec pingui nimium fluant Minervâ.
Tuas ſed celebrant, Marulle, laudes.
O verſus ſtolidos & inficetos!

REMARQUES.

L'Auteur compoſa ces deux Epigrammes en 1656. Il y attaque un Avocat fils d'un Huiſſier qui avoit la folie de faire des Vers Latins.

SATIRA.

Quid numeris iterum me balbutire Latinis,
Longè Alpes citra natum de patre Sicambro,
Musa jubes? Istuc puero mihi profuit olim,
Verba mihi sævo nuper dictata Magistro
Quum pedibus certis conclusa referre docebas.
Utile tunc Smetium manibus sordescere nostris;
Et mihi sæpe udo volvendus pollice Textor,
Præbuit adsutis contexere carmina pannis.
Sic Maro, sic Flaccus, sic nostro sæpe Tibullus
Carmine disjecti, vano pueriliter ore
Bullatas nugas sese stupuere loquentes...

. . . .

REMARQUES.

C'est le commencement d'une Satire que l'Auteur étant fort jeune, avoit eu dessein de composer contre les Poëtes François qui s'appliquent à faire des Vers Latins. Il avoit aussi composé un Dialogue en François à la manière de Lucien, pour faire voir que l'on ne peut ni bien parler, ni bien écrire une Langue morte: mais il n'a jamais écrit ce Dialogue, dont on trouvera l'extrait au Vol. 2.

CHAPELAIN

CHAPELAIN DECOIFFÉ,

OU

PARODIE DE QUELQUES SCENES DU CID.*

SCENE PREMIERE.

LA SERRE, CHAPELAIN.

LA SERRE.

ENFIN vous l'emportez, & la faveur du Roi
Vous accable de dons qui n'étoient dûs qu'à moi.
On voit rouler chez vous tout l'or de la Castille.
CHAPELAIN.
Les trois fois mille francs qu'il met dans ma famille
5 Témoignent mon mérite, & font connoître assez
Qu'on ne hait pas mes vers pour être un peu forcés.
LA SERRE.
Pour grands que soient les Rois, ils font ce que nous sommes;
Ils se trompent en vers comme les autres hommes;
Et ce choix sert de preuve à tous les Courtisans,
10. Qu'à de méchans Auteurs ils font de beaux presens.

REMARQUES.

* Si l'Editeur n'avoit suivi que son goût, il eût supprimé ce morceau, où à quelques traits heureux on a mêlé des bassesses insupportables.
„ J'avoue, dit M. Despréaux dans un écrit
„ trouvé après sa mort, que dans la Parodie des
„ vers du Cid faite sur la perruque de Chapelain,
„ il y a quelques traits qui nous échaperent à M.
„ Racine & à moi dans un repas que nous fîmes
„ chez Furetiere, mais dont nous n'écrivimes ja-
„ mais rien ni l'un ni l'autre; de sorte que Fure-
„ tiere en est proprement le vrai & l'unique Au-
„ teur.
M. Despréaux ne reconnoissoit de lui dans la Parodie, que ce trait:
Mille & mille papiers dont ta table est couverte,
Semblent porter écrit le destin de ma perte.
Et celui-ci:
En cet affront La Serre est le tondeur,
Et le tondu pere de la Pucelle.
M. Br... mieux instruit que personne de ces faits, n'a pas laissé d'inférer la Parodie dans son édition, & par là il a imposé à ses successeurs une espéce de loi de l'imiter.
La Parodie fut composée en 1664. dans le temps où le Roi commençoit à gratifier les gens de Lettres.

CHAPELAIN DECOIFFE',
CHAPELAIN.

Ne parlons point du choix, dont votre esprit s'irrite :
La cabale l'a fait plûtôt que le mérite.
Vous choisissant, peut-être on eût pû mieux choisir :
Mais le Roi m'a trouvé plus propre à son desir.
15 A l'honneur qu'il m'a fait ajoûtez-en un autre.
Unissons désormais ma cabale à la vôtre.
J'ai mes prôneurs aussi, quoiqu'un peu moins fréquens,
Depuis que mes Sonnets ont détrompé les gens.
Si vous me célébrez, je dirai que la Serre
20 Volume sur volume incessamment desserre :
Je parlerai de vous avec Monsieur Colbert ;
Et vous éprouverez si mon amitié sert :
Ma Niéce même en vous peut rencontrer un Gendre.

LA SERRE.

A de plus hauts partis Phlipote peut prétendre ;
25 Et le nouvel éclat de cette pension
Lui doit mettre au cœur une autre ambition.
Exerce nos rimeurs, & vante notre Prince,
Va te faire admirer chez les gens de Province,
Fai marcher en tous lieux les rimeurs sous ta loi,
30 Sois des flatteurs l'amour, & des railleurs l'effroi :
Joins à ces qualités celle d'une ame vaine,
Montre-leur comme il faut endurcir une veine,
Au métier de Phébus bander tous les ressorts,
Endosser nuit & jour un rouge just'au-corps,
35 Pour avoir de l'encens donner une bataille,
Ne laisser de sa bourse échaper une maille :
Sur tout sert-leur d'exemple, & ressouviens-toi bien
De leur former un style aussi dur que le tien.

REMARQUES.

Vers 18. *Depuis que mes Sonnets.*] Voyez la Remarque sur le vers 25. du Discours au Roi.
Vers 20. *Volume sur volume incessamment desserre.*] Tiré de S. Amant, qui dans son Poëte croté a dit :

Et même depuis peu la Serre,
Qui livre sur livre desserre.

Vers 21. *Je parlerai de vous avec Monsieur Colbert.*] Ce grand Ministre avoit inspiré au Roi de donner des pensions aux Gens de Lettres, & Chapelain fut chargé d'en faire la liste.
Vers 34. *Endosser nuit & jour un rouge just'au-corps.*] Quand Chapelain étoit chez lui, il portoit toujours un just'au-corps rouge, en guise de

PARODIE.
CHAPELAIN.

Pour s'inſtruire d'exemple, en dépit de Liniere
40 Ils liront ſeulement ma Jeanne toute entiére.
Là dans un long tiſſu d'amples narrations
Ils verront comme il faut berner les nations,
Duper d'un ton grave Gens de robe & d'armée,
Et ſur l'erreur des ſots bâtir ſa renommée.
LA SERRE.
45 L'exemple de la Serre a bien plus de pouvoir,
Un Auteur dans ton livre apprend mal ſon devoir.
Et qu'a fait après tout ce grand nombre de pages,
Que ne puiſſe égaler un de mes cent Ouvrages?
Si tu fus grand flatteur, je le ſuis aujourd'hui,
50 Et ce bras de la preſſe eſt le plus ferme appui.
Bilaine & de Sercy ſans moi ſeroient des drilles,
Mon nom ſeul au Palais nourrit trente familles;
Les Marchands fermeroient leurs boutiques ſans moi,
Et s'ils ne m'avoient plus, ils n'auroient plus d'emploi.
55 Chaque heure, chaque inſtant fait ſortir de ma plume
Cayers deſſus cayers, volume ſur volume.
Mon valet écrivant ce que j'aurois dicté
Feroit un Livre entier marchant à mon côté.
Et loin de ces durs vers qu'à mon ſtyle on préfére,
60 Il deviendroit Auteur en me regardant faire.
CHAPELAIN.
Tu me parles en vain de ce que je connoi;
Je t'ai vû rimailler & traduire ſous moi.
Si j'ai traduit Guſman, ſi j'ai fait ſa Préface,
Ton galimathias a bien rempli ma place.
65 Enfin pour épargner ces diſcours ſuperflus,
Si je ſuis grand flatteur, tu l'es & tu le fus.

REMARQUES.

robe de chambre. [L'Auteur de la *Parodie* fait ici alluſion à ce que Chapelain avoit été Archer. Voyez le *Menagiana*, Tome II. p. 78. 79. de l'Edit. de Paris 1715. ADD. *de l'Edit d'Amſt.*]
Vers 39. —— *En dépit de Liniére.*] Il avoit écrit contre le Poëme de *la Pucelle* de Chapelain.
Vers 63. *Si j'ai traduit Guſman.*] Chapelain avoit traduit de l'Eſpagnol le Roman de *Guſman d'Alfarache*, imprimé à Paris en 1638.

Tu vois bien cependant qu'en cette concurrence
Un Monarque entre nous met de la différence.
####### LA SERRE.
Ce que je méritois tu me l'as emporté.
####### CHAPELAIN.
70 Qui l'a gagné fur toi l'avoit mieux mérité.
####### LA SERRE.
Qui fait mieux compofer en eft bien le plus digne.
####### CHAPELAIN.
En être refufé n'en eft pas un bon figne.
####### LA SERRE.
Tu l'as gagné par brigue étant vieux Courtifan.
####### CHAPELAIN.
L'éclat de mes grands vers fut mon feul Partifan.
####### LA SERRE.
75 Parlons-en mieux: le Roi fait honneur à ton âge.
####### CHAPELAIN.
Le Roi, quand il en fait, le mefure à l'ouvrage.
####### LA SERRE.
Et par-là je devois emporter ces ducats.
####### CHAPELAIN.
Qui ne les obtient point ne les mérite pas.
####### LA SERRE.
Ne les mérite pas, moi?
####### CHAPELAIN.
Toi.
####### LA SERRE.
Ton infolence,
80 Téméraire vieillard, aura fa récompenfe.
(Il lui arrache fa perruque.)
####### CHAPELAIN.
Acheve & pren ma tête après un tel affront,
Le premier dont ma Mufe a vû rougir fon front.
####### LA SERRE.
Et que penfes-tu faire avec tant de foibleffe?

PARODIE.
CHAPELAIN.
O Dieux! mon Apollon en ce besoin me laisse.
LA SERRE.
85 Ta perruque est à moi, mais tu serois trop vain,
Si ce sale trophée avoit souillé ma main.
Adieu; fais lire au peuple, en dépit de Liniere,
De tes fameux travaux l'histoire toute entiére:
D'un insolent discours ce juste châtiment
90 Ne lui servira pas d'un petit ornement.
CHAPELAIN.
Ren-moi donc ma perruque.
LA SERRE.
     Elle est trop mal-honnête.
De tes lauriers sacrés va te couvrir la tête.
CHAPELAIN.
Ren la calotte au moins.
LA SERRE.
    Va, va, tes cheveux d'ours
Ne pourroient sur ta tête encor durer trois jours.

SCENE II.
CHAPELAIN seul.

95 O Rage! ô désespoir! ô Perruque m'amie!
N'as-tu donc tant vécu que pour cette infamie?
N'as-tu trompé l'espoir de tant de Perruquiers,
Que pour voir en un jour flétrir tant de lauriers?
Nouvelle pension fatale à ma calotte!
100 Précipice élevé qui te jette en la crotte!
Cruel ressouvenir de tes honneurs passés,
Services de vingt ans en un jour effacés!
Faut-il de ton vieux poil voir triompher La Serre,
Et te mettre crotée ou te laisser à terre?
105 La Serre, sois d'un Roi maintenant regalé,
Ce haut rang n'admet pas un Poëte pelé;

Et ton jaloux orgueil par cet affront insigne,
Malgré le choix du Roi, m'en a sû rendre indigne.
Et toi, de mes travaux glorieux instrument,
110 Mais d'un esprit de glace inutile ornement,
Plume jadis vantée, & qui dans cette offense
M'as servi de parade & non pas de défense,
Va, quitte déformais le dernier des humains,
Passe pour me vanger en de meilleures mains.
115 Si Cassaigne a du cœur, & s'il est mon ouvrage,
Voici l'occasion de montrer son courage;
Son esprit est le mien, & le mortel affront
Qui tombe sur mon chef rejaillit sur son front.

SCENE III.
CHAPELAIN, CASSAIGNE.

CHAPELAIN.
Cassaigne, as-tu du cœur?

CASSAIGNE.
Tout autre que mon Maître
120 L'éprouveroit sur l'heure.

CHAPELAIN.
Ah! c'est comme il faut être.
Digne ressentiment à ma douleur bien doux!
Je reconnois ma verve à ce noble courroux.
Ma jeunesse revit en cette ardeur si prompte.
Mon disciple, mon fils, viens réparer ma honte.
125 Viens me vanger.

CASSAIGNE.
De quoi?

REMARQUES.

Vers 128. —— *Sans mon âge caduque.*] On disoit autrefois *caduque* tant au masculin qu'au féminin. Le masculin est *caduc*, *âge caduc*. Mais le Poëte faisant ici parler Chapelain, Auteur suranné, a fort bien pû, conformément à l'ancien usage, lui faire dire *âge caduque*. Richelet dans son Dictionnaire a fait *caduque* des deux genres; en quoi il s'est trompé.

PARODIE.
CHAPELAIN.

D'un affront si cruel
Qu'à l'honneur de tous deux il porte un coup mortel:
D'une insulte... Le traître eût payé la Perruque
Un quart d'écu du moins, sans mon âge caduque.
Ma plume que mes doigts ne peuvent soutenir
130 Je la remets aux tiens pour écrire & punir.
Va contre un insolent faire un bon gros Ouvrage.
C'est dedans l'encre seul qu'on lave un tel outrage :
Rime, ou creve. Au surplus, pour ne te point flatter,
Je te donne à combattre un homme à redouter;
135 Je l'ai vû fort poudreux au milieu des Libraires,
Se faire un beau rempart de deux mille exemplaires.

CASSAIGNE.
Son nom ? C'est perdre temps en discours superflus.

CHAPELAIN.
Donc pour te dire encor quelque chose de plus;
Plus enflé que Boyer; plus bruyant qu'un tonnerre,
140 C'est...

CASSAIGNE.
De grace, achevez.

CHAPELAIN.
Le terrible La Serre.

CASSAIGNE.
Le...

CHAPELAIN.
Ne réplique point, je connois ton fatras.
Combats sur ma parole, & tu l'emporteras,
Donnant pour des cheveux ma Pucelle en échange,
J'en vais chercher ; barbouille, écri, rime & nous vange.

REMARQUES.

Vers 132. *C'est dedans l'encre seul.*] Encre *seul,* pour *seule,* faute exprès affectée en la personne de Chapelain.

Vers 139. *Plus enflé que Boyer.*] Le caractere des vers de Boyer est marqué pages 35. & 35. de la petite Comédie de Bourfault, intitulée *la Satire des Satires,* imprimée en 1669. Claude Boyer, d'Alby, avoit été reçu à l'Académie Françoise en 1667.

Vers 141. —— *Je connois ton fatras.*] Le *fatras dont tu es capable.* Pierre Le Févre Curé de Menrai, dans son Art de pleine Rhétorique, fait mention d'une Poësie de son temps nommée *Fatras,* où un même vers étoit souvent répété.

SCENE IV.

CASSAIGNE *seul.*

145 Percé jusques au fond du cœur
D'une insulte imprévûë aussi-bien que mortelle,
Misérable vangeur d'une sotte querelle,
D'un avare Ecrivain chétif imitateur,
Je demeure stérile, & ma veine abbatue
150   Inutilement sue.
Si près de voir couronner mon ardeur,
O la peine cruelle !
En cet affront La Serre est le tondeur,
Et le tondu, pere de la Pucelle.

155 Que je sens de rudes combats !
Comme ma pension, mon honneur me tourmente.
Il faut faire un Poëme, ou bien perdre une rente:
L'un échauffe mon cœur, l'autre retient mon bras :
Réduit au triste choix ou de trahir mon Maître,
160   Ou d'aller à Bicêtre ;
Des deux côtés mon mal est infini,
O la peine cruelle !
Faut-il laisser un La Serre impuni ?
Faut-il vanger l'Auteur de la Pucelle ?

165   Auteur, Perruque, honneur, argent,
Impitoyable loi, cruelle tyrannie,

REMARQUES.

Vers 168. *Ou d'aller à Bicêtre.*] Aller à Bicêtre, c'est aller à l'Hôpital, parce que le Château de Bicêtre, au-dessus de Gentilli, sert d'Hôpital à renfermer les Pauvres. Sur quoi il est à observer que M. Ménage, qui, dans ses Origines Françoises au mot *Bicêtre*, dit qu'au rapport d'André Du Chêne, ce Château étoit anciennement nommé *la grange aux Gueux*, a mal lû *la grange aux Gneux*, pour *la grange aux Queux*, ce qui est bien différent.

Je

PARODIE.

Je vois gloire perdue, ou penſion finie.
D'un côté je ſuis lâche, & de l'autre indigent.
Cher & chétif eſpoir d'une veine flatteuſe,
170   Et tout enſemble gueuſe,
  Noir inſtrument, unique gagne-pain,
   Et ma ſeule reſſource,
 M'es-tu donné pour vanger Chapelain?
 M'es-tu donné pour me couper la bourſe?

175   Il vaut mieux courir chez Conrart;
Il peut me conſerver ma gloire & ma finance,
Mettant ces deux Rivaux en bonne intelligence.
On ſçait comme en Traités excelle ce Vieillard,
S'il n'en vient pas à bout, que Sapho la Pucelle
180   Vuide notre querelle.
 Si pas un d'eux ne me veut ſecourir,
  Et ſi l'on me balotte,
 Cherchons La Serre, & ſans tant diſcourir
 Traitons du moins, & payons la Calotte.

185   Traiter ſans tirer ma raiſon!
Rechercher un marché ſi funeſte à ma gloire!
Souffrir que Chapelain impute à ma mémoire
D'avoir mal ſoutenu l'honneur de ſa toiſon!
Reſpecter un vieux poil, dont mon ame égarée
190   Voit la perte aſſurée!
 N'écoutons plus ce deſſein négligent,
  Qui paſſeroit pour crime.
Allons, ma main, du moins ſauvons l'argent:
Puiſqu'auſſi-bien il faut perdre l'eſtime.

195   Oui, mon eſprit s'étoit déçû.

REMARQUES.

Vers 175. *Il vaut mieux courir chez Conrart.*] Valentin Conrart, Sécretaire de l'Académie Françoiſe.

Vers 179. —— *Que Sapho la Pucelle.*] Mademoiſelle de Scudéri, ſurnommée Sapho.

Autant que mon honneur, mon intérêt me presse,
Que je meure en rimant, ou meure de détresse,
J'aurai mon style dur comme je l'ai reçu.
Je m'accuse déja de trop de négligence.
200   Courons à la vangeance.
Et tout honteux d'avoir tant de froideur,
        Rimons à tire d'aîle,
Puisqu'aujourd'hui La Serre est le tondeur,
Et le tondu, pere de la Pucelle.

SCENE V.

CASSAIGNE, LA SERRE.

CASSAIGNE.

205 A Moi, La Serre, un mot.
LA SERRE.
        Parle.
CASSAIGNE.
            Ote-moi d'un doute.
Connois-tu Chapelain?
LA SERRE.
        Oui.
CASSAIGNE.
            Parlons bas, écoute.
Sais-tu que ce Vieillard fut la même vertu,
Et l'effroi des Lecteurs de son temps? le sais-tu?
LA SERRE.
Peut-être.
CASSAIGNE.
    La froideur qu'en mon style je porte,
210 Sais-tu que je la tiens de lui seul?
LA SERRE.
            Que m'importe?

PARODIE.

CASSAIGNE.
A quatre vers d'ici je te le fais savoir.
LA SERRE.
Jeune présomptueux!
CASSAIGNE.
Parle sans t'émouvoir:
Je suis jeune, il est vrai: mais aux ames bien nées
La rime n'attend pas le nombre des années.
LA SERRE.
215 Mais t'attaquer à moi! qui t'a rendu si vain,
Toi qu'on ne vit jamais une plume à la main?
CASSAIGNE.
Mes pareils avec toi sont dignes de combattre,
Et pour des coups d'essai veulent des Henris Quatre.
LA SERRE.
Sais-tu bien qui je suis?
CASSAIGNE.
Oui, tout autre que moi
220 En comptant tes Ecrits pourroit trembler d'effroi.
Mille & mille papiers dont ta table est couverte,
Semblent porter écrit le destin de ma perte.
J'attaque en téméraire un gigantesque Auteur;
Mais j'aurai trop de force ayant assez de cœur.
225 Je veux vanger mon Maître, & ta plume indomptable
Pour ne se point lasser n'est point infatigable.
LA SERRE.
Ce Phébus qui paroît aux discours que tu tiens
Souvent par tes Ecrits se découvrit aux miens,
Et te voyant encor tout frais sorti de Classe,
230 Je disois, Chapelain lui laissera sa place.

REMARQUES.

Vers 218. *Et pour des coups d'essai veulent des Henris Quatre.*] Allusion au Poëme que Cassaigne a fait, intitulé *Henri IV.* où ce Roi est introduit donnant des instructions à Louis XIV. pour bien régner. Touchant ce Poëme & d'autres Ouvrages du même Auteur, voyez pages 159. & 268 du troisiéme volume du *Paralléle des Anciens & des Modernes*, où il est parlé de Cassaigne en des termes qui en donnent une autre idée que ne fait ici la parodie.

Je sai ta pension, & suis ravi de voir
Que ces bons mouvemens excitent ton devoir,
Qu'ils te font sans raison mettre rime sur rime,
Etayer d'un Pédant l'agonisante estime,
235 Et que voulant pour Singe un Ecolier parfait,
Il ne se trompoit point au choix qu'il avoit fait.
Mais je sens que pour toi ma pitié s'intéresse,
J'admire ton audace & je plains ta jeunesse :
Ne cherche point à faire un coup d'essai fatal,
240 Dispense un vieux routier d'un combat inégal.
Trop peu de gain pour moi suivroit cette victoire;
A moins d'un gros volume, on compose sans gloire;
Et j'aurois le regret de voir que tout Paris
Te croiroit accablé du poids de mes Ecrits.

CASSAIGNE.

245 D'une indigne pitié ton orgueil s'accompagne :
Qui péle Chapelain craint de tondre Cassaigne.

LA SERRE.

Retire-toi d'ici.

CASSAIGNE.

Hâtons-nous de rimer.

LA SERRE.

Es-tu si près d'écrire ?

CASSAIGNE.

Es-tu las d'imprimer ?

LA SERRE.

Vien, tu fais ton devoir. L'Ecolier est un traître,
250 Qui souffre sans cheveux la tête de son Maître.

LA METAMORPHOSE
DE LA PERRUQUE DE CHAPELAIN EN COMETE.

LA plaisanterie que l'on va voir, est une suite de la Parodie précédente. Elle fut imaginée par les mêmes Auteurs, à l'occasion de la Cométe qui parut à la fin de l'année 1664. Ils étoient à table chez M. HESSEIN, frere de l'illustre Madame de LA SABLIERE.

On feignoit que Chapelain ayant été décoiffé par La Serre, avoit laissé sa Perruque à calotte dans le ruisseau où La Serre l'avoit jettée.

Dans un ruisseau bourbeux la calotte enfoncée,
Parmi de vieux chiffons alloit être entassée,
Quand Phébus l'aperçut, & du plus haut des airs
Jettant sur les Railleurs un regard de travers,
Quoi, dit-il, je verrai cette antique Calotte,
D'un sale Chifonnier remplir l'indigne hotte !

Ici devoit être la description de cette fameuse Perruque,

Qui de tous ses travaux la compagne fidelle,
A vû naître Gusman, & mourir la Pucelle ;
Et qui de front en front passant à ses neveux,
Devoit avoir plus d'ans qu'elle n'eut de cheveux.

Enfin Apollon changeoit cette Perruque en Cométe. *Je veux*, disoit ce Dieu, *que tous ceux qui naîtront sous ce nouvel Astre, soient Poëtes,*

Et qu'ils fassent des Vers, même en dépit de moi.

Furetiére, l'un des Auteurs de la Piéce, remarqua pourtant que cette Métamorphose manquoit de justesse en un point : *C'est*, dit-il, *que les Cométes ont des cheveux, & que la Perruque de Chapelain est si usée qu'elle n'en a plus*. Cette badinerie n'a jamais été achevée.

Chapelain souffrit, dit-on, avec beaucoup de patience, les Satires que l'on fit contre sa Perruque. On lui a attribué l'Epigramme suivante, qui n'est pas de lui.

Railleurs, en vain vous m'insultez ;
Et la piéce vous emportez ;
En vain vous découvrez ma nuque.
J'aime mieux la condition
D'être défroqué de Perruque,
Que défroqué de Pension.

FIN DU TOME PREMIER.

TABLE

DES MATIERES CONTENUES DANS LE PREMIER VOLUME.

A.

Abelli (Louis) Auteur de la Moëlle Théologique, page 255. 262
Acatique, M. Boileau le diſoit au lieu d'aquatique, xvj
Adam, ſa déſobéïſſance & ſa chûte, 150. 179
Adulte, Montagne d'où le Rhin prend ſa ſource, 184
Age d'or, ſa deſcription, 180. Peinture des âges de l'homme, 304
Ageſilas, Roi de Sparte, aimoit la juſtice, 135. *Rem.*
Alexandre le Grand, n'avoit permis qu'à Apelle de le peindre, 4. Pourquoi blâmé par Boileau, 67. 68. Voulut porter ſes conquêtes au-delà du Gange, 134. Réponſe que lui fit un Pirate, 135. *Rem.*
Alfane, nom de cheval très-renommé, 44
Alidor, nom déguiſé d'un partiſan, 86
Amand (Saint) Jugement de Boileau ſur ce Poëte, xliij
Ambition, ſes effets, 67
Ambre (le Marquis d') ſuit le Roi au paſſage du Rhin, 188
Amis de Boileau, 241
Amour de Dieu, Epître ſur cette vertu, à quelle occaſion & quand compoſée, 250 L'Amour de Dieu eſt le fruit de la Contrition, 252. Effets de l'Amour de Dieu, 253. Il eſt l'ame du Sacrement de Pénitence, 254. Sans cet Amour toutes les autres Vertus ne ſont rien, *ibid.*
Amphion, faiſoit mouvoir les pierres par ſon chant, 314
Anciens, Epigrammes en leur honneur, 416 & *ſuiv.*
Ane, obéit à ſon inſtinct. Définition de cet Animal, 76.
Angeli, (l') Fou célébre, 15. 67
Anglois, Parricides, 400

Antoine, Jardinier de Boileau, 243. Epître qui lui eſt adreſſée, *ibid.* Sa ſurpriſe en voyant l'enthouſiaſme de ſon Maître, *ibid. Remarq.*
Apollon, inventeur du Sonnet, 279. Récompenſe que ce Dieu réſerve aux Savans, 315. Il ſe loue avec Neptune à Laomédon pour rebâtir les murs de Troye, 392. Son jugement ſur l'Iliade & ſur l'Odyſſée, 429
Argent, vertu de l'argent, 196
Arioſte, Poete Italien, repris, 300
Arithmétique, ſes deux premiéres régles compriſes dans un vers, 73
Arius, Hérétique, 157
Arnauld, Docteur de Sorbonne, grand ennemi des Calviniſtes, 16. Epître qui lui eſt adreſſée, 177. Fait l'Apologie de Boileau, 241
Art Poëtique de Boileau, à quelle occaſion & quand compoſée, 260. Eſt le chef-d'œuvre de ce Poëte, *ibid.* Eſt plus méthodique que celui d'Horace, *ibid.*
Aſtrate, Tragédie de Quinault jouée à l'Hôtel de Bourgogne, 34
Aſtrolabe, inſtrument de Mathématique, 117
Athée, Epigramme contre un Athée, 409
Avare, portrait d'un Avare, 39. 66. Pourquoi il amaſſe des Richeſſes, 67. En quoi conſiſte ſa ſcience, 72. Leçon qu'il donne à ſon fils, *ibid.* Portrait d'un Mari & d'une Femme avares, 108
Avarice, diſcours de l'avarice, 66
Auberi, Chanoine de la Sainte Chapelle, 362. *Rem.*
Aubignac, (l'Abbé d') Auteur d'un Roman allégorique, intitulé Macariſe, 425
Auguſtins, ſoutiennent un Siége contre le Parlement, 328. *Rem.*
Auteurs, Raiſon de la complaiſance qu'ils ont pour leurs Ouvrages, 23. Sont Eſcla-

ves des Lecteurs, 87
Auvernat, forte de vin, 28
Auvry, Tréforier de la Sainte Chapelle, 325. *Rem.* Son caractére, 329
Auzanet, célébre Avocat, 175

B.

BAllade, caractére de ce genre de Poëfie, 282
Balzac. Jugement de Boileau fur fes lettres, xxxj
Barbin, fameux Libraire 242. 369
Barreau, defcription des abus qui s'y gliffent, 15
Barrin, Chantre de la Sainte Chapelle, 325
Bartole, célébre Jurifconfulte, 15
Bafile Ponce, Ecrivain de l'Ordre de S. Auguftin, 259
Baville, Maifon de Campagne de M. de Lamoignon, 207
Bellerophon, Opera. Boileau y a travaillé, xvij. *& fuiv.*
Benferade, Auteur ami des Equivoques & des Pointes, 149. A fait des Chanfons tendres, & des Vers galans, 316. Sentiment de Boileau fur ce Poëte, xliij. Ses Rondeaux généralement fifflés, lj
Beringhen, fuit le Roi au paffage du Rhin, 188
Bertaut, Poëte François, 269
Bignon, loué, 136
Bigot, portrait d'un Bigot, 37
Bilain, Avocat célébre, 407
Binsfeld, Docteur en Théologie, 259
Bizarre, portrait d'une Femme Bizarre, 113
Blazon, fon origine, 48
BOILEAU DESPRE'AUX. Son Eloge par M. de Boze, v. Par M. de Valincour, xiij. Imprimé que l'Avocat Fourcroix fait courir contre les Satires, xvj. Sa réponfe au Roi fur la différence de ces mots *gros* & *grand*, *ibid*. Jugement que portoit le pere de ce Poëte fur le caractére de fes enfans, *ibid*. M. Defpréaux prononçoit *acatique* au lieu d'*aquatique*, *ibid*. Son fentiment fur les Opera de Quinault, *ibid. & fuiv.* Il a travaillé à l'Opera de Bellerophon, xvij. *& fuiv.* Son démélé avec le Maréchal de la Feuillade à l'occafion d'un Sonnet, xviij. *& fuiv.* Son Epître fur le paffage du Rhin lûe par le Roi à Mefdames de Montefpan & de Thiange, xix. Il n'aimoit point à entendre badiner fur les matiéres de Religion, *ibid*. Il n'a jamais fait aucune démarche pour l'impreffion de fes Ouvrages, xx. Le Roi expédie en perfonne le Privilége pour l'impreffion de fon Art Poëtique, *ibid*. Le Privilége eft fufpendu fur les remontrances de M. Péliffon, *ibid*. Lettre de M. Colbert à l'Auteur à ce fujet, *ibid*. Réponfe de Boileau, *ibid*. Il fuit le Roi à la Campagne de Gand: converfation qu'il a avec Sa Majefté, xxj. Compliment que le Roi lui fait fur la mort de M. Racine, *ibid*. Ce que dit M. Boileau au Préfident Talon à l'occafion d'un éloge du Parlement prononcé par le P. la Baune Jéfuite, xxij. Sujet de fa querelle avec M. Perrault, *ibid*. Faifoit peu de cas de M. Dacier, xxiij. Ce qu'il dit un jour à M. & à Me. Dacier, *ibid*. Il comparoit le fameux Comte du Brouffin à Nazidiénus, xxiv. Sa réponfe à ce Seigneur qui lui avoit demandé à dîner, *ibid*. Il ne fe laffoit point d'admirer Moliere, & pourquoi, *ibid*. Son fentiment fur quelques Comédies de cet Auteur, xxv. Occafion qui lui fit communiquer à Moliere l'idée de la Scéne des *Femmes Savantes* entre Trifforin & Vadius, *ibid*. Le Latin Macaronique du *Malade imaginaire* eft de lui, *ibid*. Il rend vifite à Moliere quelque temps avant fa mort, & l'engage à interrompre le cours de fes travaux, xxvj. Il préféroit la profe de Moliere à fes vers, *ibid*. M. Arnauld le trouvoit trop prodigue de louanges envers Moliere, *ibid*. Il avoit eu deffein dans fa jeuneffe de travailler à la vie de Diogene le Cynique, & pourquoi, xxvij. *& fuiv.* Son démélé avec M. & Madame Dacier, fur ce qu'il avoit mal parlé d'Alcibiade, xxix. Il trouvoit mauvais que Bayle eût condamné Longin au fujet de Timée, *ibid*. Son goût pour Térence, xxx. Comparaifon qu'il en faifoit avec Moliere, *ibid*. Son démélé avec M. de Harlai, fils du Préfident, au

462 TABLE DES MATIERES.

sujet d'Homére, *ibid.* Ce qu'il penſoit de Voiture & de Balzac, xxxj. Son jugement ſur La Fontaine, *ibid.* Il s'applaudiſſoit dans ſa vieilleſſe de n'avoir jamais choqué les bonnes mœurs dans ſes Ouvrages, xxxij. Il n'aimoit point le caractére de Pyrrhus dans l'*Andromaque*, xxxiij. Ce qu'il penſoit de Lulli, xxxiv. Trait qui dénote la droiture de ſon cœur, *ibid.* Il fait la Campagne de Franche-Comté à la ſuite du Roi ; ce que lui dit S. M. à l'occaſion d'un habit fort épais qu'il portoit dans les chaleurs, xxxv. Ce qu'il penſoit de M. le Tourneux, *ibid.* Ce qu'il dit à l'Académie pour la déterminer à faire un Service pour M. de Furetiere qui venoit de mourir, xxxvj. *& ſ.* Son ſentiment ſur Regnier & Malherbe, xxxvij. Refuſe de donner ſa voix pour faire recevoir un Marquis qui lui étoit recommandé par M. le P. de Lamoignon, xxxviij. Il parloit de ſes Ouvrages avec beaucoup de franchiſe, *ibid.* Sa réponſe au Roi, ſur ce que S. M. lui avoit demandé quels Auteurs avoient le mieux réuſſi dans le genre Comique, xxxix. Il eſtimoit la proſe de Scarron, & faiſoit peu de cas de ſes vers, *ibid.* Ce qu'il diſoit à ſes amis au ſujet des peines qu'il avoit eues à eſſuyer dans ſa jeuneſſe, xl. Ses Satires demandées par Philippe V. à ſon arrivée à Madrid, *ibid.* Ce qui a ſouvent attiré à l'Abbé Cotin les invectives répandues dans les Satires, xlj. Comment il ſe ſeroit comporté s'il eût eû à faire à l'Académie l'éloge de l'Abbé Cotin, *ibid.* Il n'aimoit que la belle Comédie, & mépriſoit les Farces, *ibid.* Son jugement ſur Sarrazin, xlij. Il étoit admirateur conſtant d'Homére, *ibid. & ſuiv.* Son ſentiment ſur Saint-Amand & Benſerade, xliij. Il diſoit que les vers les plus ſimples lui avoient le plus coûté à faire, xliv. Ce qu'il penſoit de Chapelle, xlv. Son jugement ſur la Bruiere, *ibid.* Il étoit fort ami du P. Ferrier Confeſſeur du Roi, xlvj. Son compliment à M. Pelletier, nouvellement Contrôleur général à la place de M. Colbert, *ibid.* Son ſentiment ſur l'*Avare* de Moliere, xlvij. Sur *Britannicus*, xlviij. Sur *Bajazet*, *ibid.* Il a pris le ſoin de revoir les épreuves d'une nouvelle édition de Racine, *ibid.* Entouſiaſme avec lequel il parloit de Louis XIV. *ibid.* Il penſoit que le Monologue étoit d'une grande utilité dans les Comédies, xlix. Défauts qu'il trouvoit dans *Héraclius* & dans *Pompée*, *ibid.* Il ne pouvoit ſouffrir les ſentimens qui n'avoient qu'un faux jour de nobleſſe, l. Cas qu'il faiſoit de deux vaudevilles de ſon temps, *ibid.* Il admiroit Corneille avec réſerve, lij. Ses liaiſons avec le Maréchal de Vivonne, liv. Ce qu'il penſoit de Thomas Corneille, lvj. Viſite ſinguliére qu'il rend à Chapelain, lvij. Il ſuit le Roi à la Campagne de Gand : Converſation qu'il a ſur la route avec M. le Duc, fils du Grand Condé, lviij. Ce qu'il penſoit de ſon frere le Docteur, lix. Il craignoit les Satires injurieuſes, mais il aimoit ce qui étoit ingénieux, *ibid.* Débit prodigieux de ſes Satires ſur l'Homme & ſur les Femmes, *ibid.* Il s'étoit accoûtumé de bonne heure à ne point faire de viſite, lx. Il aimoit les Ecrits de Montagne, *ibid.* Il étoit ennemi des expreſſions baſſes, lxj. Différens traits ſur M. Boileau tirés de l'Hiſtoire de l'Académie Françoiſe de M. l'Abbé d'Olivet, lxiij. Son penchant à la Satire, 59. Pourquoi compoſa la Satire IX. à ſon Eſprit,79. Ses ennemis lui faiſoient un crime d'Etat d'un mot innocent, 93. Sa Parenté, 197. Pluſieurs Satires lui ſont fauſſement attribuées, 203. *Rem.* Il tire avantage de la haine de ſes ennemis, 212. Raiſon qui fait eſtimer ſes Vers, 223. Caractére de ſon eſprit, 239. Ses Parens, ſa vie & ſa fortune, 240. Choiſi avec M. Racine pour écrire l'Hiſtoire du Roi, 240. Aimé des Grands, 241. Travailloit ſuivant la diſpoſition de ſon eſprit, 270. A fait un couplet contre Liniére, Sa généroſité envers Patru, 424. *Rem.* Eloge de ſon pere, 433. Epitaphe de ſa mere,434. Brouillé avec ſon frere aîné, 434. Vers pour ſon portrait, 436 *& ſ.*
Boileau, Abbé, Docteur de Sorbonne, frere de l'Auteur: Son Livre des Flagellans, 413

Boirude

TABLE DES MATIERES. 463

Boirude, Sacristain, son véritable nom, 336
Bolæana, ou collection de quelques traits qui font connoître particulièrement le caractére de M. Boileau, xvj
Bombes, comparées au Tonnerre, 396
Bonnecorse, Poëte méprisable, 60. Auteur d'un petit Ouvrage intitulé *La Montre*, 225. *Rem.* Epigramme de Boileau contre lui, 407
Bossuet, Evêque de Meaux, Prélat très-éclairé, 232
Boucingo, fameux Marchand de vin, 25
Bouhours, sa conjecture sur l'Ordre des Côteaux, 30. *Rem.*
Bourdaloue, célèbre Prédicateur, 112. Vers sur son Portrait, 432
Boyer, Poëte médiocre, 308
Boze, (M. de) Eloge qu'il fait de M. Boileau à l'Académie, v
Brebeuf, sa Pharsale, 218. Un de ses vers critiqué, 259
Brioché, fameux Joueur de Marionnettes, 215
Broussin, (le Comte du) *voyez* Boileau.
Brunot, Valet du Chantre, & Huissier de la Sainte Chapelle, 354. *Rem.*
Le *Bucheron* & la Mort, Fable mise en Vers par l'Auteur, 424
Burlesque, condamnation du style burlesque, 366
Bussi, quels Saints il a célébrés, 65
Busée, ses Méditations, 238

C.

CAmbrai, prise de cette ville, 204
Campagnard, portrait d'un noble Campagnard, 33
Canal de Languedoc, 170. *Rem.*
Capanée, homme impie, 127
Cassaigne, (l'Abbé) de l'Académie Françoise, Prédicateur peu suivi, 27
Cassandre, Auteur François, ses Ouvrages & sa mort, 9
Cassini, célèbre Astronome, 116
Caumartin, Conseiller d'Etat, 136
Cavois, suit le Roi au passage du Rhin, 188 & *suiv.*
Censeur, voyez *Critique*.
Tome I.

César, les conquêtes de Jules César taxées d'injustice, 135. Portoit ordinairement une Couronne de Lauriers, *ibid.*
Cession de biens avec le bonnet verd, 10
Césure, doit être marquée dans le Vers, 268
Chanmêlé, excellente Actrice, 209
Chanoines, leur vie molle & oisive, 326. Description ridicule d'un Chapitre de Chanoines, 361. Combat imaginaire qu'ils font entr'eux, 370
Chansons de l'Auteur, 410. 426. 428
Chapelain, de l'Académie Françoise, chargé de faire la liste des Gens de Lettres à qui le Roi donnoit des pensions, 14. *Rem.* Son Poëme de la Pucelle, 33. La dureté de ses vers montés sur des échasses, 41. Son éloge, 88. Critique de ses Vers, 118
Charlemagne, & les douze Pairs de France, 244
Chicane, mugit dans la Grand'Salle du Palais, 77. Le Trésorier & les Chantres de la Sainte Chapelle vont consulter la Chicane, 366. La peinture de ce Monstre, *ibid.*
Childebrand, Héros d'un Poëme Héroïque, 297
Cid, Piéce de Corneille critiquée par l'Académie Françoise, & en vain combatue par le Cardinal de Richelieu, 90
Cinéas, Favori de Pyrrhus, 167
Claude, Ministre de Charenton, 177
Cocagne, Pays imaginaire, 56
Coeffeteau, Auteur d'un Traité des Passions, 68
Coislin, suit le Roi au passage du Rhin, 188
Colbert, Ministre d'Etat, 72. Eloge de ce Ministre, 222
Colletet, Traité de Parasite, 13. Mauvais Poëte, 60
Comédie, inventée par les Grecs, 302. Elle a eu trois âges, *ibid.* Traité contre la Comédie, 312. *Rem.*
Condé, accompagne le Roi au passage du Rhin, 189. A passé ses dernières années à Chantilly, 214. La Bataille de Seneff par lui gagnée, 229. Celle de Lens, 352
Congrès, par qui aboli, 70
Conrard, fameux Académicien, 165
Coquette, portrait d'une Coquette, 105
Corneille, (Pierre) Eloge de ce grand

* N n n

Poëte, 4. 33. Jugement de ses Tragédies d'*Attila* & d'*Agéfilas*, 87. Le *Cid* de Corneille critiqué par l'Académie, 90. La Tragédie de *Cinna*, 238. Estimoit Lucain, 310. 311. Comparé avec M. Racine, 436. M. Boileau l'admiroit avec réserve, lij. Comparé à son frere en quoi il differoit, lv
Côteaux, explication de cet Ordre, 29
Cotin, Abbé, de l'Académie Françoise, Prédicateur peu suivi, 27. Epigrammes contre lui, 408. La nécessité de la rime lui a souvent attiré des invectives de la part de M. Boileau, xlj
Cratès, Philosophe, jetta son argent dans la mer, 197
Cronet, fameux Marchand de vin, 28
Cresselle, instrument dont on se sert le Jeudi Saint, au lieu de Cloches, 360
Critique, avantages de la Critique, 272. & suiv. 310. & suiv.
Croix de funeste présage, 53
Cyrano Bergerac, Auteur plaisant, 309
Cyrus, Roman tourné en ridicule, 26. 291. 370

D.

D*Acier*. Ce qu'en pensoient MM. Boileau & Racine, *voyez* Boileau & Racine. Il faisoit des Saints de tous les Auteurs sur lesquels il travailloit, xxviij. Il reprochoit à Boileau d'avoir mal parlé de Socrate, xxix
Dalencé, Chirurgien fameux, 117
Dangeau, Eloge de ce Seigneur, 43
Débiteur reconnoissant, 424
Des Barreaux, ses sentimens & sa conduite, 127
Desmares, Prédicateur fameux, 102
Desmarets de Saint-Sorlin a écrit contre les Religieuses de Port-Royal, 16. Auteur du Poëme de Clovis, critiqué, 295. *Rem.* Epigramme contre lui & contre le même Poëme, 406
Des Portes, Poëte François, 269
Des Roches, Abbé, ami de Boileau, 174
Dévot, Dévote : Portrait d'une Femme Dévote, 122. Différence d'un Dévot & d'un Chrétien véritable, 137
Directeur, portrait d'un Directeur de Femmes, 123. 124
Discorde, divise les Chanoines de la Sainte Chapelle, 317. Emprunte la figure d'un vieux Plaideur, 350
Docteur, mis au-dessous d'un Ane, 76
Du Terte, Voleur de grand Chemin, 135
Duval, Docteur de Sorbonne, 256
Du Vernay, Médecin Anatomiste, 117

E.

E*Glogue*, caractére de ce genre de Poësie, 275. Eglogues de Virgile, 276
Elegie, caractére de ce genre de Poësie, 277
Enguien, le Duc d'Enguien accompagne le Roi au passage du Rhin, 189
Enigme sur la Puce, 425
Ennemis, l'utilité qu'on peut tirer de leur jalousie, 209. & *suiv.*
Envie, Envieux, effets de l'Envie, elle s'attache aux personnes illustres, 210
Epigramme, caractére de ce genre de Poësie, 280. Ce qu'il faut faire avant que de composer une Epigramme, 415
Epitaphe de *** 410. Epitaphe de la Mere de l'Auteur, 434. de M. Arnauld, 445
Equivoque, Satire contre l'Equivoque, 148. Apologie de cette Satire, 142. A quelle occasion elle fut composée, 143. En quel sens l'Auteur prend le mot d'*Equivoque*, 144
Estaing, cette Maison porte les Armes de France, & pourquoi, 43. *Rem.*
Evrard, véritable nom de ce Chanoine, 361

F

F*Able* de l'Huitre, 176. Fable du Bucheron & de la Mort, 424. Agrémens de la Fable, 294
Fagon, savant Médecin, 116
Faret, Ami de Saint-Amand, 263
Femmes; Satire contre les Femmes, 97. Différens caractéres ou portraits des Femmes, 103. La Coûtume de Paris leur est extrêmement favorable, 130
Ferrier, (le P.) Jésuite, Confesseur de Louis XIV. ami de M. Boileau, xlvj
Festin, Description d'un Festin ridicule, 24
Feuillade, (le Maréchal Duc de la) sondé-mêlé avec Boileau sur un Sonnet, xviij
Feuillet, Prédicateur outré, 90
Folie, divers genres de Folie, 86

TABLE DES MATIERES.

Fontaine de Bourbon, Vers adressés à cette Fontaine, 414
Fontange, ornement de Femme, par qui inventé, 114. *Rem.*
Fouquet, Sur-Intendant des Finances, 73
Fourcroix, Avocat, en vouloit à M. Despréaux, xvj
Francœur, fameux Epicier, 165
Fredoc, tenoit une Académie de Jeu, 40

G.

Galant, portrait d'un Galant, 36
Galet, fameux Joueur, 67
Gamache, Docteur & Professeur de Sorbonne, 256
Gautier, Avocat célébre, fort mordant, 79
Génie, sans le génie on ne peut être Poëte, 262
Gibert, Professeur de Rhétorique, fait appercevoir Boileau d'une faute, 311
Girardon, célébre Sculpteur, a fait le Buste de l'Auteur, 430
Goa, Ville des Portugais dans les Indes, 66
Gombaud, Poëte François, 280. 309
Grammont, passe le Rhin par l'ordre du Roi, 187
Guenaud, fameux Médecin de Paris, 37. 54
Guidon des Finances, 72
Guilleragues, Sécretaire du Cabinet, 192. Ambassadeur à Constantinople, *ibid. Rem.*

H.

Hamon, fameux Médecin, son éloge, 435
Harangue d'un Magistrat, critiquée, 411
Hautile, description de ce Lieu, 201 *Rem.*
Hérésie, Fille de l'Equivoque, 156. Maux que l'Hérésie a causés, 158
Hermitage, Vin de l'Hermitage, 28
Hiatus, ou Bâillement, vicieux dans un vers, 268
Hibou, caché dans un Pupitre, 347. 349
Hollande, *Hollandois*, Campagne de Hollande, 182. *& suiv.* Discours du Dieu du Rhin aux Hollandois, 186
Homére, Eloge de ce grand Poëte, 300. On lui attribue un Poëme de la guerre des Rats & des Grenouilles, 356. Epigramme sur lui tirée de l'Anthologie, 429

Hommes, combien différens dans leurs pensées, 36. *& suiv.* Tous se croient sages, *ibid.* Tous sont fous chacun en leur maniére, 38. Peinture satirique de l'homme, 63. A combien de passions est sujet, 65. Est condamné au travail dans le repos même, 246. Eloges de l'Homme & de ses vertus, 71. 74. Simplicité vertueuse des premiers Hommes, 126. Homme né pour le travail, 246. Description des âges de l'Homme, 304
Honneur, du vrai & du faux Honneur, 131 *& suiv.* Fable allégorique de l'Honneur, 138
Honte, effets de la mauvaise Honte, 177. *& s.*
Horace, reprenoit les vices de son temps, 61. Donnoit des louanges à Auguste, 219. Caractére de ses Satires, 282
Horloge, contre un amateur d'Horloges, 415
Hosier (d') très-savant dans les Généalogies, 49. 119

I.

Jalousie, portrait d'une femme jalouse, 114
Idolatrie, extravagance de l'Homme dans l'Idolatrie, 76. 151. Idolatrie grossiére & ridicule des Egyptiens, 76. 151
Idylle, caractére de ce genre de Poësie, 275 Idylles de Théocrite louées, 276
Jesus-Christ, son Incarnation & sa Passion, 154
Infortiat, Livre de Droit, 203
Joli, fameux Prédicateur, 42
Joueur, portrait d'un Joueur, 40. Portrait d'une Joueuse, 107. 108
Isambert, Docteur de Sorbonne, 256
Justice, éloge de cette Vertu, 135
Juvénal, faisoit dans ses vers la guerre au vice, 61. A fait une Satire contre les Femmes, 98. Caractére de ses Satires, 282

K.

Knotzembourg, prise de ce Fort, 183

L

La Bruiere, Auteur des Caractéres de ce siécle, 126. Vers pour son portrait, 435
La Chambre, Auteur du Caractére des Passions, 68
La Fontaine, Poëte célébre. Jugement sur ses Ecrits, xxxj. N'étoit bon qu'à faire

TABLE DES MATIERES.

des Vers, 313. *Rem.*
Lambert, Muficien célébre, xxxj. 25
Lamoignon, Avocat Général : Epître à lui adreſſée, 200, Les fonctions de fa Charge, 206
Lamoignon, Premier Préſident, propoſa à l'Auteur de compoſer le Poëme du Lutrin, 321 *& ſuiv.* Éloge de ce grand Magiſtrat, *ibid.* Son intégrité & ſes ſoins à rendre la Juſtice, 381. Termine le différend entre le Tréſorier & le Chantre de la Sainte Chapelle, 383. *Rem.*
Lamoignon (Mademoiſelle) ſes vertus, 431
La Morliere, mauvais Poëte fort inconnu, 308
Lamour, Perruquier célébre, 336. Son caractére, *ibid. Rem.* Eſt chargé de remettre le Lutrin à ſa place, *ibid.* Sa femme l'en veut détourner, 338
L'Angéli, Fou célébre, 15. 68
La Reynie, Lieutenant Général de Police, 135
La Salle, ſuit le Roi au paſſage du Rhin, 188
La Serre, mauvais Ecrivain, 33. 82. Se flattoit de bien compoſer des éloges, 221 *Rem.*
Le Mazier, Avocat criard, 175
Le Pays, Ecrivain médiocre, 33. Son Livre intitulé, *Amours, Amitiés, Amourettes*, 224
Leſdiguiére, paſſe le Rhin, 188
Le Vayer, Abbé, fort ami de l'Auteur, 36
Libertin, portrait d'un Libertin, 37. 178
Lignage, ſorte de vin, 28
Liniére, Auteur qui a écrit contre Chapelain, 90. *Rem.* Surnommé *Idiot*, & l'Athée de Senlis, 214. Réuſſiſſoit à faire des Couplets, 284. *Rem.*
Lope de Vega, Poëte Eſpagnol, plus fécond qu'exact, 288. *Rem.*
Louange, doit être donnée à propos, 222. *& ſuiv.* doit être véritable, 228
Louet, Son Recueil d'Arrêts commenté par Brodeau, 15
Louis le Grand, Eloges différens de ſes grandes qualités, & de ſes Conquêtes, 1. *& ſ.* Donne des penſions aux Gens de Lettres, 14. 172. *Rem.* Eloge du Roi, 49. Les Merveilles de ſon Regne, 80. La Campagne de Lille en 1667. 81. Autre éloge du Roi, 93. Loué comme un Héros paiſible, 168. *& ſuiv.* Ses principales actions, 169. La Campagne de Hollande, 182. Invitation à tous les Poëtes de chanter ſes louanges, 315. Bel Eloge de ce Roi dans la bouche de la Molleſſe, 343. Vers pour mettre ſous ſon buſte, 430
Lucilius, Poëte Latin, 61. Inventeur de la Satire, 282
Lulli, célébre Muſicien, 103. Sentiment de Boileau ſur Lulli, xxxiv. Ce que dit Lulli à M. de Louvois, au ſujet d'une Charge de Sécretaire du Roi, dont il traitoit, *ibid.* Fait le rôle de Muphti dans le *Bourgeois Gentilhomme*, quelques jours avant ſa réception, *ibid.*
Luther, fameux Héréſiarque, 249
Lutrin, Poëme Héroï-Comique, ſujet de ce Poëme, 321

M.

Madrigal, caractére de cette eſpéce de Poëſie, 280
Magnon, mauvais Poëte, 308
Mainard, Poëte François, 280
Maine, louange de Monſeigneur le Duc du Maine, 430
Maires du Palais, ſous les Rois de la premiére Race, 343
Malherbe, a perfectionné notre Poëſie, 269 Sentiment de M. Boileau ſur ce Poëte, xxxvij
Malleville, Poëte François, 280
Manufactures établies en France, 170
Mariage, éloge du Mariage, 102
Marot, ſa naiveté & ſon élégance, 267. A perfectionné la Poëſie Françoiſe, 268
Maugis, Enchanteur, Couſin des quatre fils Aymon, 244
Médecin, devenu Architecte, 307. Devenu Curé, 411
Menardiere, Poëte médiocre, 308
Métamorphoſe d'un Médecin en Architecte, 307
Mezerai, Hiſtorien François, 279
Midas, avoit des oreilles d'âne, 89
Mignot, fameux Traiteur, cité comme peu entendu dans ſon métier, 27. Vendoit d'excellens biſcuits : avanture plaiſante à ce ſujet, 28. *Rem.*

TABLE DES MATIERES. 467

Moliere, ce que Boileau pensoit de cet Auteur, &c. voyez Boileau. M. Arnauld trouvoit que Boileau étoit trop prodigue de loüanges à l'égard de Moliere, xxvj. Sa Comédie du *Tartuffe*, 6. 25. Eloge de son esprit, & de sa facilité à faire de bons Vers, 19. A été enterré sans bruit, 210. Succès de ses Comédies, *ibid. & 211.* Loüé par Boileau sur sa Comédie de *l'Ecole des Femmes*, 402
Mollesse, fait son séjour à Citeaux, 342. Elle fait un bel éloge de Louis le Grand, 343
Montauzier (le Duc de) sujet de la réconciliation de Boileau avec ce Seigneur, 214
Monterey, Gouverneur des Pays-Bas, assiége Oudenarde, 222
Montlhéri, la fameuse Tour de Montlhéri, 346
Montmaur, Professeur en Grec, fameux Parasite, 13. *Rem.*
Montreuil, Poëte raillé, 61
Morel, Docteur de Sorbonne, 63
Musique, ne peut exprimer les grands mouvemens de la Poësie, 439

N.

*N*Amur, prise de cette Ville, 391
Nanteüil, fameux Graveur, 285
Nantoüillet, suit le Roi au passage du Rhin, 188
Nassau, Prince d'Orange, vaincu par M. le Duc d'Orléans à la bataille de Cassel, 204. Voit prendre Namur par Louis le Grand, 394
Neptune, se loüe avec Apollon pour bâtir les murs de Troye, 392
Neveu (la) Femme débauchée, 37
Neuf Germain, Poëte ridicule, 82
Nicole, Auteur d'un Traité contre la Comédie, 312. *Rem.*
Noailles, Archevêque de Paris, & Cardinal, 232
Nobles, *Noblesse*, caractéres & marques de la véritable Noblesse, 43. *& suiv.* Le seul mérite faisoit autrefois les Nobles, 47. Ce qui porte les Nobles à faire des alliances inégales, 49
Nogent, suit le Roi au passage du Rhin, 188
Normands, Leçon qu'un Pere Normand donne à son fils, 175

O.

*O*De, caractére de ce genre de Poësie, 278. 387. Discours sur l'Ode, 387. Ode sur la prise de Namur, 391. Ode contre les Anglois, 400
Opera, Spectacle enchanteur & dangereux, 103. Vers de l'Opera blâmés, 126. Prologue d'un Opera, 442. *& suiv.*
Or, il donne un grand relief à la Naissance, 49. donne du lustre à la laideur, 73
Oracles, leurs réponses équivoques, 152. leur cessation, 154
Ossone, le Duc d'Ossone donne la liberté à un Forçat, 131. *Rem.*
Ostracisme, en usage chez les Athéniens, 138
Ouate, Etimologie de ce mot, 355
Ovide, son Art d'aimer, 277

P.

*P*Acolet, Valet de pié du Prince de Condé, 129
Parallaxe, terme d'Astronomie, 193
Paris, description des embarras de cette Ville, 51. *& suiv.*
Parisiens, leur caractére, 130
Parodie, de Pindare contre M. Perrault, 421
Patru, de l'Académie Françoise, fameux Avocat, 16. 92. 197. Critique habile, 310. *Rem.* Débiteur reconnoissant, 434
Pedant, portrait d'un Pedant, 36
Pelletier, (M. le Président) compliment que lui fit M. Boileau lorsqu'il fut nommé Contrôleur Général, xlvj
Pelletier, méchant Poëte, 4. Composoit beaucoup d'Ouvrages, 22. Ses Ouvrages en cornets de papier, 30. Ses Sonnets peu lûs, 280
Perrault (Claude) Médecin & Architecte, Epigrammes contre lui, 405. 419.
Perrault, (Charles) de l'Académie Françoise, a écrit contre les Anciens, 387. *Rem.* Indignation de MM. Boileau & Racine contre son Poëme intitulé, *le Siécle de Louis le Grand*, xxij. Epigrammes contre lui, 417. *& suiv.*
Perrin, Poëte médiocre, 59
Perse, Poëte Latin, caractére de ses Satires, 283
Petites-Maisons, Hopital des Foux, 36.

468 TABLE DES MATIERES.

Phaëton, sujet d'un Opera entrepris par M. Racine, 439
Pharsale, de Brebeuf, 218
Phedre, son caractére dans une Tragédie de Racine, 105. 213
Philippe V. en arrivant à Madrid demande les Satires de Boileau pour se délasser, xl
Pieté, sa retraite ordinaire, 377. Sa Requête à Thémis pour la réforme de la Discipline Ecclésiastique, *ibid.* Plainte de la Pieté à M. le Premier Président de Lamoignon, 382
Pinchêne, mauvais Poëte, Neveu de Voiture, 193. 220. 308
Pindare, critiqué par M. Perrault, 387. Loué par Horace, 389. Comparé à un Aigle, 391
Plaideur, Plaideuse, caractére d'une Plaideuse, 130. Folie des Plaideurs, 175
Poëme Epique, son caractére & ses régles, 294. & *suiv.*
Poësie, Histoire de la Poësie Françoise, 268. Ses effets avantageux, 313. & *suiv.* Dispute entre la Poësie & la Musique, 442.
Poëte misérable, qui abandonne Paris, 9. & *suiv.* Instructions utiles aux Poëtes, 307. & *suiv.*
Pointe, vicieuse dans les Ouvrages d'esprit, 280
Polycréne, Fontaine près de Bâville, 207
Port-Royal, célébre Monastére de Filles, 102
Portrait, Inscriptions pour le Portrait de Boileau, 239. *Rem.*
Potosi, Montagne où il y a des Mines d'argent, 195
Pradon, Poëte médiocre, 83. Ses Tragédies de *Pirame* & de *Regulus*, 238. Epigramme contre lui, 407
Précieuse, portrait d'une Précieuse, 117
Prodigue, portrait d'un Prodigue, 39
Proverbes, Vers de Boileau devenus Proverbes, 235. 336
Puce, Enigm de l'Auteur sur cet Insecte, 425
Pucelle d'Orléans, Poëme de Chapelain, 33 Les Vers en sont durs & forcés, 40. 39
Pupitre, voyez *Lutrin.*
Pure (l'Abbé de) Auteur d'une mauvaise Traduction de Quintilien, 19. Ennuyeux célébre, 51. Rampe dans la fange, 80
Pussort, Conseiller d'Etat qui a travaillé à la réformation des Ordonnances, 367
Pygmées, Peuples fabuleux, 331
Pyrrhus, sage conseil que lui donne son Confident, 166. Comparé à Alexandre, *ibid.* Caractére de Pyrrhus dans l'*Andromaque* de Racine, 212. *Rem.*

Q.

Quiétisme, son Auteur condamné, 124. *Rem.*
Quinault, Poëte célébre, 20. Sentiment de Boileau sur cet Auteur, xvij. Dans ses Tragédies tous ses sentimens tournés à la tendresse, 33. Sa Tragédie d'*Astrate*, 34. *Rem.* Caractére de ses Poësies, 374. *Rem.*
Quintinie, Directeur des Jardins du Roi, 243

R.

Racan, Poëte estimé, 80
Racine. Compliment de S. M. à Boileau sur la mort de Racine, xxj. Il faisoit peu de cas de M. Dacier, xxij. Son indignation contre le Poëme de Perrault, intitulé *le Siécle de Louis le Grand*, xxij. Il étoit fort amer dans ses railleries, xlvj. Il fait une Epigramme sur deux Seigneurs de la Cour, xlvij. Sa Tragédie d'*Alexandre le Grand*, 33. Epître à lui dédiée, 209. Conseils à lui donnés pour se mettre à couvert de l'envie & de la censure, 212. Nommé pour écrire l'Histoire du Roi, 240. Comparé avec Corneille, 436
Raison, souvent incommode, 42. Fait tout le prix des Ouvrages d'esprit, 264
Rampale, Poëte médiocre, 308
Recteur de l'Université, allant en Procession, 31
Regnier, Poëte Satirique fameux, 90. Jugement sur ce Poëte, 283
Renommée, sa description, 338
Rentes, retranchement d'un quartier de Rentes, 24
Revel, se signale au passage du Rhin, 187
Rhin, passage du Rhin, 182. Sa source au pied du Mont Adulle, 184 Le Dieu du Rhin prend la figure d'un Guerrier, 185. Discours de ce Dieu aux Hollandois, 186

TABLE DES MATIERES.

Richelet, Auteur d'un Dictionnaire François, 113
Rime, accord de la Rime & de la Raison, 19. Doit obéir à la Raison, 264
Riviere, (Abbé de la) Evêque de Langres, son caractére, 13. *Rem.*
Roberval, savant Mathématicien, 116
Rochefoucault, Auteur des Maximes Morales, 214
Rocinante, Vers pour le portrait de ce fameux cheval, 426
Rohault, Disciple de Descartes, 193
Rolet, Procureur au Parlement, 12
Romans, Cyrus tourné en ridicule, 26. 84. Distinction qu'on fait dans Clélie des divers genres d'amis, 104. Faux caractéres des Héros de Roman, 291
Rondeau, doit être naïf, 281
Ronsard, Poëte fameux, chez qui l'Art a corrompu la nature, 32. Son caractére & la chûte de ses Poësies, 268. Affectoit d'employer le Grec & le Latin, *ibid. Rem.*

S.

SAgesse, sa définition, 64
Saint-Amand, Poëte fort pauvre, 14. Décrit le passage de la Mer rouge, 198
Saint-Ange, voleur de grand chemin, 135
Sainte Chapelle, Eglise Collégiale de Paris. Démêlé entre les Chanoines de cette Eglise, 325. *& suiv.* Le Trésorier de la Sainte Chapelle porte les ornemens Pontificaux, 329
Saint-Evremond, Ecrivain célébre, 134
Saint-Omer, prise de cette Ville, 204
Saint-Pavin, fameux Libertin, 16. Epigramme contre lui, 409
Salars, suit le Roi au passage du Rhin, 188
Santeuil, Epigramme sur sa maniére de réciter ses vers, 413
Satire, redoutable à qui, 6. Souvent dangereuse à son Auteur, 58. Utilité de la Satire, 88. 91. Caractére de ce genre de Poësie, 282. Auteurs qui y ont excellé, 283
Saturne, si cette Planette fait un Parallaxe à nos yeux, 193
Savante, portrait d'une femme savante, 116
Saumaise, Auteur célébre, savant Critique & Commentateur, 82

Savoyard, fameux Chantre du Pont-neuf, 82
Sauveur, savant Mathématicien, 116
Scudéri, de l'Académie Françoise, Auteur d'un grand nombre d'Ouvrages, 22
Scudéri, Sœur de l'Auteur de même nom, Auteur du Roman de Clélie, 104
Segoing, Auteur du Mercure Armorial, 48
Segrais, ses Poësies pastorales, 316
Seignelay, (le Marquis de) Epître à lui adressée, 221
Senault, Auteur d'un Traité des Passions, 68
Sidrac, caractére d'un vieux plaideur, 11
Siége, soutenu par les Augustins, contre le Parlement de Paris, 328
Skink, forteresse considérable sur le Rhin, 190
Socrate, son amour pour la justice, 136. Aimoit Alcibiade, 154. Joué dans les Comédies d'Aristophane, 301
Sonnet, caractéres & regles de ce genre de Poësie, 279. Par qui inventé, *ibid. Rem.* Combien il est difficile d'y réussir, 278. Deux Sonnets sur la mort d'une Parente de l'Auteur, 403. 404
Sophocle, Poëte Grec, a perfectionné la Tragédie, 290
Style, doit être varié, 266. Doit être noble, *ibid.* Style burlesque condamné, *ibid.* Doit être proportionné au sujet, 268
Superstitions, sur treize personnes à table, & sur un corbeau apperçu dans l'air, 75

T.

TAbarin, Bouffon grossier, 267
Talens, sont partagés, 263
Tallemant, Traducteur de Plutarque, 214 *Rem.*
Tardieu, Lieutenant Criminel fort avare, 108. *Rem.* Sa mort & celle de sa femme, 112
Le Tasse, son clinquant préféré à l'or de Virgile, 87
Tavernier, célébre Voyageur, 432
Tendre, Carte du Royaume de Tendre, 104. *Rem.* Il y a trois sortes de Tendre, *ibid.*
Théatre François, son origine, 290. On y représentoit nos mystéres, *ibid. Rem.*
Thémis, plainte portée à Thémis par la Piété,

377. Réponse de Thémis à cette plainte, 380
Théocrite, Eloge de ses Idylles, 276
Thespis, Poëte Grec, inventeur de la Tragédie, 289
Thomistes, Disciples de S. Thomas, 74
Tibulle, Eloge de ce Poëte, 277
Titus, parole mémorable de cet Empereur, 168. *Rem.*
Le Tourneux, sentiment de M. Boileau sur M. le Tourneux, xxxv
Tragédie, caractére & régles de ce genre de Poëme, 286. *& suiv.* Passions qu'elle doit exciter, 287. Son origine, 289
Travail, nécessaire à l'homme, 246
Trevoux, Journal qu'on imprime dans cette Ville, 162. Démêlé de Boileau avec les Auteurs de ce Journal, *ibid. Rem.* Epigrammes contre les Journalistes, 421. 422
Tristan l'Hermite, Epigramme sur lui, 9
Turenne, gagne la bataille de Turkein contre les Allemans, 222. *Rem.*
Turlupins & Turlupinade, leur origine, 281

V.

*V*Alencienne, prise de cette Ville, 204
Valincour, Conseiller du Roi, Sécretaire de la Marine, 131. Eloge qu'il fait de M. Boileau à l'Académie, xiij
Vaudeville, caractére du Vaudeville, 284
Vendôme, suit le Roi au passage du Rhin, 188
Vertu, la Vertu est la marque certaine d'un cœur noble, 45. Vertus appellées du nom de vice, 152. La seule Vertu peut souffrir la clarté, 226
Villandri, connoisseur en bon vin, 25
Virgile, Eloge de ses Eglogues, 276. Eloge de son Eneïde, 299
Vivonne, Maréchal Duc, suit le Roi au passage du Rhin, 188
Voiture, célébre Ecrivain: Jugement de Boileau sur ses Lettres, xxxj. Aimoit les jeux de mots & les Proverbes, 150
Vrai, Eloge du vrai & de la vérité, 133. 137. Le vrai seul est aimable, 221
Usurier, qui prête au denier cinq, 72
Wurts, Général des Hollandois, 190

Fin de la Table des Matiéres du premier Volume.

De l'Imprimerie de P R A U L T pere, 1740.

www.ingramcontent.com/pod-product-compliance
Lightning Source LLC
Chambersburg PA
CBHW050827230426
43667CB00012B/1908